Klaus Karstädt

Gewaltfreie Kommunikation
– das Basistraining

dgvt Verlag

Klaus Karstädt

Gewaltfreie Kommunikation – das Basistraining

dgvt Verlag

Tübingen
2019

Kontaktadresse:

k-training
Kellerwiese 4
82327 Tutzing

E-Mail: kontakt@k-training.de

Bibliografische Information der Deutschen Nationalbibliothek
Die Deutsche Nationalbibliothek verzeichnet diese Publikation in der Deutschen Nationalbibliografie; detaillierte bibliografische Daten sind im Internet über http://dnb.d-nb.de abrufbar.

Im Sudhaus
Hechinger Str. 203
72072 Tübingen

E-Mail: dgvt-Verlag@dgvt.de
Internet: www.dgvt-Verlag.de

Umschlagbilder: ©iStock.com/aniszewski
Umschlaggestaltung: Klaus Karstädt, Tutzing
Layout: VMR Monika Rohde, Leipzig
Druck und Bindung: CPI buchbücher GmbH, Birkach

Auch als E-Book erhältlich: ISBN 978-3-87159-427-4

ISBN 978-3-87159-830-2

Inhaltsverzeichnis

Widmung 7

Zum Geleit 9

Vorwort 11

Erster Seminartag 13
Ankommen und Anwärmen 13
Themenorientierung 15
Unsere Werte im Umgang miteinander 19
Definitionen für: Problem, Konflikt, Gewalt 21
Kommunikationsmuster in Konflikten 25
4 Schritte der Gewaltfreien Kommunikation 38
Wahrnehmung und Interpretation 41
Gefühle erkennen und ausdrücken 55
Der Kern von Konflikten: Bedürfnisse 68

Zweiter Seminartag 81
Kriterien für aussichtsreiche Bitten 98
Die 4 Formen des Zuhörens 131

Dritter Seminartag 161
Ein Modell für Konfliktlösung 166
Beispiele und Rollenspiele 175
Umgang mit Ärger 183
Eine Wahl haben 198
Integration und Abschluss 206

Auflösungen der Sortieraufgaben 215

Anhang 219
Literaturliste 219
Linkliste 219
Lebenslauf Marshall B. Rosenberg 220

Widmung

Mein geliebter Klaus,

ich bin froh, mit Dir zusammen immer wieder diese Arbeit in die Welt getragen zu haben.

Bin jetzt besonders froh, Dir dieses Buch als Mitschrift von einem unserer Lieblingsarbeitsplätze, dem IVS in Fürth, noch in Deine Hände gegeben zu haben und es jetzt selbst in Händen zu halten.

Möge es viele Menschen erfreuen und dabei helfen, Fragen zu beantworten!

In Liebe für immer
Deine Friederike

Zum Geleit

Vor wenigen Stunden ist unser Lehrer und Freund Klaus Karstädt verstorben. Uns ist das Herz schwer, und zugleich sind wir voll Dankbarkeit angesichts des Geschenkes, mit ihm gewesen zu sein, ihn erlebt und von ihm gelernt haben zu dürfen. Gelernt haben wir, was uns in keiner unserer sonstigen zahlreichen Weiter- und Fortbildungen in dieser Intensität, Didaktik und gelebten Authentizität wie bei Klaus Karstädt jemals zuvor begegnet war. Wie die meisten unserer psychotherapeutischen, auch altgedienten KollegInnen und Aus- und WeiterbildungsteilnehmerInnen am IVS waren wir zu Beginn unserer Ausbildung in Gewaltfreier Kommunikation (GFK) bei Klaus Karstädt der sicheren, sich bald als nicht zutreffend herausstellenden Überzeugung, in Konflikten gewaltfrei kommunizieren zu können.

Wir waren gewiss, dann auch in Kontakt mit unseren Werten statt mit unseren Bewertungen zu stehen, gewiss, eine reine Wahrnehmung formulieren zu können, gewiss, eine Kognition sicher von einem Gefühl unterscheiden zu können, gewiss, in gutem Kontakt mit unseren Bedürfnissen zu sein und diese auch formulieren zu können, gewiss, eine Bitte nicht als Forderung an unser Gegenüber zu richten, und vieles andere mehr. Weit gefehlt! Wir haben schnell erkannt, dass unsere Sprache im Privaten wie im Beruflichen in der Regel das war, was in der GFK „Wolfssprache“ genannt wird, und dass wir auch im beruflichen Setting trotz enormer errungener Qualifikationen nahezu außerstande waren, KlientInnen und KollegInnen tatsächlich mit „Giraffenohren außen“ (mit mitfühlendem Verständnis für die andere Person) und uns selbst trotz der angestrebten Ausrichtung auf das Wohlergehen aller (und damit auch auf unser eigenes Wohlergehen) mit „Giraffenohren innen“ (mit mitfühlendem Verständnis für uns selbst) zu begegnen. Und überdies fehlte uns wie wohl vielen anderen auch, die mit der GFK erstmals in Kontakt kamen, dafür vollständig die Bewusstheit – ein nahezu allgegenwärtiges Phänomen in dem professionellen Feld der Psychotherapie, in dem die sprachlichen Signale oft entscheidend sind für einen Heilerfolg.

Alle Achtsamkeitsschulen verweisen auf die Sinnhaftigkeit und Chance, sich mittels der drei Tore von Körper, Rede und Geist kontinuierlich von leidhaften Geisteszuständen zu befreien – zum Wohle eines friedvollen und angstfreien Miteinanders. Daher wird in allen Achtsamkeitsschulen darauf Wert gelegt, verletzende Rede, entzweiende Rede, falsche Rede und sinnlose Rede zu vermeiden. Die GFK ist eine Lebenshaltung und ein Lebensweg, dies zu verwirklichen. Klaus Karstädt war und bleibt uns in dieser Ausrichtung ein wundervolles und großes Vorbild.

So war es für uns schon vor vielen Jahren fraglos, die Seminare und Belehrungen von Klaus Karstädt zur GFK als festen Bestandteil auch in unsere „Achtsamkeitsbasierte Gruppenselbsterfahrung“ im Rahmen der Aus- und Weiterbildung am IVS zu integrieren.

Unser kleiner Verdienst an diesem Buch ist, dass wir Klaus Karstädt wie der Zöllner in Bertolt Brechts Gedicht „Legende von der Entstehung des Buches Taoteking auf dem Weg des Laotse in die Emigration“ vor gut zwei Jahren gebeten haben, die Mitschrift eines der seit vielen Jahren an unserem Ausbildungsinstitut IVS durch ihn und seine Frau Friederike Kahlau-Karstädt gehaltenen GFK-Einführungsseminare als Buch herauszugeben. Und wie in Bertolt Brechts Gedicht hat Klaus Karstädt wie Laotse, zwar noch nicht alt, jedoch schon körperlich sehr beeinträchtigt, noch auf seinem Sterbebett das vorliegende Buch fertiggestellt und damit unsere Herzensbitte und die seiner vielen anderen SchülerInnen erhört – in seiner immerwährenden, bis zuletzt gelebten und vorgelebten wohlwollenden Haltung: „Die etwas fragen, die verdienen Antwort.“[1]

Wir durften Klaus Karstädt in seiner letzten Lebensphase an der Seite seiner Frau Friederike ein Stück mitbegleiten. Er starb ohne Angst, in innerem Frieden, in einem Zustand des vollkommenen Einverstandenseins. Er hat die GFK wirklich gelebt.

Klaus Karstädt hinterlässt uns in der Zuversicht, „dass das weiche Wasser in Bewegung mit der Zeit den mächtigen Stein besiegt“[2] – den mächtigen Stein in uns selbst und in anderen – „... das Harte unterliegt“[3].

Nürnberg, im November 2018

Thomm Mösler & Sandra Poppek
Institut für Verhaltenstherapie, Verhaltensmedizin und Sexuologie (IVS)

1 Zitat aus „Legende von der Entstehung des Buches Taoteking auf dem Weg des Laotse in die Emigration“ von Bertolt Brecht

2 ebd.

3 ebd.

Vorwort

Ich möchte Ihnen ein paar Informationen zu diesem Buch geben und dazu, wie und warum es entstand. Als mir Marshall B. Rosenberg 1996 das erste Mal begegnete, war dies eine Zäsur in meinem Leben. Die Freundschaft und die Zusammenarbeit, die sich daraus entwickelte, hat mein Leben und meine berufliche Tätigkeit nachhaltig beeinflusst und verändert. Da die Haltung, die Prinzipien und die Werkzeuge der Gewaltfreien Kommunikation in mir eine so große Resonanz erzeugt und mein Leben so bereichert haben, lag es nahe, diese Ideen auch anderen verfügbar zu machen. Schließlich war ich zu diesem Zeitpunkt beruflich schon etliche Jahre als Trainer für Kommunikation und Konfliktmanagement unterwegs. Die GFK zu verbreiten mache ich (zusammen mit meiner Frau Friederike Kahlau-Karstädt) nun mit großer Leidenschaft seit mehr als 20 Jahren. Bis heute haben wir über 300 Einführungsseminare gehalten und mehr als 500 Trainerinnen und Trainer im deutschsprachigen Raum in Gewaltfreier Kommunikation ausgebildet, die ihrerseits die Gewaltfreie Kommunikation verbreiten.

Da es offensichtlich eine meiner Stärken ist (wie mir Teilnehmende an meinen Seminaren immer wieder zurückmelden), Dinge klar zu formulieren und Fragen so zu beantworten, dass es zu Klarheit beiträgt, werde ich seit vielen Jahren immer wieder gefragt und gebeten, mal ein Buch zu schreiben. Da ich mit Leib und Seele Trainer bin und jährlich bis zu 230 Trainingstage gebe, habe ich bisher nicht den Raum und die Zeit dafür geschaffen.

Ich war deshalb sehr dankbar, als PD Dr. Thomas Mösler und Dr. Sandra Poppek vom IVS-Institut in Fürth uns die Gelegenheit angeboten haben, ein Einführungs-Seminar in Gewaltfreier Kommunikation – mit dem Wissen und der Genehmigung der Teilnehmenden – akustisch mitzuschneiden und dafür zu sorgen, dass es als Transkript zur Verfügung steht, aus dem dieses Buch entstanden ist. Aus gesundheitlichen Gründen gebe ich meine Seminartätigkeit jetzt auf und so ist dies auch eine Art Vermächtnis von mir.

Dieses Buch hat also eine ungewöhnliche Form, weil es das wörtliche Protokoll des gesamten Seminares enthält. Lediglich die Klärung organisatorischer Fragen haben wir rausgenommen, da sie für dieses Buch nicht von Belang sind. Ergänzt haben wir das Transkript mit den im Seminar verwendeten Visualisierungen, die im Seminar in Form von Flipcharts und Pinwänden präsentiert werden. Außerdem haben wir die Übungen, die die Teilnehmenden im Seminar durchführen, als Aufgaben ins Buch mit aufgenommen, sodass Sie als Lesende die Möglichkeit haben, die Übungen selbst durchzuführen. „Lösungen" für die Übungen finden Sie im Anhang. Das Buch hat deshalb einen größeren Umfang als andere Bücher. Der Text enthält auch die Fragen von Teilnehmenden, die ich beantworte. Wie in einem Seminar auch, sind manche Fragen vielleicht für Sie nicht interessant. Wir haben diese Passagen im Buch in kursiver Schrift gehalten, sodass Sie diese überspringen können, ohne einen wesentlichen Input zu verpassen.

Natürlich ersetzt das Lesen eines Buches nicht komplett die Erfahrung eines Seminars. Vor allem gibt ein Buch nicht die Möglichkeit der persönlichen Unterstützung und Rückmeldung bei der Durchführung der Übungen. Als Ergänzung empfehle ich deshalb, Videos im Internet anzuschauen, die dieses persönliche Feedback in Form von Videoanalysen zeigen. Sie finden sie bei Youtube unter meinem Namen Klaus Karstädt.

Dennoch hoffe ich, dass Ihnen dieses Buch erlaubt, in die Atmosphäre eines GFK Seminars einzutauchen, daraus zu lernen und das ohne den finanziellen und zeitlichen Aufwand eines Seminarbesuches.

Jetzt wünsche ich Ihnen viel Freude beim Lesen und gutes Gelingen beim Ausprobieren!

Klaus Karstädt

Abkürzungen

KK: Klaus Karstädt
FK: Friederike Kahlau-Karstädt (Rieke)
TN: Teilnehmer, Teilnehmerin
SP: Sandra Poppek
TM: Thomas Mösler

Zum Verständnis, warum die Wortwahl in diesem Buch nicht gendergerecht ist: Dieser Text ist die Abschrift eines Mitschnitts eines Seminars, also die Abschrift von wörtlicher Rede. In der Abschrift und Redaktion war erste Priorität, die Authentizität und Realität abzubilden, was und wie die Anwesenden in diesem Seminar gesprochen haben. Deshalb wurden die weiblichen Formen nicht ergänzt. Wir vertrauen darauf, dass die Absicht und Motivation der ganzen Arbeit, ein menschliches und kooperatives Miteinander zu gestalten und zu beschreiben, trotzdem wirkt.

Seminar mit Klaus Karstädt und Friederike Kahlau-Karstädt

Erster Seminartag

Ankommen und Anwärmen

KK: Tragt euch bitte im Gästebuch ein mit Namen und einigen Werten, die euch besonders im Umgang mit anderen Menschen wichtig sind. In der Anfangsrunde am Morgen stellen sich bitte alle vor mit Namen und was euch zu Beginn wichtig ist, sodass andere etwas über euch erfahren.

TN: Mein Name ist X, ich bin Ärztin in Ausbildung zum Facharzt für Psychiatrie und Psychotherapie. Ich bin bereits seit 2002 im deutschen Gesundheitssystem berufstätig. Vorher hatte ich meine Facharztausbildung noch in Russland. Jetzt möchte ich an diesem Seminar hier teilnehmen und bin in der Phase der Selbsterfahrung. Und was ich hier schon an Selbsterfahrung aus diesen Skripten bekommen habe, was die „Gewaltfreie Kommunikation" betrifft, war ich wirklich begeistert, und auch von den Videos, die ich angeschaut habe. Und ich freue mich auf die weiteren Themen aus den Videos, die nicht so einfach für mich zu verstehen waren, die würde ich gerne weiter vertiefen, um ein Handwerkszeug zu bekommen.

TN: Mein Name ist Y. Ich bin Psychologin und mache die Ausbildung zur Psychologischen Psychotherapeutin. Und ja, ich komme jetzt gerade aus der Elternzeit und fange demnächst mit den Ambulanzstunden an. Ich bin hier im Seminar, weil ich mich für das Thema sehr interessiere und möchte mich gerne in dieses Gebiet vertiefen.

TN: Mein Name ist Z. Ich bin Arzt, Psychiater oder versuche, Psychiater zu werden. Ich komme aus X, und ich bin hier wegen der Selbsterfahrung. Die „GFK" kenne ich daher also schon, allerdings mit der Praxis hapert es noch etwas, vor allem, wenn man dann in Situationen kommt, wo man sie vielleicht benutzen könnte, dann fällt mir das erst später auf, nachdem schon ein paar Scherben zerdeppert sind. Da dachte ich mir, vielleicht kann ich hier was draus lernen.

KK: Das, was du gerade geschildert hast, ist das, was ganz üblich ist in den Lernprozessen, dass man in der Regel, in der Reflexion hinterher, über eine bestimmte Situation sagt: „Mensch, hätte ich auch ganz anders machen können." Der Lernprozess besteht in der Regel darin, dass man den Zeitpunkt, an dem man erkennt: „Das hätte ich auch anders, sinnvoller, konstruktiver machen können", dass man den verkürzt, bis man irgendwann erlebt: „Ah, jetzt ist es mir selbst in der Situation schon mal eingefallen." Und deshalb: Viel Geduld mitbringen! Es ist ganz normal, dass man die ersten Aha-Erlebnisse dann hat, wenn man im Nachhinein über eine bestimmte Situation nachdenkt.

KK: Bevor wir uns in die Inhalte stürzen, etwas zum Organisatorischen.

Die Seminarzeiten sind 9.00 bis 19.00 Uhr. Die habt Ihr mit der Ausschreibung bekommen. Mittagspause: 90 Minuten. Wir werden in der Regel um 12.30 Uhr mit einer Mittagspause starten. Es kann sich ein bisschen verschieben, aber an den 90 Minuten halten wir fest. Kaffeepausen zweimal 20 Minuten. Wenn ihr zwischendrin merkt: „Jetzt habe ich so einen dicken Kopf, ich brauche mal kurz eine Pause", dann meldet euch, dann können wir auch eine kleine Pause zwischendurch machen, um den Kopf zu lüften. Was drüben steht, an Obst, Getränken, Snacks – bitte bedient euch, uns stört es nicht, wenn jemand hier gut für sich sorgt, eine Banane isst, während wir hier was erzählen. Also fühlt euch frei, wenn der Magen zwickt, gut für euch zu sorgen.

Zu den Seminarunterlagen: Alles, was wir hier draußen präsentieren, auf Flipchart oder Pinnwand, habt ihr entweder in den Unterlagen schon drin oder, wenn es hier im Seminar entsteht, werden wir es abfotografieren und euch als Fotoprotokoll später nachliefern, sodass ihr nichts mitschreiben müsst, nach dem Motto: „Was hier draußen präsentiert wird, oh Gott, oh Gott, jetzt schnell mitschreiben, sonst habe ich es nachher nicht." Natürlich werden wir nicht ALLES, was wir sagen, was aus unserem Mund herauskommt, schon schriftlich in irgendeiner Form vorliegen haben, aber ihr habt ja gerade gehört, wir nehmen das Seminar auf, und es ist geplant, es dann in schriftlicher Form zu veröffentlichen, sodass ihr Gelegenheit habt, gerade euer eigenes Seminar nachzulesen, über das hinaus, was sowieso auf Flipchart oder Pinnwand präsentiert wird. Das zum Organisatorischen.

Was haben wir mit euch jetzt in den drei Tagen vor? Das sind die Ziele, die wir uns vorgenommen haben, mit euch zu erreichen:

Zum ersten Thema, dass ihr am Ende des Seminars eine größere Klarheit darüber habt „Um was geht es bei Konflikten?": Das ist nicht immer das, was an der Oberfläche sichtbar ist, wir werden also dort ein bisschen tiefer graben. Zweitens: dass ihr auch in schwierigen Situationen leichter eine Haltung von Wertschätzung behalten könnt. Und zwar nicht nur anderen gegenüber, sondern genauso euch selbst gegenüber. Denn es gibt auch Gewalt gegen sich selbst. Und als dritter Punkt, dass ihr besser versteht: „Was ist mir und was ist anderen wirklich wichtig?" Bedürfnisse sind ein zentraler Punkt in diesem Ansatz, mit dem wir uns hier beschäftigen. Und das Vierte, dass ihr andere erfolgreicher dazu bewegen könnt, sich kooperativ und konstruktiv zu verhalten. Und wenn wir sagen erfolgreicher, ahnt ihr vielleicht schon: auch in diesem Seminar bekommt ihr keine Instrumente in die Hand, die euch Kontrolle über das Verhalten anderer geben. Wie andere Menschen sich verhalten, entscheiden die immer selber. Und doch, ihr werdet – wie viele vor euch – erkennen, dass in unserem eigenen Verhalten vieles liegt, was natürlich Einfluss hat auf das, wie andere Leute sich verhalten. Da gibt es so viel Potenzial nach oben, dass man ein ganzes Leben lang damit beschäftigt ist, das auszuschöpfen!

Themenorientierung

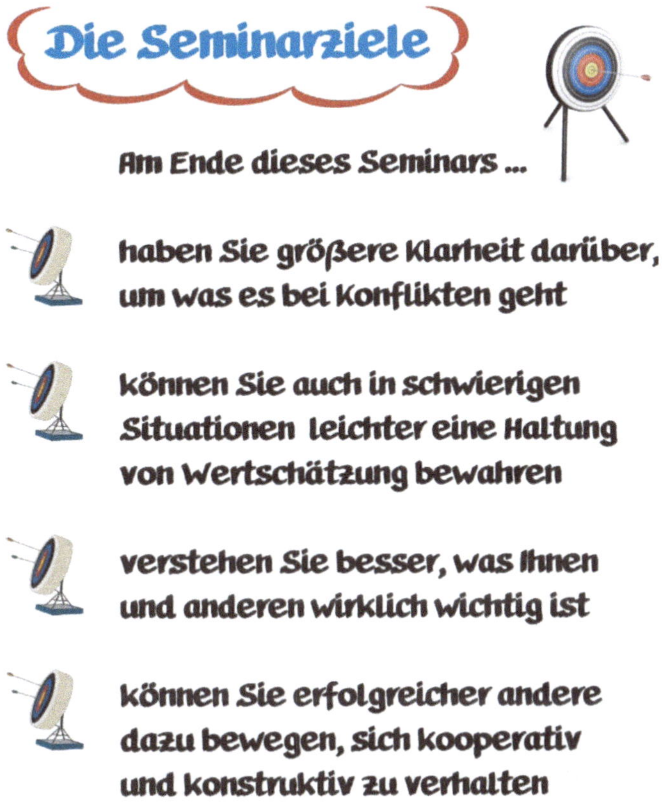

Wir sind gerade beim Punkt „Themenorientierung". Als nächstes werfen wir noch einen genaueren Blick auf das, was ihr schon angefangen habt, in das Gästebuch zu schreiben, nämlich „Was sind denn unsere Werte im Umgang miteinander?" „Was ist uns wichtig?" „Was liegt uns am Herzen?" „Worauf legen wir großen Wert?" Dann werden wir euch drei Arbeitsdefinitionen für Problem, Konflikt, Gewalt anbieten, ohne den Anspruch, das seien jetzt die richtigen Definitionen. Richtig und falsch gibt es in der Gewaltfreien Kommunikation sowieso nicht. Allerdings glauben wir, dass uns diese Definitionen zu einem gemeinsamen Verständnis verhelfen und uns nützlich sind, wenn wir über Begriffe reden wie „Problem", „Konflikt", „Gewalt" – Was ist denn das eigentlich, wenn jemand sagt „Ja, da habe ich ein Problem!"? Was meint diese Person denn eigentlich damit? Oder wenn ich sage: „Da habe ich mit diesem Menschen einen Konflikt gehabt!" Wie definieren wir Konflikt? Und weil viele Leute, wenn sie den Begriff „Gewaltfreie Kommunikation" das erste Mal hören, häufig so reagieren: „GEWALTFREIE Kommunikation? Nee, das brauche ich nicht. Ich prügle niemand!" Denn die erste Assoziation, die Menschen mit Gewalt haben, ist ganz häufig „körperliche Gewalt". Wenn man ein bisschen darüber nachdenkt, kommt man natürlich drauf, es gibt auch andere Formen von Gewalt, psychische Gewalt, seelische Gewalt, Gewalt in der Sprache. Deshalb werfen wir einen Blick drauf: „Wie definieren wir denn Gewalt?", um daraus ableiten zu können: „Was ist denn mit Gewaltfreier Kommunikation eigentlich gemeint?"

Danach werden wir uns Zeit nehmen, Kommunikationsmuster zu untersuchen. Es gibt einen Seglerspruch, der heißt: „Nur der, der weiß, wo er ist, kann dann auch sein, wo er will." Wir werden einen Blick darauf werfen: „Wie mache ich das denn bisher?" Und in schwierigen, heiklen Gesprächssituationen: „Wie drücke ich mich da aus?" Mit diesem Werkzeug könnt ihr später darüber nachdenken: „Macht das denn so Sinn oder möchte ich an der einen oder anderen Stelle etwas in Zukunft anders machen?"

In dem Zusammenhang werfen wir einen Blick auf die Kommunikationsmuster, die unter dem Titel „Gewaltfreie Kommunikation“ laufen. Und eines dieser Muster sagt, dass wir sinnvollerweise unsere Aufmerksamkeit auf vier wesentliche Informationen richten. Nämlich erstens auf die sinnliche Wahrnehmung: „Was ist das Thema? Worüber möchte ich mit dir reden?“ Als nächstes: „Wenn du dich so verhältst, wie geht es mir damit? Was ist meine emotionale Reaktion?“ Dann: „Um welche Anliegen und Bedürfnisse geht es in der Situation? Was liegt mir am Herzen? Was ist möglicherweise zu kurz gekommen?“ Und zum Schluss eine konkrete Bitte aussprechen: „Was hätte ich gerne, dass du anders machst als das, woran ich mich gerade so reibe?“ Wenn Menschen das erste Mal dieses Modell hören, dann erleben wir häufig, dass sie so reagieren: „Hey, gar nicht so dumm, das Modell, ja, leuchtet mir irgendwie ein.“ „Habe ich noch nicht so bewusst drüber nachgedacht, aber macht irgendwie Sinn – mache ich ab sofort!“ Wenn man es ausprobiert, stellt man fest, jetzt stößt man auf Schwierigkeiten. Warum? Etwas intellektuell verstehen und etwas tatsächlich umsetzen können, das sind zwei Paar Schuhe. Für die meisten Menschen ist es intellektuell keine große Herausforderung, es geht nur um vier einfache Informationen. Wenn man sie dann umsetzt, stößt man darauf, dass es hier auch bestimmte Fähigkeiten braucht, die wir in der Regel in unserer Kultur nicht erworben haben. Es braucht seine Zeit zum Lernen und sich diese Fähigkeiten zu erwerben. Deshalb bieten wir euch zum Verständnis für die einzelnen Elemente bestimmte Informationen an, bis ihr sagt: „Aha, das ist mir jetzt klar“, und dann kommt eine Trainingsphase, in der ihr Gelegenheit bekommt, das auszuprobieren und zu üben. Ihr werdet in dieser Phase die Fähigkeiten zumindest in Ansätzen entwickeln.

Wenn man diese vier Schritte (wahrnehmbare Fakten, meine emotionale Reaktion, meine Bedürfnisse, meine Werte und meine Bitte oder welchen Vorschlag habe ich) anwendet, hört sich das in diesem Beispiel so an: Jemand kommt in mein Büro ohne anzuklopfen. Ich merke, da grummelt es jetzt bei mir, da gefällt mir was nicht, und ich würde das ansprechen wollen, dann würde ich jetzt, wenn ich mich an das Modell halte, sagen: „Du, wenn du reinkommst, ohne anzuklopfen (Wahrnehmung), da bin ich gekränkt (meine emotionale Reaktion), weil mir wichtig ist, dass meine Privatsphäre respektiert wird“ (meine Anliegen, meine Bedürfnisse). Meine Bitte lautet dann: „Klopfst du bitte an, bevor du reinkommst, geht das?“ Und, wie gesagt, viele Leuten sagen: „Mhm, leuchtet mir ein, mache ich ab sofort.“ Deshalb gehen wir jetzt die vier Schritte im Einzelnen durch. Wir werden euch zuerst die einzelnen Themen vorstellen und präsentieren, worauf ihr dabei achten könnt. Danach gibt es die Übungsphase, damit ihr diese Fähigkeit selber entwickelt.

Im ersten Schritt geht es um den Unterschied zwischen Wahrnehmung und Interpretation. Viele Leute sagen: „Ja, die Wahrnehmung benennen, das macht ja wirklich Sinn! Mach' ich ab sofort!“ Kurze Zeit später, gehen sie dann zum Beispiel in das Zimmer ihres Kindes und sagen: „Hey, dein Zimmer ist nicht aufgeräumt!“ Kann ich mal bitte Handzeichen sehen, wer schon mal ein nicht aufgeräumtes Zimmer gesehen hat? (Einige lachen, viele Hände gehen hoch)

Ja, in dieser gesellschaftlichen Illusion bewegen wir uns häufig, weil so etwas wie ein aufgeräumtes oder nicht aufgeräumtes Zimmer gibt es natürlich nicht, das ist meine persönliche Interpretation über den Zustand des Zimmers, aber keine Wahrnehmung. Woran kann man das erkennen? Dass es zumindest vorstellbar ist, dass das Kind so reagiert: „Das ist nicht wahr!“ Wenn so eine Reaktion überhaupt nur vorstellbar ist, wissen wir schon, das ist keine sinnliche Wahrnehmung, sondern das ist meine persönliche Bewertung über den Zustand des Zimmers, und mein Gegenüber teilt gerade meine Bewertung nicht. Was man dann leider im Alltag zu häufig erlebt, ist, dass, wenn das Kind so reagiert: „Das ist nicht wahr!“, dass der Erwachsene sagt: „Doch! Es ist nicht aufgeräumt.“ „Aber ich hab‘ doch grade erst aufgeräumt.“ „Du kannst ja gar nicht aufgeräumt haben – es IST ja nicht aufgeräumt!“ „Doch, ist es doch!“ „Nein, IST ES NICHT!“ „Doch, ist es doch!“ „NEIN, ist es nicht!“ Und wir finden, man kann seine Lebenszeit sinnvoller verwenden, als mit einem unnützen Streit darüber, wer mit seiner Bewertung recht bekommt. Wir empfehlen, an der Stelle Fakten zu benennen. Was wäre denn eine mögliche Wahrnehmung, die mich zu der Interpretation bringt, das Zimmer sei nicht aufgeräumt? Hat jemand eine Idee?

TN: Die Pullover liegen auf dem Tisch und die Akten liegen daneben und sind nicht im Regal. Also ich habe jetzt gerade den Schreibtisch von meiner Tochter im Kopf. (Einige lachen.)

KK: Ja, das wäre eine saubere Wahrnehmung, wenn ich sehe, da liegen Pullover auf dem Tisch, Aktenordner daneben, die Schuhe stehen auf dem Kopfkissen, fünf Cola-Flaschen am Fensterbrett, der Mantel hängt auf dem Lampenschirm. Wenn ich die Fakten benenne, dann ist das Risiko, dass das Kind sagt: „Das stimmt nicht, das ist nicht wahr!“ bei Null. Warum? Ich habe nur die wahrnehmbaren Fakten benannt, also das, was jeder sehen kann. Das ist eine gute Grundlage dafür, dass man dann sinnvoll das Gespräch weiterführen kann, weil wir jetzt eine geteilte Realität haben, über die wir uns einig sind – jawohl, das sind die Fakten. Und dann geht es weiter. Wie geht es mir damit, wenn ich das sehe? Welche meiner Bedürfnisse sind zu kurz gekommen, um dann eben eine konkrete Bitte auszusprechen, wo ich den anderen um etwas BITTE, was meinen Bedürfnissen besser entspricht.

Im zweiten Schritt geht es darum, Gefühle zu erkennen und auszudrücken, Gefühle zu benennen ist etwas, was wir in unserer Kultur wenig lernen. „Emotionale Intelligenz“ ist meist nicht Teil unseres Bildungssystems, und deshalb vermischen wir ganz häufig was wir fühlen, mit dem, was wir denken. Beispiel: Ich fühle mich ausgenutzt, ich fühle mich verarscht, ich fühle mich ignoriert – das sind alles keine emotionalen Reaktionen. Sie beschreiben eher, was ich denke, was eine andere Person angeblich mit mir macht: Mich verarschen, mich ignorieren, mich ausnutzen. Mit anderen Worten: Es sind versteckte Vorwürfe, und nicht der Ausdruck einer emotionalen Reaktion. Das zu unterscheiden, ist auch ein wichtiger Faktor für eine gute, gelungene Kommunikation.

TN: Ganz kurz: Wie ist es jetzt mit „verletzt“?
KK: Kannst du deine Frage bitte parken, weil wir später noch darauf kommen, wenn wir zu den Schritten im Detail kommen? So viel vorweg: Wenn jemand das Wort „verletzt“ auf das Flipchart schreibt und jemand fragt: „Ist das ein Gefühl oder nicht?“, kann man das so nicht beantworten. Wir brauchen also den Kontext, den ganzen Satz. Denn wenn jemand sagt: „Du hast mich verletzt“, dann ist es kein Gefühl, wenn man sagt: „Ich fühle mich verletzt“, ist es ein Gefühl. Was der Unterschied ist, und warum das eine ein Gefühl ist, das andere nicht, erklären wir dann, wenn wir an dem Schritt sind, okay? Reicht das für den Moment?
TN: Ja.

KK: Im dritten Schritt geht es um den Kern von Konflikten: um die Bedürfnisse. Und hier besteht die Fähigkeit, die es gilt zu erwerben, darin, dass wir unterscheiden was sind die Bedürfnisse – abstrakt, allgemein-, und was sind die Wege, die Möglichkeiten, die Arten, wie wir versuchen, uns ein Bedürfnis zu erfüllen. Nicht alles, was anfängt mit: „Ich habe das Bedürfnis“ oder „Ich brauche“, ist ein Bedürfnis in dem Sinn, wie wir Bedürfnis hier definieren, sondern manchmal verwechseln wir auch die Bedürfnisse mit der Art und Weise, wie wir sie erfüllen. „Ich brauche jetzt einen Kaffee“, ist kein Bedürfnis. „Ich brauche hier mehr Klarheit und Orientierung“, wäre eines. Wie man die beiden unterscheidet, werden wir an der entsprechenden Stelle im Seminar üben.

Und im vierten Schritt geht es um sinnvolle, aussichtsreiche Bitten. Die meisten Bitten, die wir im Alltag stellen, sind nicht erfüllbar. Und dann ärgern wir uns, weil der andere nicht tut, worum wir ihn bitten. Dabei haben wir eine Bitte gestellt, die gar nicht erfüllbar ist. Ich gebe mal einen kleinen Vorgeschmack und stelle jetzt mal einige Bitten an euch, die alle sehr leicht zu erfüllen sind. Um der Erfahrung willen, macht es einfach mal, worum ich euch bitte, ok?

Meine erste Bitte: Nehmt mal bitte den Zeigefinger der rechten Hand und berührt einmal kurz eure Nasenspitze. Dankeschön. Eine zweite Bitte: Nehmt mal Daumen und Zeigefinger der linken Hand und fasst euch für drei Sekunden an das linke Ohrläppchen. Dankeschön. Meine dritte Bitte: für die nächsten sieben Sekunden respektiert mich mal bitte. (Einige lachen.) Macht's doch einfach mal! Hey, warum macht's denn keiner? – Ist es deutlich geworden, was der Unterschied zu den ersten beiden Bitten ist? Wenn ich die ersten beiden erfüllen möchte, weiß ich sehr genau, was ich tue. Bei der dritten Bitte stehen die Leute in der Regel auf dem Schlauch und sagen: „Was will der Typ von mir?“ Und ich habe schon eigenartige Dinge erlebt. Dass Leute plötzlich aufspringen, sich verbeugen, einen Namaste-Gruß machen (einige lachen), auf den Boden fallen vor mir. Alles, weil sie denken: „Vielleicht meint er das damit?“ Die Bitte: „Respektier' mich mal für sieben Sekunden“ lässt also vollkommen im Unklaren: Was möchte ich auf der Verhaltensebene jetzt, dass der andere tut oder sagt. Diese Bitte ist nicht erfüllbar. Aber das Bedürfnis nach Respekt, abstrakt und allgemein, ist ein wichtiges Bedürfnis. Alle Menschen wünschen sich Respekt. Als Bitte ist das jedoch vollkommen ungeeignet. Das werden wir uns auch noch vertieft anschauen: Was sind Kriterien für sinnvolle Bitten?

Dann sind wir einmal durch das Modell dieser vier Schritte durch, auf die wir sinnvollerweise unsere Aufmerksamkeit legen.

Und dann wenden wir uns der anderen Säule gelungener Kommunikation zu, nämlich den anderen hören, verstehen, in Kontakt damit gehen. Was bewegt den anderen Menschen? Um was geht es dem? Das ist die Kunst des Zuhörens. Und hier unterscheiden wir vier Arten oder vier Formen, wie wir eine Information aufnehmen können, zwei davon sind gut für das menschliche Miteinander, zwei weniger. Auch die werden wir uns noch genauer anschauen.

Hier angelangt, haben wir beide Säulen, die Aufrichtigkeit und das Zuhören behandelt.

Dann geht es darum, in lebendigen Gesprächen, einen sinnvollen Wechsel zwischen diesen beiden Aspekten einer gelungenen Kommunikation zu praktizieren. Wir werden euch ein Modell zeigen, das euch hilft, in Konfliktsituationen oder heiklen Gesprächssituationen so etwas wie einen roten Faden zu behalten, der es euch erlaubt, in jedem Moment klar zu sein: „Was will ich in diesem Augenblick? Möchte ich gehört werden? Bin ich bereit, mich dem anderen zuzuwenden und zu hören und zu verstehen, wo den anderen der Schuh drückt?“ Oder: „Sind wir in unserem gegenseitigen Verständnis jetzt so weit, dass es Sinn macht, über Lösungen zu reden, zu verhandeln, und dann eine Vereinbarung zu treffen: ‚So kriegen wir die Kuh vom Eis‘, ‚So kriegen wir etwas hin, was den Bedürfnissen aller Beteiligten bestmöglich entspricht‘?“ Dann werdet ihr Gelegenheit bekommen, das auszuprobieren, mit Unterstützung, in kleinen Gruppen, in Form von Rollenspielen, sodass ihr mal einen Testlauf habt und versuchen könnt umzusetzen, was ihr bis dahin verstanden habt.

Danach zeigen wir euch noch, wie man sinnvollerweise – aus Sicht dieses Modells – mit Ärger umgehen kann. Und schließlich gibt es noch ein, zwei Kleinigkeiten als Input, und dann sind wir auch schon am Ende des Seminars angelangt.

Soweit also der Seminarfahrplan, der Ablauf, was wir vorhaben mit euch. Gibt es im Moment Fragen oder irgendetwas, wo ihr sagt: „Mensch, das steht da nicht drauf, und extra deswegen sitze ich doch jetzt hier?“

TN: Ich habe eine Frage. Ist dieser Ablauf für heute gedacht?
KK: Nein, das ist der Ablauf für alle drei Tage.

Unsere Werte im Umgang miteinander

KK: Ok. Dann steigen wir mal ein. Als erstes, wie angekündigt, würde ich gerne mit euch sammeln, nochmal etwas genauer als im Gästebuch bereits beschrieben: Worauf legt ihr denn Wert im Umgang miteinander? Und ruft mir bitte einfach mal zu, was bei euch auftaucht, wenn ihr euch die Frage stellt: „Wie möchte ich denn gerne, dass andere Menschen mich behandeln?“ Oder: „In welcher Qualität möchte ich, dass andere Menschen mir begegnen?“ Und was immer euch einfällt, ruft es mir zu, und ich notiere es hier auf dem Flipchart.

Übung
Bitte nehmen Sie sich ein Blatt Papier und schreiben Sie alle Ideen und Gedanken auf, die Ihnen einfallen, wenn Sie eine dieser beiden Fragen beantworten:

Wie möchte ich, dass andere Menschen mich behandeln?

Wie und in welcher Qualität möchte ich, dass andere Menschen mir begegnen?

TN: Mit möglichst wenig Vorurteilen.
KK: Und jetzt hast du beschrieben, was du NICHT möchtest, nämlich keine Vorurteile. Welche Qualität hätte das, wenn du das positiv formulierst? Wenn es keine oder wenig Vorurteile gibt?
TN: Vorurteilsfrei.
KK: Genau. Und das ist natürlich eine geschickte Art, wieder zu sagen „Ohne Vorurteile“. (Einige lachen.) Gibt es eine positive Formulierung?
TN: Offenheit. Offen.
KK: Offen, ja. Offen gibt es in zwei Qualitäten. Nämlich einmal offen im Sinne von: Ich teile offen etwas von mir selber mit. Und dann gibt es die Offenheit für andere Menschen, die mir gerade begegnen. Das wäre also ein Begriff, den viele Leute dafür verwenden. Worauf legt ihr noch wert?
TN: Respektvoll.
KK: Respektvoll.
TN: Wertschätzend.
KK: Mhm, wertschätzend.
TN: Einfühlsam.
KK: Einfühlsam.
TN: Ehrlich.
KK: Ehrlich. Manche nennen das auch aufrichtig, das schreibe ich mal mit dazu.
TN: Situationsangemessen, also dass man nichts vermischt.
KK: Mhm.

TN: Ich weiß nicht, wie ich es sagen soll, aber nicht abgelenkt, sondern mit Zeit, dass man Zeit mitbringt.
KK: Mit genügend Zeit und Aufmerksamkeit für mich und meine Anliegen?
TN: Ja.
KK: Schönes Beispiel, um zu sehen, ich schreibe nicht nur Ein-Wort-Begriffe auf, sondern wenn ihr sagt, die Qualität kann ich nur in einem ganzen Satz formulieren – herzlich gerne.
TN: Mit Verständnis.
KK: Mhm.
TN: Freundlich, nett.
KK: Freundlich, mhm.
TN: Liebevoll.
TN: Interessiert.
KK: Mhm. Und interessiert an was?
TN: Am Gegenüber.
KK: Also an mir?
TN: An dem Menschen, genau.
KK: Also unter der Frage; „Wie möchte ich, dass andere mir begegnen?“, sagst du: „Interessiert an mir als Mensch“, ja?
TN: Mhm, genau.
KK: Ich habe deshalb nachgefragt, weil es wäre ja auch ein Ausdruck von Interesse: „Hey, wo hast'n die Schuhe gekauft? Und was haben die gekostet?“ Das ist ja auch „mit Interesse“, aber so hat er eigentlich was anderes im Blick gerade.
TN: Wohlwollend.
KK: Mhm.
TN: Friedvoll.
TN: Empathisch.
KK: Empathisch.
TN: Ohne Hintergedanken, also nicht berechnend.
KK: Hier beschreibst du, was du nicht möchtest. Wie wäre das positiv formuliert, die Qualität?
TN: Selbstlos? Nein.
KK: Ohne Hintergedanken klingt für mich wie transparent oder offen, alle Karten auf den Tisch. Ist das die Qualität?
TN: Ja, authentisch?
KK: Authentisch?
TN: Ja.
KK: Manche nennen das auch echt. (Einige stimmen durch „Mhm“ zu.)
KK: Gibt es jemand unter euch, der fair behandelt werden möchte oder gerecht behandelt werden möchte. (Einige stimmen durch „Mhm“ und „Ja“ zu.)
KK: Ja, etliche nicken. Eines, was ich auch häufig höre und über das ich gerne wüsste, ob das auf jemand von euch zutrifft: Gibt es jemand, der sagt: „Mir ist wichtig, dass mir Menschen gleichwertig begegnen?“ Manche nennen das „sich auf Augenhöhe begegnen“? (Einige stimmen durch „Mhm“ zu.)
TN: Mit Humor.
KK: Mit Humor.

TN: Also es geht natürlich nicht jedes Mal – vielleicht: mit einem Lächeln?
KK: Mhm. Manche würden vielleicht auch sagen, ein bisschen Leichtigkeit.
TN: Und auch so, dass man mich meint, also dass man mich wirklich meint.
KK: Sagst du es nochmal?
TN: Dass man mich wirklich meint als Gegenüber.

KK: Ja. Gut, das soll mal reichen. Wenn wir länger darüber nachdenken, wird uns noch das eine oder andere einfallen, bei dem ihr sagt: „Das wäre auch schön oder wichtig." Wenn man diese Liste anschaut und sich überlegt: „Aha, so hätte ich das gerne, dass andere Leute mir begegnen", was glaubt ihr, ist die Voraussetzung Nummer 1, dass andere Leute Lust haben und motiviert sind, mir so zu begegnen.

TN: Dass ich ihm auch so begegne.

KK: Ja genau, das leuchtet den meisten Menschen unmittelbar ein. So was funktioniert nur auf Gegenseitigkeit. Wenn ich sage: „Ich hätte gerne, dass Leute mir freundlich begegnen", aber ich mache jeden runter, der mir über den Weg läuft, dann verlieren andere Leute ganz schnell die Motivation und die Lust, mir in dieser Qualität zu begegnen. Nun ist alles, was wir hier gesammelt haben, abstrakt. Das Lächeln ist das Einzige, was hier beobachtbar ist. Es sind abstrakte Wertbegriffe. Und deshalb bleibt jetzt die wichtige Frage: Wenn ich mich um diese Qualität bemühe, was mache ich denn dann genau? Wie geht das? Auf der Verhaltensebene: Wie sieht das aus? Und wenn ich meinen Mund aufmache, welche Worte und Sätze kommen aus meinem Mund, wenn ich mich um diese Qualität im Miteinander bemühe? Und darum wird es im Wesentlichen gehen in diesem Seminar, dass wir euch Werkzeug geben, dass ihr diese Haltung, wenn ihr sie einnehmt, auch so leben könnt, dass andere Leute das mitkriegen und sagen: „Ah ja, ich erlebe gerade, dass mir jemand in dieser Qualität begegnet."

Definitionen für: Problem, Konflikt, Gewalt

KK: Jetzt geben wir euch drei Arbeitsdefinitionen, wie schon gesagt, ohne den Anspruch, es gäbe so etwas wie eine richtige Definition, aber wir halten diese Definitionen für sinnvoll im Rahmen unseres Themas. Dann haben wir eine gemeinsame Grundlage für die Fragen: „Was verstehen wir unter Problem?" „Wie definieren wir Konflikt?" Und: „Was meinen wir, wenn wir den Begriff ‚Gewalt' verwenden?"

Probleme und Konflikte betrachten wir auf eine Art und Weise, die erst einmal auf der Sichtweise beruht, dass Probleme und Konflikte subjektiv sind, persönlich. Wir glauben nicht, dass es so etwas gibt, wie objektive Probleme. Das ist natürlich nicht jedermanns Sprachgebrauch. Es gibt immer wieder Leute, die sagen: „Aber natürlich gibt es auch objektive Probleme." Wenn man sagt: „Kannst du mal ein Beispiel nennen", sagen sie: „Die Flüchtlingskrise, die Umweltverschmutzung, Klimaveränderung, die Ölkatastrophen im Golf von Mexico, das Ozonloch – das ist doch nichts Persönliches, das ist doch eine Tatsache!" Ja, natürlich ist das Ozonloch eine Tatsache. Tatsachen per se sind aber noch kein Problem. Eine Tatsache wird erst zum Problem, wenn es mindestens ein Lebewesen gibt, und ich beschränke mich hier mal auf Menschen, also wenn es mindestens einen Menschen gibt, der sagt: „Das gefällt mir aber nicht, dass die Tatsachen so sind, wie sie sind." Das ist der sogenannte „Problembesitzer". Natürlich können zu einer Tatsache auch viele Menschen sagen: „Da reibe ich mich dran, das hätte ich gerne anders." Das Ozonloch ist ein Fakt, das kann man messen. Das macht es aber noch nicht zu einem Problem. Wenn alle Leute sa-

Arbeitsdefinitionen

Probleme und Konflikte sind immer personenbezogen / subjektiv

Was ist ein Problem?
Eine Situation, in der ein wichtiges Bedürfnis zu kurz kommt, und ich nicht weiß, wie ich es erfüllt bekommen kann.

Was ist ein Konflikt?
Zwei wichtige Bedürfnisse, die (wenigstens scheinbar) nicht miteinander vereinbar sind.

Was verstehen wir unter Gewalt?
- jeder Versuch, andere Menschen (auf der Basis meiner Bewertungen) zu bestrafen.
- jeder Versuch meine Bedürfnisse zu erfüllen, ohne Rücksicht auf die Bedürfnisse anderer

gen: „Ja und, juckt mich nicht" – wer hat dann noch ein Problem damit? Dann haben wir immer noch ein Ozonloch, aber keinen stört es. Also, es muss sich jemand daran reiben. Jemand muss sagen: „Da kommen wichtige Bedürfnisse bei mir zu kurz", damit das neben der Tatsache auch als Problem erlebt wird. Vor diesem Hintergrund schlagen wir vor, „Problem" so zu definieren: Eine Situation, in der ein wichtiges Anliegen zu kurz kommt oder gar nicht erfüllt ist, und im Moment weiß ich nicht, wie ich das erfüllt bekomme. Mit „wichtig" ist gemeint, es muss etwas sein, auf dessen Erfüllung ich nicht leichten Herzens verzichten kann. Wenn ich sage: „Ach, ich hätte jetzt gern eine Butterbrezel – keine da, macht auch nichts." Dann erlebe ich das nicht als Problem. Es wird erst als Problem erlebt, wenn ich sage: „Mann, ich will jetzt aber eine haben! Wo kriege ich eine her?!" Erst dann wird es als Problem erlebt. Unangenehme Gefühle sind also ein wichtiger Bestandteil, dass man überhaupt realisiert, dass es hier ein Problem gibt. Wenn wir übrigens wissen, wie es erfüllt wird, sprechen in unserer Erfahrung die meisten Menschen nicht mehr von einem Problem, sondern von einer Aufgabe. „Ist gerade keine Brezel da, ich weiß, wo ich eine kriege, unten beim Bäcker, muss ich nur noch runter gehen und sie holen", erleben die meisten Menschen nicht als Problem, sondern sagen: „Okay, es gibt halt noch etwas zu tun."

Im Gegensatz zu einem Problem, bei dem es reicht, dass ein Anliegen zu kurz kommt, brauchen wir bei einem Konflikt immer zwei Anliegen. Bei unserer Konfliktdefinition, so wie wir sie hier anbieten, wäre es ein Konflikt, wenn zwei wichtige Bedürfnisse, die – zumindest scheinbar – für den Moment nicht miteinander vereinbar sind. Wenn sich später herausstellt: „Ja, das war ja nur scheinbar so, dass sie nicht vereinbar sind, die sind ja wunderbar vereinbar", löst sich der Konflikt auf. Auch hier gilt: es müssen zwei wichtige Bedürfnisse sein, das heißt, keiner, der ein solches Bedürfnis hat, kann leichten Herzens auf die Erfüllung seines Bedürfnisses verzichten. Ob die beiden Bedürfnisse, die gerade scheinbar nicht miteinander vereinbar sind, in einer Person liegen oder in zwei, macht für die Definition „Konflikt" keinen Unterschied. Das eine nennt man „innerer Konflikt": „Ah, ich würde ja noch ein halbes Stündchen liegen bleiben, aber ich möchte auch pünktlich in der Arbeit sein, aber das Bett ist so gemütlich" – das ist ein innerer Konflikt. Äußerer Konflikt heißt, beide Bedürfnisse liegen in zwei Personen. Wenn ich zu Rieke sage: „Du, heute kommt der neue Film mit Clint Eastwood, ich würde gern um 16.00 Uhr mit dir ins Kino gehen, gehst mit?" Rieke: „Ach nee, ich mag nicht. Ich würde lieber ein bisschen spazieren gehen." „Oh ja, okay, dann lass uns spazieren gehen." Wenn ich in dem Moment so problemlos von meinem Anliegen, von meinem Wunsch Abstand nehmen kann, dann wird das nicht als Konflikt erlebt. Dann gehe ich nicht morgen zu Sandra und sage: „Du Sandra, stell dir vor, ich hab mit Rieke gestern einen Konflikt gehabt. Aber ich bin so stolz, weil wir haben ihn in drei Sekunden gelöst." (Einige lachen.) Es wird überhaupt nicht als Konflikt erlebt, es war nicht so wichtig. Um einen Konflikt handelt es sich, wenn sich beide Seiten hart damit tun, ihren Wunsch loszulassen.

Was verstehen wir unter „Gewalt"? Unter „Gewalt" verstehen wir alles, was eines der folgenden beiden Kriterien erfüllt: a) Jeder Versuch, einen anderen Menschen zu bestrafen. Dies geschieht immer auf der Grundlage der Denke: Was der andere macht ist böse oder falsch, der hat eine Strafe verdient. Jeden Impuls, einen anderen Menschen zu bestrafen, definieren wir als Gewalt. Zweites Kriterium, b), was für sich alleine auch ausreicht, dass wir das „Gewalt" nennen würden, ist jeder Versuch, meine eigenen Bedürfnisse zu erfüllen, ohne Rücksicht auf die Bedürfnisse anderer Menschen. Wenn ich sage: „Das ist das, was ich will; was andere Leute wollen, ist mir EGAL!", dann würden wir sagen: „Das ist Gewalt." Also ihr seht, das ist eine sehr weite Definition von Gewalt. Nicht jeder wird Gewalt so weit definieren, aber das ist unser Verständnis in der Gewaltfreien Kommunikation. Und davon abgeleitet, bedeutet „Gewaltfreie Kommunikation": a) Ich enthalte mich jedes Impulses, einen anderen Menschen zu bestrafen und b) ich nehme die Bedürfnisse und Anliegen anderer Menschen genauso ernst, wie meine eigenen. Das bedeutet nicht, ich bin verpflichtet, diese Bedürfnisse zu erfüllen, aber ich bin bereit, diese Bedürfnisse zu hören, zu verstehen und ernst zu nehmen.

Ich hoffe, die Definitionen, die wir euch hier anbieten, machen soweit Sinn, dass ihr sagt, ich bin bereit, mal durch diese Brille zu schauen, auch wenn ich es persönlich bisher oder auch in Zukunft etwas anders definiere. Gibt es dazu irgendeine Frage?

TM: Gilt das dann auch bei Nicht-Kommunikation? Ist es auch Gewalt, wenn ich versuche, andere Menschen auf der Basis meiner Bewertungen zu bestrafen? Wenn, sagen wir mal, ein Vater mit einem Kind längere Zeit nicht spricht, weil das irgendetwas gemacht hat, was ihm widerstrebt hat.
KK: Der entscheidende Punkt ist die Motivation. Wenn ich sage: „Du wirst schon sehen, was du davon hast, ich rede nicht mehr mit dir." Also wenn ich das tue als Impuls, habe ich ein Urteil über das, was mein Kind gemacht hat, und ich finde, das hat es verdient, dass ich jetzt eine Zeit lang nicht mit ihm rede, dann würde man in der Gewaltfreien Kommunikation sagen, das ist eine Form von Strafe, und das würden wir als Gewalt definieren.
TN: Dann wäre ja fast jedes Grenzen setzen in der Erziehung eigentlich Gewalt?
TN: Wenn ich durchsetze, dass meine Tochter aufräumt, ja, dann wende ich dann ja eigentlich Gewalt an, weil ihr Bedürfnis ist es gewiss nicht.
KK: Das Entscheidende ist an dieser Stelle nicht, dass ich verpflichtet bin, die Bedürfnisse anderer zu erfüllen, sondern das Entscheidende ist meine Motivation, die meinem Handeln zugrunde liegt. Wenn ich denke: „Mein Kind macht etwas falsch und deshalb hat es verdient, dass ich so reagiere", das würden wir als Gewalt definieren. Aber natürlich bin ich in der Lage, auch frei zu entscheiden, was tue ich, was für mich unverzichtbar ist, um mir meine eigenen Bedürfnisse zu erfüllen. Wenn ich das tun kann, ohne Urteile über andere Menschen zu hegen, dann ist das eine Konsequenz. Wenn ich zu Rieke sage: „Ich würde heute gerne mit dir ins Kino gehen, gehst du mit?" Und sie sagt: „Nein", dann bin ich durchaus frei zu sagen: „Okay, dann gehe ich alleine", oder ich rufe einen Freund an und frage, ob der mitgeht. Und wenn sie sagt: „Hey, bestrafst du mich jetzt?", dann sage ich: „Nein, ich möchte nur gern ins Kino gehen. Du hast keine Lust und du hast alles Recht der Welt, was anderes zu tun, und ich bin frei zu entscheiden, ob ich jetzt alleine ins Kino gehe oder mit jemand anderem." Das hat nichts mit Strafe zu tun. Aber natürlich

könnte meine Motivation sein, dass ich sage: „Okay, wirst schon sehen, was du davon hast, dann rufe ich jetzt den Hans an." Dann ist meine Motivation, ich will ihr was heimzahlen oder ich denke, was sie macht, das gehört sich nicht, so kann man in einer Partnerschaft nicht miteinander umgehen. Das heißt, ich habe ein Urteil über das, wie sie sich verhält. Und alles, was ich aufgrund dieses Urteils entscheide zu tun, das würde man als Strafe definieren, weil es aus dieser bestimmten Haltung kommt und aus dieser bestimmten Art zu denken. Wir werden später noch einmal darauf eingehen, ein bisschen genauer, was der Unterschied ist zwischen Strafe und Konsequenz. Strafe wird nicht dadurch zur Konsequenz, dass man das Wort wechselt, sondern es ist eine Frage der inneren Motivation, der Haltung, der Absicht, die ich verfolge. Und natürlich gibt es viele Leute, die sagen: „Nein, das ist keine Strafe, nur eine Konsequenz." Aber wenn ich Urteile habe über die andere Person, dann ist es in unserem Verständnis eine Strafe.

TN: Aber manchmal kommt es doch bei dem anderen so an, wie wenn es eine Strafe ist, obwohl man das gar nicht möchte. Dann muss ich da nochmal nachfragen, was in ihm vorgeht, oder?

KK: Ich muss nicht, aber ich kann. Und es lehrt uns auch ein Stück Demut zu verstehen, ich bin verantwortlich für meine Motivation, für meine Haltung, aus der heraus ich handele, und es gibt keine Garantie, dass der andere mir diese Haltung abnimmt.

TN: Genau das finde ich so schwierig.

KK: Da stimme ich zu. Ich kann natürlich die Chancen verbessern, indem ich mich auf eine Art und Weise ausdrücke, auf eine Art und Weise kommuniziere, die die Chancen möglichst groß macht, dass der andere versteht. „Was ist meine Motivation, aus der heraus ich handele und etwas sage?" Eine Garantie darüber gibt es allerdings nicht. Es gibt Menschen, die können in einen Stein, der auf dem Weg liegt, einen Vorwurf hineinlesen. Das liegt nicht in unserer Hand. Insofern erfordert „Gewaltfreie Kommunikation" im Alltag zu praktizieren, dass wir einen Spagat hinkriegen, einerseits zu verstehen, dass wir machtvoll sind jenseits unserer wildesten Vorstellungen. Weil die Art, wie wir uns verhalten, die Haltung, die wir einnehmen, ausstrahlt und Einfluss hat auf das, wie andere Leute sich verhalten. Und hier haben wir mehr Möglichkeiten, als wir uns in unseren wildesten Träumen vorstellen können. Und gleichzeitig andererseits, und das ist der Spagat, gilt es, die Demut zu behalten, dass wir NULL Kontrolle über das Verhalten anderer Menschen haben. Und auch nicht über das, wie sie denken und wie sie etwas interpretieren.

Es gibt eine Geschichte, die erzählt, dass eine Mutter ihrem Sohn zu Weihnachten immer zwei Hemden schenkt, über Jahrzehnte, immer das gleiche. Weihnachten kommt wieder, zwei Hemden liegen da, der Sohn sagt: „Mutti, vielen Dank, schöne Hemden, ich freu mich." Dann sagt die Mutter: „Na, dann zieh sie doch mal an!" – „Ja, gerne", sagt er und zieht das erste Hemd an, worauf sie sagt: „Das andere gefällt dir wohl nicht?" (Einige lachen.) Es gibt Situationen, in denen es außerhalb unserer Kontrolle liegt, wie andere Leute interpretieren, was wir tun oder sagen. Chancenverbesserung liegt in unserer Hand, Kontrolle nicht.

TN: Wegen diesem Bestrafen als rechtmäßige Handlungsweise: Das liegt so tief in unserer Kultur, also angefangen von der Schule mit der Benotung, Nachsitzen, Verweis, bis zum ganzen juristischen System. Ich weiß nicht, ob jemand freiwillig 30 in der 30er-Zone fahren würde, wenn es für die Geschwindigkeitsüberschreitung keine Geldstrafe gäbe. Es ist ganz schwer herauszukriegen, ob es in der Erziehung auch mal gut sein kann für das Kind, es auch mal zu bestrafen.

KK: Wir sehen das so: Es ist für Kinder NIE gut, wenn sie bestraft werden. Wer das behauptet, lügt sich in die Tasche. Aber Kinder brauchen natürlich Führung. Es gibt Führung ohne zu bestrafen. Und gesamtgesellschaftlich, wenn du sagst: „Naja, wer würde sich an eine Geschwindigkeitsbeschränkung halten, wenn es nicht mit Strafe bedroht ist?" Grundsätzlich gilt, Regeln oder Gesetze, die wir machen, wurzeln, wenn sie sinnvoll sein sollen, in menschlichen Bedürfnissen. Es macht wenig Sinn, und für das menschliche Zusammenleben ist es nicht sehr effektiv, wenn wir mit dem Auto fahren und an jeder Kreuzung anhalten, uns mit anderen Autofahrern austauschen und reden müssen, wer darf zuerst fahren. Da sagt man: „Hey, das ist so aufwändig und die Situation kommt so häufig vor, können wir die nicht ein für alle Mal regeln?" Dann macht es das einfacher. Also das Bedürfnis nach Effizienz führt dazu zu sagen: „Wir finden eine Re-

gel, und an die halten wir uns auch noch, weil sie Sinn macht." Eine Regel, die nicht mehr in einem Sinn wurzelt und die Menschen nicht mehr verstehen, welche Bedürfnisse erfüllt es, wenn wir uns an diese Regel halten – die ist das Papier nicht wert, auf dem sie geschrieben ist. Und dann fehlt es in der Regel auch an der Motivation. Es gibt ein Experiment, das das deutlich macht. Da hat man an einer Strecke an der Autobahn, wo es bisher keine Geschwindigkeitsbeschränkung gab, ein Schild aufgestellt „Geschwindigkeitsbeschränkung 100". Das hat man eine Woche stehen lassen und in dieser Zeit wurde gemessen, wie viele Autofahrer halten sich daran? Dann hat man es abgebaut, vier Wochen später hat man an der gleichen Stelle das gleiche Schild wieder hingestellt mit einem Zusatz „Lärmschutz". Das heißt, man hat zumindest rudimentär das Bedürfnis offengelegt, warum man möchte, dass die Leute hier maximal 100 fahren. Der Prozentsatz der Menschen, die sich diesmal daran gehalten haben, war eklatant höher. Wenn Menschen nicht mehr wissen, welchen Bedürfnissen dient das, wofür ist das gut, warum macht das jemand, warum möchte jemand, dass ich mich so verhalte, dann ist die Bereitschaft, sich daran zu halten, eben nicht sehr groß. Und dann behilft man sich manchmal, in dem man sagt: „Hey, da gibt's dann aber einen Strafzettel, und der kostet Geld." Damit wird jede Menge Manpower und menschliche Ressourcen für Kontrolle verpulvert. Das geht von der Produktivität ab. Und, jawohl, es gibt natürlich Strukturen, die nicht ruckzuck einfach mal so zu verändern sind, weil sie eben in der Art und Weise, die wir gewohnt sind, schon sehr lange existieren. Wir entwickeln Muster, wie wir uns verhalten, die geprägt werden von diesen Strukturen. Und dann ist es manchmal ein langer Prozess, sich aus diesen Strukturen von Gewalt zu befreien.

Kommunikationsmuster in Konflikten

KK: Kommunikation ist nun etwas, worüber man sich, wenn es gut läuft, in der Regel keine großen Gedanken macht, dann grübelt man nicht nach. Ich kenne kaum Leute, die sagen: „Hey, ich versteh das nicht. Warum ist denn das jetzt so gut gelaufen? Ich kapier das echt nicht!", sondern dann genießt man es einfach, wenn es toll und zu unserer Zufriedenheit läuft. Kommunikation ist etwas, worüber wir in der Regel nachdenken, wenn etwas nicht zufriedenstellend läuft, wenn es irgendwo klemmt. Und deshalb, damit wir Stoff haben, mit dem wir arbeiten können, möchte ich, dass ihr jetzt mal darüber nachdenkt: „Was könnt ihr denn nicht leiden?" „Worüber regt ihr euch denn auf, wenn andere Leute sich wie verhalten?" Und dazu bitte ich euch, dass ihr mir eure Gedanken unter dem Aspekt zuruft: „Ich mag überhaupt nicht ..." Oder: „Ich rege mich auf, wenn jemand ..." Es geht dabei um menschliches Verhalten. Man kann sich nämlich auch über das Wetter aufregen, aber das zählt jetzt nicht.

Übung
Bitte nehmen Sie sich ein Blatt Papier und schreiben Sie alle Ideen und Gedanken auf, die Ihnen einfallen, wenn Sie eine dieser beiden Fragen beantworten:

Welches Verhalten anderer Menschen stört mich?

Ich rege mich auf, wenn jemand ...?

TN: Unehrlichkeit.
KK: Wenn jemand unehrlich ist, ja?
TN: Mhm.

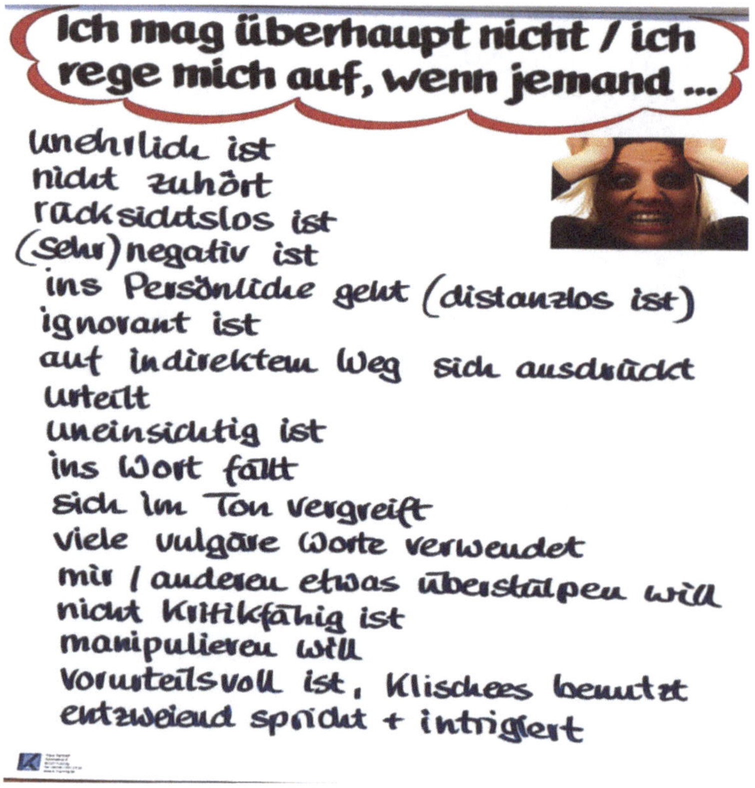

TN: Nicht zuhört, unterbricht.
KK: Nicht zuhört.
TN: Rücksichtlos.
KK: Rücksichtslos ist.
TN: Wenn jemand sehr negativ ist.
KK: Wenn du sagst, sehr negativ ist, also negativ darf er sein, aber nicht sehr? Sehr setze ich in Klammern, es gibt schon Leute, die regen sich auf, wenn jemand negativ ist.
TN: Ins Persönliche gleich geht – ohne Distanz, distanzlos.
KK: Ins Persönliche geht. Und der zweite Begriff war „distanzlos ist".
TN: Wenn jemand ignorant ist.
KK: Ignorant.
TN: Arrogant.
TN: So auf indirektem Wege sagt, was besser für mich ist.
KK: Mhm. Kann ich schreiben „sich auf indirektem Weg ausdrückt"?
TN: Mhm. Aber vor allem später das Beurteilen.
KK: Wenn jemand urteilt?
TN: Ja.
TN: Wenn jemand uneinsichtig ist.
KK: Uneinsichtig ist.
TN: Ins Wort fällt.
KK: Ins Wort fällt.
TN: Sich im Ton vergreift.
KK: Sich im Ton vergreift.
TN: Beleidigt.
TN: Viele vulgäre Wörter verwendet.
TN: Mir etwas überstülpen will.
KK: Mir etwas überstülpen will.
TN: Oder auch anderen. Quasi die Meinung aufzwingen will.
TN: Wenn jemand nicht kritikfähig ist.
KK: Wenn jemand nicht kritikfähig ist.
TN: Wenn jemand manipulieren will.
TN: Wenn jemand vorurteilsvoll ist, so Klischees bedient – klischeehaft.
KK: Klischees benutzt.
TN: Wenn jemand entzweiend spricht oder intrigiert.

KK: Gut, das soll mal reichen, um euch in Kontakt damit zu bringen, dass es Situationen im Leben gibt, in denen Menschen mal etwas tun, was einem nicht passt.

Es gibt eine statistische Auswertung von Gästebüchern. Die Werte, die dort am häufigsten über Jahre hinweg genannt werden, sind Aufrichtigkeit oder Ehrlichkeit. Sie tauchen in der Regel in der Liste der Werte auch immer weit oben auf.

Und deshalb geben wir euch jetzt die Gelegenheit, eine Bestandsaufnahme zu machen und mal ehrlich zu sein. Erinnert euch bitte an zwei, drei Situationen in euerm Leben, in denen jemand etwas getan oder sich auf eine Art und Weise verhalten hat, die euch gar nicht passt. Versetzt euch in Gedanken jetzt in diese Situation und dann sagt: „Okay, das sag ich dem jetzt aber mal!" Dann schreibt ihr bitte Wort für Wort auf, wie ihr jemanden ansprechen würdet, der sich auf eine Art und Weise verhält, die euch nicht passt, und ihr dabei die Absicht habt, diese Person dazu zu bringen, dass sie ihr Verhalten ändert. Das wäre Teil 1 der Bestandsaufnahme. Die Bestandsaufnahme besteht aus zwei Teilen. Teil 1 ist eine Einzelarbeit. Auf dem Flipchart findet ihr eine Reihe von Situationen, die wir hier bereits gesammelt haben. Im Seminarmanuskript findet ihr Situationen, die wir in früheren Seminaren gesammelt haben. Für den Fall, dass euch keine Situation aus eurem Leben einfällt, werdet ihr dort sicher fündig. In der nächsten Übung habt ihr Gelegenheit, aufzuschreiben: „Wie würde ich die Person jetzt ansprechen?" Es gibt Kurzformen, wie z. B. zu sagen: „DU IDIOT." Damit können wir nicht gut arbeiten, weil da einfach zu wenig „Fleisch am Knochen ist". Deshalb bitten wir euch, bei der Formulierung: „Wie spreche ich die Person an", darauf zu achten, dass diese drei Informationen enthalten sind: 1. Wie fühle ich mich, wenn sich jemand so verhält? Was ist meine emotionale Reaktion? 2. Den anderen wissen zu lassen, was hat er denn gemacht, was mich stört? 3. die Information: Was möchte ich, dass diese Person tut? Welche BITTE habe ich an die Person?

Nehmen wir mal an, ich hatte gerade Geburtstag, von Tom habe ich weder eine Karte, noch einen Anruf erhalten, und ich merke, das macht emotional was mit mir, jetzt will ich ihn daraufhin ansprechen, und ich würde jetzt das Muster in den Unterlagen verwenden, dann würde ich anfangen, ihm zu sagen: „Du, Tom, ich fühl mich total vernachlässigt von dir, weil du meinen Geburtstag vergessen hast. Und ich möchte schon, dass du unsere Freundschaft ein bisschen mehr pflegst."

Damit hätte ich mich an das Muster gehalten, was wir euch hier vorgegeben haben. Wie fühle ich mich? Ich fühle mich vernachlässigt! Was hast du denn gemacht? Du hast meinen Geburtstag vergessen! Welche Bitte habe ich an dich? Dass du unsere Freundschaft etwas mehr pflegst. Für diejenigen, die sich mit „Gewaltfreier Kommunikation" schon beschäftigt haben und sagen: „Mhm, das Muster ist mir jetzt zu eng, ich habe da schon was anderes gelernt", blättern bitte in den Unterlagen um. Da könnt ihr „frei Schnauze" formulieren. Aber bitte darauf achten, dass in der Art, wie ihr euch ausdrückt, mindestens diese drei Informationen enthalten sind. Einmal, wie fühle ich mich? Zweitens: Was hat die andere Person gemacht, was mich stört? Drittens: Welche Bitte habe ich an diese Person?

Übung
Bitte erinnern Sie sich jetzt an einige Situationen in Ihrem Leben, in denen Sie sich über das Verhalten einer anderen Person geärgert haben. Was genau würden Sie dieser Peron sagen, wenn Sie sie ansprechen? Bitte nehmen Sie sich ein Blatt Papier und schreiben Sie einige dieser Formulierungen auf. Benutzen Sie dabei dieses Schema:

Ich fühle mich … (beschreiben Sie Ihre emotionale Reaktion)

Weil du/Sie …. (beschreiben Sie, was diese Person gemacht hat)

Und ich möchte, dass du/Sie … (was möchten Sie, dass diese Person jetzt tut?)

Wenn ihr das als Einzelarbeit fertig habt, sucht euch bitte ein Gegenüber, jemand, der auch gerade fertig geworden ist mit Teil 1, für eine Bestandsaufnahme. Schaut euch um, wer ist gerade fertig geworden, und tut euch zu zweit zusammen. Dann sucht ihr euch die Liste mit den Sätzen heraus (bitte ein paar Seiten weiter blättern, wo die Liste ist) und sucht euch von der Liste fünf Sätze aus, die euch jemand in Form eines Vorwurfs, Kritik, Angriff, Jammern, Klagen, Beschuldigung, was immer dort steht, an den Kopf werfen könnte. Und euer Job ist jetzt, darauf zu reagieren. Das heißt, ihr sucht euch fünf Sätze heraus und kreuzt sie an. Dann gebt ihr eurem Partner die Nummer des Satzes und sagt: „Sag mir mal bitte den Satz Nummer 23", oder den Satz Nummer 1 oder den Satz Nummer 14. Dann versetzt sich die andere Person, so gut es geht – auch emotional – in eine solche Situation und sagt euch diesen Satz und ihr reagiert darauf spontan. Ihr sagt also was auch immer euch spontan kommt. Erst nachdem ihr reagiert habt, schreibt ihr eure Reaktion auf. Bitte nicht vorher aufschreiben „Was würde ich da sagen?", sondern auf den Satz direkt reagieren, im Augenkontakt, und anschließend erst eure Reaktion aufschreiben. Rieke und ich demonstrieren euch das mal: (szenische Darstellung)

KK: Ich sage ihr jetzt: „Sagst du mal bitte den Satz 1 zu mir."
FK: Du bevormundest mich dauernd! Ich weiß selber, was ich zu tun habe!
KK: Ach, Rieke, ich hab dich nicht bevormundet. Ich hab dir lediglich einen Tipp gegeben. Aber wenn du nicht willst, lass ich es halt sein (gekränkter Tonfall).

So, und jetzt schreibe ich wörtlich auf: „Ach Rieke, ich hab dich nicht bevormundet. Ich hab dir lediglich einen Tipp gegeben. Aber wenn du nicht willst, dann lass ich es halt sein." – Nachdem ihr das aufgeschrieben habt – zum nächsten Satz gehen. Ob ihr das abwechselnd macht oder jemand seine fünf Sätze durchmacht, dann die andere Person dran ist, das spielt keine Rolle. Und wenn ihr die zehn Sätze habt, fünf für jeden, wenn ihr die Reaktionen ausgetauscht und aufgeschrieben habt, dann ist Pause. Die Zeit für die Übung ist circa eineinhalb Stunden.

Teil 1 Einzelarbeit, zwei, drei Situationen – siehe Seite vorher. Teil 2 fünf Sätze, auf die ihr reagieren wollt, die ihr euch selber aussucht – siehe folgende Seite. Wenn ihr zwischendrin sagt: „Hä? Jetzt weiß ich nicht mehr, was wir als Nächstes machen sollen", fragt uns.

Übung
Suchen Sie sich einige der Sätze auf den folgenden Seiten aus, die Ihnen so oder in ähnlicher Form bekannt vorkommen oder so interessant für Sie sind, dass Sie einmal ausprobieren wollen, wie Sie darauf reagieren können. Wenn Sie einen Partner für diese Übung haben, lassen Sie sich diesen Satz (ruhig auch mit emotionaler Färbung) sagen.

Wenn Sie diese Übung alleine machen, dann stellen Sie sich (so lebendig wie möglich) eine Situation vor, in der jemand diesen Satz zu Ihnen sagt.

Schreiben Sie dann Ihre Reaktion wörtlich auf.

1.	Du bevormundest mich dauernd. Ich weiß selber, was ich zu tun habe!
2.	Nun seien Sie doch mal ehrlich! Das glauben Sie doch selbst nicht, dass das klappt.
3.	Jetzt halt dich da mal raus. Du musst immer zu allem deinen Senf dazugeben, obwohl du keine Ahnung hast, was da wirklich passiert ist.
4.	Ach, – ich glaube, jetzt geht's los! Jetzt stellen Sie auch noch meine Kompetenz in Frage!
5.	Dafür bin ich nicht zuständig. Also jammern Sie mir nicht die Ohren voll.
6.	Das haben wir schon immer so gemacht.
7.	Das ist typisch für die Akademiker. Kommen frisch von der Uni und denken, sie wissen alles besser als wir, die wir schon Jahrzehnte damit arbeiten.
8.	Jetzt hör mir doch endlich mal zu!
9.	Hör bloß auf mit dem Psycho-Gerede. Du redest echt wie ein Psychiater.
10.	Du kümmerst dich auch um gar nix!
11.	Das verstehst du sowieso nicht! (schwerer Seufzer)
12.	Mensch, immer dasselbe mit dir! Das hab ich schon tausendmal gesagt!
13.	Du überlässt alles mir! Immer muss ich allein entscheiden.
14.	Na, bitte! Das hab ich dir doch gleich gesagt. Hab ich's nicht gesagt?
15.	Du bist dermaßen unzuverlässig!
16.	Wieso hat das so lange gedauert? Ich werd' noch verrückt hier!
17.	Jetzt stell dich nicht so an, wenn man dich **einmal** um was bittet.
18.	Du bist viel zu nachtragend!
19.	Du bist vielleicht ein Schlamper! Jetzt findest du das wieder nicht!
20.	Jetzt sei doch nicht immer so empfindlich! Da traut man sich schon bald gar nichts mehr zu sagen.
21.	Pass doch ein bisschen besser auf! Das kostet doch alles Geld!
22.	Diese ewige Streiterei in unserer Abteilung geht mir auf den Keks.
23.	Du bist so ein sturer Bock!
24.	Das darf doch nicht wahr sein! Sag mal – hast du denn vorher nicht überlegt?!?
25.	Kannst du dich denn nicht einmal benehmen?
26.	Ich glaube, Sie haben sich da im Ton vergriffen.

Ihr habt euch als Letztes vor der Pause mit der Bestandsaufnahme „Wie mache ich es bisher?“ beschäftigt. Wir gehen jetzt weiter im Stoff und werden später darauf zurückkommen und mit den Situationen arbeiten, die ihr in Teil 1 der vorigen Übung beschrieben habt bzw. mit den Reaktionen aus dem zweiten Teil der vorigen Übung, die ihr auf die fünf Sätze, die jemand zu euch gesagt hat, aufgeschrieben habt.

Zuerst wollen wir ein paar Kommunikationsmuster anschauen, die wir ganz häufig im alltäglichen Miteinander erleben. Dazu spielen Rieke und ich euch eine kurze Szene vor, über die wir dann sprechen. Eine Konfliktsituation: Stellt euch vor, Oma hat 70. Geburtstag und die Familie ist zum Geburtstag eingeladen. Jetzt kommt der Vater zur 13-jährigen Tochter ins Zimmer und sagt (szenische Darstellung):

KK: Hey, mach dich fertig, wir wollen los.
FK: Ich bin doch fertig!
KK: Och, ich dachte, du ziehst einen schönen Rock an.
FK: Nee! Ich will lieber meine Jeans anbehalten!

Meine Bedürfnisse – Deine Bedürfnisse

Oma feiert 70. Geburtstag

Vater: “Mach dich fertig! Wir wollen los!”

Tochter: “Bin doch fertig!”

Vater: “Ach – ich dachte, du ziehst einen schönen Rock an.”

Tochter: “Nö – ich will lieber meine Jeans anbehalten.”

Sammeln Sie in Ihrer Kleingruppe die verschiedensten Möglichkeiten: Was könnte der Vater als nächstes sagen?

KK: Ok, soweit der kurze Dialog.

Wir werden uns jetzt gleich in zwei Gruppen aufteilen und dann gemeinsam überlegen: Was glaubt ihr, könnten die unterschiedlichsten Väter in den unterschiedlichsten Familien als möglichen nächsten Satz sagen? Dazu bekommt ihr in jeder Gruppe eine Pinnwand. Schreibt die Sätze bitte in einer Schrift auf, die groß genug ist, dass man sie aus der Entfernung lesen kann und eng beieinander, sodass möglichst viele Sätze auf dieser Pinnwand Platz haben. Bitte etwa zwei gleich große Gruppen bilden: alle aufstehen, die von Januar bis Juni Geburtstag haben. Neun, passt. Bitte nehmt euch Stifte und schreibt eure Sätze auf das Flipchart im Nebenraum. Alle anderen, die jetzt noch hier im Raum sind, also im zweiten Halbjahr Geburtstag haben, ihr füllt bitte diese Pinnwand.

Übung
Notieren Sie sich auf einem Blatt Papier einige Sätze, von denen Sie glauben, dass sie in einer solchen Situation von Seiten des Vaters fallen könnten. Nicht notwendigerweise Sätze, die Sie selber als Vater sagen würden, sondern die ganze Bandbreite an möglichen Sätzen.

Nehmt euch einen Moment Zeit, um zu lesen, was die jeweils andere Gruppe gesammelt hat. – Wir hatten anfangs auf einem Flipchart eine Liste gesammelt: „Wie möchte ich, dass andere Menschen mir begegnen und mich behandeln?“ Welcher dieser Sätze glaubt ihr, die jetzt auf den beiden Flipcharts stehen, ist geeignet, dass die Tochter danach hoch motiviert ist, dem Vater in dieser Qualität zu begegnen?

Wenn überhaupt was dabei ist, sind wir uns einig, es ist herzlich wenig. Es gibt einen Menschen, der sich von Berufs wegen sehr intensiv mit Kommunikation in Familien beschäftigt hat, das ist Thomas Gordon. Der eine oder andere hat den Namen vielleicht mal gehört. Auf dem Modell von Thomas Gordon beruhen Begriffe wie „aktives Zuhören“ oder „Ich-Botschaften“. Gordon hat sich die Mühe gemacht, all die Sätze, die er im Alltag in der Arbeit mit Familien immer wieder gehört hat, nach bestimmten Mustern zu sortieren. Dabei stellte er fest: Es gibt in unterschiedlichen Situationen unterschiedliche Formulierungen, die aber alle zu einem gleichen Muster gehören. Er sammelte diese Muster und nannte sie „Kommunikationssperren“, weil er sie für ein gutes menschliches Miteinander nicht günstig hielt. Diese Kommunikationssperren werden wir euch jetzt vorstellen und vielleicht werdet ihr feststellen, dass so gut wie alles, was ihr hier gesammelt habt, in eines dieser Muster fällt, also eine „Kommunikationssperre“ ist.

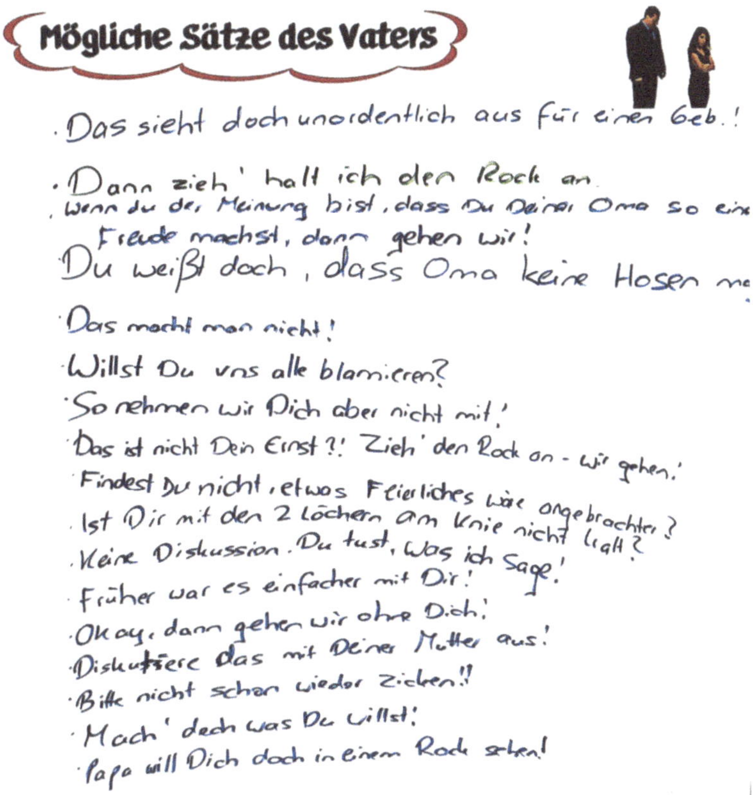

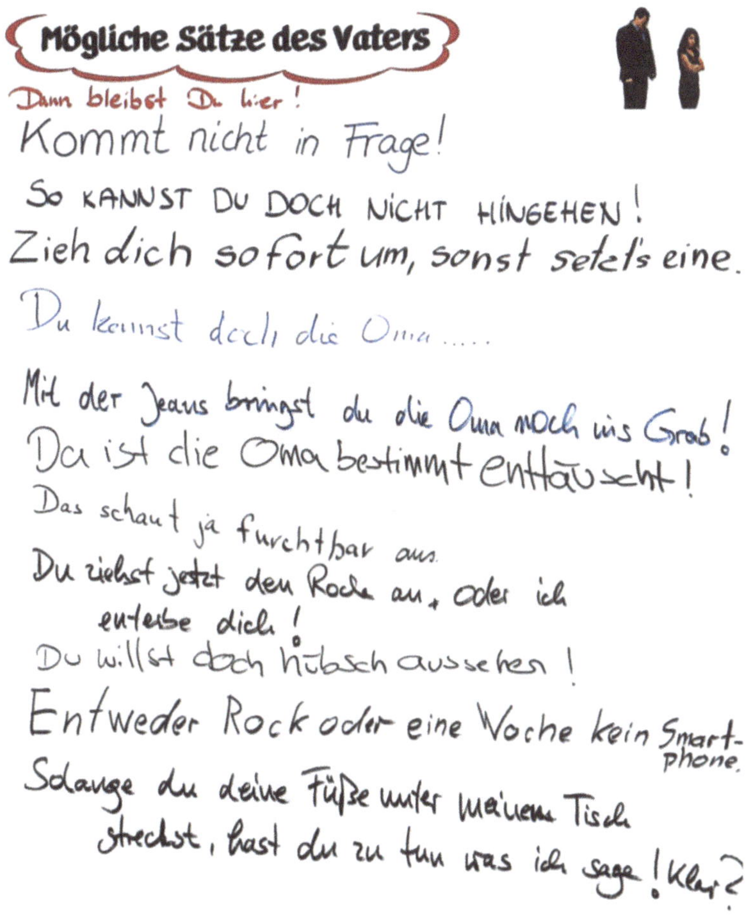

Da gibt es einmal ein Muster, das nennt er „Befehlen/Anordnen“. Dazu gehören Sätze wie: „Du machst, was ich sage – basta!“ Oder: „Du ziehst sofort dei-

nen Rock an! Du hast fünf Minuten!" Dann gibt es eine Kategorie, die nennt er „Moralisieren/Predigen/Beschwören". Dazu gehören Formulierungen wie: „Wie oft habe ich dir schon gesagt, dass du auch mal nachgeben musst." Oder: „Mein Gott! Kannst du denn nicht einmal nachgeben?" Oder: „Ja komm, zu so einer Feierlichkeit gehört es sich einfach, dass man sich festlich anzieht." Kategorie „Warnen/Drohen/Mahnen": „Ich warne dich, wenn du dich bockig stellst, dann kannst du aber von uns auch kein Entgegenkommen erwarten." „Du hast aber versprochen, dass du vernünftig sein willst – jetzt ist Beweistermin!" Kategorie „Beraten/Vorschlagen und Lösungen liefern": „Na, du könntest doch zum Ausgleich dafür deine Lederjacke anziehen. Mhm? Wie wär denn das?" Oder: „Och, willst du's nicht einfach mal ausprobieren, ob's dir dann gefällt, mhm?" Oder: „Sieh's doch mal so: Großmutter freut sich!" Kategorie „Urteilen/Kritisieren/Beschuldigen": „Mann, hey, immer willst du nur deinen Kopf durchsetzen." Oder: „Ja, sag mal, du siehst in der Jeans doch wie ein Penner aus!" Oder: „Sag mal, hast du denn überhaupt kein Feingefühl, mhm?" Kategorie „Belehren/Sich auf eine äußere Autorität berufen/Überzeugen": „Also, wenn du erwachsen sein willst, dann musst du aber auch mal nachgeben können." „Auch dein Lehrer hat neulich gesagt, dass du schlampig rumläufst." Oder: „Schau, es wird dir dann sicher auch besser gefallen – vertrau mir, ich hab Lebenserfahrung."

Dann gibt es eine Kategorie, die nennt man „Taktisch loben/Schmeicheln/Bestechen/Betteln/Bitten", dazu gehören Sätze wie: „Du, wenn du den Rock anziehst, dann darfst du auch morgen ins Kino, mhm?" Oder: „Och komm, du bist doch sonst so ein vernünftiges Mädchen!" Oder: „Aber ich mag dich viel lieber im Rock!" Kategorie „Beschwichtigen/Beruhigen": „Du wirst sehen, nach kurzer Zeit wirst du gar nicht mehr dran denken." „Schau, es ist doch nur für zwei Stunden, mhm?" Kategorie „Beschimpfen/Beschämen/Bloßstellen": „Ha, da sieht man wieder mal, was Teenager im Kopf haben, pfui!" Oder: „Also so was Eigensinniges wie du ist mir noch nie untergekommen." Oder: „Sag mal, schämst du dich denn nicht? Wie du rumläufst?" „Forschend/Verhörend": „Mal raus mit der Sprache, worum geht's denn eigentlich hier, hä?" (Einige lachen) Oder: „Okay, dann erklär mir doch mal jetzt ganz genau, warum das nun sooooo wichtig ist mit den Jeans." Kategorie „Ablenken/Ausweichen/Rückzug": „Naja, dann eben nicht. Ähhhh, mhmmm." Oder: „Ach, was soll's, es gibt wichtigere Dinge im Leben." Oder: „Ich will jetzt gar nicht weiter drüber reden, das soll Mama entscheiden." Kategorie „Interpretieren und Analysie-

ren“: „Hä, das ist wieder typisch für diese Altersphase, du hältst doch nur an deiner Meinung fest, um zu zeigen, wie selbständig du bist, mhm?“

Nachvollziehbar, warum Thomas Gordon das „Kommunikationssperren“ genannt hat? Er bekommt bestenfalls Unterwerfung oder Gehorsam bei der einen oder anderen Strategie, aber Kooperationsbereitschaft bekommt er nicht. Das ist natürlich keine abschließende Liste, sondern einfach die, die er mal aufgestellt hat. Es gibt sicher noch mehr. Sarkasmus, Ironie wäre eine weitere, sowas wie „Na klar, lass uns gleich alle in Kartoffelsäcken gehen.“ Aber das sind so die Wichtigsten, und welche, die ihr vermutlich erkennt und die häufig im Alltag benutzt werden.

Vielleicht noch eine Ergänzung, weil manchmal Leute Schwierigkeiten haben, dass hier das Muster „Vorschläge machen/Lösungen liefern“ auch unter den Kommunikationssperren aufgeführt wird. Denn viele Leute sagen: „Hä? Das verstehe ich nicht. Ist das nicht etwas Konstruktives? Einen Vorschlag machen? Eine Lösung anbieten?“ Die entscheidende Frage ist: Zu welchem Zeitpunkt geschieht das? In aller Regel kommt das im Alltag zu früh, zu einem Zeitpunkt, wo jemand noch gar nicht bereit ist, über Lösungen zu reden, und dann wirkt es wie eine Sperre. Natürlich kann es zu einem späteren Zeitpunkt im Gespräch auch etwas Konstruktives sein, aber häufig ist der Zeitpunkt zu früh gewählt. Ich gebe euch noch einmal ein Beispiel, um das deutlich zu machen: Stellt euch vor, ein guter Freund/eine gute Freundin steht vor dem Spiegel, betrachtet sich selber und sagt: „Boah, ich bin so fett geworden, das ist ja widerlich.“ Wenn ihr dann hingeht und sagt: „Na, wie wär’s, wenn du ab und zu ein bisschen Joggen würdest?“ (Einige lachen) Nachvollziehbar? Kein guter Zeitpunkt.

TM: Das ist ein wichtiger Punkt für die ganze Psychotherapie, weil in Supervisionen sieht man, dass wir zu oft Lösungen suchen, wenn es erst noch um Zuhören oder empathisch sein geht.
KK: Ja, genau. Zu einem späteren Zeitpunkt, wenn jemand genügend emphatisches Zuhören bekommen hat und derjenige dann sagt: „Ach Mensch, das hat mir so gutgetan, dass du mich einfach mal nur gehört hast. Und sag mal, hast du einen Tipp für mich?“ Erst jetzt, nach dem emphatischen Zuhören, ist jemand bereit, über Lösungen zu reden und fragt danach: „Hast du einen Tipp für mich?“ Wenn ich jetzt sage:

„Wie wär's, wenn du ab und zu ein bisschen Joggen würdest", geschieht das auf Einladung. Zu diesem Zeitpunkt ist es keine Kommunikationssperre mehr, denn der andere hat darum gebeten. Aber in der Regel kommt es zu früh, wie du schon gesagt hast, gerade, wenn man sich mit Menschen beschäftigt, die gerade an einem Problem arbeiten, da ist die Versuchung sehr groß, vorschnell zu sagen: „Ich habe hier einen Tipp, einen Ratschlag", und diese Ratschläge können dann auch Schläge sein.

Grundsätzlich gibt es vier Arten, wie man die eigene Aufmerksamkeit ausrichten kann. Das sind so was wie die vier Himmelsrichtungen in einer Konfliktsituation für die eigene Einstellung und Haltung. Schauen wir uns diese Übersicht mal an.

Die vier Einstellungen machen wir sichtbar, indem wir zwei Achsen einzeichnen: die „Ich-Achse" und die „Du-Achse". Bei der „Ich-Achse" geht es um meine eigenen Bedürfnisse. Auf der „Du-Achse" geht es um die Bedürfnisse meines Gegenübers. In diesem Koordinatensystem bedeutet nach rechts auf der „Du-Achse": „Ich habe eine hohe Wertschätzung für die Bedürfnisse der anderen Person." Die andere Richtung bedeutet: „Was du möchtest, ist unwichtig." Auf der „Ich-Achse" geht es um meine eigenen Bedürfnisse. Nach oben bedeutet: „Ich nehme meine Bedürfnisse ernst, ich habe eine hohe Wertschätzung für das, was ich selber brauche." Nach unten bedeutet: „Was ich möchte ist unwichtig." Diese vier Quadranten verdeutlichen die Haltung/meine Einstellung gegenüber den Bedürfnissen anderer und meinen eigenen. Sie sind hier nach Erziehungsstilen (autoritär, partnerschaftlich, laisser-faire, antiautoritär) benannt. Es gibt andere Modelle, die andere Bezeichnungen, Überschriften, oder Namen verwenden. In unserem Modell bedeutet zum Beispiel die Einstellung: „Meine Bedürfnisse sind wichtig, was du möchtest, zählt nicht", dass das dem „autoritären Erziehungsstil" zugeordnet wird. In der Transaktionsanalyse wird unterteilt in „jemand ist ok" oder „jemand ist nicht ok". Die entsprechende Haltung wäre dort beschrieben mit dem Satz: „Ich bin ok – Du bist nicht ok." Im Vertrieb, wo man mit Begriffen hantiert wie „gewinnen" und „verlieren", hätte die gleiche Haltung die Überschrift „Ich gewinne – du verlierst". Häufig sind in diesem ersten Quadranten Dinge zu finden wie Macht, Stolz,

Egoismus. Und wenn Menschen das Verhalten einer solchen Person beschreiben würden, würden sie sagen: „Ja, der versucht sich durchzusetzen." Was glaubt ihr, würde ein typischer Satz eines Vaters sein, der sich mit seiner Haltung in diesem ersten Quadranten befindet?

TN: Du sollst machen, was ich sage!
KK: Genau, „Du machst, was ich sage – basta!"

Gehen wir einen Quadranten weiter, der durch die Haltung: „Was du möchtest, zählt nicht – was ich möchte, zählt ebenfalls nicht", geprägt ist. Diese „No-Future-Haltung" ist hier als „Laisser-faire"-Erziehungsstil bezeichnet. Andere Modelle würden hier sagen, das ist die Haltung von „Ich bin nicht ok – Du bist auch nicht ok" oder „Wir verlieren beide". Häufig in diesem Quadranten zu finden sind Dinge wie Gleichgültigkeit, Hilflosigkeit, Resignation. Wenn Menschen das Verhalten beschreiben müssten, würden sie sagen: „Der gibt auf!", „der resigniert". Was glaubt ihr, würde ein typischer Satz eines Vaters sein, der sich mit seiner Haltung in diesem zweiten Quadranten befindet?

TN: Ist mir doch egal.
KK: „Mach doch, was du willst, mit dir kann man eh nicht reden." „Du machst eh, was du willst."

Die Gegenbewegung zur „autoritären Erziehung" ist im dritten Quadranten zu finden, nämlich die Einstellung, die als „antiautoritärer" Erziehungsstil bezeichnet wird. Diese Einstellung drückt sich in Sätzen aus wie: „Hey, die Kinder haben noch das ganze Leben vor sich, die muss man unterstützen. Wir Erwachsenen können auch mal mit unseren Bedürfnissen hinten anstehen." Also die Einstellung: „Die Bedürfnisse meines Gegenübers sind sehr wichtig, meine eigenen Bedürfnisse sind Nebensache." Eine andere Bezeichnung für diese Haltung wäre: „Ich bin nicht ok, aber du bist ok", oder „ich verliere – du gewinnst". In Verbindung mit dieser Einstellung stehen häufig Schuldgefühle, Ideen von Minderwertigkeit und alle Arten von Ängsten. Wenn man das Verhalten beschreiben müsste, würden viele Leute sagen: „Ja, diese Person gibt nach." „Die lässt anderen den Vortritt." Was glaubt ihr, würde ein typischer Satz eines Vaters sein, der sich mit seiner Haltung in diesem dritten Quadranten befindet?

TN: Ok, wenn du dich damit wohlfühlst, dann mach es!
KK: Genau. „Ja, wenn du dich wohlfühlst." „Hauptsache, du fühlst dich wohl." Wenn dann die Tochter sagt: „Und du Papa, wolltest ..." – „Äh, nicht so wichtig, nicht so wichtig, Hauptsache, du fühlst dich wohl!" Bei Vätern ist diese Haltung übrigens in den meisten männerdominierten Gesellschaften nicht so häufig zu finden. Dort werden Frauen eher in dieser Haltung sozialisiert.

Vierter und letzter Quadrant, geprägt durch die Haltung „Die Bedürfnisse der anderen Person sind sehr wichtig, die eigenen Bedürfnisse genauso wichtig, wird hier als der „partnerschaftliche" Erziehungsstil bezeichnet. „Ich bin ok – du bist ok" und das berühmte „win-win" sind andere Bezeichnungen für diese Einstellung. Was findet man in diesem Quadranten? Dinge wie Fairness, Wertschätzung, Liebe. Im Grunde genommen alles, was wir auf dem (ersten) Flipchart „Wie möchte ich, dass mir begegnet wird" gesammelt haben, das gehört alles in diesen Quadranten. Wenn sich Menschen so verhalten, könnte eine Beschreibung so lauten: „Ja, die setzen sich gerade zusammen und schauen, ob sie eine Lösung finden." Was wäre eine mögliche Kommunikationsform, die der Tochter signalisiert „Ah, der Vater ist mit seiner Haltung hier, in diesem Quadranten?“ Achtung: Wir suchen noch keine Lösung, wir suchen nur die Kommunikationsform, die vermittelt: „Ich habe gerade diese innere Haltung.“

TN: Eine Frage, würde ich sagen, wäre hier eine geeignete Kommunikationsform. Zum Beispiel: „Was bewegt sich denn, dass du unbedingt eine Jeans anziehen willst und doch nicht den Rock?“
KK: Genau. Das wäre eine hohe Wertschätzung für mein Gegenüber. Wichtig ist, dass in der Frage kein „Warum?“ vorkommt. Das Wörtchen „warum“ ist in unserer Kultur sehr belastet und wird eher als Angriff oder als Urteil verstanden, kaum als ein echtes Interesse: „Ich möchte gerne verstehen.“
FK: Das Wörtchen „unbedingt“ übrigens auch. „Warum du UNBEDINGT diese Jeans anziehen willst“, darin ist eine Bewertung enthalten.
TN: Also das „Warum“, das war eben irgendwie so spontan weggelassen, aber aus welchem Grund sollte man das vermeiden? Und was hat es mit dem „unbedingt“ auf sich?
KK: Wichtig ist die Haltung, die Einstellung. Die Haltung wird leichter geglaubt, wenn das Wörtchen „warum“ nicht vorkommt. Dein Vorschlag mit der Redewendung: „Was bewegt dich denn ...“ war eine sinnvolle Erkundung. In dem Wörtchen „unbedingt“ schwingt ein Stück „Ich möchte dich überzeugen“ mit. Jedenfalls ist diese Art des Nachfragens eine Wertschätzung für die andere Person. Was in dieser Intervention fehlt, ist die Wertschätzung für die eigenen Bedürfnisse. Kann also leicht verwechselt werden mit der Haltung im dritten Quadranten. Hat jemand eine Idee, wie man beides zum Ausdruck bringen kann?
TN: „Gäbe es eventuell noch andere Alternativen zu der Jeans?“
KK: Das ist bereits lösungsorientiert.
TN: „Magst du nicht drüber sprechen?“ (Einige lachen)
TN: „Mir ist es sehr wichtig, dass du den Rock anziehst.“ Und: „Welche Lösung können wir denn zum Beispiel finden?“
KK: In diesem Vorschlag werden zuerst die eigenen Bedürfnisse deutlich zum Ausdruck gebracht, bedeutet hohe Wertschätzung für meine Bedürfnisse: „Mir ist das sehr wichtig.“ Und dann schließt sich gleich die Lösung an. Was fehlt ist eine Wertschätzung für das, was ich von der Tochter gehört habe. Das zum Ausdruck zu bringen, würde noch vor der Lösung kommen.
TN: Zum Beispiel: „Ich finde einen Rock sehr schön, aber sag mir doch, weshalb du dich für die Jeans entschieden hast?“
KK: Genau. Das Wörtchen „aber“ ersetzen durch ein „und“, damit die Dinge gleichberechtigt nebeneinander stehen. „Ich finde den Rock sehr schön, und ich würde gerne verstehen, was dir die Jeans bedeutet.“ Das wäre eine mögliche Kommunikationsform, die die Haltung deutlich macht, die in dem gegenseitigen Erkunden mündet. Das Erkunden ist deshalb so wichtig, weil es weder ein Bedürfnis der Tochter gibt, Jeans anzuhaben, noch gibt es ein Bedürfnis des Vaters, dass die Tochter einen Rock anzieht. Alles, was sinnlich wahrnehmbar ist, was anfassbar ist, was eine Form, eine Farbe hat, was wir sinnlich wahrnehmen können, ist kein Bedürfnis. Bedürfnisse sind abstrakt. Und bevor nicht die Bedürfnisse verstanden wurden, macht es gar keinen Sinn, über Lösungen zu reden. Das heißt, was wir in jedem Fall brauchen, ist erst einmal ein Verständnis auf beiden Seiten, welche Bedürfnisse stehen hinter den Strategien „Rock“ und „Jeans“. Nehmen wir mal an, die Tochter wird mit dem Rock zum Geburtstag der Oma gehen. Was sind eure Vermutungen, um welche Bedürfnisse des Vaters es gehen könnte, was erfüllt sich für den Vater dadurch?
TN: Konform zu sein.
KK: Konform zu sein ist immer eine Strategie. Nehmen wir mal an, man wäre konform, welchem Bedürfnis dient das?
TN: Anerkannt, zugehörig.
KK: Anerkennung, Zugehörigkeit, ja. Also das könnte ein mögliches Bedürfnis sein. Noch Ideen, welche Bedürfnisse der Vater haben könnte, die dann erfüllt würden, wenn die Tochter einen Rock anzieht?

TN: Die Oma freut sich.
KK: Also einen Beitrag zu leisten, dass die Oma sich freut, der Oma eine Freude machen.
TN: Und das Gefühl, stolz auf die Tochter zu sein.
KK: Mhm, und das wäre das Gefühl. Und das Bedürfnis, was dadurch erfüllt würde, angezeigt durch das Gefühl von Stolz, wäre?
TN: Anerkennung.
KK: Anerkennung. Und die Frage: „Wofür möchte er da Anerkennung?" Was würde sich mit dem Bedürfnis nach Anerkennung möglicherweise erfüllen?
TN: Dass er eine hübsche, nette Tochter hat, die gehorcht.
KK: Nun ja, „die gehorcht" wäre kein Bedürfnis.
TN: Die erzogen ist.
KK: Insofern zum Beispiel, dass er als Erziehungsberechtigter seinen Kindern Werte vermittelt. Noch eine andere Idee?
TN: Den Vater loben für die schöne Tochter.
KK: Nun, das wäre wieder das Thema Anerkennung, und da wäre wieder die Frage „Anerkennung für was?". Ok, jetzt habt ihr gesehen, auf Vaters Seite, haben wir vier verschiedene Bedürfnisse gefunden, um die es möglicherweise geht. Nehmen wir an, die Tochter würde mit Jeans dorthin gehen. Welche Bedürfnisse der Tochter können dadurch möglicherweise erfüllt werden?
TN: Autonomie.
KK: Autonomie ja, Selbstbestimmung, selber entscheiden was man tut. Was noch?
TN: Wohlgefühl, Bequemlichkeit.
KK: Genau. Also körperliches Wohlbefinden.
TN: Abgrenzung.
KK: Abgrenzung ist eine Strategie. Welchem Bedürfnis dient die Strategie, sich abzugrenzen?
TN: Um die Eigenständigkeit zu wahren.
KK: Eigenständigkeit nicht ganz, sondern?
TN: Vielleicht Individualität.
KK: Individualität – ja. Wir Menschen sind bei allem Gemeinsamen, auch unverwechselbare, einzelne Wesen und das bringe ich damit zum Ausdruck: „Hey, an der Stelle bin ich anders als andere", „Ich bin ein einzigartiges Wesen" – Individualität. Noch eine Idee, worum es der Tochter gehen könnte, was sich erfüllt, wenn sie mit Jeans dorthin geht? – Es gibt einen Begriff auf dem Flipchart, den wir aufgeschrieben hatten, der heißt: „Ich bin wirklich gemeint!" Das könnte hier eine Rolle spielen, dass die Tochter sagt: „Wer geht hier eigentlich hin? Ein Kleiderständer? Oder bin ich als Person gemeint?" „Was ist denn hier eigentlich wichtig?" Weiter: Nehmen wir mal an, es kommen andere aus dem Verwandtenkreis in ihrem Alter, auch Jugendliche, und die kommen alle mit Jeans, und sie geht mit Rock dorthin. Wenn es so eine Befürchtung gibt, um was könnte es dann noch gehen?
TN: Zugehörigkeit.

KK: Zugehörigkeit, genau. In dem Fall Zugehörigkeit zu ihrer Peergroup.

Also, wir sehen, ebenso auf der Seite der Tochter könnten es ganz unterschiedliche Bedürfnisse sein, um die es gehen könnte. Wir wissen noch nicht abschließend, welches Bedürfnis es ist, das hinter der Idee steht: „Ich möchte am liebsten mit Jeans hingehen." Wenn wir uns in diesem vierten Quadranten, „partnerschaftlich" begegnen wollen, können wir nur dann eine Lösung finden, die Sinn macht, wenn beide Seiten verstanden haben: „Worum geht es denn gerade der anderen Person?" „Um welche Werte, um welche Bedürfnisse geht es aktuell hinter den Strategien?" Erst dann kann man nach Lösungen suchen, wie man diese Bedürfnisse alle unter einen Hut bekommt, wenn es auf der Basis von gegenseitigem Verständnis geschieht: „Ah, ich weiß, welche Bedürfnisse hier eine Rolle spielen." Wenn man die Bedürfnisse nicht kennt, ist die Lösungssuche reinster Zufall. Eine Trostpreislösung, die man übrigens auch „Kompromiss“ nennt. „Du Jeans – ich Rock, äh wie wär’s mit einem Jeansrock?“, (einige lachen), so ein Quick-Fix, wo man sich nicht darum kümmert, um welche Bedürfnisse es geht. Jeder kommt dem anderen auf der Strategieebene ein Stück entgegen.

4 Schritte der Gewaltfreien Kommunikation

KK: Nun gibt es viele Modelle, die etwas anzubieten haben und sagen: „Wenn es dir um diese Haltung geht, die Absicht zu leben, die Bedürfnisse anderer wichtig zu nehmen und deine eigenen ebenso wichtig zu nehmen, wie können wir hier Lösungen finden, die den Bedürfnissen aller Beteiligten Rechnung trägt?“ Und eines dieser Modelle, die hierzu etwas anzubieten haben, nennt sich „Gewaltfreie Kommunikation“. Deshalb schauen wir uns jetzt mal an: Was schlägt denn dieses Modell vor, wenn wir sagen: „Ja, ich möchte gerne diese partnerschaftliche Haltung im Umgang mit anderen Menschen leben?“

Bevor wir uns das Modell mit seinen vier Informationen anschauen, werfen wir vorher noch einen Blick auf ein Phänomen, das wir immer wieder beobachten. Der häufigste Wert in den Gästebüchern (siehe Anfang) ist „Aufrichtigkeit“ oder „Ehrlichkeit“. Auch auf unserer anfangs gesammelten Liste ganz oben zu finden. Es sieht so aus, als ob viele Leute sagen: „Ehrlichkeit, Aufrichtigkeit ist ganz zentral im menschlichen Miteinander, darauf lege ich großen Wert, das liegt mir sehr am Herzen.“ Wenn man dann überlegt, wie häufig wir Ehrlichkeit im Alltag praktizieren, dann stellt man erstaunt fest: „Oops, alle Leute wollen das. Warum machen wir es dann so selten?“ Dafür muss es Gründe geben. Aus der Sicht des Modells, mit dem wir uns hier beschäftigen, gibt es drei wichtige Hindernisse, die wir hoffen, in diesem Seminar aus dem Weg räumen zu können.

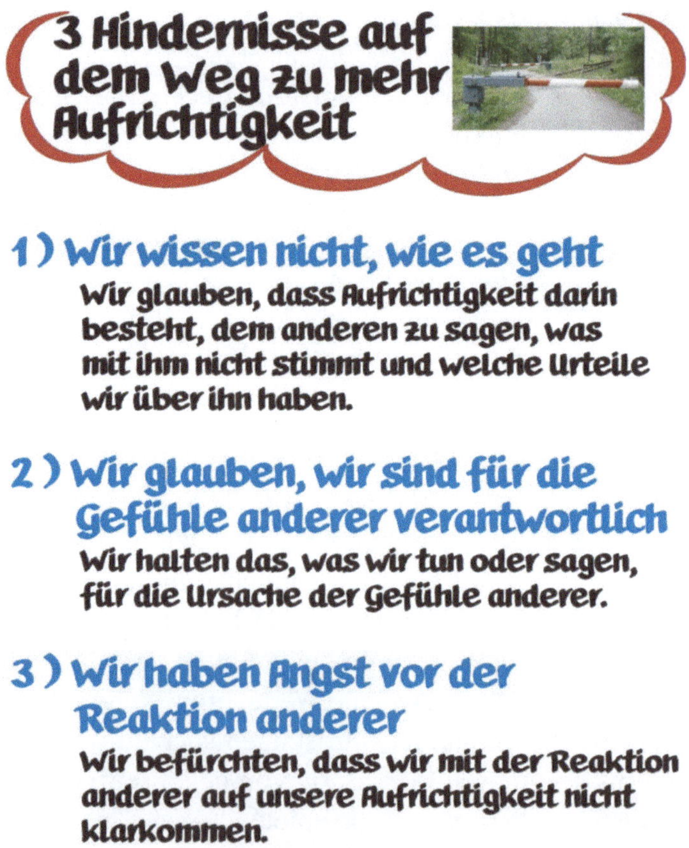

Das erste Hindernis auf dem Weg zu mehr Aufrichtigkeit ist, dass wir gar nicht wissen, wie es geht. Kommunikation ist kein Schulfach. Wenn ihr die Stundenpläne anschaut, die in Schulen existieren, dann findet ihr Biologie, Latein, Mathe, alles Mögliche. Kommunikation werdet ihr in den seltensten Fällen finden. Das heißt, wir haben nie gelernt, wie man kommuniziert und wie man aufrichtig sein kann. Wir glauben: „Och, das lernt man so nebenbei.“ Dadurch entstehen eigenartige Konzepte darüber, was mit Aufrichtigkeit wirklich gemeint ist. Das will ich kurz mal mit Friederike demonstrieren (szenische Darstellung):

FK: Sei doch mal ganz ehrlich zu mir!

KK: Das meinst du nicht ernst, oder?
FK: Doch! Bitte sei ganz aufrichtig!
KK: Ok. Ok, ok, ok. Du hast es so gewollt, ja? Du bist der größte Versager auf Gottes Erdboden und du bist zu feige, das zuzugeben!
FK: Deine Aufrichtigkeit kannste stecken lassen! Was glaubst du eigentlich, wer du bist, mir so etwas zu sagen?!
KK: Ok, wenn du meine Aufrichtigkeit nicht verträgst – hab' ich schon geahnt –, dann lassen wir's besser in Zukunft.

Wenn wir glauben, aufrichtig sein bestünde darin, dem anderen ganz aufrichtig mitzuteilen, was ich über ihn denke, welche Urteile ich über ihn habe, was mit dieser Person alles verkehrt ist, dann machen wir auf Empfängerseite keine guten Erfahrungen. Das wollen die Leute nicht hören! Deshalb, um dieses Hindernis aus dem Weg zu räumen, brauchen wir also eine Form von Aufrichtigkeit, die keine Vorwürfe, Beschuldigungen, Angriffe oder Kritik enthält. Wie das geht, schauen wir uns gleich an. Im Vorgriff schon mal die beiden anderen Hindernisse, die wir später im Seminar aus dem Weg räumen: Zum einen glauben wir, dass wir verantwortlich für die GEFÜHLE anderer Menschen sind. Und wir ahnen wirklich in manchen Situationen, wenn wir ehrlich sind, dass der andere jetzt vielleicht gekränkt oder beleidigt oder traurig oder enttäuscht ist. Und wenn ich dann glaube: „Oh, jetzt habe ich den anderen verletzt." „Ich bin verantwortlich dafür, dass die andere Person dann traurig ist oder enttäuscht", dann führt das zu einem schlechten Gewissen. Dann wird es mir schwerfallen, meinen Mund aufzumachen. Wie lernt man solche eigenartigen Konzepte, dass wir anderen Leuten ihre Gefühle machen? Indem wir von ganz klein auf solche Sätze hören wie: „Da ist Mama aber traurig, wenn du das machst." Wenn ich ein paar hundert Mal so einen Satz inhaliert habe, danach glaube ich verstanden zu haben: „Ah, ich mache anderen Leute ihre Gefühle – und die machen mir meine." Zudem gibt es so eigenartige Satzkonstruktionen, die wir im Alltag benutzen, wie: „Der macht mich wütend!" Als hätten andere Leute eine Fernbedienung in der Tasche und könnten sich aussuchen, welche Gefühle sie anderen Menschen machen. „Jetzt mache ich dem mal – zack – dieses Gefühl." Und plötzlich hat der andere ein Gefühl. Das ist natürlich Unsinn und trotzdem eine Überzeugung, die viele Menschen ihr ganzes Leben lang behalten. Wir werden das später aus dem Weg räumen, indem wir uns mal genauer anschauen „Was verursacht Gefühle?", „Wie entstehen die Gefühle tatsächlich?"

Das dritte Hindernis, was uns manchmal im Weg steht, aufrichtig zu sein, ist, dass wir glauben, wir haben Angst vor der Reaktion anderer. Wenn ich mich dafür entscheide, jetzt mal ganz aufrichtig zu sein, dann ahne ich ja schon, dass was zurückkommen könnte. Und wenn das, von dem ich glaube, so könnte der andere reagieren, etwas ist, von dem ich befürchte, nicht gut umgehen zu können, dann werde ich sehr vorsichtig sein, meinen Mund aufzumachen. Wenn ich gerade im Begriff bin, mein Herz auszuschütten, ganz ehrlich zu sein, und gleichzeitig die Vorstellung zu haben, dass mein Gegenüber so reagieren könnte „Ha, ha, ha, ha DU WEICHEI!" (einige lachen). Oh, das würde so reinhauen, das halte ich nicht aus, da halte ich mal lieber meinen Mund und sage gar nichts. Das ist eine tragische Illusion. Wir haben niemals Angst vor dem, wie andere auf uns reagieren. Wovor wir wirklich Angst haben, das klären wir morgen.

Gehen wir mal zurück zu diesem ersten Hindernis, wie kann man das aus dem Weg räumen? „Gewaltfreie Kommunikation" empfiehlt, dass wir unseren Fokus auf vier Informationen richten, was es uns möglich macht, dass wir total ehrlich, total aufrichtig sind, ohne Vorwurf, ohne Kritik, ohne Angriff, ohne Urteil.

Wir beschränken uns auf die vier wesentlichen Informationen, die aus Sicht dieses Modells sind:

Zum einen die Fakten, das wahrnehmbare Verhalten. Worüber möchte ich mit dir reden? Was ist das Thema? Zum Beispiel: „Wenn du ohne anzuklopfen in mein Büro kommst.“

Dann teile ich mit, was meine emotionale Reaktion ist. „Da bin ich verärgert.“

Weiter: Um welche Bedürfnisse geht es? „Mir ist wichtig, dass meine Privatsphäre respektiert wird.“

Und welche Bitte habe ich an dich? „Klopfst du bitte an, bevor du reinkommst, geht das für dich?“

Damit habe ich alle wesentlichen Informationen auf den Tisch gelegt, ich bin sehr direkt, sehr klar, sehr aufrichtig gewesen, aber ohne Urteil, ohne Vorwurf, ohne Kritik, ohne Angriff, ohne Beschuldigung. Die Tatsache, dass wir das für die vier wesentlichen Informationen halten, bedeutet übrigens nicht, dass wir in jeder Situation alle Informationen geben müssen. Situationsangemessen kann es sein, dass es in dem einen oder anderen Kontext vollkommen reicht, ein oder zwei Informationen zu geben. Wenn ich mit der Rieke beim Essen bin und sage: „Du, Rieke, gibst du bitte mir mal das Salz rüber?“, welche von den vier Informationen habe ich jetzt gegeben?

TK: Bedürfnis.
KK: Nein, Bedürfnis nicht.
TK Die Bitte.

KK: Genau, nur eine Bitte: „Gibst du mir bitte mal das Salz rüber?“ Hier habe ich ausschließlich eine Bitte formuliert.

Das reicht in diesem Fall auch. Es ist weder eine Konfliktsituation, noch ist es irgendwie heikel. Wenn die Beziehung einigermaßen in Ordnung ist, kann man da nicht mal was rein „geheimnissen“. Es ist eine einfache Bitte. Es wäre für diese Situation unangemessen, zu sagen: „Du Rieke, wenn ich auf mein ungesalzenes Schnitzel blicke, merke ich, wie frustriert ich bin. Ich lege Wert auf ein wohlschmeckendes Essen, könntest du mir deshalb bitte mal das Salz rübergeben?“ Da müsste sie mit recht sagen: „Du, der Typ hat doch einen an der Erbse!“ Also es ist unnötig, in dem Fall die ersten Schritte laut auszusprechen. Es reicht, dass man hier eine simple Bitte ausspricht.

Wenn wir aber eine heikle Gesprächssituation haben, eine Konfliktsituation, tun wir gut daran, bevor wir eine Bitte aussprechen, die Wurzeln dranzulassen, so dass der andere besser nachvollziehen kann, auf welchem Boden denn diese Bitte gewachsen ist. Also, situationsangemessen entscheiden, welche Information gebe ich hier und welche lasse ich weg? Alles über die vier Informationen hinaus ist in der Regel Ballast, und darauf kann man verzichten.

Nun gibt es viele Menschen, die, wenn sie das Modell das erste Mal hören, sagen: „Oh, gar nicht so dumm, das Modell, das leuchtet mir ein. Das mach ich ab sofort." Und wenn man es dann ausprobiert, stellt man fest: „Ist doch nicht so einfach." Deshalb gehen wir jetzt Schritt für Schritt durch alle vier Elemente. Und wir werden euch darauf aufmerksam machen, worauf ihr achten könnt, wo die Fallstricke sind, die ihr vermeiden könnt und euch dann Gelegenheit geben, diese Fähigkeit, die es dafür braucht, dieses Element sinnvoll zu nutzen, auch zu üben und euch hier weiter zu entwickeln.

Wahrnehmung und Interpretation

Wir fangen jetzt an mit dem ersten Schritt, bei dem es darum geht, den anderen darüber zu informieren: Was ist denn das Thema? Worüber möchte ich mit dir reden? Das sinnlich wahrnehmbare Verhalten einer anderen Person, mit dem ich nicht einverstanden bin, an dem ich mich reibe, weil da bestimmte Bedürfnisse zu kurz kommen. Die Wahrnehmungen, die Fakten zu benennen, ist nicht so einfach, wie wir glauben, denn wir sind es nicht gewohnt. Wenn ihr auf die Liste schaut, die wir am Anfang gesammelt haben: „Ich mag überhaupt nicht/Ich rege mich auf, wenn jemand unehrlich ist, nicht zuhört, rücksichtslos ist, negativ oder sehr negativ ist, ins Persönliche geht, distanzlos ist, ignorant ist usw." Was von dem, was wir hier aufgeschrieben haben, wäre denn eine saubere Wahrnehmung ohne Interpretation und ohne Bewertung?

TN: Ins Wort fällt.
KK: „Ins Wort fällt" ist immer noch bewertend. Was wäre denn eine wahrnehmbare, bewertungsfreie Formulierung für „der fällt mir ins Wort"?
TN: Den Redefluss eines anderen unterbrechen.
KK: Versuch mal, so hart du es kannst, meinen Redefluss zu unterbrechen. (Einige lachen.)
(KK spricht immer weiter mit Friederike – ein TN versucht, ihn zu unterbrechen.)
KK: Ich hoffe, diese kurze Demonstration reicht, um zu zeigen, dass kein Mensch einen anderen unterbrechen kann. Ob ich aufhöre zu reden, ist allein meine Entscheidung. (Einige lachen.) Aber was, wenn das eine Videokamera jetzt aufgenommen hätte, was wäre auf dem Videoband drauf, was könntet ihr als Verhalten beschreiben, was diese Person tatsächlich gemacht hat?
TN: Sie hat versucht, eine Unterhaltung zu stören. (Einige lachen.)
TN: Sie hat versucht, die Aufmerksamkeit auf sich zu lenken.
TN: Aber sie war nicht laut genug.
KK: Alles Interpretationen!
TN: Sie ist auf dich zugelaufen, das kann man feststellen, dass sie in die Nähe gekommen ist.
FK: Also nochmal: Was hat sie getan?
TN: Ja, sie ist aufgestanden und nähergekommen und hat es mit Gestik versucht.
KK: „Sie hat versucht", ist schon nicht mehr Wahrnehmung.
TN: Ok, dann hat sie sich vor deinem Gesicht so (imitiert die Gestik der Person) bewegt.
KK: Genau, das wäre die Wahrnehmung. Was hat sie gemacht, bevor sie aufgestanden ist?

TN: Gerufen!
TN: Gelacht.
KK: Ja. Und ganz allgemein könnte man sagen, sie hat angefangen zu sprechen, während ich sprach.
(Einige stimmen durch „mhm“ zu.)
KK: Das ist an der Stelle eine nicht wertende Bezeichnung von: „Sie ist mir ins Wort gefallen.“ Die Beschreibung der sinnlich wahrnehmbaren Fakten zum beobachtbaren Verhalten. Das hat sie gemacht. Noch irgendetwas, von dem ihr glaubt, das sei eine Wahrnehmung?
TN: Viele vulgäre Worte verwenden.
KK: „Vulgär“ ist eine Bewertung und „viele“ ist eine Bewertung. Da ist eine doppelte Interpretation drin.
TN: Worte verwenden, die einen verletzten – nein, das ist ja auch schon wieder eine Interpretation.
KK: So ist es! Ihr erinnert euch? Das zweites Hindernis auf dem Weg zu mehr Aufrichtigkeit: Jemand „macht“ einem anderen Menschen ein Gefühl – das schauen wir uns später an. Niemand kann anderen Gefühle machen.
TN: Urteil.

KK: Das ist auch eine Interpretation. Machen wir es kurz: Es gibt weiter keine Wahrnehmung an der Stelle! Es geht nur darum, sinnlich wahrnehmbares Verhalten zu beschreiben. Das ist der Alltag! Täglich verwenden wir Interpretationen, ohne ein Bewusstsein darüber: „Hey, das ist kein Fakt, das ist kein wahrnehmbares Verhalten, das ist meine persönliche Interpretation über ein wahrnehmbares Verhalten.“ Fakt ist: Sie hat angefangen zu sprechen, während ich sprach. Interpretation ist: Sie hat mich unterbrochen, sie ist mir ins Wort gefallen. Das zu üben, ist eine der beiden ganz entscheidenden Schlüssel, damit Kommunikation gelingt. Und das werden wir jetzt tun. Wir werden gleich Kleingruppen, zu zweit und zu dritt auslosen. Dann nehmt ihr euch jeweils eine dieser Schachteln. Da sind Hölzchen mit Aussagen drin. Die Aussagen sortiert ihr bitte in zwei Kategorien: Zur einen Kategorie gehören die Aussagen, die ausschließlich sinnlich wahrnehmbares Verhalten beschreiben. Alle Aussagen, bei denen ihr sagt: „Da ist eine Interpretation oder eine Bewertung mit dabei“, sortiert ihr in die andere Kategorie. Okay? Also in die beiden Kategorien sortieren: Saubere, reine Wahrnehmung versus keine reine Wahrnehmung, weil eine Bewertung/Interpretation dabei ist.

Friederike geht mit einem Beutel herum, aus dem jeder TN ein Stück Schokolade entnimmt. Die TN mit der gleichen Schokoladensorte bilden eine Kleingruppe.

Übung
Kennzeichnen Sie im Folgenden alle Sätze, von denen Sie denken, dass sie reine Wahrnehmungen beschreiben, ohne Bewertungen/Interpretationen. Im Anhang können Sie dann Ihre Auswertungen vergleichen mit den Vorschlägen, wie wir diese Sätze einordnen würden.

- Mein Mann arbeitet jeden Tag mindestens 10 Stunden.
- Ich habe noch nie erlebt, dass meine Mutter weniger als 3 Euro Trinkgeld gibt.
- Hans hat mich gestern ohne Grund geschlagen.
- Ich erinnere mich nicht, dass meine Tante mir mal erzählt hätte, was ihr gefällt.
- Hans sitzt an manchen Tagen 5 Stunden vor dem Fernseher.
- In deinem Zimmer liegt Wäsche auf dem Boden.
- Es ist großartig, wie Marianne die Kunden behandelt.

- Meine Mutter ist ein großzügiger Mensch.
- Wenn ich dich sagen höre: „Ich will nicht darüber reden, …“
- Peter ist für seine Größe viel zu schwer.
- Der Bereichsleiter hat mich nicht zu dieser Besprechung eingeladen.
- Du hast gesagt: „Na, wie geht's meinem kleinen Mädchen denn heute?“
- Du hast gerade deinem Kollegen gesagt: „Du bist ganz schön verbohrt.“
- Meine Tante beklagt sich immer, wenn ich mit ihr rede.
- Mein Mann ruht sich nicht genügend aus.
- Gelb steht mir einfach nicht.
- Dein Zimmer ist nicht aufgeräumt.
- Du hast gerade deinen Kollegen kritisiert.
- Wenn du so selbstmitleidig bist, …
- Wenn ich von dir höre: „Warum bin ich der Einzige, der das machen muss?“
- Du hast ganz bewusst unsere Vereinbarung gebrochen.
- Wenn du einfach ein Gespräch mit mir verweigerst, …
- Hans sitzt in dieser Woche schon zum dritten mal 5 Stunden vor dem Fernseher.
- Meine Schwester sagte mir, gelb würde mir nicht stehen.
- Hans hat mich geschlagen, ohne mir den Grund zu nennen.
- Ich habe vom Bereichsleiter keine Einladung zu dieser Besprechung erhalten.
- Wenn du wieder mal den Märtyrer spielst, …
- Marianne begrüßt jeden Kunden, lächelt dabei und fragt nach den Wünschen.
- Ich habe gesehen, wie du dem Hund bei Tisch etwas zu essen gegeben hast.
- Wenn du sagst: „Nur zu, lasst mich ruhig alle alleine, …“
- Du behandelst mich wie ein kleines Kind.
- Peter ist 1,70 m groß und wiegt 94 kg.

Übung
Sobald Sie alle Sätze gekennzeichnet haben, versuchen Sie zu jedem Satz, der eine Bewertung oder Interpretation enthält, den passenden Satz zuzuordnen, der die Wahrnehmung beschreibt.

Bewertungen/Interpretationen	**Wahrnehmungen**
Hans hat mich gestern ohne Grund geschlagen.	Hans hat mich geschlagen, ohne mir den Grund zu nennen.
Hans sitzt an manchen Tagen 5 Stunden vor dem Fernseher.	Hans sitzt in dieser Woche schon zum dritten Mal 5 Stunden vor dem Fernseher.
Es ist großartig, wie Marianne die Kunden behandelt.	Marianne begrüßt jeden Kunden, lächelt dabei und fragt nach den Wünschen.
Meine Mutter ist ein großzügiger Mensch.	Ich habe noch nie erlebt, dass meine Mutter weniger als 3 Euro Trinkgeld gibt.
Peter ist für seine Größe viel zu schwer.	Peter ist 1,70 m groß und wiegt 94 kg.

Bewertungen/Interpretationen	Wahrnehmungen
Der Bereichsleiter hat mich nicht zu dieser Besprechung eingeladen.	Ich habe vom Bereichsleiter keine Einladung zu dieser Besprechung erhalten.
Meine Tante beklagt sich immer, wenn ich mit ihr rede.	Ich erinnere mich nicht, dass meine Tante mir mal erzählt hätte, was ihr gefällt.
Mein Mann ruht sich nicht genügend aus.	Mein Mann arbeitet jeden Tag mindestens 10 Stunden.
Gelb steht mir einfach nicht.	Meine Schwester sagte mir, gelb würde mir nicht stehen.
Dein Zimmer ist nicht aufgeräumt.	In deinem Zimmer liegt Wäsche auf dem Boden.
Du hast gerade deinen Kollegen kritisiert.	Du hast gerade deinem Kollegen gesagt: „Du bist ganz schön verbohrt."
Wenn du so selbstmitleidig bist …	Wenn ich von dir höre: „Warum bin ich der einzige, der das machen muss?" …
Du hast ganz bewusst unsere Vereinbarung gebrochen.	Ich habe gesehen, wie du dem Hund bei Tisch etwas zu essen gegeben hast.
Wenn du einfach ein Gespräch mit mir verweigerst …	Wenn ich dich sagen höre: „Ich will nicht darüber reden …"
Wenn du wieder mal den Märtyrer spielst …	Wenn du sagst: „Nur zu, lasst mich ruhig alle alleine" …
Du behandelst mich wie ein kleines Kind.	Du hast gesagt: „Na, wie geht's meinem kleinen Mädchen denn heute?"

KK: Gut, gibt es zu der letzten Übung irgendwelche offenen Enden, Fragen?
TN: Wir haben gerätselt, ob das eine Interpretation ist, wenn jemand sagt „Meine Schwester hat gesagt" und dann sagt sie irgendwas – ist das eine Interpretation?
KK: Nein.
TN: Weil das das ist, was wirklich gesagt worden ist?
KK: Was jemand sagt, ist das, was ich sinnlich hören kann. Das ist ein Unterschied, ob das wahr oder wahrnehmbar ist. Wenn ich sage: „Diese Wand hier ist blau", habe ich damit eine Wahrnehmung benannt.
TN: Aber wenn sie etwas in einem anderen Tonfall zu mir sagt, kann das dann als Interpretation gedeutet werden?
KK: Der Wahrheitsgehalt einer Wahrnehmung oder sozusagen die Tatsache, dass etwas eine Wahrnehmung ist, ist unabhängig vom Tonfall. Wenn ich sage: „Da sitzt eine Giraffe." Oder: „Da sitzt eine Giraffe." Oder: „Oho, da sitzt eine Giraffe" – in allen Fällen, unabhängig vom Tonfall, beschreibe ich, was ich da sehe: „Da sitzt eine Giraffe." Nochmal zu der Frage: Ist das eine Wahrnehmung? Die Wand ist blau.
TN: Ja.
KK: Genau, weil die Farbe einer Wand kann man wahrnehmen. Stimmt das, dass sie blau ist?
TN: Hellblau. (Einige lachen.)

KK: Jetzt würde ich sagen: „Die ist weiß." Das heißt, eine Wahrnehmung muss nicht stimmen, eine Wahrnehmung heißt einfach nur, es ist sinnlich wahrnehmbar. Im Gegensatz dazu, wenn ich sage: „Die Wand ist aber schön" – das ist eine Bewertung.
TN: Wie kann man dann dazu sagen, wie der Ton ist, wenn es für die Sache wichtig ist? Die Körpersprache sagt so viel, dass eben dann so ein Zitat doch anders interpretiert werden kann.
KK: Natürlich kann ich interpretieren, aber nicht die Tatsache, da ist eine Spielzeuggiraffe auf dem Tisch, das ist unabhängig vom Tonfall: jeder kann sehen, dass es ein Fakt ist.
TN: Ja, in diesem Fall ist es klar.
KK: Sag ein Beispiel, wo du sagst, da bin ich im Zweifel!
TN: Zum Beispiel, jemand hat ein Kostüm an, und dann kann ich sagen: „Du bist eine Hexe", aber ich kann das auch mit Körpersprache total anders und beleidigend sagen.
KK: Wenn jemand ein Hexenkostüm an hat, dann hat er ein Hexenkostüm an, unabhängig davon, wie das jemand sagt. Wie das jemand sagt, kann ein Ausdruck davon sein, was mich innerlich bewegt oder was ich darüber denke: „Was ist meine emotionale Reaktion, wenn ich sehe, dass du ein Hexenkostüm an hast. Was halte ich davon? Welche Bewertungen habe ich? Was motiviert mich, das überhaupt auszusprechen." All das wird im Tonfall erkenntlich. Aber den Fakt, dass jemand ein Hexenkostüm anhat, wenn wir uns einig sind, was ein Hexenkostüm ist – das ist natürlich möglicherweise interpretationsabhängig –, das ist unabhängig vom Tonfall, die Beschreibung von etwas, was ich sinnlich wahrnehmen kann.
TN:Wir waren uns bei einem anderen Satz auch nicht ganz sicher. Da stand: „Wenn ich dich sagen höre: Ich will nicht mit dir darüber reden." Dann kann man das ja auch situationsabhängig irgendwie auffassen. Zum einen, wenn es eine Wiederholung ist, wenn derjenige das tatsächlich gesagt hat. Oder im Gespräch, wenn ich mir denke: „Ja, ok, wenn ich dich jetzt sagen höre: ‚Darauf habe ich keine Lust'", dann ist das ja wieder eine Interpretation, weil derjenige hat es ja nicht gesagt.
KK: Das wollte ich mit dem Beispiel: „Die Wand ist blau" deutlich machen. Wenn du sagst: „Aus meiner Sicht ist die Wand weiß. Ich halte deine Wahrnehmung nicht für die Wahrheit, ich stimme mit dem nicht überein." Dann bleibt die Aussage „Die Wand ist blau" trotzdem eine Wahrnehmung, weil es etwas Wahrnehmbares ist. Ob das stimmt oder nicht, ist eine ganz andere Geschichte. Wenn ich sage: „Du nickst gerade", können andere sagen: „Nee, die hat nicht genickt", ja? Und ich sage: „Ich habe das wahrgenommen, du hast genickt", und andere Leute sagen: „Sie hat den Kopf mucksmäuschenstill gehalten." Das heißt, es kann sein, dass etwas, was ich wahrnehme, was ich beschreibe, nicht der Wahrheit entspricht. Aber wenn ich sage: „Du verhältst dich gerade bockig", habe ich eine Interpretation. Wenn ich sage: „Du nickst gerade so mit dem Kopf", benenne ich etwas sinnlich Wahrnehmbares. Warum ich das benenne, wie es mir damit geht, wenn ich das beobachte, das sind andere Geschichten. Aber das ist sinnliche Wahrnehmung. Ich beschreibe, was ich sehe.
TN: Das Ganze könnte man auch überhaupt darauf anwenden: „Was ist Wahrnehmung/was ist Interpretation". Ich wollte schon eine Diskussion anfangen, ob das eine Giraffe oder eine Kuh ist, das ist ja auch eine Interpretation – hier ist es relativ einleuchtend, aber es ist ja nicht immer so. Für mich ist das vielleicht eine Kuh. Aber dann ist – na ja, das hatten wir jetzt, das Thema.

KK: Der Punkt ist, wir berühren eine tief philosophische Frage: „Wie wirklich ist die Wirklichkeit?" Tatsache ist, wir können überhaupt NICHTS real wahrnehmen. Für kommunikative Zwecke reicht es, uns darauf zu einigen: „Wahrnehmung ist alles das, bei dem praktisch niemand die Möglichkeit hat, zu sagen: ‚Das stimmt nicht.'" Wenn ich sage: „Dein Zimmer ist nicht aufgeräumt", gibt es ein hohes Risiko, dass jemand eine andere Interpretation über den Zustand des Zimmers hat, als wenn ich sage: „Da liegen drei T-Shirts auf dem Boden." Wahrnehmung von Realität gibt es nicht. Ich gebe euch ein Beispiel: Wenn wir auf die Welt kommen, basieren menschliche Sprachen, die überall auf der Welt gesprochen werden, auf mehreren hundert Phonemen, so nennt man die kleinsten Lauteinheiten. Jede Sprache, die auf dieser Welt gesprochen wird, benutzt nur einen

Bruchteil der existierenden Phoneme, die insgesamt auf diesem Planeten gesprochen werden. Ich weiß nicht, wie viele Phoneme es gibt, aber es sind mehrere hundert, nehmen wir mal an, es wären fünfhundert. Dann werden die meisten Sprachen etwa vierzig, fünfzig Phoneme aus dieser Auswahl verwenden. Wenn Babys auf die Welt kommen, können sie bis zu etwa einem Jahr alle diese Phoneme hören. Wenn wir nur die Muttersprache hören, in der von diesen fünfhundert nur fünfzig verwendet werden, verlieren wir etwa nach zwölf Monaten die Fähigkeit, die vierhundertfünfzig anderen Phoneme zu hören. Es bleiben nur noch die übrig, für die die Synapsen und die Bahnen im Gehirn gebildet werden, nach dem Prinzip: „Use it or loose it.“ Wenn es nicht benutzt wird, wird es gelöscht. Was zum Beispiel dazu führt, dass sich Japaner schwer tun mit der Unterscheidung zwischen „l“ und „r“. In ihrer Muttersprache gibt es diese beiden unterschiedlichen Phoneme nicht. Deshalb sind sie zunächst nicht in der Lage sie wahrzunehmen. Sie müssen sich das sehr mühsam wieder antrainieren, und nicht allen gelingt es. Das bedeutet übertragen: Wir können nur das wahrnehmen, was wir kennen. Und das ist ein Beispiel dafür, dass die Annahme: „Wir können mit unseren Sinnesorganen die Realität erfassen“ eine Illusion ist. Für kommunikative Zwecke reicht es, eine Aussage wie: „Die Wand ist schön“, als Interpretation zu definieren, weil hier das Risiko relativ hoch ist, dass ein anderer Mensch eine andere Bewertung vornimmt. Dagegen dürfen wir in der Regel davon ausgehen, dass wir uns bei einer Aussage wie: „Die Wand ist weiß“ ziemlich einig sind. Deshalb wollen wir das als Fakt definieren. Ähnlich ist es mit dem Lächeln. Natürlich könnte jemand sagen: „Das war kein Lächeln, da sind die Mundwinkel zwei Millimeter nach oben gegangen.“ So gesehen wäre „Lächeln“ auch eine Interpretation. Aber ihr könnt davon ausgehen, dass in der alltäglichen Kommunikation sich die allermeisten Menschen ziemlich schnell einig darüber werden, ob jemand gelächelt hat oder nicht.

Gut, dann geht es jetzt darum, dass ihr das, was ihr gerade geübt habt, nämlich die Unterscheidung: „Was beschreibt eine sinnliche Wahrnehmung und was beschreibt eher, was ich darüber denke“ auf eure Situationen übertragt. Bitte nehmt die Übung „Bestandsaufnahme“, auf dem ihr eure beiden Situationen und Reaktionen aufgeschrieben habt unter der Überschrift „So würde ich jemanden ansprechen“ zur Hand. Ab jetzt werden wir in den Übungen alle gelernten Schritte auf eure eigenen Situationen übertragen. Das bedeutet, dass ihr jetzt in euren eigenen beiden Fällen nach einer Wahrnehmung versus Interpretation sucht. Fangt mit dem Nebensatz an. In meinem Beispiel war das Tom, zu dem ich gesagt habe: „Ich fühle mich vernachlässigt, WEIL DU meinen Geburtstag vergessen hast.“ Den zweiten Teil des Satzes, also das, was nach „weil du“ steht, untersucht ihr jetzt daraufhin: Ist das tatsächlich eine saubere Wahrnehmung oder enthält es Bewertungen, Gedankenlesen, Interpretation, Vermutung? Kann ich wahrnehmen, ob jemand meinen Geburtstag vergisst? Nein, ich kann nicht in den Kopf von jemand reinschauen, und sehen, an was sich jemand erinnert oder nicht erinnert. Das wäre also meine Interpretation. Eure Aufgabe ist jetzt, in der Übung mit der Wahrnehmung zu starten und zu überlegen: „Was bringt mich zu der Interpretation, Tom hätte meinen Geburtstag vergessen?“ Dann schreibt ihr die Wahrnehmung auf. Woran mache ich das fest, an welcher sinnlichen Wahrnehmung? In meinem Beispiel könnte es sein: „Ich habe an meinem Geburtstag weder eine Karte, noch einen Anruf von dir erhalten.“ Achtung: Bereichsleiterbeispiel: Es wäre keine Wahrnehmung, wenn ich sage: „Du hast mir keine Karte geschrieben.“ Vielleicht hat er mir eine geschrieben, und der Briefträger hat sie weggeworfen, statt mir in den Briefkasten. Dann hat er mir eine geschrieben, nur erhalten habe ich sie nicht. Das ist das Einzige, was ich wahrnehmen kann. Ich kann nicht wahrnehmen, dass er mir eine Karte schreibt, ich kann nur wahrnehmen, ob ich sie erhalten habe. Also, mögliche Übersetzung in dem Beispiel: „Tom, an meinem Geburtstag habe ich weder eine Karte, noch einen Anruf von dir erhalten." „Du hast mich nicht angerufen" – wäre eine Interpretation. Tom könnte sagen: „Spinnst du! Es war den ganzen Tag belegt bei dir! Ich hab dich zehnmal angerufen!" Aber ich habe keinen Anruf erhalten. Das ist sinnlich wahrnehmbar.

Manchmal geht es nicht um eine einzige Wahrnehmung, sondern um zwei. Beispielsweise, wenn ihr die Interpretation habt: „Ich ärgere mich, fühle mich verarscht, weil du so unzuverlässig bist". Dann macht es Sinn, dem anderen beide Wahrnehmungen mitzuteilen. „Wir hatten vereinbart, dass wir uns um 9.00 Uhr treffen, du bist um 9.30 Uhr gekommen." Auf die Aussage: „Du bist um 9.00 Uhr nicht gekommen", könnte mein Gegenüber sagen: „Stimmt genau, und worüber regst du dich jetzt auf?" Auch die Interpretation „Lügen" beruht in der Regel auf zwei Wahrnehmungen, die ich logisch nicht miteinander vereinbaren kann. Z.B.: „Ich habe gesehen, dass du den Ball in die Scheibe geschossen hast. Und: Mir sagst du: ‚Ich war's nicht.'" Ich empfehle euch deshalb, darauf zu achten, ob in eurem Übungsbeispiel eine Wahrnehmung reicht oder ob es möglicherweise zwei Wahrnehmungen braucht. Wenn ihr eure Wahrnehmungen für beide Beispiele formuliert habt, schaut euch um, ob noch jemand auch fertig ist, tut euch paarweise zusammen, lest euch gegenseitig eure Wahrnehmungen vor und gebt euch gegenseitig Rückmeldung: „Ja, halte ich auch für eine saubere Wahrnehmung." Oder: „Mhm? Ich höre da immer noch eine Interpretation." Und nach wie vor, wenn ihr Unterstützung braucht, melden.

Übung
Nehmen Sie Ihre Aufzeichnungen zur Hand. Lesen Sie den Nebensatz aus der „Bestandsaufnahme" durch und überprüfen Sie, ob Sie in diesem Nebensatz eine klare Wahrnehmung benannt haben, ohne Bewertung, Interpretation und Urteil. Wenn nicht, dann formulieren Sie nun den ersten Schritt in diesem Modell als klare Wahrnehmung. Möglicherweise benötigen Sie für die Formulierung des ersten Schrittes zwei Wahrnehmungen. So verbergen sich z.B. hinter der Bewertung: „Du bist zu spät gekommen!", zwei Wahrnehmungen: Was hatten wir vereinbart und wann ist die andere Person gekommen? Beispiel: „Wir hatten vereinbart, dass wir uns um 9 Uhr treffen und du bist um 9 Uhr 30 gekommen." Formulieren Sie in Ihren Beispielen im Moment nur den jeweils ersten Schritt – die Wahrnehmung. Alle weiteren Schritte (Gefühle, Bedürfnisse und Bitten) werden Sie zu einem späteren Zeitpunkt formulieren. Nehmen Sie für alle Ihre Situationen dieses Muster:

Du hast/Sie haben … Wenn ich sehe/höre … Wenn du/Sie …
(und jetzt) fühle ich mich/bin ich …
weil mir wichtig ist/weil ich … brauche/weil ich Wert auf … lege
und ich möchte, dass du/Sie …
Einverstanden?/Bist du bereit, das zu tun?

Nun bespreche ich mit euch noch ein paar Aspekte, die manchmal Schwierigkeiten machen, wenn es um die Benennung der Wahrnehmung geht. Und zwar: was mache ich und wie formuliere ich das, wenn es um Körpersprache als Auslöser geht, wenn ich nicht in erster Linie auf die gesprochenen Worte reagiere, sondern auf die nonverbalen Informationen des Gesagten. Es kann durchaus herausfordernd sein, die nonverbale Komponente der Wahrnehmung zu benennen, ohne Bewertungen vorzunehmen. Hier ist es hilfreich, zunächst den Bereich des beobachtbaren, nonverbalen Verhaltens zu benennen, auf den ihr reagiert. Ist es der Tonfall? Ist es die Lautstärke? Ist es die Körperhaltung? Ist es die Mimik? Das könnte sich so anhören: „Wenn du in dieser Lautstärke mit mir sprichst…“ Damit lasse ich den anderen wissen: „Es ist nicht, was du inhaltlich gesagt hast, sondern die Lautstärke, in der du es gesagt hast.“ Für die wenigen Fälle, in denen das nicht ausreicht und jemand beispielsweise sagt: „Diese Lautstärke, was soll denn das heißen? Was willst du damit sagen? Diese Lautstärke?“ Dann ist das nächstbeste, was ihr tun könnt, dem anderen zu sagen, wie laut es bei euch angekommen ist. Vorsicht, nicht in die Falle tappen, jetzt die Bewertung nachzuliefern: „Unverschämt laut halt“ oder „viel zu laut“, sondern zu sagen: „Bei mir ist deine Lautstärke ungefähr so angekommen.“ Und dann versucht ihr, dem anderen den nonverbalen Anteil, auf den ihr reagiert, so realistisch wie möglich zurückzuspiegeln. Achtung: Wenn wir emotional aufgewühlt sind, neigen wir beim Spiegeln zur Übertreibung. Das wird natürlich nicht akzeptiert. Deshalb so realistisch wie möglich. „Wenn ich deinen Gesichtsausdruck sehe, während ich dir das erzähle“, anschließend geht es dann weiter mit Gefühl, Bedürfnis, Bitte. „Wenn ich deinen Tonfall höre, in dem du das sagst“, reicht, wie gesagt, in den allermeisten Fällen aus, um den anderen darüber zu informieren, was das Gesprächsthema ist.

TN: Ich habe eine Frage zum Zitieren. Wenn ich zitiere, kommt oft zurück: „Das habe ich überhaupt nicht so gesagt.“ Wie mache ich dann weiter?
KK: Ja. Wenn es nicht mehr gelingt, im Nachhinein eine gemeinsame Realität herzustellen, weil das eine Zeit lang zurückliegt, dann empfehlen wir, darauf zu verzichten. Hier ein Beispiel: Wir hatten mal einen Seminarteilnehmer, der hat gesagt: „Mir hat mein Vorgesetzter die Leitung eines Projektes übertragen, an dem bin ich seit zwei Monaten dran. Dann gab es einen kleinen Sektempfang, weil jemand ein großes Firmenjubiläum hatte, 40 Jahre im Unternehmen. Ein paar Leute kamen zusammen, wir haben angestoßen und das Jubiläum gefeiert. Ich stehe mit einem Kollegen am Stehtisch, mein Vorgesetzter steht mit dem Rücken zu mir an einem anderen Stehtisch und spricht mit einem anderen Abteilungsleiter. Ich höre ihn sagen: ‚Der Meier, das mit dem Projekt, das kann der gar nicht, das fährt der bestimmt gegen die Wand.‘ Das hat bei mir natürlich unheimlich reingehauen. Nächste Woche möchte ich meinen Chef daraufhin ansprechen. Das will ich jetzt mal üben.“ Ein anderer Seminarteilnehmer hat sich für ein Rollenspiel zur Verfügung gestellt und versucht, das mit den vier Schritten anzusprechen. Er startet mit der Wahrnehmung und sagte: „Gestern bei dem Gespräch mit dem anderen Abteilungsleiter habe ich mit einem Ohr mitgehört, und als Sie dann sagten: „Der Meier mit dem Projekt, das kann der gar nicht, das fährt der gegen die Wand.“ Bevor er jedoch sein Gefühl mitteilen konnte, hat der andere gesagt: „Was soll ich gesagt haben? Nein, das habe ich nie gesagt. Da müssen Sie was falsch verstanden haben.“ Wenn ich also keine Tonbandaufnahme habe, keine Videoaufnahme und niemand kann beweisen, was ist tatsächlich gesagt worden, verzichtet man darauf. Dann sind die wesentlichen Informationen, diejenigen, die danach kommen. Er hat dann gesagt: „Was immer da gestern gesagt wurde, wir haben offensichtlich zwei unterschiedliche Erinnerungen. Ich merke, dass ich im Moment einfach verunsichert bin“ – Gefühl. „Und ich brauche eine Klarheit darüber, ob Sie es mir zutrauen“ – Bedürfnis. „Deshalb meine Bitte: Sagen Sie mir bitte jetzt, ob Sie mir das zutrauen, dass ich das Projekt erfolgreich zu Ende bringe.“ Da hat der gesagt: „Ja klar, traue ich es Ihnen zu, sonst hätte ich es Ihnen doch nicht gegeben.“ Der TN hat dann gesagt: „Danke, ich bin erstmal sehr erleichtert, das zu hören. Für den Fall, dass das andere Kollegen auch falsch verstanden haben sollten, wären Sie bereit, das vor den Kollegen richtig zu stellen?“ Wie gesagt, wenn sich eine gemeinsame Realität nicht herstellen lässt, verzichtet ihr im Moment darauf. Wie immer die Erinnerung ist: „Mir geht es im Moment so und so, das ist das, was ich brauche, deshalb folgende Bitte an dich/Sie.“ Auf Dauer geht das nicht, weil es die Seele krank macht, wenn es uns nicht gelingt, eine gemeinsame Realität herzustellen. Wenn ich mit jemand länger zu tun habe, sei es in der Familie oder am Arbeits-

platz und immer wieder feststelle, dass wir miteinander sprechen und eine Stunde später gibt es zwei Erinnerungen über das, was gesagt oder vereinbart wurde, dann ist Zusammenarbeit auf Dauer nicht möglich. Eine Option wäre dann, alle wichtigen Informationen schriftlich festzuhalten, um sicherzustellen, dass man sich später auf eine gemeinsame Realität beziehen kann. Sie haben beide die Aktennotiz unterschrieben. Das ist Fakt. Das geht allerdings nicht auf Dauer! Aber eine Zeitlang kann man sich so retten und den Aufwand betreiben, damit wir eine gemeinsame Realität herstellen können.
SP: Es sei denn, ich finde für mich Erklärungen, warum diese gemeinsame Wahrnehmung nicht herstellbar ist. Wenn ich plötzlich merke, mein Kollege entwickelt eine Demenz. Dann habe ich damit eine ausreichende Erklärung und dann wäre es für mich ok. Dann weiß ich, dass das mit der gemeinsamen Wahrnehmung auch zukünftig schwierig sein wird und vielleicht noch schwieriger werden wird. Als theoretisches Beispiel.
KK: Ja, so ist es.
TN: Manchmal können Erinnerungen eine Interpretation beinhalten. Also ich speichere es in meinem Kopf ab, so wie ich das gesehen habe, und ich vergesse, was eigentlich gesagt wurde. Das sieht man ja immer bei Zeugenaussagen. Der eine hat ein rotes Auto, der andere ein blaues Auto gesehen. Und das finde ich so schwierig, wenn man Dinge aufarbeitet, die länger zurückliegen.

KK: So ist es, und deshalb empfehlen wir, auch hier Verantwortung zu übernehmen, wenn es um Wahrnehmungen geht, die eine Zeitlang zurückliegen. Vielleicht erinnert ihr euch an eine der Formulierungen, die ihr sortiert habt. Dort heißt es: „Ich erinnere mich nicht, dass meine Tante mir jemals erzählt hätte, was ihr gefällt." Wenn es also um länger zurückliegende Zeiträume geht, können wir Verantwortung übernehmen, indem wir nicht etwa behaupten „So war es", sondern „So erinnere ich das". Weil wir aus Erfahrung wissen, dass unsere Erinnerung über längere Zeiträume nicht hundert Prozent fehlerfrei arbeitet. Gleichzeitig dürft ihr natürlich darauf vertrauen, dass, wenn etwas sehr kurz her ist, eure Erinnerung korrekt arbeitet. Wenn Rieke sagt: „Gehen wir heute ins Kino?", und ich eine Viertelstunde später sage: „Du wolltest doch mit mir ins Kino gehen." – „Nee, habe ich nie gesagt." Dann ist das schwer zu verkraften. Und da muss ich an der Stelle auch davon ausgehen dürfen, dass ich mich nach einer Viertelstunde noch erinnern kann, was tatsächlich die Fakten waren und muss da nicht übervorsichtig sein und sagen: „Soweit ich mich erinnere, hast du mich vor einer Viertelstunde gefragt, ob wir ins Kino gehen", sondern da darf man ruhig mal sagen: „Vor einer Viertelstunde hast du das gesagt." Wenn eine gemeinsame Realität sich dann nicht herstellen lässt, kann man im Einzelfall darauf verzichten und das Ganze, wenn es ein Einzelfall war, abhaken. Wenn es jedoch häufiger vorkommt, gilt es herauszufinden: „Wie können wir sicherstellen, dass wir auch nach einer Stunde oder nach einem Tag noch eine gemeinsame Realität darüber teilen, was wir erinnern, was tatsächlich gesagt, vereinbart oder besprochen wurde?"

FK: In meinem Verständnis ist das Wesentliche, wohlwollend zu bleiben, sowohl dem anderen als auch mir selbst gegenüber, was nicht immer einfach ist. Wohlwollend zu schauen: „Welche gemeinsame Realität ist denn in der Gegenwart herstellbar?, wie ist es denn JETZT im Moment?" Also innerlich diese Großzügigkeit zu entwickeln und loslassen anstatt festhalten. Wenn es mir gelingt, meine eigene Verletzungsidentität wirklich beiseite zu stellen, bleibe ich wohlwollend und kann schauen: „Was ist denn jetzt im Moment das Gemeinsame?"

Wir wollen euch gern noch ein Beispiel zeigen. Das werden die meisten von euch kennen, weil es sehr weit verbreitet ist. Diejenigen, die es bereits kennen, bitte ich, die Auflösung noch einen Moment für euch zu behalten, damit die Möglichkeit besteht, dass Menschen, die es zum ersten Mal sehen, ihre eigene Erfahrung machen können.

Ist jemand hier, der dieses Bild zum ersten Mal sieht? Bitte Hand heben, niemand? Okay, es ist allen bekannt – gerade mit eurem beruflichen Hintergrund kein Wunder. Nehmen wir an, es wären zwei Menschen, die das zum ersten Mal sehen, und es entspannt sich ein Dialog (szenische Darstellung):

FK: Du Klaus, wie alt schätzt du da die Frau auf dem Bild?
KK: Ja, mindestens siebzig, wahrscheinlich 80.
FK: Hä? Und ähm, wie kommst du jetzt da drauf?

KK: Mhm. Das ist jetzt schon eine fortgeschrittene Reaktion, was glaubt ihr, ist die häufigste Reaktion, wenn jemand eine Meinung vertritt, die so weit weg ist, von meiner eigenen? „Quatsch! Die ist höchstens dreißig, wahrscheinlich erst zwanzig." Was glaubt ihr, ist die häufigste Reaktion, die wir innerlich haben? Was denken wir über jemanden, der eine Meinung vertritt, die so weit weg ist von meiner eigenen?

FK: Also wenn ich das ausbauen würde, dieses „Häää?", dann würde ich was denken?
TN: Der andere ist dumm.
KK: Der andere ist dumm, „Der spinnt doch! Der hat doch ein Rad ab! Der hat ja Null Menschenkenntnis! Wie kann man nur so daneben liegen?" Wenn wir uns verständigen wollten, was könnten wir dann tun? Ich habe schon den ersten Schritt gehört.
TN: Fragen, woran der andere das festmacht?
KK: Genau. Wie kommst du darauf? Diese Frage kann ich natürlich nur stellen, wenn ich in der Lage bin, meine Urteile, die ich möglicherweise als ersten Impuls habe, „Der spinnt doch!", auf die Seite stellen kann und innerlich die Haltung einnehme: „Ich möchte den anderen gerne verstehen." Dann würde ich fragen: „Wie kommst du darauf?" „Ja, ist doch klar, hier ihr zahnloser eingefallener Mund, die tiefen Tränensäcke unter den Augen und dann die große riesige Hakennase."
FK: Da könnte ich immer noch sagen: „Du spinnst ja, wo soll denn hier eine Hakennase sein?"
KK: Mhm. „Eine große riesige Hakennase? Das kleine zierliche Stupsnäschen kann man doch nicht eine große riesige Hakennase nennen." Und dann landet man möglicherweise wieder bei Urteilen, obwohl die Haltung: „Ich möchte den anderen gerne verstehen" ja erstmal gestimmt hat, eine sinnvolle Einstellung war. Woran hängt es denn jetzt? Gibt es hier eine große riesige Hakennase? Gibt es eine zierliche Stupsnase? Weder noch. Gibt es hier überhaupt eine Nase? Gibt es hier überhaupt eine Frau? Was ist denn die Wirklichkeit? Was sind die beobachtbaren Fakten?
TN: Eine Zeichnung mit schwarz und weiß.
KK: Genau. Das ist ein weißes Blatt Papier, auf dem mit schwarzen Farben Linien und Flächen sind. Das sind die Fakten. Alles andere, da gibt es eine Frau, da gibt es eine Nase, geschweige denn zwei Nasen und so was – alles Interpretationen über beobachtbare Fakten. Es gibt weder eine Frau, noch eine Nase, keine zwei Nasen, keine große Hakennase, keine zierliche Stupsnase, alles Interpretation. Wenn wir das nicht im Bewusstsein haben, ist es ganz schwer, zu einer Verständigung zu kommen. Aber wenn die Rieke ein Bewusstsein hat, dass, wenn ich sage: „Ja, an der großen riesigen Hakennase mache ich das fest", und sie

hat im Bewusstsein „es gibt ja gar keine Nase hier", es gibt nur schwarze Linien und schwarze Flächen auf weißem Grund, und sie möchte sich mit mir verständigen, was könnte sie jetzt fragen?
TN: „Wo siehst du die?"
KK: Genau. „Kannst du mir zeigen, welche schwarze Linie du als Nase interpretierst." Und jetzt können wir uns verständigen, denn ich sage: „Die Linie von hier nach hier, das ist die Nase." Und dann würde die Rieke sagen:
FK: „Ah, das ist interessant, weil ich sehe DAS hier als die Nase."
KK: Ja, wir sehen die Linien, die wir interpretieren. Und jetzt kann man gemeinsam durch die beobachtbaren Fakten gehen und jeder kann sagen, welchen Fakt er als was interpretiert. Da würde ich sagen: „Und das ist ein zahnloser, eingefallener Mund, diese Linie." Und Rieke würde sagen:
FK: „Aha, das ist für mich die Perlenkette oder das Halsband."
KK: Und dann würde ich sagen: „Und das hier ist ein Auge mit tiefen Tränensäcken darunter." Und die Rieke würde sagen:
FK: „Ah, für mich ist das ein Ohr!"
KK: Das gleiche Gebilde, die gleichen Linien interpretiert sie als Ohr.

Damit wir zu einer Verständigung kommen, braucht es immer zwei Schritte. Der erste Schritt ist, wenn ich Urteile habe wie: „Der spinnt doch, wie kann man nur so daneben liegen, vollkommen falsch, null Menschenkenntnis, total inkompetent die Person." Urteile auf die Seite stellen, innerlich eine Haltung einnehmen, für die ich mich entscheiden kann: „Ich möchte den anderen verstehen." Dann nachfragen: „Wie kommst du darauf? Woran machst du das fest?" Das ist eine Frage der Einstellung und des guten Willens, das ist keine Fähigkeit, für eine Haltung kann ich mich entscheiden. Die Haltung haben reicht in vielen Fällen aber nicht aus. Es braucht zusätzlich eine Fähigkeit, nämlich die Fähigkeit, meine Interpretationen sauber zu trennen von den sinnlich wahrnehmbaren, beobachtbaren Fakten. Und das muss man trainieren. Es ist keine Frage der Absicht, der Haltung, der Einstellung, sondern es ist eine Frage von Fähigkeiten. Wir brauchen also eine Haltung plus Fähigkeiten, wenn wir in der Situation sicherstellen wollen, dass die Verständigung klappt.

TN: Also irgendwie hänge ich hier gerade. Wenn ich einen Patienten habe, urteile ich per se sehr schnell, z.B.: „Der ist realitätsverkennend." Dieser Ausdruck ist extrem gewaltbehaftet, weil theoretisch das Empfinden des Patienten ja ist: „Ich fühle mich bedroht." Ich tue ihn ab als „realitätsverkennend", aber per se gibt es ja diese Realität nicht, sondern einfach nur sein Empfinden: „Ich bin bedroht." Also urteilen wir als Ärzte immer sehr, sehr schnell und eigentlich sehr gewaltbehaftet, sage ich jetzt mal, wenn wir sagen: „Der verkennt die Realität." Das ist wiederum unsere Realität.
KK: So ist es.
TN: Weil es unsere Realität ist.
KK: Ja. Jede Art von Diagnose ist eine Interpretation. Und ich wäre sehr vorsichtig damit. Ich würde eine Menge Zeit darauf verwenden zu schauen: „Was tue ich hier?", um mir zumindest bewusst zu sein, dass ich gerade eine Interpretation vornehme. Es gibt mehrfach Untersuchungen, bei denen man zwei Leute, Therapeuten, Psychiater zusammengesetzt hat und jedem erzählt hat: „Der andere ist ein Patient, und zwar mit folgender Diagnose." Und beide sind in das Gespräch mit diesem Filter gegangen und haben seitenweise Belege dafür gefunden, warum die Diagnose stimmt. Übrigens: Wir haben hier in dieser Liste „Ich rege mich auf, wenn jemand", entstanden in eurem beruflichen Umfeld, deutlich mehr Sätze, die mit dem Hilfswort „sein" enden. Jemand IST das, das, das oder das. Beispiele: Jemand ist unehrlich. Jemand ist rücksichtslos. Jemand ist negativ. Jemand ist distanzlos. Jemand ist ignorant. Jemand ist uneinsichtig usw. All das sind Diagnosen, die natürlich auch zu eurem beruflichen Umfeld gehören. Ihr werdet immer wieder darauf treffen. Und das, was du gesagt hast, teile ich: Das ist eine Form von Gewalt.

TN: Wenn wir mit Patienten so umgehen und sagen: „Ok, Sie nehmen das so wahr. Meiner Wahrnehmung entspricht das aber nicht." Diese Möglichkeit kommt gar nicht so selten vor.
KK: Ja. Und das System erwartet von euch natürlich auch Etiketten und Diagnosen. Und ich sage nicht, dass Diagnosen, Etiketten, Interpretationen keinerlei NUTZEN *haben. Gleichzeitig finde ich es wichtig, ein Bewusstsein dafür zu haben, dass wir gerade Interpretationen benutzen, die mit der Realität in vielen Fällen nur einen losen Zusammenhang haben. Wie gesagt, das System erwartet die auch an der Stelle.*

KK: Es gibt zwei Geschichten, die Rieke und mir zu diesem Thema einfallen: Die erste stammt aus der Zeit, in der wir den therapeutischen Ansatz „Neurolinguistisches Programmieren" gelernt haben. Richard Bandler, der Mitentwickler dieser Methode, erzählte, dass er eine Einrichtung mit psychisch Kranken besucht hat. Ein Psychiater informierte ihn über einen Patienten, dass dieser kataton sei und seit acht Jahren keinen einzigen Ton gesagt hätte. Richard Bandler ist dem Patienten daraufhin auf den Fuß gestiegen, worauf der gesagt hat: „Sag mal, spinnst du? Willst du ein paar auf's Maul oder was?" So viel zu dem, dass wir manchmal durchaus bestimmte Bilder verstärken, die Leute durch die Art und Weise, wie wir mit ihnen umgehen, abgeben. Die zweite Geschichte stammt von Marshall Rosenberg. Auch er hat eine Zeitlang als Therapeut gearbeitet. So brachte ein Elternpaar ihre Tochter, weil sie nicht mehr sprach und hofften, dass Marshall helfen könnte. Während der 45-minütigen Sitzung saß sie regungs- und sprachlos da. Marshall hat im Wechsel aufrichtig mitgeteilt, was in ihm gerade lebendig ist und empathische Vermutungen darüber angestellt, wie es wohl in ihr aussehen könnte. Keine Reaktion. Sie saß die ganze Zeit nur da. Am Ende der Sitzung sagte er: „Ich brauche jetzt eine Pause, ist das ok für dich, wenn dich deine Eltern morgen wieder vorbeibringen?" Und sie hat wieder nicht reagiert. Woraufhin Rosenberg sagte: „Ich nehme mal an, solange du nicht ein anderes Signal gibst, dass das für dich passt, wenn deine Eltern dich wieder vorbeibringen." So verging eine Sitzung nach der anderen, immer nach dem gleichen Muster. In der zehnten Sitzung fiel ihm auf, dass aus ihrer geschlossenen Hand ein Stück Papier herausschaute. Das hat er angesprochen: „Ist da etwas, was du mir geben möchtest?" Keine Reaktion. Dann sagte er: „Ist das ok, wenn ich dich anfasse, und sag mir, wenn du es nicht möchtest." Dann nahm er ihre Hand und nach einer Viertelstunde hat sie langsam die Hand geöffnet. Er konnte dann das Papier herausnehmen. Es war ein kleiner Zettel, auf dem stand: „Hilf mir weiterhin, mich zu öffnen." Was ich damit sagen möchte ist, nicht vorschnell zu sagen: „Da kleben wir mal ein Etikett drauf", sondern dass eine bestimmte Haltung einzunehmen eine gute Voraussetzung, eine gute Grundlage dafür ist, dass menschliche Begegnung stattfinden kann und dass auch Veränderungen passieren können.

FK: Und gleichzeitig sind Diagnosen ein Medium uns in unserem Beruf, uns zu verständigen. Wir tun gut daran, parallel neugierig auf den Menschen zu bleiben, bei dem wir gerade sind. Wenn wir versuchen, mit ihm in Kontakt zu kommen und zu bleiben und immer wieder nochmal darunter zu horchen, anstatt die Diagnose als eine festgefahrene Realität hinzuschreiben und den Menschen abzuhaken. Das eigentliche Fazit für mich aus dem Kapitel ist, soweit es unsere Zeit und unser Raum zulassen, im menschlichen Kontakt bleiben.

KK: Das gilt nicht nur in diesem Umfeld, sondern das beeinflusst natürlich das menschliche Miteinander ganz generell. Ich weiß zum Beispiel, wenn ich in einem Unternehmen arbeite, wie sehr das Etikett „Chef" uns daran hindert zu erkennen, dass wir ein menschliches Wesen vor uns haben. Auch das Etikett „Frau" oder „Kind" oder „mein Kind". Alles das sind Etiketten, die die Wirklichkeit verschleiern können. Und natürlich bestehen unsere Filter aus unserer Lebenserfahrung, die auch kulturell geprägt ist. Ich möchte euch einladen, jetzt einen Blick auf folgende zwei Filter zu werfen. Die eine Geschichte findet ihr auch in den Seminarunterlagen.

Die Geschichte „Die Rheinüberquerung".
Zwei Männer kommen bei ihrer Wanderung an den Rhein, den sie überqueren müssen. Am Ufer liegt ein einziges Boot, das aber nur eine Person trägt, im Sinne von, nur eine Person kann drin im Boot sitzen. Beide überqueren den Rhein im Boot und setzen dann ihre Reise am anderen Ufer fort.

Wenn ihr glaubt: „Ja, ich habe doch eine Lösung dafür, ist doch ganz klar", können wir ein paar Sachen ausschließen: Erstmal, es gibt keine Brücke in der Nähe. Niemand hat ein Seil. Es gibt keine anderen anwesenden Menschen als die beiden. Keiner der beiden kann schwimmen. Wenn ihr glaubt, eine Lösung zu haben, in diesem scheinbaren Widerspruch, behaltet sie einen Moment für euch, so dass andere noch Gelegenheit haben, darüber nachzudenken. – Hand hoch, wer glaubt, er hat eine Erklärung dafür.

TN: Ja, die kommen aus entgegengesetzten Richtungen, und der eine überquert zuerst den Rhein, und dann ist der andere dran.

KK: Mhm, genau. Was macht es uns im Allgemeinen vermutlich so schwer, auf diese ganz naheliegende Lösung zu kommen? Es ist so, wenn Menschen Text hören oder Text lesen, dann verstehen wir den Sinn dieser Worte, indem wir sie innerlich in bildhafte Vorstellungen übersetzen. Das geschieht automatisch, ohne dass wir es bewusst tun. Man kann die Leute fragen: „Was hast du innerlich für eine Vorstellung gehabt, was hast du für Bilder gesehen?", denn jeder dreht einen kleinen Film im Kopf, dann erfährt man erstaunliche Details. Zum Beispiel: „Ja, es war früh am Morgen, Nebel lag über den Fluss, die Männer hatten grüne Lodenmäntel an und Wanderstecken in der Hand." Und wir wissen, das steht nicht im Text. Es ist uns vollkommen klar, das haben wir gerade als Bilder im Kopf produziert. Und doch entgeht uns das manchmal, dass wir gerade ein Bild produziert haben, nämlich von zwei Männern, die nebeneinander herwandern. Und sobald man diesen Film im Kopf produziert, von zwei Männern, die nebeneinander gemeinsam auf einer Wanderung sind, wird diese einfache Lösung unmöglich. Es steht natürlich nicht da, dass die gemeinsam auf einer Wanderung waren. Aber wenn ich sage: „Ah, gewandert bin ich bisher in meinem Leben eigentlich fast nie alleine, sondern immer mit anderen", dann neigen wir dazu – persönlicher Filter, eigene Lebenserfahrung –, in unserem Kopf eine Vorstellung von zwei Menschen zu entwickeln, die nebeneinander herwandern, auf der gleichen Seite des Rheins ankommen – und damit wird eine Lösung unmöglich. Also persönliche Filter verhindern, dass wir die Realität so wahrnehmen können, wie sie im Text steht.

TN: Aber ich hätte eine Lösung. Da ist zwar ein Platz, aber man könnte es doch so sehen: einer setzt sich rein, und der andere setzt sich auf den Schoß, und dann Abfahrt.
TN: Und dann gehen sie unter. (Einige lachen.)
KK: Das Boot geht unter, wenn der eine auf dem Schoß des anderen sitzt, weil die Tatsache nicht berücksichtigt ist, nur eine Person ist im Boot. Das Boot trägt nur eine Person. Aber, wir sehen an diesem Beispiel auch, wie unser Hirn jetzt sagt: „Es muss irgendwie gehen", und dann verdrehen wir irgendwelche Fakten und sagen: „Das steht zwar drin, aber das habe ich ausgeblendet, dass nur eine Person im Boot drin sein kann."
TN: Was mich jetzt interessiert ist die Frage, ob man Kinder gleich so erziehen kann, dass sie die Welt anders wahrnehmen und nicht mit unseren Konzepten. Es ist doch so, dass, wenn sich ein kleines Kind ein Buch anschaut, dann sagen wir z.B.: „Schau, das ist ein Haus." Ich beschreibe dem Kind meine ganze Realität. Es sind also Gewohnheitsmuster usw. Aber ich frage mich jetzt: Würde denn das Kind selber dann auf alles von alleine kommen?

KK: Ich glaube nicht, dass das möglich ist. Dazu passt nochmal das Beispiel von vorhin. Babys können bis etwa zwölf Monate alle Phoneme, die menschliche Stimmwerkzeuge hervorbringen können, wahrnehmen. Mangels Gebrauch werden dann welche gelöscht, und wir können sie ab etwa einem Alter von einem Jahr nicht mehr wahrnehmen. Wir lernen also vom Vorbild, und das ist kulturell stark geprägt. Wir haben eine Orientierung, die sehr selbstbezogen ist. Wir wissen, das ist mein rechtes Knie und das ist mein linkes Knie. Für Aborigines in Australien gibt's das nicht. Die haben keine ich-bezogene Orientierung, sondern die haben nur eine Orientierung in Bezug auf Himmelsrichtungen. Wisst ihr, wo hier die Himmelsrichtung ist? Wo ist Norden?
TN: Da ist Norden.
TN: Da ist Süden.
KK: Hier ist Norden, genau. Das heißt, wenn ein Ureinwohner in Australien so stehen würde, würde er sagen: „Das ist mein Nord-Knie und das ist mein Süd-Knie." Wenn er so steht, sagt er: „Das ist mein Nord-Knie und das ist mein Süd-Knie." Das heißt, die haben grundsätzlich, egal, wo sie sich befinden, immer eine Orientierung an den Himmelsrichtungen. Das ist eine vollkommen andere Art, in der Welt zu sein, als wir, die wir sagen: „Das ist rechts" und „Das ist links". Und vielleicht kennt ihr ja dieses einfache Beispiel mit dem: „Auf welcher Seite vom Wolf ist denn die Giraffe?"
TN: Von Wolfsseite oder von meiner jetzt?
KK: Ganz einfach: Auf welcher Seite vom Wolf ist die Giraffe?
TN: Also, wenn ich jetzt von mir aus schaue, rechts.
KK: (wendet sich einem anderen TN zu, der woanders sitzt) Mhm. Stimmt das?
TN: Bei mir ist sie links.
KK: Ok. Genau. Da kann man trefflich drüber streiten. Bei Aborigines gäbe es diese Missverständnisse gar nicht. Der sagt „Die Giraffe ist westlich vom Wolf", so was wie rechts oder links gibt es für die nicht. (KK vertauscht die beiden Tiere.) Und jetzt ist sie östlich vom Wolf. Also, wir leben natürlich innerhalb von bestimmten Konzepten, und die dienen ebenso einer Orientierung. Sich mit anderen Konzepten vertraut zu machen, kann den Horizont sehr erweitern, und kann uns vor allem davor schützen, dass wir glauben: „Mein Konzept der Welt ist das einzig vernünftige oder überhaupt das einzig mögliche."
FK: Darüber hinaus glaube ich, wir können eine Menge bewirken, wenn wir, statt Kindern zu sagen: „Das ist so, und jetzt halt deinen Mund!", sagen: „Ich sage dir gerade, wie es für mich ist, und dann bitte ich dich, es weiterhin zu überprüfen", also auch Dialektik fördern. Das kann eine Menge bewirken.
TN: Bei uns gibt es auch eine Diagnose „Rechts-/Linksschwäche", die es bei den Aborigines nicht geben wird (lacht).

KK: Ja. Ich habe vor ein paar Jahren einmal eine Geschichte über einen Lehrer in den USA gehört. Er war Mathelehrer und als er in Geometrie von Flächen zu Körpern kam, brachte er als Anschauungsmaterial einen selbstgebauten Pappwürfel mit und fragte die Kinder: „Wie viele Seiten hat der Würfel?" Die meisten Kinder sagten: „sechs". Ein Schüler sagte: „acht". Wenn man einen Beruf hat wie Lehrer oder Richter, wenn man sozusagen von Berufs wegen recht hat, ist die Verführung sehr groß, ganz schnell zu sagen: „Nein, acht ist falsch, sechs ist richtig." Aber dieser Lehrer war intelligent und neugierig genug zu sagen: „Hey, wie kommst du auf acht?" Da sagte der Schüler: „Das ist doch ganz offensichtlich, Sie haben gefragt, wie viele Seiten er hat. Dieser Würfel ist aus Pappe und hohl. Er hat einen Boden und eine Decke und hat vier Seiten. Weil er hohl ist, hat er vier Seiten außen und vier innen: das macht acht Seiten." Über eine Antwort kann man ganz schnell drüberbügeln, wenn man das Konzept im Kopf hat: „Ich weiß es, wie es richtig ist, und alles andere ist falsch." Ein GFK-Lehrer würde, auch wenn ein Schüler 7 + 8 = 16 rechnet, nicht hingehen und sagen: „Das ist falsch. 15 ist richtig." Er würde eher sagen: „Hey, jetzt bin ich neugierig, kannst du mir zeigen, wie du auf 16 kommst, wenn du das rechnest? Weil, wenn ich das rechne, kriege ich 15 raus. Ich zeige dir gerne, wie ich auf 15 komme, wenn ich das rechne. Und ich bin neugierig, wie du auf 16 gekommen bist, wenn du das rechnest." Das ist natürlich ein sehr radikaler Paradigmenwechsel, denn es beinhaltet, sich zu verabschieden von: „wir kennen die Wahrheit" oder „wir wissen, was gut/böse, richtig/falsch, normal und nicht normal ist".

Ein weiterer persönlicher Filter, der verhindert, dass wir die Realität so wahrnehmen können, wie sie im Text steht, zeigt folgendes Beispiel: Ein junger Gruppenleiter wird bei seinem Bereichsleiter vorstellig und bittet diesen, ihn zum Abteilungsleiter zu befördern. Daraufhin antwortet der Bereichsleiter: „Für dich, mein Sohn, gilt das Gleiche wie für alle Mitarbeiter. Nur wer die entsprechende Leistung bringt, wird befördert und die sehe ich bei dir nicht." „Ja, dann wende ich mich an den Vorstand", sagt der Sohn. Worauf sein Vater erwidert: „Kannst du gerne machen." Der Gruppenleiter trägt sein Anliegen daraufhin dem Vorstand vor, worauf der Vorstand antwortet: „Du bist zwar mein Sohn, aber erst, wenn du die entsprechende Leistung bringst, werde ich deine Beförderung befürworten." Auch hier würde ich ein paar Dinge ausschließen, die manchmal dafür angeboten werden. Manche Leute sagen: „Ha, komisches Unternehmen, ich kenne zwar in der Realität keines, aber hier ist der Bereichsleiter zugleich Vorstand." Das ist also nicht die Lösung, die wir suchen. Manche Leute sagen: „Ah, das ist ein Unternehmen im kirchlichen Bereich, wo alle älteren Männer jüngere Männer mit ‚Sohn' ansprechen." Das ist auch nicht die gesuchte Lösung. Manche Leute sagen: „Ah, der Sohn hat einen Doppelgänger, und der Vorstand hat den mit dem eigenen Sohn verwechselt, weil er so ähnlich aussah." Das wäre auch nicht die gesuchte Lösung. Einmal Handzeichen, wer eine Lösung hat. Da lassen wir jetzt noch einen Moment suchen. – Okay, dann lösen wir es mal auf.

TN: Also ich würde sagen, der Vorstand ist die Mama, es ist ein Familienunternehmen und der Bereichsleiter ist der Papa.
KK: So ist es.
TN: Da gibt es auch noch die Variante, dass das ein homosexuelles Pärchen ist, und das eine der „Papa" ist, und das andere der „Papi".
KK: Genau. Was macht es uns so schwer, auf diese ganz offensichtlichen Lösungen zu kommen?
TN: Man denkt, dass derjenige, der weiter oben in der Hierarchie ist, der Vater ist.
KK: Genau. Der Filter ist: Wir kennen es einfach nicht, es gehört nicht zu unserer Lebenserfahrung. Wenn ihr mal schaut, wie viele Frauen in Vorständen sind, ja, da haben wir gerade einen Kampf, dass wir das gesetzlich regeln usw. Was übrigens schon dadurch zum Ausdruck kommt, dass es sprachlich keine Formulierung dafür gibt, wir kennen zwar „Bereichsleiter"/„Bereichsleiterin", „Abteilungsleiter"/„Abteilungsleiterin", aber für Vorstand gibt es nicht mal eine weibliche Form. Das gehört nicht zu unserer Realität. Dazu kommt, wenn ein Mann und eine Frau im gleichen Unternehmen arbeiten, hat in der Regel nicht die Frau die höhere Position. Das ist doppelt selten. Wenn jemand fragen würde: „Welche zwei erwachsenen Menschen dürfen einen jungen Mann mit ‚Sohn' ansprechen?", dann würde jeder sofort spontan sagen: „Ja, Vater und Mutter, wo ist das Problem?" Das heißt, unser Erleben, unsere Erfahrungen, die wir haben, produzieren bestimmte Filter, die es sehr schwer machen, bestimmte Dinge überhaupt wahrnehmen zu können.

Gefühle erkennen und ausdrücken

KK: Gut, ich schlage vor, dass wir das Thema „Erster Schritt – Wahrnehmung" damit abhaken und uns als nächstes dem zweiten Schritt zuwenden, in dem es darum geht, die eigenen emotionalen Reaktionen offen zu legen und zu benennen.

Gefühle auszudrücken ist etwas, das in unserer Kultur auch nicht gelernt wird. Deshalb ist so eine einfache Frage „Wie fühlst du dich?“ gar nicht so einfach zu beantworten, was Rieke und ich kurz demonstrieren (szenische Darstellung):

FK: Wie fühlst du dich?
KK: Gar nicht mal so sehr schlecht.
FK: Welches Gefühl hast du?
KK: Welches Gefühl ich hab? Ich hab's Gefühl, die wollen mich nicht dabei haben.
FK: Mhm. Und wenn du das denkst, die wollen dich nicht dabei haben, wie fühlt sich das an?
KK: Das hätte man auch ganz anders machen können!
FK: Mhm. Ja, vielleicht. Aber ich bin so interessiert, wie fühlst du dich?
KK: Wie ich mich fühle? Ich fühl' mich, ich fühl' mich von den anderen ausgeschlossen.
FK: Aha, und wenn du das denkst, wie fühlt sich das an?
KK: Das werden die sicher irgendwann bereuen!
FK: Ja, möglicherweise. Und nochmal, ich bin so interessiert, wie schaut es in dir drin aus? Wie fühlst du dich?
KK: (nach langem Nachdenken) Ich bin stinke wütend! Und sehr verletzt!
FK: Aha.

KK: Wenn wir also jemals an den Punkt kommen, an dem wir diese einfache Frage beantworten können „Wie fühlst du dich?“, kann es, wie in dem Beispiel, eine Zeit lang dauern. Schauen wir mal, worauf ihr achten könnt, wenn ihr mitteilen wollt: „Wie fühle ich mich gerade?“ „Was ist mein emotionaler Zustand?“ „Was ist meine emotionale Reaktion in diesem Moment?“

Keine Gefühle sind alle Aussagen, die anfangen mit: „Ich habe das Gefühl, dass ...“ Was immer danach kommt, beschreibt, was ich denke. „Ich habe das Gefühl, du willst dich drücken.“ Das ist kein Gefühl. Der Sprachgebrauch schaut so aus, dass wir damit meistens sagen wollen: „Ich vermute mal, du willst dich drücken. Ich habe die Interpretation, du willst dich drücken. Ich bin nicht hundert Prozent sicher, ob ich recht habe.“ Dann sagt man: „Ich habe das Gefühl, du willst dich drücken.“ Das beschreibt einen Gedanken, kein Gefühl.

Bei allen Sätzen, die anfangen mit „Ich fühle mich wie ...“, was immer danach kommt, ist nicht ein Gefühlswort, sondern eine Metapher für ein Gefühl, ein Gleichnis für ein Gefühl. Das ist nicht grundsätzlich schlecht, aber es ist ungenau. Warum? Weil derjenige, der die Metapher angeboten bekommt, ja erstmal entschlüsseln muss, welches Gefühl könne mit diesem Gleichnis, mit dieser Metapher gemeint sein? Wenn jemand die Frage stellt: „Hey, wie fühlst du dich denn?“ Und jemand sagt: „Wie ich mich fühle? Ich fühl mich, wie wenn ein Lkw über mich drüber gebrettert wäre“, dann muss derjenige, der das hört überlegen: „Wie würde ich mich denn fühlen, wenn ein Lkw über mich drüber brettert? Mhm, vielleicht meint er das ...“ Das heißt, man muss interpretieren, welches Gefühl könnte mit dieser Metapher gemeint sein. Und wenn man euch alle jetzt fragen würde, welches Gefühl verbindet ihr mit der Metapher: „Ich fühle mich, wie wenn ein Lkw über mich drüber gebrettert wäre?“, dann würden die Antworten alle in eine ähnliche Richtung gehen. Es würde mich sehr wundern und überraschen, wenn jemand sagt: „Ist doch klar, ‚glücklich‘ ist damit gemeint.“ Aber auch bei einer ähnlichen Richtung werden wir eine große Bandbreite an Gefühlsworten bekommen, die Menschen mit dieser Metapher verbinden. Es ist also nicht präzise genug, wenn es uns darum geht, dass der andere wirklich hört und versteht, wie ich mich fühle. Je nachdem, welchen persönlichen Filter ich auf Grund meiner Lebenserfahrung oder

Fühlen oder Denken

Achtung! Dies sind keine Gefühle:

"Ich habe das Gefühl, dass … "
(Es folgt immer ein Gedanke)

"Ich fühle mich wie … "
(Es folgt ein bildhafter Vergleich)

"Ich fühle mich …" plus ein Verb, welches ausdrückt, was eine andere Person tut
Dies ist eine Interpretation / Analyse / Diagnose des Verhaltens anderer)

Test: Ersetze den Teil: "Ich fühle mich" durch 1. "Darauf reagiere ich" und 2. "Sie / er hat mich"
Dadurch wird deutlich, ob ich damit meine emotionale Reaktion beschreibe oder das Verhalten einer anderen Person.

Prägung bei Metaphern habe, kann die Interpretation der Metapher ganz anders ausfallen. Wenn jemand zum Beispiel sagt: „Hey, wie fühlst du dich denn?", und zur Antwort bekommt: „Ich fühl mich, wie wenn ich fliege." Hat der Zuhörer eine Flugphobie, sagt er vielleicht: „Was, so schlecht? Das hätte ich jetzt nicht gedacht." Also, je nachdem, welchen Filter ich habe, kann die Interpretation auch mal ganz daneben liegen. Deshalb: Metaphern sind nicht gut geeignet, wenn es uns darum geht, dass der andere versteht: „Was bewegt mich emotional gerade?"

Mit das Wichtigste für die menschliche Kommunikation sind Sätze, die anfangen mit „Ich fühle mich" und anschließend kommt ein Verb, das beschreibt, was eine andere Person angeblich mit mir gemacht hat: „Ich fühle mich ausgenutzt. Ich fühle mich ignoriert. Ich fühle mich verarscht. Ich fühle mich über den Tisch gezogen." All das sind keine Beschreibungen einer emotionalen Reaktion oder eines emotionalen Zustandes. Vielmehr beschreibe ich, was ich denke, was jemand angeblich mit mir macht. Mit anderen Worten: Hier handelt es sich um versteckte Vorwürfe und nicht um Gefühlsmitteilungen. An der Reaktion des Zuhörenden kann man das häufig ablesen. Wenn jemand sagt: „Wie fühlst du dich denn?" Und der andere antwortet: „Ich fühl mich total ausgenutzt!", dann kann es gut sein, dass er darauf sagt: „Aber das mach ich doch gar nicht!" Er hat also nicht gehört, wie der sich fühlt, sondern er hat den Vorwurf gehört: „Du Sauhund, du nutzt mich aus!" Und dann gibt's eine Gegenattacke oder eine Verteidigung. Wie kann man das jetzt erkennen, ob es tatsächlich die Beschreibung einer emotionalen Reaktion, eines emotionalen Zustandes ist, oder ob es eine Beschreibung ist von: „Was macht jemand angeblich mit mir?" Hier sind zwei Möglichkeiten. Ihr ersetzt den Teil „Ich fühle mich" durch „Darauf reagiere ich". Ergibt das einen sinnvollen Satz, habt ihr vermutlich eine emotionale Reaktion mitgeteilt. Wenn ihr sagt: „Ich fühle mich traurig." Dann prüft ihr und ersetzt „Ich fühle mich" durch „Darauf reagiere ich". Dann lautet der Satz: „Darauf reagiere ich traurig." „Ich fühle mich enttäuscht." – „Darauf reagiere ich enttäuscht." „Ich fühle mich wütend." – „Darauf reagiere ich wütend." Macht das mal mit „ausgenutzt": „Ich fühle mich ausgenutzt." – Darauf reagiere ich ausgenutzt." Da stutzt man gleich und sagt: „Hä? Was ist denn das für ein Blödsinnssatz?" Ja, macht auch keinen Sinn, der Satz. Warum? Weil ausgenutzt nicht eine Reaktion von mir beschreibt, sondern es beschreibt, was ich denke, was jemand mit mir macht – mich ausnutzen.

Es gibt einen zweiten Test, den könnt ihr zusätzlich verwenden, auch wenn der erste Test der entscheidende ist. Der zweite Test: Ihr ersetzt den Teil „Ich fühle mich" durch „Er hat mich". Ergibt dies einen sinnvollen Satz, habt ihr wahrscheinlich das Verhalten von jemandem beschrieben. Bei echten Gefühlsworten funktioniert das in der Regel nicht. Wenn ich sage „Ich fühle mich traurig." – „Er hat mich traurig" ist kein sinnvoller Satz. „Ich fühle mich ausgenutzt." – „Er hat mich ausgenutzt" ist ein sinnvoller Satz. „Ausgenutzt" ist also die Beschreibung des Verhaltens einer anderen Person und NICHT die Beschreibung meiner emotionalen Reaktion darauf. Es gibt jedoch ein paar „Zwitterworte", bei denen kann ich sowohl einen sinnvollen Satz bilden mit „Darauf reagiere ich verletzt", als auch mit „Er hat mich verletzt". „Darauf reagiere ich enttäuscht" – „Er hat mich enttäuscht." Bei diesen „Zwitterworten", – und die vier häufigsten, die wir verwenden sind „verletzt", „enttäuscht", „gekränkt", „beleidigt" – davon gibt es natürlich noch mehr –, bei all diesen Worten kann man ALLEINE vom Wort her nicht ableiten: „Ist das ein Gefühlswort oder ist das die Beschreibung des Verhaltens einer Person?" Hier brauche ich immer den ganzen Satz. Wenn ich „enttäuscht" im sprachlichen Zusammenhang höre mit „Ich fühle mich enttäuscht" oder „Ich bin enttäuscht", dann hat jemand das Wort „enttäuscht" als Gefühlswort verwendet, und es beschreibt seinen emotionalen Zustand, seine emotionale Reaktion. Für den Fall, dass es jemand im Satzzusammenhang mit „Der hat mich gestern ganz schön enttäuscht" benutzt, dann würde diese Person in dem Moment „enttäuscht" als Diagnose über das Verhalten einer anderen Person verwenden: „Der hat mich enttäuscht." Das Gleiche gilt auch für die anderen „Zwitterworte". „Verletzt" im Zusammenhang mit „Ich bin" oder „Ich fühle mich verletzt" beschreibt das GEFÜHL von „verletzt sein". Wenn ich sage „Der hat mich verletzt", verwende ich „verletzt" als Beschreibung: „Was hat jemand mit mir gemacht?"

Nehmt euch vor, was ihr in der Übung aufgeschrieben habt und lest die beiden Gefühlsworte vor, die ihr dort aufgeschrieben habt und prüft mit diesem Filter, ob ihr „emotionale Reaktionen" beschrieben habt oder ihr dem anderen einen Vorwurf gemacht habt. Magst du mal anfangen? Bitte nur die beiden Gefühlsworte.

TN: „Ich habe mich aufgeregt" und „mich geärgert".
KK: Das sind beides Gefühle.
TN: „Ich fühle mich entwertet und verletzt."
KK: „Entwertet" ist eine Diagnose über das Verhalten und ein versteckter Vorwurf. „Verletzt" als „Zwitterwort" ist in diesem Zusammenhang „Ich bin" oder „Ich fühle mich" ein Gefühlswort.
TN: „Ich fühle mich überrumpelt" und „Ich fühle mich kritisiert und entwertet".
KK: Mhm. Ist da ein Gefühl dabei?
TN: Nein.
KK: Genau. Also alles drei sind versteckte Vorwürfe, weil sie beschreiben, was du DENKST, was jemand mit dir tut, dich überrumpeln, dich kritisieren, dich entwerten. Sie beschreiben aber nicht, wie du dich fühlst dabei.
TN: „Ich fühle mich manipuliert, ärgerlich und provoziert." Also „ärgerlich" ist das Gefühl, die anderen beiden Bezeichnungen nicht.
KK: Genau. Die beiden anderen wären wieder versteckte Vorwürfe.
TN: „Ich fühle mich ärgerlich" und „Ich fühle mich traurig".
KK: Ja, sind beides Gefühle.
TN: Ich habe keine Gefühle ausgedrückt (lacht). „Bevormundet" und „nicht ausreichend gesehen".
KK: Genau.
TN: „Unsicher" und „traurig".
KK: Beides Gefühle.
TN: „Verletzt" und „ungerecht behandelt".

KK: „Verletzt" ist ein Gefühl. „Ungerecht behandelt" ist eine Diagnose über das Verhalten einer anderen Person.
TN: „Verletzt" und „vernachlässigt". „Verletzt" Gefühl, „vernachlässigt" doch dann ein Vorwurf.
KK: Genau, ja. Wenn ihr unsicher seid, könnt ihr den Test machen. Der Test funktioniert nicht grundsätzlich bei jedem Gefühlswort, aber wenn ihr im Zweifel seid, könnt ihr den Test machen mit „darauf reagiere ich".
TN: Ich habe „unsicher" und „minderwertig".
KK: Aha, „minderwertig" – hier haben wir eine neue Kategorie. Ich kann mich nicht minderwertig fühlen. Wir nennen das eine „Eigendiagnose stellen". Das heißt, ich kann über mich selber DENKEN, ich sei minderwertig, was natürlich wieder ein Gefühl auslöst. Wie kann ich mich fühlen, wenn ich DENKE, ich bin minderwertig?
TN: Traurig.
TN: Wertlos.
KK: „Wertlos" und „minderwertig" sind beides Gedanken über mich selber.
TN: Unsicher.
TN: Unzufrieden.
KK: Unzufrieden, deprimiert, verzweifelt, hilflos. Genau. Ok?
TN: „Besorgt" und „verärgert".
KK: Ja, beides Gefühle.
TN: „Unsicher" und unwohl".
KK: Auch beides Gefühle.
TN: Ich habe auch „minderwertig" und „nicht wertgeschätzt", „ernst nehmen" oder „nicht ernstgenommen". Da ist „minderwertig" auch die Selbstdiagnose.
KK: Genau, wieder Selbstdiagnose, und die beiden anderen sind Vorwürfe.
TN: „Ich fühle mich verärgert" und „Ich bin frustriert."
KK: Aha, ja, beides Gefühle.
TN: Also das erste: „Ich fühle mich nicht verstanden." Das ist kein Gefühl. Und das zweite ist: „Ich fühle mich gestresst." Ich glaube, das ist so ein „Zwitterwort".
KK: Genau. Und im Zusammenhang mit „Ich fühle mich" ein Gefühl. Ja, angespannt, gestresst.
TN: Also ich habe „Ich fühle mich unwichtig".
KK: „Unwichtig" ist übrigens das Gleiche, was wir schon hatten mit „minderwertig". Ich kann nicht mich „unwichtig" fühlen, ich kann nur DENKEN, dass ich unwichtig sei, was natürlich wieder eine emotionale Reaktion auslöst.
TN: Ja, und „beleidigt".
KK: Ein „Zwitterwort" – mach den Test: „Darauf reagiere ich beleidigt" ist ein sinnvoller Satz.
TN: Ich habe kein Gefühl. Ich habe „Ich fühle mich herabgesetzt" und „Ich fühle mich nicht wertgeschätzt".
KK: Gut erkannt.
TN: „Unzufrieden" und „nicht geschätzt" und „missverstanden". Die zwei letzten sind keine Gefühle.
KK: So ist es, genau.

Menschen, die sich noch nicht mit dieser Thematik beschäftigt haben, teilen statistisch gesehen in etwa 80 Prozent der Fälle kein Gefühl mit, sondern machen der anderen Person versteckte Vorwürfe. Das ist einer der Gründe, warum in vielen Kontexten Menschen sagen: „Äh, können wir nicht mit dem Gefühlsscheiß aufhören, lass uns schön sachlich bleiben!" Gefühle wären kein Problem, wenn wir in der Lage wären, tatsächlich unsere Gefühle mitzuteilen und in einem zweiten Schritt – was wir uns gleich anschauen werden – auch noch die Verantwortung für unsere Gefühle zu übernehmen. Weil wir das in vielen Fällen nicht tun, sind Gefühlsäußerungen für viele Menschen ein sehr unangenehmes Thema, dem sie lieber aus dem Weg gehen. Schließlich möchte sich niemand gerne versteckte Vorwürfe anhören, offene Vorwürfe natürlich auch nicht.

TN: Die Fragen: „Wie fühlst du dich?", „Wie geht es dir?" verwenden wir so oft, und viele Leute haben, glaube ich, den Eindruck: „Eigentlich interessiert das Gegenüber das doch gar nicht." Oder das Gegenüber will etwas ganz Bestimmtes wissen. Ich habe seit ein paar Wochen einen dreizehnjährigen Buben, mit dem ich arbeite. Er sagt zu mir: „Sie können mich alles fragen, aber fragen Sie nicht, wie es mir geht. Die Mama kann mich alles fragen, aber die soll nicht immer fragen, wie es mir geht. Das interessiert sie doch eigentlich gar nicht, sie macht ja eh, was sie will." Also ich finde diese Frage ist so schwierig! Ich überlege mir selber manchmal, wie ich es formuliere, damit ich dem Gegenüber das Gefühl gebe, dass es mich wirklich interessiert, wie es ihm geht.
KK: Ja. Ich glaube, dass du morgen in diesem Seminar etwas bekommst, was deinen Handwerkskoffer erweitern kann. Tatsächlich führt diese offene Frage: „Wie fühlst du dich?" aus verschiedenen Gründen häufig zu Schwierigkeiten im menschlichen Kontakt. Du hast bereits zwei Gründe genannt, die wir Morgen noch einmal beleuchten werden. Ein dritter Grund ist, dass die meisten Menschen die Frage gar nicht beantworten können, weil sie nie gelernt haben in Kontakt mit ihren Gefühlen zu sein. Weil sie nicht gelernt haben, ein Bewusstsein darüber zu entwickeln: „Wie fühle ich mich denn? Welcher emotionale Zustand, welche emotionale Reaktion ist gerade in mir lebendig?" Deshalb können sie diese offene Frage nicht beantworten.

Ich möchte hier gerne eine Unterscheidung besonders beleuchten. Du hast gerade geschildert, dass der Junge sagt: „Sie soll mich nicht fragen, weil sie ja eh macht, was sie will." Das heißt, hier hat der Junge nicht mehr den Glauben, dass die Frage ernst gemeint ist im Sinne von: „Ich möchte nicht nur einfach so wissen, wie du dich fühlst, sondern ich möchte es deshalb wissen, weil ich es berücksichtigen möchte." Da fehlt offensichtlich das Vertrauen, wenn er sagt: „Sie macht eh was sie will. Wozu soll ich die Frage überhaupt beantworten?" Der zweite Aspekt ist „Wie ernst gemeint ist die Frage?" Die Fragen „Wie fühlst du dich?" oder „Wie geht's?" sind Teil unseres Begrüßungsrituals. Genau diese Frage spielt in den Begrüßungsritualen vieler Kulturen eine Rolle. Das zeigt, wie wichtig das früher für unsere Sicherheit war, zuverlässige Informationen darüber zu bekommen, wie jemand gerade drauf ist. In einer Kultur, in der diese Frage zum Ritual geworden ist, ist die Bedeutung nicht mehr: „Ich möchte es tatsächlich gerade wissen." Vielmehr wird die Frage heutzutage als Grußformel verwendet, so wie man sagt „Grüß Gott". Auch diese Aussage ist nicht wörtlich gemeint, etwa als: „Wie? Grüß Gott? Soll ich Gott grüßen? Ich begegne ihm heute gar nicht mehr." Und das „Wie geht's?" wird einfach beantwortet mit: „Gut. Selber auch?" „Ja." Es gibt diverse andere Kulturen, in denen das ähnlich ist. Wir haben ein paar Jahre in Frankreich gearbeitet. Für uns war sehr schwer zu verstehen, dass dort die Frage „Ca va?" mit einer Gegenfrage „Ca va?" beantwortet wird. Es war schwer, weil es bei uns üblich ist, Fragen zu beantworten. Wenn wir dann in gewohnter Weise die Frage beantwortet haben, gab es ein Befremden auf der anderen Seite: „Was machen die denn jetzt?" Also die Frage ist natürlich, wie ernst ist diese Frage gemeint oder wie sehr ist das einfach ein Teil eines Rituals geworden?

Neben diesen Kriterien, die wir gerade hier gehabt haben „Ich habe das Gefühl, dass", „Ich fühle mich wie" und diese versteckten Diagnosen und das Verhalten, gibt es noch zwei weitere Effekte.

Hier findet ihr auf der einen Wand Worte, die wir in der deutschen Sprache zur Verfügung haben, um mitzuteilen, wie wir uns fühlen, wenn unsere Wünschen und Bedürfnisse erfüllt werden.

Das sind die sogenannten angenehmen Gefühle.

Und auf dieser Wand findet ihr Worte, die wir verwenden können, um mitzuteilen, wie wir uns fühlen, wenn Wünsche und Bedürfnisse zu kurz kommen, die sogenannten unangenehmen Gefühle.

Wenn jemand auf die Frage „Wie fühlst du dich denn?“ antwortet mit „gut“ oder „schlecht“, dann hat er kein Gefühl benannt. Er hat nur mitgeteilt, auf welcher der beiden Pinnwände das Gefühl zu finden ist, das er gerade hat. Wenn jemand auf die Frage „Wie fühlst du dich?“ sagt „Gut“, dann wissen wir, es ist irgendeines von diesen. (KK zeigt auf die erste Pinwand.) Hier (KK zeigt auf die zweite Pinwand.) brauchen wir gar nicht anfangen zu suchen, weil hier steht es garantiert nicht drauf. Wenn jemand sagt: „Ich fühl mich schlecht“, dann wissen wir: „Hier steht es nicht drauf, sondern das ist irgendeines auf der anderen Pinnwand.“ Deshalb: „gut“ und „schlecht“ sind keine Gefühle. Und es hat jemand auch nicht mitgeteilt, wie er sich fühlt, wenn er sagt, wie er sich NICHT fühlt. Wenn jemand auf die Frage: „Wie fühlst du dich?“, sagt „Besorgt bin ich nicht“, dann wissen wir lediglich, dass er dieses Gefühl im Augenblick nicht hat. Aber welches von den vielen hundert anderen möglichen Gefühlen hat er denn nun? Keinerlei Information. Also mitzuteilen, wie ich mich nicht fühle, ist keine Information zu der Frage: „Wie fühle ich mich?“

Das wollen wir euch gerne jetzt üben lassen, damit ihr diese Kriterien erkennt. Ihr bekommt wieder eine Schachtel. Diesmal sind es keine

Paar-Aussagen. Es geht nur darum, sie zu sortieren in die beiden Abteilungen: „Mit dieser Aussage hat jemand mitgeteilt, wie er sich fühlt“ oder „Bei dieser Aussage teilt er eher mit, was er denkt, aber nicht, was er fühlt“. Aussagen in zwei Abteilungen sortieren. Für diese Übung bitten wir A. und S., weil ihr schon mal dabei wart, dass ihr zu einer Zweiergruppe dazu geht, sodass wir wieder zwei Dreiergruppen haben und die anderen werden zu zweit arbeiten. Steht bitte auf. (KK hält ein Bündel Seile in der Hand.) Um eure Partnerin, euren Partner zu finden, nehmt das Ende eines Seils in die Hand, und ihr findet euer Gegenüber am Ende des anderen Seiles. (Lässt die Seile los.) Jedes Paar nimmt sich eine Schublade mit den Beispielsätzen.

Übung
Kennzeichnen Sie in der folgenden Liste von Sätzen alle diejenigen Aussagen, von denen Sie glauben, dass sie die Gefühle der sprechenden Person sprachlich zum Ausdruck bringen – im Gegensatz zu allen Formulierungen, die kein Gefühl beschreiben, sondern eher mitteilen, was die Person denkt oder die beschreiben, was die Person nicht fühlt oder die ein Gleichnis für Gefühle anbietet.

Beispiel- und Übungssätze: Fühlen oder Denken?

- **Ich habe das Gefühl, du magst mich nicht**
- **Ich fühle mich sehr ärgerlich**
- **Ich spüre eine große Verbitterung**
- **Ich fühle mich von dir überfahren**
- **Ich fühle mich im Stich gelassen**
- **Ich fühle mich sehr allein**
- **Ich habe das Gefühl, du willst dich drücken**
- **Ich spüre, dass du nur an dich denkst**
- **Ich bin sehr traurig, dass du gehst**
- **Ich fühle mich ganz klein gemacht**
- **Ich habe Angst davor, das zu machen**
- **Ich fühle mich so erleichtert**
- **Ich habe das Gefühl, du verschweigst mir etwas**
- **Ich fühle mich ausgenutzt**
- **Ich freue mich schon auf heute Abend**
- **Ich fühle mich jetzt total unter Druck gesetzt**
- **Ich freue mich so für dich**
- **Ich hoffe, dass alles gut geht**
- **Ich spüre, dass du weg willst**
- **Ich bin sauer, dass du so spät kommst**
- **Ich bin so wütend**
- **Ich fühle mich sehr ernst genommen von dir**
- **Ich fühle mich vernachlässigt von dir**
- **Ich bin beleidigt, dass du daran nicht gedacht hast**
- **Es ist schmerzlich für mich, das zu hören**

- **Ich fühle mich gar nicht gut**
- **Ich habe das Gefühl, du willst immer Recht haben**
- **Ich fühle mich sehr ängstlich, wenn ich nur daran denke**
- **Ich fühle mich schlecht behandelt**
- **Ich fühle mich, wie wenn man mir den Boden unter den Füßen weggezogen hätte**
- **Ich bin total begeistert davon, wie du das gemacht hast**
- **Ich zittere richtig vor Wut**
- **Ich fühle mich rumgestoßen**
- **Ich fühle mich ganz durcheinander**

Ein paar Anmerkungen zu ein paar Dingen, die manchmal Schwierigkeiten machen. Das ist einmal das Wort „allein". Es gibt unterschiedliche Arten, wie wir diese Worthülse füllen. Vielleicht eines vorweg: Grundsätzlich ist es so, dass die Gefühlsworte natürlich NICHT die Gefühle sind. Gefühlsworte sind so etwas wie Kurzmetaphern für ein Phänomen, das energetisch im Körper stattfindet. Von daher sind die Worte erstmal Worthülsen, die wir mit Bedeutung füllen müssen. Eine grundsätzliche Verständigung im Sinne von: „Ich verstehe genau, was in dir vorgeht", ist dabei eine Illusion. Das gibt es nicht. Es gibt eben nur annähernde Verständigung.

Jemand hat gefragt: „Gibt es einen Unterschied zwischen den Gefühlen und den Körperempfindungen?" Die Definition, die mir persönlich sehr zusagt, stammt von Wolf Büntig. Er ist ein Münchner Psychotherapeut, der eines der ersten großen Fortbildungszentren im Bereich Selbsterfahrung in Deutschland gegründet hat, das „ZIST", bei Penzberg in der Nähe von München. Er definiert Gefühle als „die Art und Weise, wie wir unseren Körperempfindungen eine Bedeutung geben". Nach ihm finden in unserem Körper energetische Phänomene wie emotionale Zustände und emotionale Reaktionen statt. Bestimmte Körperempfindungen treten in unserer Lebenserfahrung immer wieder gemeinsam auf. Es kann also sein, dass ein flaues Gefühl im Magen, ein Pochen im Hals, stärkeres Herzklopfen und ein etwas erhöhter Blutdruck häufig oder immer gemeinsam, sozusagen als Gruppe, auftreten. Da können wir sagen: „Hey, wenn diese Körperempfindungen alle immer gemeinsam kommen, dann muss das irgendeine Bedeutung haben." Dann macht es Sinn, ein Konzept zu entwickeln und diesem Phänomen einen Namen zu geben, z.B.: „Das nenne ich jetzt mal ‚Angst'." Demnach sind Körperempfindungen, die einhergehen mit bestimmten Gefühlen, nicht die Folge des Gefühls, sondern die Art der Manifestation des Gefühls im Körper. Das heißt, die schweißnassen Hände SIND die Angst. Die Aufregung verursacht nicht Herzklopfen, sondern das Herzklopfen IST die Aufregung. Und wenn jetzt jemand sagt: „Ich fühle mich sehr allein", dann gibt es einen unterschiedlichen Sprachgebrauch für diese Worthülse „allein" im deutschen Sprachraum. Nach einer Studie verwenden etwa 70 Prozent das Wort „allein" als Gefühlswort, etwa gleichbedeutend mit „einsam". Andere sagen: „Nee, da trenne ich sauber. ‚Einsam' ist ein Gefühl. ‚Allein' ist die Tatsachenbeschreibung, dass gerade keine anderen Leute im Raum sind." Wenn jetzt jemand sagt: „Ich fühle mich sehr allein", gibt es sprachlich zwei Hinweise, zu welcher Gruppe dieser Mensch gehört. Ahnt jemand, was die beiden sprachlichen Hinweise sind?

TN: „Fühlen" und „sehr".

KK: Genau. Das Wort „fühlen", also: „Ich FÜHLE mich allein", gibt einen Hinweis, dass „allein" hier als Gefühlswort verwendet wurde. „Ich bin allein" drückt dagegen aus, dass gerade niemand anderes um Raum ist. Das zweite ist das Wort „sehr". Die Tatsache, dass gerade niemand anders im Raum anwesend ist, lässt sich nicht steigern. Das Wort „sehr" gibt einen Hinweis, weil wir bei Gefühlen nicht für jede Intensität eines Gefühls ein eigenes Gefühlswort haben. So behelfen wir uns manchmal mit Vergrößerungs- oder Verkleinerungsworten, wie „sehr", „ein bisschen", „ein Hauch von", „riesig" – „Ich bin WAHNSINNIG wütend", „Ich bin ein bisschen wütend", „Ich habe einen Hauch von Wut". Damit kennzeichnen wir bestimmte Intensitäten einer gleichen Gefühlsqualität. Und deshalb wird bei der Formulierung: „Ich fühle mich sehr allein" deutlich, dass dieser Mensch gerade ein Gefühl beschreibt.

TN: Würdest du bitte nochmal die Definition wiederholen?
KK: Gefühle sind die Art und Weise, wie wir unseren Körperempfindungen eine Bedeutung geben.
TM: Deshalb ist bei der Selbsterfahrung die Kultivierung des Körpersinns so wichtig. Wir üben das immer wieder, um die Heilungsressourcen zu finden.

KK: Interkulturell kann man das dann auch sehr schön nachvollziehen, dass Worte zunächst nur Worthülsen sind, die dann mit Bedeutung gefüllt werden können. Wenn wir in der Schweiz sind, und hören, dass jemand sagt: „Bischt hässig?" „Hässig? Kenn ich nicht als Gefühlswort. Könnte was mit ‚Hass' zu tun haben, aber ‚hässig' verwende ich nicht und kann auch nichts damit anfangen." Die Schweizer benutzen das Wort, um zu beschreiben, dass sie wütend sind. Oder in Österreich, wenn die sagen: „I bin so o'gfressen." „Angefressen? Was soll das sein?" Das ist eben eine Worthülse, die in dieser Kultur mit einer Bedeutung gefüllt wird. Alle anderen, die das Wort kennen, bekommen dann eine Ahnung: „Ah, ja, kenne ich irgendwie, so fühlt er sich wohl." Und wie gesagt, komplette hundert Prozent Verständigung gibt es nicht. Aber diese Kurzmetaphern in Form von Gefühlsworten sind eben sprachlich das Beste, das wir zur Verfügung haben, um jemand daran teilhaben zu lassen, wie wir uns fühlen.

Ein zweiter Aspekt, der den Umgang mit Gefühlen manchmal schwierig macht, ist die Frage: „Wer ist denn jetzt Schuld daran?" „Wer verursacht denn die Gefühle?" „Wer ist dafür verantwortlich?" Diesen Aspekt wollen wir als nächstes beleuchten.

Dazu möchte ich euch eine kleine Geschichte von Stephen Covey aus seinem Buch „Die 7 Wege zur Effektivität" erzählen. Er hat sie in der U-Bahn in seiner Heimatstadt New York erlebt. Er beschreibt das in dem Buch in der Ich-Form mit etwa folgenden Worten: „Ich saß eines Vormittags in der U-Bahn. Es war noch sehr früh am Morgen, es waren noch andere Passagiere mit mir im Wagen, und es war eine sehr ruhige und friedliche Szene. Manche Leute schauten einfach aus dem Fenster, manche hatten die Augen geschlossen, ruhten sich aus, manche lasen Zeitung. Wie gesagt, eine sehr ruhige und friedliche Szene. Dann stieg an einer Station ein Mann mit seinen Kindern ein. Die Kleinen waren laut und ungestüm – die ganze Stimmung änderte sich abrupt. Der Mann setze sich neben mich und machte die Augen zu. Die Kinder schrien herum, sie tobten durch den Wagon, sie zerrten sogar an den Zeitungen der Fahrgäste herum, sie waren wirklich sehr störend! Aber der Mann neben mir tat gar nichts. Ich konnte nicht fassen, dass er so teilnahmslos war, seine Kinder dermaßen herumtoben ließ, überhaupt keine Verantwortung übernahm. An den Gesichtern der anderen Fahrgäste konnte ich ablesen, dass die sich wohl auch ärgerten, und so sprach ich den Mann schließlich an. Ich sagte: „Hallo Sie, Ihre Kinder stören wirklich sehr viele Leute hier. Können Sie nicht vielleicht Ihre Kinder etwas mehr unter Ihre Kontrolle bringen?" Der Mann hob die Augen, als ob er sich zum ersten Mal der Situation bewusst wird und sagte leise: „Oh, Sie haben recht. Ja, ich sollte etwas unternehmen. Ach, wissen Sie, wir kommen gerade aus dem Krankenhaus, wo ihre Mutter vor einer Stunde gestorben ist. Ich weiß noch überhaupt nicht, was ich denken soll. Und vermutlich haben die Kinder auch keine Ahnung, wie sie damit umgehen sollen."

Soweit die Geschichte. Wir saßen jetzt zwar nicht in der U-Bahn, können aber vielleicht trotzdem nachvollziehen, dass Menschen, die so eine Situation erleben, im Nachhinein sagen: „In dem Moment war das, wie wenn jemand einen Hebel in meinem Hirn umlegt. Alles, was ich vorher an emotionaler Reaktion hatte, war wie weggeblasen – Empörung, Ärger oder Wut. Stattdessen habe ich eine ganz andere emotionale Reaktion, vielleicht so etwas wie Mitgefühl."

Und jetzt die Frage oder der Grund, warum wir euch die Geschichte erzählt haben. Wenn wir vorher dachten: „Ah, das Verhalten der Kinder verursacht meinen Ärger", dann stellen wir jetzt fest: „Hä? Da kann ja irgendetwas nicht stimmen", weil zu dem Zeitpunkt, zu dem sich meine emotionale Reaktion komplett ändert, hat sich an der angeblichen Ursache, nämlich dem Verhalten der Kinder, noch gar nichts geändert. Zu diesem Zeitpunkt hat sich das Verhalten der Kinder Null geändert. Das kann nicht die Ursache von meiner emotionalen Reaktion sein. Denn wenn die Ursache immer noch die gleiche ist, wieso habe ich jetzt eine andere emotionale Reaktion? Die Frage ist also jetzt: „Was hat sich denn in dem Augenblick geändert?"

TN: Die Information.
KK: Die Information habe ich bekommen, und was ändert sich durch die neue Information?
TN: Zuerst war die Annahme, dass die Kinder irgendwie unerzogen sind oder sich boshaft so verhalten haben. Und dann wurde diese Annahme umgewandelt.
KK: Genau. Das heißt, meine Annahme, meine Bewertung, meine Interpretation über das Verhalten der Kinder ändert sich mit der neuen Information.
Damit also emotionale Reaktionen entstehen können, braucht es immer zwei Dinge. Es braucht sinnlich wahrnehmbare Fakten. Die Realität, die wir sinnlich wahrnehmen können, hat noch keine verursachende Kraft. Nichts, was wir sinnlich wahrnehmen können, kann Gefühle verursachen. Vermutlich hat jeder von euch schon gesehen, dass hier ein schwarzer Klappstuhl steht. Gibt es jemand, der eine emotionale Reaktion darauf hat?
TN: Ich hatte ein bisschen Bedauern mit Rieke, dass sie darauf sitzen muss, weil die anderen Stühle bequemer aussehen.
KK: Ein schönes Beispiel. Da gibt es jemand, der eine emotionale Reaktion hat, nämlich „bedauern". Womit hat das zu tun? Wohl damit, dass du den Stuhl mit einer bestimmten Bedeutung verbindest. Zum Beispiel, der ist nicht so bequem und du hättest gerne, dass jeder hier im Raum bequem sitzt. Alle, die KEINE emotionale Reaktion auf die Tatsache haben, dass sie hier „Da ist ein Stuhl" sehen, geben dem keine besondere Bedeutung. Hat jemand auf die Tatsache, dass hier ein Schrank steht, eine emotionale Reaktion? – Okay, niemand. Niemand hat der Tatsache, dass hier ein Schrank steht, eine bestimmte Bedeutung gegeben. Deshalb löst er auch kein Gefühl aus.

Damit Gefühle entstehen, braucht es immer zwei Dinge: eine sinnlich wahrnehmbare Realität und eine Bedeutung, die wir den Dingen geben, die wir wahrnehmen. Das passiert übrigens unabhängig davon, ob die Bedeutung, die wir den Dingen geben, bewusst oder unbewusst geschieht. Wenn ich das Verhalten der Kinder als „unerzogen" und „rüpelhaft" bewerte, gebe ich dem Verhalten der Kinder eine Bedeutung, was dann zu einer emotionalen Reaktion führt. Gebe ich den Dingen keine Bedeutung – Beispiel Schrank –, gibt es keine emotionale Reaktion. Natürlich braucht es beide Dinge, damit eine emotionale Reaktion entsteht, einen Auslöser und eine Ursache. Der Auslöser allein hat aber keine verursachende Kraft. Die Ursache für meine emotionale Reaktion ist also etwas, das in mir abläuft. Dreimal dürft ihr raten, wer verantwortlich ist für die Bedeutung, die wir den Dingen geben. Genau, ob mir das gefällt oder nicht, das bin natürlich ich selber. Auch wenn es unbewusst abläuft, bin ich der Einzige, der es ändern kann. Deshalb liegt die Verantwortung für meine Gefühle bei mir.

TN: Aber wie ist das wenn ich etwas ganz Schreckliches sehe, zum Beispiel diese Bilder von den Flüchtlingen in Griechenland.
KK: Ja?
TN: Das fällt mir dann schwer.
KK: Was fällt dir schwer?
TN: Weil das für mich nichts – wie soll ich sagen – Neutrales ist.
KK: Es ist nicht das Ziel, den Dingen keine Bedeutung zu geben. Im Gegenteil, wir müssen wissen, was die Dinge bedeuten, denen wir im Leben begegnen. Wir würden ja keine Orientierung haben, wenn wir nicht wüssten, was die Dinge bedeuten. Es ändert allerdings nichts daran, dass die Bedeutung, die wir den Dingen geben, die wir sinnlich wahrnehmen können, etwas ist, was in uns abläuft und nicht von außen verursacht wird.
TN: Die Leute haben doch verschiedene Gefühle, wenn sie diese Bilder von den Flüchtlingen sehen. Der eine hat vielleicht Mitgefühl, der andere hat vielleicht Angst.
KK: Nochmal: das Ziel ist NICHT *zu sagen: „Ich will im Leben erreichen, dass ich den Dingen, die ich sinnlich wahrnehme, die ich erlebe, keinerlei Bedeutung gebe." Das ist nicht das Ziel.*
SP: Und das Ziel ist auch nicht, kein Gefühl zu haben.
KK: Nein. Gefühle machen uns auf wichtige Dinge aufmerksam. Wir schauen uns gleich an, auf was.
TN: Aber schwierig ist dabei, dass die Bedeutung oder die Bewertung häufig automatisiert und reflexartig stattfindet und man sie gar nicht wahrnimmt.

KK: So ist es. Und die Tatsache, dass wir im Bedeutung geben, etwas haben, was unbewusst, reflexartig, automatisch abläuft, setzt voraus, dass, wenn ich die Bedeutung ändern möchte, die ich den Dingen gebe, dass ich mir erstmal bewusst mache: „Wie gebe ich den Dingen denn eine Bedeutung?" Das ist die Voraussetzung. Und, wie gesagt, es ist nicht das Ziel, in einen Zustand zu kommen, in dem wir den Dingen keinerlei Bedeutung mehr geben.

Dabei gibt es zwei Arten, wie wir den Dingen Bedeutung geben können, und die machen einen riesigen Unterschied. Die schaue ich mit euch gleich an. Ich will euch vorher noch ein Beispiel aus meinem Leben geben, das zeigt, dass wir nicht verpflichtet sind, Dingen eine bestimmte Bedeutung zu geben.

Das Beispiel war für mich sehr eindrücklich. In meiner Studienzeit war ich in München in der Innenstadt unterwegs. Ich wusste damals noch nichts vom „Tourette-Syndrom". Menschen mit dieser Diagnose beschimpfen andere Personen unflätig. Es war ziemlich viel los in der Innenstadt. Dann kam mir ein junger Mann entgegen, den ich nicht kannte. Als er an mir vorbeiging, sagte er zu mir: „Du Arschloch!“ Was machen Menschen, denen so etwas passiert? Einige werden vielleicht sagen: „Ja, sag mal, spinnst du? Willst du ’n paar auf’s Maul oder was?“ Andere Menschen gehen vielleicht so damit um: „Hä? (belustigter Tonfall) Was war denn mit dem los?“ Also: Wir sind nicht verpflichtet, Dingen eine bestimmte Bedeutung zu geben. Wichtig ist allerdings für die Orientierung im Leben, dass wir natürlich wissen müssen „Was bedeuten die Dinge?“. Nun gibt es zwei Arten, wie wir dem, was wir sinnlich wahrnehmen können, was wir erleben, eine Bedeutung geben können. Und das ist der entscheidende Schlüssel für das Verständnis des Modells der Gewaltfreien Kommunikation. Die Bedeutung, die wir dem Wahrgenommenen geben, können wir einmal im Licht von moralistischen Bewertungen vornehmen: Gut, böse, richtig, falsch, normal, nicht normal, angemessen, unangemessen, faul, fleißig, und Millionen anderer moralistischer Bewertungen, die wir täglich verwenden. Wenn unsere Aufmerksamkeit darauf gerichtet ist, die Bedeutung, die wir den Dingen geben, auf diese Art und Weise vorzunehmen, heißt das, wir denken in Kategorien von dem, was jemand IST.

Ich lese euch ein paar Beispiele aus dieser Liste vor (zeigt auf das Flipchart mit der Sammlung unter der Überschrift: „Ich mag nicht/rege mich auf, wenn jemand …“): Dumm, faul, gefräßig, uneinsichtig, egoistisch usw. Das heißt, wenn wir diese Begriffe verwenden, denken wir in der Kategorie, was Menschen SIND.

Wenn wir das tun, führt das in der Regel dazu, dass meine Lebensenergie in Richtung geht a) Menschen zu bestrafen oder zu belohnen: Wenn also das Verhalten von Menschen in die Kategorie fällt „Das ist richtig, das ist gut, was sie tun, müssen sie belohnt werden“ oder je nach Sichtweise gehört auch in die Kategorie: „Das ist falsch und böse was sie tun, dann müssen sie bestraft werden“. Oder es führt b) dazu, recht haben zu wollen: „Der andere soll zugeben, dass er ein fauler Sack ist!“ Wenn ich jemand für faul halte, möchte ich, dass der zugibt, dass er ein fauler Sack ist.

Eine andere Art, wie wir den Dingen, die wir erleben, eine Bedeutung geben können, ist, sie im Lichte unserer Werte und Bedürfnisse zu deuten. Mit dieser inneren Ausrichtung treffen wir eine bewusste Entscheidung, ob das, was ich gerade erlebe, was jemand tut oder sagt, in Einklang mit meinen Werten und Bedürfnissen ist oder nicht. Das hat eine lebensdienliche Funktion. Alle Lebewesen brauchen übrigens diese Fähigkeit, diese zwei Dinge unterscheiden zu können. Wenn eine Pflanze in eine bestimmte Richtung wächst, dann deshalb, weil die Pflanze die Fähigkeit hat zu unterscheiden. „Wenn ich mein Blatt so drehe, wird mein Bedürfnis nach Energie, in Form von Sonnenlicht, besser erfüllt, als wenn ich es so drehe.“ Jedes Lebewesen braucht diese Unterscheidungsfähigkeit, sonst könnte es nicht überleben. Diese Ausrichtung heißt: „Meine Aufmerksamkeit ist darauf gerichtet, was brauche ich? Worauf lege ich Wert? Was liegt mir am Herzen? Was ist mir wichtig?“ Diese Ausrichtung und diese Unterscheidungsfähigkeit führt dazu, dass meine Lebensenergie automatisch in eine Richtung geht, mich darum zu kümmern: „Wie bekomme ich, was ich brauche?“

Der Kern von Konflikten: Bedürfnisse

Im Zusammenhang mit anderen Menschen hat diese Funktion „Wie bekomme ich, was ich brauche?“ häufig die Form einer Bitte: „Klopfst du bitte an, bevor du reinkommst?“ „Stellst du bitte die Schuhe ins Schuhregal?“ „Könntest du mir den Bericht bis morgen Mittag auf den Schreibtisch legen?“ Diese Fragen sind Aktivitäten mit dem Ziel: „Wie bekomme ich Bedürfnisse erfüllt?“

In dem Modell „Gewaltfreie Kommunikation“ glauben wir, dass es sehr viel sinnvoller ist, seine Lebensenergie dafür einzusetzen, Bedürfnisse erfüllt zu bekommen, anstatt dauernd darüber nachzudenken: „Wer gehört in welche Kategorie und hat demzufolge was verdient?“ Die Ergebnisse dieser unterschiedlichen Ausrichtungen werden auch auf der sprachlichen Ebene sehr deutlich. Mit der Ausrichtung auf Bewertung würde ich zum Beispiel sagen: „Du bist so was von unverschämt.“ Gleiche Situation, aber Ausrichtung auf Bedürfnisse: „Ich wünsche mir hier mehr Respekt!“ Ausrichtung auf Bewertung: „Du bist ja wie eine Klette!“ Mit Ausrichtung auf Bedürfnisse: „Ich hätte da gerne mehr Freiraum“ Auch die Aussage „Das ist aber schön!“ ist eine moralistische Bewertung. Ich bin doch nicht der liebe Gott, der vielleicht festlegen darf, was schön und hässlich ist. Gleiche Situation, aber mit der Ausrichtung auf Bedürfnisse lautet: „Mir persönlich gefällt das.“ Bei dieser Formulierung bin ich mir bewusst, dass es andere Menschen geben mag, denen das nicht gefällt. „Mir persönlich gefällt das“ ist subjektiv, ich habe keinen objektiven Anspruch. Weiteres Beispiel: „Du bist ja so eine feige Socke – das fass ich nicht!“ Gleiche Situation mit der Ausrichtung auf Bedürfnisse: „Hey, da wünsch ich mir Zivilcourage“ – Orientierung an meinen Werten und an meinen Bedürfnissen.

TN: Eine Frage. Ist die Aussage „Ich brauche Freiraum“ ein Bedürfnis oder eine Bitte? Der andere würde darauf vielleicht sagen: „Naja, gebe ich dir doch, hast du doch.“
KK: Genau. Das heißt, das ist natürlich keine Bitte, sondern es ist ein Bedürfnis. Bedürfnisse sind abstrakt, sind allgemein. Da kann jemand nur sagen: „Das gibt Resonanz bei mir, das kenne ich, ich brauche auch manchmal Freiraum“, aber es ist noch keine sinnvolle Bitte, weil ich weiß jetzt noch nicht, was könnte ich tun, damit sich dein Bedürfnis nach Freiraum erfüllt.
TN: Also „Freiraum“ ist ein Bedürfnis?
KK: Ja. Freiraum ist ein Bedürfnis, aber keine Bitte. Und deshalb muss ich am Schluss der vier Schritte meine konkrete Bitte hinzufügen, damit der andere weiß, was er tun kann, damit sich mein Bedürfnis nach Freiraum erfüllt. Gibt es im Moment andere Fragen oder Anmerkungen zu dieser Unterscheidung?
TN: Ja. Ist dann „Ordnung“ auch ein Bedürfnis?

KK: Wann sich „Ordnung“ erfüllt, ist kulturell und individuell sehr unterschiedlich. Für manche erfüllt sich das Bedürfnis nach Ordnung, bei Kindern zum Beispiel, wenn ich sage: „Oh, ich komme von der Zimmertür zum Fenster, ohne auf die Schnauze zu fallen. Mein Bedürfnis nach Ordnung ist perfekt erfüllt.“ Dein Bedürfnis nach Ordnung ist auf andere Art und Weise erfüllt oder nicht erfüllt, als bei anderen Menschen. Alle Menschen haben ein Bedürfnis nach Anstand und Manieren. Wann es erfüllt ist, ist jedoch sehr unterschiedlich. Kennt ihr den Film „Ben Hur“? Der

Hauptdarsteller ist das erste Mal bei Arabern zum Essen eingeladen und am Ende vom Essen sagen sie alle: „Na, und? Na, und? Jetzt!" Er weiß nicht, was sie wollen, bis es ihm jemand erklärt. „Du musst rülpsen, das ist hier die Art und Weise, wie man ausdrückt: Es hat mir geschmeckt." Natürlich gab es großes Gelächter im amerikanischen Kino, weil in dieser Kultur Rülpsen etwas ist, bei dem Anstand und Manieren zu kurz kommen. Und in einer anderen Kultur ist es erfüllt. Wer schon mal in China war, weiß, dass auf den Boden spucken Anstand und Manieren dort nicht verletzt. Dafür geht in ein Taschentuch schnäuzen gar nicht. Bei uns ist es umgekehrt. Ins Taschentuch schnäuzen ist in Ordnung, aber auf den Boden spucken geht gar nicht!

Also, wie die Dinge erfüllt werden, ist sehr, sehr unterschiedlich, von Individuum zu Individuum, von Kultur zu Kultur, aber die Bedürfnisse sind überall gleich. Wir kommen übrigens mit der bedürfnisorientierten Ausrichtung auf die Welt. Die Ausrichtung auf moralistisches Denken ist kulturell gelernt. Die meisten Kulturen auf diesem Planeten haben eine sehr starke Ausrichtung an moralistischen Bewertungen und Urteilen wie Gut/Böse-, Richtig/Falsch-Denken. Dafür gibt es natürlich Gründe. So (deutet auf die linke Seite des Flipcharts „Werte statt Bewertungen") kommen wir auf die Welt. Niemand von uns, so wie wir hier alle sitzen, hätte überlebt, wenn wir so (deutet auf die rechte Seite des Flipcharts „Werte statt Bewertungen") geboren würden. Wenn ein Baby schreit, ist das ein Ausdruck von Gefühlen und Bedürfnissen und nicht von Urteilen. Bei den Eltern, die das Schreien der Babys als Urteil oder Kritik verstehen, ist vermutlich Gewalt nicht weit um die Ecke.

TN: Das hatten wir bei uns auch in der „Säuglingssprechstunde": Immer wieder gibt es Eltern, die glauben, dass ihr Kind das mit Absicht macht oder sie kritisiert.
KK: Genau. Und dann ist Gewalt nicht weit um die Ecke, wenn das so interpretiert wird.
TN: Das Risiko ist besonders groß, wenn sie älter werden und man sie überschätzt und denkt: „Das müsste er doch verstehen, das macht er jetzt absichtlich." Ich kenne das auch von mir selber, wenn das Kind so im Kindergartenalter ist, dann denkt man: „Der will mich doch gerade veräppeln."
KK: Ja. Wenn ihr euch selber oder andere bei Formulierungen wie: „Das macht der andere nur, weil ..." ertappt, dann ist das ein deutliches Signal, dass ihr keine Ahnung habt, um welche Bedürfnisse es gerade geht. Es gibt einen interessanten Versuch, den ein Trainerkollege von uns macht. In Elternseminaren lässt er die Teilnehmer zehn Dinge aufschreiben, die ihre Kinder tun, die sie nerven. Dann bittet er die Eltern, rechts daneben aufzuschreiben, warum sich Kinder wohl so verhalten. Da kommen dann üblicherweise so Sachen wie: Um mich zu provozieren, weil er faul ist, um mich zu ärgern, weil er trotzig ist usw.
TM: Das wäre eine coole Übung.
KK: All diese Formulierungen sind ein hilfloser Versuch herauszufinden „Warum verhält sich jemand so?". Was der Trainer dann macht, ist Folgendes: Er sagt: „Von all den Dingen, die ihr aufgeschrieben habt, kreuzt mal alle die Sachen an, die ihr selber in eurem Leben schon mal gemacht habt." Zwischen zwanzig und achtzig Prozent der Dinge kreuzen die Eltern an: „Ja, das habe ich auch schon mal gemacht irgendwann." Und dann sagt er: „Schreibt mal dahinter, warum ihr euch in dieser Situation so verhalten habt." Und, oh Wunder! Lauter göttliche Gründe! Aber bei Kindern heißt es: „Das macht er nur, weil", und dann kommt irgendein Urteil. Deutliches Zeichen, dass eine Person, die so etwas sagt, keine Ahnung hat, welche Bedürfnisse das Kind sich damit erfüllt.
TM: Wunderschöne Übung für die Kinder- und Jugendpsychotherapeuten.
KK: Absolut!

(Klaus zeigt noch einmal auf die linke Seite des Flipcharts „Werte statt Bewertungen") So werden wir geboren. Die Frage ist, warum sind dann die meisten Kulturen so organisiert? (zeigt auf die rechte Seite des Flipcharts). Das hat unter anderem damit zu tun, dass die Art, wie wir Menschen

zusammenleben, über viele Kulturen hinweg, vorwiegend hierarchisch organisiert ist. Das heißt, Menschen mit mehr Macht, mit mehr Entscheidungsbefugnissen stehen an der Spitze von solchen Machtstrukturen. Diese Art von Ausrichtung und diese Denkweisen sorgen dafür, dass Machtstrukturen möglichst stabil bleiben.

Wenn die nächste Generation auf die Welt kommt und Orientierung braucht, und Kinder haben ein starkes Bedürfnis nach Orientierung, das nennt man manchmal auch „Strukturhunger", das heißt, wir kommen als Kinder ja nicht mit dieser fertigen Fähigkeit, in dieser Welt zurechtzukommen, auf die Welt, wir sind weniger instinktgebunden, sondern wir sind als Menschen relativ offene Systeme und müssen lernen „Wie funktioniert die Welt?". Und wenn man der nächsten Generation beibringt, wie die Welt funktioniert und dieses Bedürfnis nach Orientierung dadurch erfüllt, dass man ihnen beibringt, was gut/böse, richtig/falsch, normal und nicht normal ist, dann hat das einen entscheidenden Vorteil für den, der das festlegt: WER darf das festlegen? Natürlich vorwiegend die Menschen auf der obersten Ebene der gesellschaftlichen Pyramide. Und dadurch kann man Machtstrukturen ziemlich zuverlässig stabil erhalten, indem die Leute an der Spitze solcher hierarchischen Strukturen festlegen, was gut und böse, richtig/falsch, normal und nicht normal ist.

Man könnte dieses Bedürfnis nach Orientierung auch dadurch erfüllen, dass man der nächsten Generation eine solche Orientierung gibt (KK zeigt auf die linke Seite des Flipcharts „Werte statt Bewertungen"), ihnen nämlich eine Werteorientierung vorlebt und die Menschen dabei unterstützt, eine Orientierung in sich selber zu finden, in etwas, das man – altmodisch – das „Gewissen" nennt. Das hat nur einen entscheidenden Nachteil: Menschen, die eine Orientierung in sich selber finden, geben keine brauchbaren Untertanen ab. Gehorsamsein gehört nicht zur Stärke von Menschen, die eine Orientierung in sich selber finden. Deshalb ist es in Strukturen, die hierarchisch organisiert sind, nicht sehr beliebt, Orientierung in sich selbst zu finden. In der Bibel gibt es so eine schöne Geschichte „Die Vertreibung aus dem Paradies". Was hat uns rausgehauen aus dem Paradies?

TN: Neugier.
KK: Und wie wird das beschrieben in der Geschichte?
TN: Es war ein Verbot, und das wurde gebrochen.
KK: Genau. Und das Verbot hieß:
TN: Alles dürft ihr essen, nicht aber den schönen Apfel.
KK: Ihr dürft von allen Früchten der Bäume essen, nur nicht vom …?
TN: Vom Baum der Erkenntnis.
KK: Von dem Baum der Erkenntnis, was gut und böse ist. Aus Sicht „Gewaltfreier Kommunikation" könn-

te man die Geschichte so interpretieren, dass wir im Paradies gelebt haben, bis wir ein Konzept dafür eingeführt haben, was „gut/böse", „richtig/falsch", „normal" und „nicht normal" ist. Das hat uns aus dem Paradies vertrieben. Aber das ist natürlich nur eine von vielen möglichen Interpretationen einer solchen Geschichte.
TN: Aber gibt es nicht doch einige Dinge, auf die man sich einigen kann, dass die böse sind? Z.B. wenn man Sachen zerstört oder jemand anderem wehtut?
KK: Wenn man das als „böse" beschreibt, gibt es eine große Tendenz dazu, dass Menschen sagen: „Da muss jetzt jemand dafür büßen." Untersuchungen zeigen, dass Rechtssysteme, die die Idee von Strafe und Sühne sehr stark befürworten, zu mehr Gewalt führen. Je mehr diese Art von Denken vorherrscht, desto mehr Gewalt gibt es. Die bedürfnisorientierte Ausrichtung verfolgt die Frage: „Wie können wir die Sicherheit für alle Mitmenschen möglichst groß machen, damit sie vertrauen, dass ihre Bedürfnisse berücksichtigt werden?"

Alle Rechtssysteme bewegen sich auf einer Skala zwischen den Polen der Blutrache, also „Auge um Auge, Zahn um Zahn" auf der einen Seite und dem anderen Pol: „Wie können wir die Sicherheit der Menschen in einem System erhöhen, so dass sie sich sicher fühlen, dass ihre Bedürfnisse zählen und berücksichtigt werden?" In der deutschen Rechtsprechung haben wir nach wie vor den Sühnegedanken „Der muss dafür büßen" und zusätzlich den Aspekt der „Sicherheit". Wenn Menschen nicht gelernt haben, ihre Bedürfnisse in Einklang mit den Bedürfnissen und unter Respekt der Bedürfnisse anderer zu erfüllen, dürfen sie nicht mehr frei handeln dürfen. Das nennt man „Sicherungsverwahrung". Das macht natürlich nur Sinn, wenn man den Menschen eine Chance gibt, das nachzulernen, was sie bislang nicht gelernt haben. Die Reife einer Gesellschaft kann man unter anderem an dem Aspekt ablesen: „Wie viel von unserem Rache- und Sühnegedanken ist in unserem Rechtssystem noch drin?", und wie sehr geht es um die Idee: „Wir wollen Menschen und Gemeinschaften dabei unterstützen, dass die Bedürfnisse aller hier gehört, verstanden, respektiert und ernst genommen werden." Je mehr Rache- oder Sühnegedanken verfolgt werden, desto größer ist das Ausmaß an Gewalt, das ist ganz gut erforscht und gut belegt. Diese Art zu denken, ist selbst bereits eine Form von Gewalt, und Gewalt gebiert Gewalt. Einer der Belege hierfür findet sich in den USA. Dort wurde die Todesstrafe in einigen Bundesstaaten mal abgeschafft, dann wieder eingeführt, wieder abgeschafft, eingeführt. Parallel dazu zeigt die Statistik: Bei der Einführung der Todesstrafe gab es einen Anstieg an Gewalt, bei der Abschaffung ist die Gewalt gesunken. Die Idee, man könne Menschen abschrecken, ist eine absolute Illusion. Wird zwar immer als Argument angeführt, ist aber nach meinen Informationen durch die Forschung längst widerlegt.

Nehmen wir die beiden Aspekte zusammen, nämlich zum einen zu verstehen, dass unsere emotionalen Reaktionen

Sprachlich die Verantwortung für die eigenen Gefühle übernehmen

Jeder Satz mit dem Format
“Ich fühle mich ..., weil Sie ...”
macht den anderen für meine Gefühle verantwortlich

Verändern Sie diese Sätze und verwenden Sie Formulierungen wie:

Ich fühle mich ... ,
weil mir wichtig ist ...
weil ich brauche ...
weil ich gerne hätte ...
weil mir am Herzen liegt ...
weil ich Wert lege auf ...
weil ich gerne möchte ...

Ergänzen Sie diese Sätze mit Ihrem Bedürfnis

nicht verursacht werden durch die Fakten, sondern durch die Bedeutung, die wir den Fakten geben. Zum anderen, dass es zwei Arten gibt, wie man dem, was wir erleben, eine Bedeutung geben kann, nämlich in Form von moralistischen Urteilen, gut/böse, richtig/falsch oder in Form einer Orientierung an Werten und Bedürfnissen. Dann wird deutlich, dass wir mit einer Formulierung: „Ich fühle mich, weil du oder weil Sie irgendwas gemacht haben“ den anderen Menschen für unsere emotionalen Reaktionen verantwortlich machen. Wir behaupten damit, die andere Person verursacht meine Gefühle.

Stattdessen heißt es in diesem Ansatz „Ich fühle mich …, weil mir wichtig ist …“, „weil ich Wert lege auf …“, „weil mir … am Herzen liegt“, „weil ich … brauche“. Zum Beispiel: Wenn jemand in mein Büro kommt, ohne anzuklopfen und bei mir grummelt es und Rieke sieht, dass ich so ein Gesicht ziehe und sagt: „Hey, Klaus, was ist denn los?“ Dann sage ich in unserer Kultur: „Ich bin sauer.“ Wenn sie fragt: „Und warum?“ Sage ich: „Weil der nicht angeklopft hat!“ Also tue ich so, als könnten andere Leute mir Gefühle machen. Ich bin aber nicht sauer, weil jemand ohne anzuklopfen reinkommt. Nein, ich bin sauer, weil mir wichtig ist, dass meine Privatsphäre respektiert wird. Denn wenn mir das nicht wichtig wäre, wäre ich auch nicht sauer. Die Ursache für meine Gefühle ist die Bedeutung, die ich den Dingen gebe. Und wenn ich das als respektlos bewerte oder mir bewusst wird, dass mein Bedürfnis nach meiner Privatsphäre gerade zu kurz kommt, dann habe ich eine emotionale Reaktion. Wenn es uns gelingt, unsere Gefühle tatsächlich auszudrücken, anstatt versteckte Vorwürfe zu machen, und wir in der Lage sind, die Verantwortung für unsere eigenen Gefühle zu übernehmen, dann sind Gefühle in der Kommunikation überhaupt kein Problem. Leider sind die meisten noch nicht soweit. Das führt zu Aussagen wie: „Ach, mit dem Gefühlskram, da habe ich es nicht so. Können wir nicht schön sachlich bleiben?“ Das Dilemma ist, Konflikte sind in der Regel nicht auf der Sachebene, sondern auf der Beziehungsebene zu Hause.

Bevor ihr das jetzt auf eure eigenen Situationen umsetzt, noch zwei Hinweise: Wenn ihr die Formulierung übernehmt: „Ich fühle mich“, und dann tatsächlich ein Gefühl benennt, im Schritt 2 „weil mir wichtig ist“, „weil ich Wert lege auf“, „weil mir am Herzen liegt“, und dann die Bedürfnisse offenlegt, wollen wir uns nochmal anschauen: „Wie verstehen wir Bedürfnisse?“ Hier habt ihr eine Übersicht.

Bitte – ähnlich wie bei den Gefühlen – im Bewusstsein behalten: die Bedürfnisworte sind natürlich auch nicht die Bedürfnisse. Das sind nur Wegweiser, verbale Pointer, die zeigen auf etwas, was jenseits von Sprache liegt. Marshall Rosenberg hat einmal gesagt: „Bedürfnisse sind die Art und Weise, wie sich Lebensenergie in Lebewesen manifestiert – jenseits aller Worte." Um es kommunizieren zu können, um auf bestimmte energetische Phänomene hinzuweisen, benutzen wir die dafür vorgesehenen Worte. Bedürfnisse müssen in der Gewaltfreien Kommunikation spezielle Kriterien erfüllen, damit wir sie als Bedürfnisse bezeichnen.

Wenn ich mir eine der Fragen stelle: „Was brauche ich?" „Was braucht der andere?" „Worauf lege ich Wert?" Oder: „Worauf legt der andere Wert?", dann finde ich Ideen, Antworten auf diese Frage. Diese Ideen sind nur dann Bedürfnisse, wenn sie a) allgemein und abstrakt sind. Alles, was ich sinnlich wahrnehmen kann, ist kein Bedürfnis. Ihr erinnert euch an das Beispiel „Omas 70. Geburtstag": weder Jeans, noch Rock sind Bedürfnisse. Es gibt ebenso kein Bedürfnis, einen Kaffee zu trinken – das ist eine Strategie. Welche Bedürfnisse erfüllt ihr euch möglicherweise, wenn ihr einen Kaffee trinkt?

TN: Die Wachsamkeit erhöhen.
KK: Wach zu sein, ja, präsent zu sein – wenn ich sage: „Ich steh vor allen Dingen auf die Wirkung von Koffein."
TN: Genuss.
KK: Genuss. Es gibt manche Leute, die trinken Kaffee, weil er ihnen schmeckt.
TN: Pause, Auszeit oder so.
KK: Mhm, ja. Das Schöne ist übrigens, wenn man denkt: „Ah, es geht nur um Pause/Auszeit", dass ich dann feststelle: „Hey, Kaffeetrinken ist nicht die einzige Strategie, um eine Pause zu machen." Pause machen ist übrigens noch nicht das Bedürfnis selbst, denn „Pause" ist ja sinnlich wahrnehmbar. Zum Bedürfnis kommen wir, wenn wir uns die Frage stellen: Was erfüllt sich für mich, wenn ich eine Pause mache?
TN: Ich hab mal im Rettungsdienst gearbeitet. Dort sind alle zum Rauchen gegangen. Dann habe ich mich mal dazu gestellt: Der Wacheleiter kam dazu und hat mich richtig angemacht, wieso ich nicht arbeite. Ich dachte, eine Pause wäre für mich auch angemessen, eine Zigarettenlänge, auch als Nichtraucher, stelle ich mich einfach dazu. Aber ich war dann der, der faul war (einige lachen).
KK: Und die haben nur geraucht.
TN: Die haben ja nur geraucht, genau. Ich habe dann kurz überlegt, ob ich auch anfange zu rauchen.
KK: Ich kenne übrigens das Thema, weil wir manchmal in sozialen Einrichtungen, zum Beispiel mit Pflegepersonal arbeiten und es tatsächlich hier handfeste Konflikte gibt, weil die Raucher ganz selbstverständlich jede Stunde einmal eine Zigarettenlänge Pause machen, und von allen, die nicht rauchen, wird erwartet, dass sie durcharbeiten. Und da ist das ganz real ein Konflikt.
TN: In manchen Betrieben ziehen sie das ab – Raucher sollten länger bleiben. Je nach Schichtende.
KK: Das ist dann eines der möglichen Ergebnisse, wenn so ein Konflikt auftritt.

TN: Allerdings sterben sie früher. Raucher arbeiten grundsätzlicher weniger.
KK: Okay. Bedürfnisse sind also allgemein und abstrakt. Übrigens geht es auch um sinnlich wahrnehmbares Verhalten, wenn ich sage: „Mein Bedürfnis ist, mich jetzt mal eine halbe Stunde auf's Ohr zu legen.“ Das ist kein Bedürfnis, sondern eine Strategie, um sich ein bestimmtes Bedürfnis zu erfüllen. Was könnte das Bedürfnis sein?
TN: Erholung.
KK: Erholung, auftanken, ja. Und die Strategie ist, ich lege mich eine halbe Stunde hin.
TN: Ist Gesundheit ein Bedürfnis?
KK: Ja.
TN: Atmen auch?
KK: Atmen ist eine Strategie. Das Bedürfnis ist?
TN: Sauerstoff.
KK: Sauerstoff ist wahrnehmbar und ist Grundlage für's Überleben. Überleben ist eines der wichtigen Bedürfnisse.

Was sind Bedürfnisse?

Als Bedürfnisse verstehen wir alle Antworten auf folgende Fragen:

Was brauchst Du / brauche ich?
Was ist dir / mir wichtig?
Was möchtest du / möchte ich?
Was liegt dir / mir am Herzen?
Worauf legst du / lege ich Wert?

so lange die Antworten diese Kriterien erfüllen:

1) sie sind allgemein und abstrakt
2) sie sind positiv formuliert
3) sie enthalten keinen Bezug zu einer Aktivität einer einzelnen Person, einer spezifischen Zeit einem spezifischen Ort
4) alle Beteiligten haben nur Wertschätzung dafür

Das zweite Kriterium, das erfüllt sein muss, damit wir es „Bedürfnis“ nennen, ist: Es ist positiv formuliert. Zu sagen, was ich nicht möchte, ist kein Bedürfnis – „Ich will jetzt eine halbe Stunde nicht gestört werden“ – kein Bedürfnis.

Drittes Kriterium: Das Bedürfnis enthält keinen Bezug auf eine einzelne Person mit dem Ziel, dass die was tut, um mein Bedürfnis zu erfüllen, und es enthält keinen bestimmten Zeitpunkt und keinen bestimmten Ort. Wenn ich sage: „Ich brauche DEINE Unterstützung“ – das wäre kein Bedürfnis. „Ich brauche Unterstützung“ ist ein Bedürfnis. Wenn ich die Erfüllung des Bedürfnisses an eine bestimmte Person kopple, dann ist es kein Bedürfnis mehr, sondern ich habe mein Bedürfnis mit meiner Lieblingsstrategie gemischt. Das macht als Bedürfnis deshalb wenig Sinn, weil wir dadurch die Flexibilität bei der Erfüllung des Bedürfnisses verringern. Für jedes Bedürfnis gibt es eine unbeschränkte Anzahl an Möglichkeiten, Arten, Strategien, wie es erfüllt werden kann. Wenn ich sage: „Nur auf diese Art und Weise“, verringere ich die Chance, eine Lösung zu finden, die allen Beteiligten gerecht wird. Und ich verringere die Chance, dass ich bekomme, was ich brauche.

Ein Beispiel, wenn ich zu jemandem sage: „Ich brauche deine Unterstützung“ in folgendem Kontext: „Hey, wenn ich dran denke, am Wochenende zieh ich um, und wenn ich halt an die Arbeit denke, die ich noch vor mir habe, da graust es mir, ich brauche deine Unterstützung. Kannst du mir bitte morgen von 10.00 bis 12.00 Uhr zwei Stunden beim Umzug helfen?“ Jetzt sagt der andere: „Du, meine Mutter ist im Krankenhaus, ich habe ihr gerade versprochen, dass ich sie morgen in der Zeit besuche, aber mein Bruder hätte Zeit, wie wäre denn das?“ Dann sage ich vielleicht: „Sag mal, hast du Watte in den Ohren? Ich hab doch mein Bedürfnis klar und deutlich genannt, ich brauche nicht irgendjemand zur Unterstützung, ich brauche DEINE Unterstützung." Ja, wie tragisch! Wenn eine Person nicht zur Verfügung steht und es gibt noch sieben Milliarden Menschen auf diesem Planeten. Da sind die Chancen nicht schlecht, dass ich jemand finde, der bereit ist, mir zwei Stunden zu helfen. Also das Bedürfnis, zum Beispiel Unterstützung, bitte nicht an eine einzelne Person koppeln.

Eine besondere Eigenschaft von Bedürfnissen ist, dass alle Beteiligten Wertschätzung dafür haben. Warum? Weil wir alle die gleichen Bedürfnisse haben. Hier noch einmal die Liste, die wir am Anfang gesammelt haben: „Wie möchte ich, dass andere mich behandeln oder mir begegnen?" Alles, was hier steht, haben alle Menschen auf diesem Planeten gemeinsam. Ich habe noch nie etwas anderes erlebt, egal, ob wir auf den Philippinen arbeiten, in China, in Indien, in Europa, Südeuropa, Nordeuropa, USA, überall die gleichen Bedürfnisse.

TN: Wie ist das dann bei dem Bedürfnis „Zuneigung". Da schränke ich mich doch selbst von vornherein ein, weil „Zuneigung" ja per se persönlich ist. Ich brauche Liebe, ja, aber ich möchte nicht die Liebe von irgend jemanden, sondern ich möchte die Liebe von einer bestimmten Person, oder?
KK: Indem wir sagen, es macht keinen Sinn, Bedürfnisse an eine bestimmte Person zu koppeln, heißt nicht, dass wir keine Lieblingsstrategien haben. Wenn du sagst: „Ich teile mein Leben mit einer bestimmten Person", heißt das, du erfüllst dir eine ganze Reihe von Bedürfnissen wie Zuneigung, Sicherheit, Vertrauen, Nähe, sexuelle Intimität am liebsten mit dieser Person. Wenn diese Person sich scheiden lässt oder morgen gegen einen Baum fährt, heißt das nicht: „Oh, jetzt kriege ich leider bis ans Ende meines Lebens diese Bedürfnisse nicht mehr erfüllt." Dann findest du hoffentlich alternative Strategien.
TN: Mhm.
KK: Und sagst nicht: „Tja, dann muss ich leider drauf verzichten, kriege ich nie mehr erfüllt." Die einzige Strategie, die ich akzeptieren würde, steht nicht mehr zur Verfügung. Aber das heißt andererseits natürlich nicht, dass wir sagen: „Das ist vollkommen beliebig." Wenn ich sage: „Mhm, Rieke, heut Sex? Mhm? Mhm?", und sie sagt: „Oh, heute nicht." Wenn ich dann sage: „Ok, ich suche mir jemand anderen für heute." Dann würden die meisten in unserer Kultur das ablehnen und sagen: „Da gibt's auch noch andere Bedürfnisse nach Vertrauen und weitere wichtige Sachen, die hier auf dem Spiel stehen." Aber wir kreieren eine Abhängigkeit, wenn wir die Erfüllung eines bestimmen Bedürfnisses an eine einzelne spezifische Person koppeln. Und eine Abhängigkeit hat immer die Folge, dass jede Bitte die Qualität einer Forderung bekommt, zumindest nach einiger Zeit, weil wir ja nicht endlos auf die Erfüllung bestimmter Bedürfnisse verzichten können. Und das heißt, dass man immer mehr Druck aufbaut, und dann entstehen häufig Teufelskreise, je mehr der eine schiebt, desto mehr verteidigt der andere seine Autonomie und lehnt ab. Dann wird der andere noch drängender und fordernder, was dazu führt, dass der andere noch mehr Energie investiert, um seine Autonomie zu verteidigen. Wenn ich eine einzige Art und Weise habe, wie ich das Bedürfnis erfüllt bekommen möchte, dann initiieren wir einen Teufelskreis.

Mit Sexualität ist das schon manchmal ganz schön kompliziert. Wenn ich in einer Partnerschaft sage: „Alle diese Bedürfnisse nach Nähe, Freundschaft, Austausch, guter Unterhaltung, gemeinsamem Hobby teilen, Sexualität usw. NUR MIT DIR", dann belastet das meine Beziehung bis zum Bruch. Dann ist die Gefahr groß, dass der Partner sagt: „Ist mir einfach zu viel auf meinen Schultern, dass ich die einzige Quelle bin für die Erfüllung all dieser Bedürfnisse." Und deshalb tut man gut daran zu sagen: „Ja, dies ist meine Lieblingsstrategie für ganz viele dieser Bedürfnisse, und es gibt Alternativen, Freundschaften, Kontakte mit Freunden, wo ich viele meiner Bedürfnisse auch erfüllt bekomme, so dass die Beziehung ein Stück entlastet wird und sie nicht für die ausschließliche Erfüllung all dieser Bedürfnisse verantwortlich ist." Dabei gibt es kulturell und individuell eine große Bandbreite an Unterschiedlichkeiten. Manche sagen: „Ach, ich verkrafte das, die einzige Quelle für die Erfüllung vieler verschiedener Bedürfnisse zu sein", und andere sagen wiederum: „Das wird mir schon zu viel, wenn es zwei sind, für die ich ausschließlich zuständig bin." Dann macht es Sinn zu prüfen, ob das für eine feste Partnerbeziehung reicht. Wie gesagt, damit behaupten wir nicht „Es spielt keine Rolle", sondern es gibt eben ein hohes Investment in bestimmte Strategien und das mit Recht. Denn es macht in vielen Fällen Sinn, aber das heißt eben nicht, wenn diese Strategie nicht mehr zur Verfügung steht, muss ich leider bis ans Ende meines Lebens auf die Erfüllung all dieser Bedürfnisse verzichten. Das wäre tragisch.

Bitte schlagt eure Unterlagen auf und formuliert die Schritte 2 und 3 in euren beiden Beispielen. Bitte noch keine „Bitte" eintragen, diesen Schritt machen wir morgen. Jetzt bitte nur Schritt 2 und 3 – Gefühle und Bedürfnisse. Achtet darauf, dass es wirklich Gefühle sind, und dass ihr das Bedürfnis findet, um das es in dieser Situation geht.

Ich gebe euch noch einmal das Beispiel mit Tom. Die Wahrnehmung war: „Ich habe zu meinem Geburtstag weder eine Karte, noch einen Anruf von dir erhalten." Die ursprüngliche Formulierung „Ich fühle mich total vernachlässigt", erkennt ihr hoffentlich jetzt als versteckten Vorwurf. Also schaue ich nach: „Wie fühle ich mich wirklich? Ich habe weder einen Anruf, noch eine Karte von dir erhalten, und jetzt bin ich gekränkt." Was ist mein Bedürfnis? „Ich möchte in einer Freundschaft spüren, dass ich wichtig bin für die andere Person", könnte ein mögliches Bedürfnis sein. Den Schritt „Bitte" bis morgen parken, jetzt nur Schritte 2 und 3 formulieren. Wie immer, wenn ihr Unterstützung braucht, meldet euch, dann helfen wir euch, Gefühl und Bedürfnis zu finden oder zu formulieren.

Übung

Nehmen Sie wieder Ihre Aufzeichnung zur Hand. Lesen Sie, welche Formulierungen Sie in Ihrer „Bestandsaufnahme" gewählt haben und überprüfen Sie, ob Sie Gefühle und Bedürfnisse genannt haben. Wenn nicht, dann formulieren Sie nun den zweiten und dritten Schritt in diesem Modell. Achten Sie darauf, dass es wirklich Gefühle sind, und dass Sie das Bedürfnis finden, um das es in dieser Situation geht. Nutzen Sie die Wortschatzlisten. Formulieren Sie in Ihren Beispielen im Moment jeweils nur den zweiten und dritten Schritt – Gefühle und Bedürfnisse. Den vierten Schritt (die Bitten) werden Sie zu einem späteren Zeitpunkt formulieren. Für alle Ihre Situationen nehmen Sie dieses Muster und lesen nach, welche Wahrnehmung Sie in der Übung im Kapitel „Wahrnehmung und Interpretation" gefunden haben.

Du hast/Sie haben … Wenn ich sehe/höre … Wenn du/Sie …
(und jetzt) fühle ich mich/bin ich …
weil mir wichtig ist/weil ich … brauche/weil ich Wert auf … lege
und ich möchte, dass du/Sie …

Einverstanden?/Bist du bereit, das zu tun?

KK: Diese Frage gerade ist wichtig für alle: Ihr findet in vielen Unterlagen zur Gewaltfreien Kommunikation eine Liste mit Bedürfnissen, meist sind es Hauptworte. Das ist zunächst gut für das

Verständnis. Ihr könnt sie wie einen Kompass benutzen, aber dann braucht ihr umgangssprachliche Formulierungen. Für die umgangssprachlichen Formulierungen empfehlen wir euch, nicht das Wort „Bedürfnis“ zu verwenden, sondern stattdessen zu sagen: „Ich hätte gerne …“ „Ich brauche …“ „Ich lege Wert auf …“ „Weil mir wichtig ist …“ „Weil ich brauche …“ „Weil ich gerne hätte …“ „Weil, ich fände es cool, wenn …“ Und: „Ich steh total drauf …“ „Für mich hat es ganz große Bedeutung, wenn …“ Im Anschluss daran verwendet ihr bitte soweit wie möglich keine Hauptworte. Wenn man sagt: „Ich habe ein Bedürfnis nach Fairness“, klingt das sonst für viele Menschen sehr bürokratisch oder psychologisch. Es ist viel sinnvoller zu sagen: „Mensch, ich steh total drauf, wenn wir fair miteinander umgehen.“ Also möglichst Adjektive und Verben verwenden, statt Hauptworte. Deine Formulierung war gerade „Sicherheit“. Stattdessen würde ich sagen: „Ich wünsche mir eine sichere Umgebung“ oder „Ich wünsche mir einen Kontext, in dem ich mich sicher fühle“, das klingt umgangssprachlicher und viel sinnvoller.

In der Einzelarbeit wurde eine weitere Frage gestellt, die ich gerne für alle beantworten möchte. Folgende Frage: Wenn man auf diese Art und Weise versucht, mit anderen ins Gespräch zu gehen, gibt es Voraussetzungen, was zum Beispiel die Aufnahmefähigkeit, Kommunikationsfähigkeit, Intelligenz, intellektuelle Einsicht in Dinge angeht? Gibt es hier Voraussetzungen, damit diese Art von Kommunikation überhaupt möglich ist?

Grundsätzlich gilt natürlich für jede Art von Kommunikation, auch außerhalb dieses Modells, mit dem wir uns beschäftigen, dass es manche Menschen gibt, die sagen: „Ich bringe die Voraussetzung nicht mit, bestimmte Dinge nachvollziehen und verstehen zu können.“ Deshalb ist es wichtig zu verstehen, dass dieser Ansatz vor allem auf einer bestimmten Haltung und Einstellung beruht. Diese Haltung und die Einstellung funktioniert auch dann, wenn das intellektuelle Vermögen, Worte aufzunehmen, zu verstehen und nachzuvollziehen, noch nicht da ist oder nicht gut entwickelt ist. Das gilt zum Beispiel auch schon für Babys, die intellektuell einen bestimmten Level noch nicht erreicht haben. Sie können sehr wohl spüren, aus welcher Haltung heraus ich anderen Menschen begegne. Wenn es aber darum geht, bestimmte Bitten zu erfüllen und nachzuvollziehen, setzt das natürlich voraus, dass jemand sie versteht. Ich gebe seit vielen Jahren in der Akademie Schönbrunn diese Seminare. Das ist eine Fortbildungseinrichtung, in die hauptsächlich Menschen kommen, die in Einrichtungen für Behinderte, geistig/körperlich Behinderte, Mehrfachbehinderte arbeiten. Von diesen Seminaren, die ich dort gebe, kenne ich solche besonderen Kontexte. Zudem habe ich eine Kollegin in der Schweiz, die mit Menschen gearbeitet hat, die Dinge intellektuell nicht nachvollziehen können, zum Beispiel Menschen, die sehr schwer autistisch sind. Sie hat über diese Haltung Fähigkeiten entwickelt, mit den Menschen in Kontakt und in Verbindung zu kommen, die dazu geführt haben, dass sie all die schweren Fälle bekommen hat, bei denen die anderen Mitarbeiterinnen an Grenzen gestoßen sind. Diese Erfahrungen zeigen, dass die Haltung etwas transportiert. Gleichzeitig gilt: Bei Menschen mit intellektuellen Beeinträchtigungen wie Kinder in einem sehr jungen Alter, Demenzkranke oder Menschen mit anderen Formen von Behinderung, sind die Möglichkeiten für Kommunikation eingeschränkt. Das gilt natürlich auch für die Gewaltfreie Kommunikation. Dann beschränkt man sich drauf, dass man eine bestimmte Haltung einnimmt.

Vielleicht noch eines. In der Einrichtung habe ich häufig erlebt, dass Mitarbeiter sich gefragt haben, wie sinnvoll der Einsatz von Belohnungs- und Bestrafungssystemen ist, um menschliches Verhalten zu beeinflussen. Wir werden das Thema noch ausführlicher behandeln. Eine Mitarbeiterin sagte: „Bei uns in der Einrichtung haben wir eine Wohngemeinschaft. Die Menschen können da aber nur bleiben, wenn sie ein Minimum an sozialer Verantwortung und Miteinander hinkriegen. Deswegen arbeiten wir hier mit Belohnungssystemen." Das ethische Thema, das sich dann stellt, ist: „Wir könnten uns natürlich als Gesellschaft für einen anderen Betreuungsschlüssel entscheiden, in dem Dinge möglich sind, die eben nicht möglich sind, wenn es hier einen Betreuerschlüssel von 1:5, 1:7, 1:10 gibt." Die Frage wäre dann: „Was wollen wir uns als Gesellschaft an der Stelle leisten oder nicht?" Die Wahl, vor der die Mitarbeiter dann manchmal stehen, ist, dass sie sagen: „Mit Belohnungssystemen bekomme ich die Leute da hin, dass sie in einer Wohngemeinschaft leben können. Ohne das müssten sie vielleicht in geschlossenen Einrichtungen leben, und das geht auf Kosten der Menschenwürde." Es geht aber auch auf Kosten der Würde, Menschen über Belohnungssysteme zu dressieren. Dann gilt es, die schwierige Abwägung zu treffen, dass man sagt: „Naja, wie viel Dressur nehme ich hier in Kauf, die auf Kosten der Menschenwürde geht?", und habe damit auf der anderen Seite die Möglichkeiten, den Menschen eine Umgebung anzubieten, die sehr viel mehr Menschenwürde wahrt, als in einer geschlossenen Einrichtung. Das sind keine einfachen Entscheidungen. Sie hängen auch davon ab, was an kommunikativen Möglichkeiten an der Stelle denkbar sind. Dann stoßen wir manchmal an Grenzen und es bleibt nur zu sagen: „Ich hoffe, dass die Haltung, die ich einnehme, von dem Menschen gespürt wird und etwas bewirkt in unserem menschlichen Miteinander, auch wenn das, was ich kommunizieren möchte, über seine intellektuellen Fähigkeiten hinausgeht und deshalb nicht ankommen kann."

TM: Die Haltung teilt sich ja – soweit ich weiß – über Spiegelneuronen auch mit.
TN: Das macht man zum Beispiel bei der DBT (Dialektisch-Behaviorale Therapie) auch, da gibt es zum Beispiel so Sachen, dass man Leuten ein „Timeout" gibt oder so, das ist ja auch irgendwie Bestrafen.
KK: Der entscheidende Unterschied zwischen dem, was Konsequenz ist und dem, was Strafe ist, haben wir schon ganz kurz beleuchtet. Morgen werden wir noch intensiver darauf eingehen. Von daher bitte ich, das im Moment zu parken, weil wir jetzt mit der Zeit am Ende sind. Hat jemand noch eine Frage zu dem, was wir gerade gemacht haben?
TN: Ich hatte das Beispiel mit dem Helm und dem Fahrrad. Ich wollte, dass mein Sohn einen Helm beim Fahrradfahren trägt und meine Partnerin hat gesagt, er hatte einen Helm auf. Von anderen habe ich dann gehört, er hatte keinen Helm auf. Jetzt fühle ich mich verunsichert. Das Bedürfnis wusste ich jetzt nicht. Ich hatte die Tendenz, zu schreiben: „Weil mir wichtig ist, dass er geschützt ist beim Fahrradfahren", aber das ist dann auf das Kind bezogen und nicht mein Bedürfnis, oder?
KK: Nein, das ist zwar ein Bedürfnis, aber wenn du sagst: „Meine Partnerin sagt mir etwas und von anderen kriege ich eine andere Information darüber", da geht es nicht in erster Linie um die Sicherheit des Kindes. Das wäre das Bedürfnis hinter der Bitte, wenn du sagst: „Ich möchte, dass du einen Helm anziehst." Was könnte das Bedürfnis sein, wenn deine Partnerin dir etwas erzählt, wobei du jetzt skeptisch bist, ob sie dir die Wahrheit gesagt hat, weil du aus einer anderen Quelle eine andere Information bekommen hast? Um was könnte es dabei gehen?
TN: Klarheit.
TN: Sicherheit.
KK: Und zwar, Klarheit möchte ich über was haben?
TN: Über das, was passiert ist, auch.
TN: Ob er mich belogen hat.
KK: Also, ich vermute jetzt mal zwei, drei Sachen, und du schaust mal, was bei dir Resonanz gibt. Ich könnte mir vorstellen, dass eines der wichtigen Bedürfnisse ist, dass du gerne hättest, dass es so viel Vertrauen zwischen euch gibt, dass jeder ohne Schwierigkeiten die Wahrheit sagt. Vielleicht möchtest du auch Klarheit darüber haben, was ging in deiner Partnerin vor, als sie an der Stelle etwas gesagt hat, was mit der Realität nicht übereinstimmt? Gibt es da irgendeine Motivation, die sie bewegt hat, zu sagen: „Ich sage, er hat einen Helm aufgehabt, obwohl er ihn nicht auf hatte?" Um das nachvollziehen zu können, ver-

stehen zu können „Was ist da los?“, „Was bewegt einen Menschen zu einem solchen Verhalten?“. Das war meine Vermutung, als du von „Klarheit“ gesprochen hast. Kriegst du Klarheit über die Frage: „Was war der Grund, mir zu sagen, er hat einen Helm aufgehabt, wenn er ihn nicht auf hatte?“ Vorher möchte ich möglicherweise Klarheit darüber haben „Was ist denn nun Fakt?“. Hat er einen Helm aufgehabt oder nicht? Du kriegst ja zwei verschiedene Informationen von zwei verschiedenen Quellen. Ja? Gibt es eine Orientierung, was alles eine Rolle gespielt haben könnte in der Situation?

TN: Ja.

KK: Natürlich geht es auch um die Sicherheit, dein Kind sicher zu wissen, wenn es Fahrrad fährt, und möglichst geschützt zu wissen, wenn etwas passiert. Das ist das eine Bedürfnis, das eine Rolle spielt, warum du möchtest, dass er einen Helm anzieht. Und hier geht es um ein weiteres Bedürfnis, wenn du sagst: „Ich kriege zwei widersprüchliche Informationen.“

SP: Vielleicht geht es auch um das Bedürfnis, dass Absprachen eingehalten werden?

KK: Wenn es vorher eine Zusage gab.

SP: Wenn es vorher eine Zusage gab, ja klar.

KK: Okay?

TN: Ja. Danke.

KK: Dann könnte auch wieder das Bedürfnis nach Klarheit eine Rolle spielen: „Was ist der Grund, warum sich jemand an der Stelle so entschieden hat? Die Person hat zwar eine Absprache getroffen und zugesagt. Dennoch hat sie sich entschieden, das, was sie zugesagt hat, nicht zu tun.“ Über diesen Umstand Klarheit zu bekommen und nachvollziehen zu können „Was ist hier los?“, dahinter steckt das Bedürfnis nach Klarheit.

Zweiter Seminartag

KK: Guten Morgen zusammen. Zu den Sachen, die ihr auf dem Stuhl vorgefunden habt: Das ist das Fotoprotokoll. Ich habe alle Flipcharts, die wir gestern erarbeitet haben, fotografiert und für jeden von euch ausgedruckt. Auf der Rückseite eurer Ordner findet ihr eine aufgeklebte Dreieckslasche, da könnt ihr die Sachen verstauen. Die kleinen, laminierten Kärtchen im EC-Karten-Format sind für den Alltag als Spickzettel gedacht. Ihr findet darauf die vier Schritte. Für diese Kärtchen habt ihr auf der ersten Umschlagseite eures Ordners eine aufgeklebte Plastiktasche, in der ihr sie aufbewahren könnt. Ansonsten passen sie natürlich einfach in Hemd-, Blusen-, Handtasche, Geldbeutel.

Vielleicht habt ihr gestern schon festgestellt, dass eine Beschäftigung mit neuen Konzepten und Ideen ganz schön anstrengend sein kann. Deshalb hat sich in den Lernprozessen zum Thema „Gewaltfreie Kommunikation" eingebürgert, dass man den Tag mit etwas startet, was Marshall Rosenberg „Remembering" nennt. Es dient dazu, sich zu besinnen oder zurückzuerinnern an das, was wirklich wichtig ist im Leben. Das tun Menschen auf ganz unterschiedliche Art und Weise, auch wenn sie es vielleicht nicht so nennen. Manche Menschen haben eine bestimmte Disziplin in ihr Leben integriert, gehen regelmäßig joggen, machen die „Fünf Tibeter" in der Früh. Manche sagen: „Wenn ich bestimmte Texte oder Bücher lese, bringt mich das wieder in Kontakt, dann weiß ich wieder, was wirklich wichtig ist im Leben." Andere Leute sagen: „Es gibt eine bestimmte Musik, wenn ich die höre, dann bringt mich das damit in Kontakt." Ich möchte euch heute zu diesem Zweck einen Text vorlesen. Er stammt von einer Amerikanerin, die bei einem Schamanen eine Ausbildung gemacht und wie in solchen Prozessen manchmal üblich, sich einen neuen Namen gegeben hat. Sie nennt sich jetzt „Oriah Mountain Dreamer". Der Text heißt „Einladung".

Einladung

Es interessiert mich nicht, wie du deinen Lebensunterhalt verdienst.
Ich möchte wissen, was deinem Leben einen Sinn gibt,
und ob du zu träumen wagst,
um die Sehnsucht in deinem Herzen zu stillen.

Es interessiert mich nicht, wie alt du bist.
Ich möchte wissen, ob du den Mut hast, wie ein Narr auszusehen,
um der Liebe und deiner Träume willen,
und für das Abenteuer ganz lebendig zu sein.

Es interessiert mich nicht, in welchem Tierkreiszeichen du geboren bist.
Ich möchte wissen, ob du mit der Tiefe deiner Trauer in Berührung gekommen bist.
Und ob die Enttäuschung des Lebens dein Herz geöffnet hat
oder ob du dich aus Angst vor weiterem Schmerz
zusammengezogen und verschlossen hast.

Es interessiert mich nicht, welche Pokale du gewonnen hast.
Ich möchte wissen, ob du mit Schmerz umgehen kannst,
mit meinem und deinem Schmerz,
ohne ihn gleich zu verstecken, darüber hinweg zu gehen oder ihn zuzudecken.
Und ich möchte wissen, ob du mit Freude umgehen kannst,
mit meiner oder deiner Freude.
Ob du dir erlauben kannst, leidenschaftlich und wild zu sein,
ohne gleich zur Vorsicht und Zurückhaltung zu ermahnen.

Es interessiert mich nicht, welche Geschichte du mir erzählst und ob sie wahr ist.
Ich möchte wissen, ob du dir selbst treu sein kannst,
auch wenn das manchmal bedeutet, dass andere dann enttäuscht und traurig sind.
Und ob du die Kraft hast, deiner inneren Stimme zu folgen,
auch wenn das manchmal dazu führen kann, dass du ein „Lügner“ genannt wirst.
Ich möchte wissen, ob du an dich glauben kannst
und deshalb vertrauenswürdig bist.

Es interessiert mich nicht, ob du belesen und gebildet bist,
ich möchte wissen, ob du Schönheit erkennen kannst,
selbst wenn sie nicht jeden Tag schön erscheint.
Und ich möchte wissen, ob du mit Fehlern leben kannst,
mit meinen und deinen Fehlern
und ob du aus vollem Herzen „Ja“ sagen kannst zu unserer Menschlichkeit.

Es interessiert mich nicht, wo du lebst, und wie viel Geld du hast.
Ich möchte wissen, ob du nach einer Nacht der Trauer und Verzweiflung,
mit einer wunden Seele und kaputt bis auf die Knochen,
aufstehst und tust, was notwendig ist, weil deine Kinder dich brauchen.

Es interessiert mich nicht, wo oder was oder mit wem du studiert hast.
Ich möchte wissen, was dich wirklich ausmacht,
wenn alles Vertraute wegfällt und alles Gewohnte versagt.
Ich möchte wissen, ob du mit dir selbst allein sein kannst,
und ob du magst, was du mit dir selbst erlebst.

Es interessiert mich nicht, wer du bist und wie du hierhergekommen bist.
Ich möchte wissen, ob du bei mir bleibst,
ohne zurück zu fallen, wenn wir beide durchs Feuer gehen.

von Oriah Mountain Dreamer

KK: Bevor wir uns auf neue Inhalte stürzen, möchte ich gerne von euch hören: Gibt es irgendwelche offenen Enden von gestern, Fragen, die euch noch beschäftigt haben? Perfekt laufende Beziehung, die ihr gestern ruiniert habt, indem ihr das alles von gestern ausprobiert habt? (Einige lachen.)
TN: Gestern ist nochmal in mir die Frage aufgekommen „Wie entstehen Gefühle? Kann ich schuld sein für die Gefühle der anderen?“. Ich bin darüber gestolpert, dass, wenn ich ganz absichtlich jemandem, von dem ich genau weiß, dass ich ihn verletzten kann, damit verletze. Bin ich dann schuld daran? Also, ich habe mich mit meinem Mann unterhalten, halt über diese U-Bahn-Geschichte. Und er hat gemeint: „Naja, wenn ich jetzt einen Schüler habe, der hoch impulsiv ist und der schon von zwei Erwachsenen festgehalten wird und dann kommt ein anderer Schüler, der genau weiß, wie er ihn reizen kann und deshalb weiter hackt, sodass der erste weiter hoch geht. Ist der dann schuld oder ist er verantwortlich oder was ist er dann für die Gefühle des anderen?“
KK: Ja. Das ist das erste Thema, das ich mit euch auch genauer anschauen möchte. Gibt es vorher noch andere Fragen, weil ich eben darauf gleich eingehen werde?
TN: Ich war etwas verwirrt, als wir uns „Werte statt Bewertungen“ angeschaut haben. Man ist geneigt, zu sagen: „Ok Kinder kommen auf die Welt mit einem Gerechtigkeitssinn zum Beispiel oder einem Sinn für Fairness.“ Wenn man dann aber schaut, was im Kindergarten abgeht, die Schlägereien hinten um die Ecke. Da muss man nur aufpassen, dass kein Lehrer dabei ist. In der Schule haben wir einen Roman gelesen „Herr der Fliegen“. Da ging es um Kinder, die auf einer Insel gestrandet sind. Kein Erwachsener da, der ein gewisses Reglement vorgibt, da gab es Mord und Totschlag, wenn ich mich recht erinnere, weil ich es vor zwanzig Jahren gelesen habe. Was ist mit Kindern und ihrem Gerechtigkeitssinn? Wenn man sie machen lässt ohne Führung und Anleitung? Geht es dann in eine ganz andere Richtung? Ich kann es mir auch vorstellen: sehr gewaltvoll.
KK: In dem Film „Herr der Fliegen“ sind die Kinder, die dort stranden, in diesem Alter keine unbeschriebenen Blätter mehr. Selbst Kinder, die in den Kindergarten kommen, sind es nicht. Kennt jemand von euch den Film „Alphabet“? „Alphabet“ ist ein Film über Schulsysteme in den westlichen Kulturen. In dem Film wird ein Experiment gezeigt, in dem man Babys einen Film zeigt. Darin gibt es ein Männchen, das versucht, einen Stein oder ein Gewicht bergauf zu schleppen. Es stöhnt, und dann kommt ein anderes Männ-

chen von hinten und schiebt. Es hilft ihm sozusagen. Dieses Männchen hat eine bestimmte Farbe. Und dann gibt es ein weiteres Männchen in einer anderen Farbe. Es steht oben und versucht, das raufschiebende Männchen zu behindern und stößt es wieder zurück. Das wird den Kindern am Bildschirm gezeigt. Dann werden ihnen zwei Männchen in diesen Farben angeboten mit dem Ergebnis, dass zu einem ganz hohen Prozentsatz die Kinder nach dem Männchen greifen, das unterstützt hat. Wenn die Kinder zwölf Monate alt geworden sind, ist der Prozentsatz schon deutlich geringer.
FK: Die sind wie alt nochmal? So fünf Monate, sechs Monate?
KK: Fünf, sechs Monate, soweit ich jetzt erinnere, aber genau weiß ich es nicht mehr. Es ging mir um diesen Unterschied, dass die Kultur, in der wir aufwachsen, uns schon sehr, sehr früh beeinflusst. Und in einem Alter, in dem du sagst: „Wie kommt es dann, dass Kinder im Kindergarten manchmal ziemlich grausame Dinge tun?", wie in „Herr der Fliegen", wenn Jugendliche allein gelassen werden, es ziemlich chaotisch zugeht und mit viel Gewalt? Zu glauben, in diesem Alter wäre noch die unberührte Natur quasi so, wie wir auf die Welt gekommen sind. Das ist dann schon vorbei …
TN: Kann das nicht auch von den Farben abhängen, weil die Kinder irgendwie auf verschiedene Farben reagieren?
KK: Ja, könnte natürlich. Aber, in dem Experiment wurde das bedacht. Sie haben in der Hälfte der Fälle die Farben gewechselt, um genau diesen Effekt auszuschließen, dass die Farbe hier eine Rolle spielt.
FK: Ich möchte gerne ergänzen: Es geht nicht darum, Kinder sich selbst führungslos zu überlassen – niemals! Es geht immer um ein Verständnis von Erziehung. Für mein Verständnis ist Erziehen ein hoch komplexer Führungsprozess und es geht darum „Wie führe ich auf Augenhöhe?". Es geht nicht darum, Kinder sich selbst zu überlassen.
TN: Ich bin gestern mit dem Zug nach Hause gefahren und habe im Zug viele Leute gesehen. Da waren auch welche, von denen ich mir gedacht habe: Jetzt nach „GFK", was wäre, wenn mir zum Beispiel einer ein Bein stellen würde? Wie würde ich jetzt reagieren? Und ich muss sagen, ich wäre an meine Grenzen gestoßen. Also wenn ich jetzt wirklich nach den vier Prinzipien handeln wollte, würde das nicht gehen, oder? Ich dachte mir, ich frage einfach mal, wie würdest du das machen? Wie würdest du so eine Konfliktsituation lösen? Ich habe mir gedacht, da müsste man doch sofort zur Bitte gehen, oder? Man kommuniziert doch nicht das Ganze, wie: „Du hast mir ein Bein gestellt, ich fühle mich so und so – deine Bedürfnisse …" Das würde ich doch nicht sagen, oder?
KK: Wenn du sagst: „Das würde ich nicht sagen", ist das nur ein Hinweis darauf, dass diese Art von miteinander zu reden, in unserer Kultur nicht natürlich verbreitet ist. Was würde dich denn daran hindern, das zu sagen?
TN: Na, die Bedürfnisse zu erkennen, also meine Bedürfnisse zu erkennen in so einer Situation, das finde ich fast unmöglich.
KK: Was vermutest du denn, was dein Bedürfnis ist, das zu kurz kommt, wenn dir jemand ein Bein stellt?
TN: Cool sein vielleicht, irgendwie.
KK: Nein, dein Bedürfnis, was zu kurz kommt.
TN: Mein Bedürfnis?
KK: Es geht ja darum: Wenn du sagst: „Da verhält sich jemand auf eine Art und Weise, an der reibe ich mich, da kommen meine Bedürfnisse zu kurz", dass du dann herausfindest, was könntest du mitteilen, was deine Bedürfnisse sind? Thema „Zuhören" ist natürlich auch eine Möglichkeit. Das machen wir erst heute Nachmittag. Jetzt erstmal das, was wir gestern gemacht haben. Und das ist, dass du mitteilst „Wenn du mir ein Bein stellst", wie geht es dir damit?
TN: Also du meinst, dass ich jetzt meine Bedürfnisse erkläre, was dahinter steckt?
KK: Erstmal deine emotionale Reaktion: Wie geht es dir, wenn dir jemand ein Bein stellt?
TN: Ich bin verärgert.
KK: Verärgert. Und welches deiner Bedürfnisse ist gerade zu kurz gekommen?
TN: Menschenwürdiges Verhalten halt, ein vernünftiges Miteinander – das ist schwer zu formulieren.
KK: Vernünftig ist ein bisschen schwierig, weil der andere sagt: „Oh, das war sehr vernünftig, das hat ei-

ne Menge Spaß gemacht und hatte einen hohen Unterhaltungswert." (Einige lachen.) Willst du einen respektvollen Umgang und einen wertschätzenden Umgang?
TN: Ja, eigentlich Wertschätzung, ja.
FK: Deine Sicherheit, Unversehrtheit.
TN: Ja.
KK: Und was könnte dann deine Bitte sein?
TN: Ja, natürlich kann ich sagen: „Würdest du bitte dein Bein wegnehmen oder wegstellen?"
KK: Ja: „Nimm bitte dein Bein weg." Aber, nun hat er das gestellt, also es geht ja nicht darum, dass du sagst: „Ich komme hier nicht durch, weil ein Bein da steht", sondern du bist drüber gestolpert.
TN: Ja, in so einem Fall wäre es der Situation doch nicht angemessen alle vier Schritte zu formulieren, sondern dass ich gleich zur Bitte gehe, oder? Das wäre jetzt meine Intention. Oder?
KK: Könnte man machen. Wenn man direkt zur Bitte geht in so einer Situation kommt es häufig an a) wie eine Forderung und b) dass die Leute jetzt selber raten müssen „Um was geht es denn?" bei deiner Motivation. Und die Chance, dass der andere errät, wie du dich fühlst und was du brauchst, ist in unserer Kultur nicht sehr groß. Das heißt, das Risiko ist einfach ein Stück höher, dass du dann als „du, du, du-moralistischer Erwachsener rüberkommst. Hat jemand eine Idee, was die Bitte sein könnte? Ich meine, wir haben es noch nicht behandelt, was sinnvolle Bitten sind, aber im Vorgriff?
TN: Ich hätte jetzt gesagt: „Ich habe Angst zu stolpern, bitte nimm dein Bein weg."
KK: Zum Beispiel. Genau. Nun ist „Ich habe Angst zu stolpern" umgangssprachlich. Wir empfehlen, gerade wenn ich Gefühle mitteile, die Angst, Sorge, Bedenken sind, dass man sich nicht zu sehr über das Worüber auslässt, weil das die Katastrophenphantasie vergrößert. Wenn wir sagen: „Ich habe Angst, dass Folgendes passiert", dann geben wir der Katastrophenphantasie Nahrung. Alles, was Aufmerksamkeit bekommt, wächst und wird größer. Unsere Empfehlung ist, gerade bei Gefühlen wie Angst, Sorge, Bedenken das Augenmerk sofort auf das Bedürfnis zu richten. Und wenn du die Sorge, die Angst hast zu fallen und dir wehzutun, was ist dann dein Bedürfnis?
TN: Unversehrtheit.
KK: Ja. Und das wäre die Alternative. Anstatt zu sagen „Ich habe Angst zu fallen", zu sagen: „Ich habe Angst, weil ich da heil durchkommen möchte." „Ich möchte mich sicher fühlen, nimmst du bitte dein Bein weg." Und wenn es schon passiert ist, werde ich nicht sagen: „Ich sehe das Bein und möchte da gerne durch und ich tue mich schwer, weil ich habe Angst, dass ich da jetzt drüber stolpere und nicht heil da rüberkomme." Sondern, wenn es schon passiert ist, wäre eine mögliche Bitte zu sagen: „Wenn du dein Bein reinstellst, kann ich da nicht laufen, ich bin ziemlich verärgert, weil ich wünsche mir einen respektvollen Umgang miteinander. Wenn du Spaß haben willst, wärst du bereit, dir was anderes zu überlegen?" Was allerdings schon eine Vermutung beinhaltet, dass der sagt: „Ich hab einfach Spaß, das hat einen hohen Unterhaltungswert, wenn Erwachsene da durch die U-Bahn purzeln."
FK: Und das ist eine tolle Übung, sich immer wieder, auch in Gedanken, zu überlegen und zu üben. Es war ja eine hypothetische Geschichte, du hast das ja nicht erlebt.
TN: Ja, hypothetisch, ich wollte nur einfach mal wissen, wie man mit der Gewaltfreien Kommunikation damit umgehen könnte.

FK: Ja, das finde ich eine ganz schöne Übung, weil ich dadurch mein eigenes Selbstverständnis stärke: Ich kann damit anders umgehen, außer jemandem eine zu klatschen. Das geht! Und es stärkt mein Selbst, weil ich wegkomme von der Idee: „Ich bin jetzt irgendwie Opfer in so einer Situation." Solche hypothetischen Übungen können mir eine gute Basis geben, wenn eine vorher geübte Situation tatsächlich passiert, dass ich dann gewaltfrei unterbreche und sage: „Hey, stopp!" Gewaltfrei heißt nicht sanft und leise und lieb und brav – gar nicht! Gewaltfrei ist ein sehr kraftvoller Ansatz durchs Leben zu gehen. Und wenn das dann tatsächlich passiert, dann wäre ich mit dieser Vorbereitung und den Überlegungen, die ihr gerade angestellt habt, auf einer guten Ebene.

Ich kann dann, ohne den anderen zum Teufel zu schicken, sehr klar sagen: „HALT!" In einer Situation, in der ich unmittelbar gefährdet bin, bin ich natürlich nochmal auf einer anderen Ebene. Der wichtige Unterschied zu unseren gewohnten Reaktionen ist, dass ich die andere Person deswegen nicht verurteile. Und je nachdem, wenn ich es mit einem Kind zu tun habe, mache ich es auch nochmal ganz anders, als wenn es ein Erwachsener ist. Das ist mir ein wichtiges Anliegen, dass ihr mitnehmt, dass gewaltfrei nicht sanft und lieb heißt, sondern sehr, sehr kraftvoll ist.

TN: Danke.
TM: Ihr werdet ja wahrscheinlich noch kurz sprechen über den schützenden Einsatz von Macht – da kommt das dann auch nochmal.
SP: Klaus, mir wäre es ein Anliegen, wenn es nicht später noch kommt, von dir noch die Antwort auf das Beispiel von X zu hören. Es ging um eine Äußerung in etwa: „Aber es gibt doch einfach Sachen, die man nicht tolerieren kann oder Sachen, die einfach schrecklich sind, wo man nicht einfach so drüber gehen kann." Ich weiß nicht mehr genau, so wie du es gesagt hast.
KK: Es gibt Sachen, die sind böse oder schlecht.
SP: Genau so was, ja. Und da bringst du oder erklärst ja manchmal, wie Rosenberg das sagt. Er wurde ja mal gefragt, ob die „GFK" IMMER geht, also die Bedürfnisse des anderen zu verstehen. Vielleicht magst du es mit deinen Worten nochmal erklären, wo er dann gesagt hat: „Ja, in der Situationen, in der es ihm nicht so gut gelungen ist, ist er einfach nicht lange genug dran geblieben", so in etwa.

KK: Ich erinnere mich an eine Situation, in der Rieke Marshall Rosenberg gefragt hat: „Marshall, Hand aufs Herz, gibt es eine Situation, die du mal erlebt hast, in der du die Prinzipien der ‚GKF' beachtet und eingehalten hast, wo das nicht zufriedenstellend für beide Seiten geendet hat?" Und da hat er gesagt: „Nein, nicht eine. Aber ich kann dir Dutzende von Situationen nennen, wo ich nicht die Kraft hatte, lange genug bei dieser Haltung zu bleiben." Wir sind Menschen, wir kommen manchmal an die Grenzen dessen, was wir in einer bestimmten Haltung schaffen, weil wir natürlich geprägt sind von unserer Erfahrung, von dem Kontext, von dem ganzen Umfeld, in dem wir aufwachsen. Und wie wir gestern gesagt haben, es ist ein sehr gründlicher Paradigmenwechsel, und das ist nicht etwas, wo man irgendwann ankommt und sagt: „Jetzt habe ich es – Haken dran, erledigt."

FK: Und sagt, das müsste dann immer leicht sein. Nein, das ist es nicht.

KK: Sondern eine Haltung ist etwas, was man ein Leben lang immer wieder neu entscheidet. Wenn man eine bestimmte Entscheidung in eine bestimmte Richtung immer wieder trifft, fällt die Entscheidung natürlich leichter, den inneren Schweinehund zu überwinden, die Kraft aufzubringen, sich durchzuringen, eine bestimmte Haltung zu praktizieren, bis etwas mit der Zeit weniger Überwindung kostet – das kennt ihr vielleicht, wenn ihr sagt: „Ich habe mich der Gesundheit wegen entschieden, ich gehe dreimal in der Woche joggen." Und heute ist wieder der Tag mit dem Joggen, dann schaue ich aus dem Fenster: „Oh, es schneit. Äh, nee, heute nicht, ich verschiebe das", okay? Das kostet ja dann ganz schön Überwindung zu sagen: „Nix da, ich habe mir das vorgenommen, das ziehe ich durch, ich gehe raus." Wenn man das zehn-, fünfzehn-, zwanzigmal gemacht hat, auch bei Sauwetter, ist es immer noch eine neue Entscheidung, unabhängig vom Wetter rauszugehen, aber wenn man sich zehnmal auch bei Sauwetter entschieden hat rauszugehen, erfordert es das elfte Mal nicht mehr den gleichen Kraftaufwand, diesen Schritt zu tun, wie beim ersten Mal. Aber eine Haltung ist etwas, das übt man nicht wie eine Fähigkeit, sondern das ist etwas, wofür man sich im Leben von Augenblick zu Augenblick immer wieder neu entscheidet. Das ist übrigens auch das Schöne. Wenn ihr sagt: „Oh, das ist so schwer, das zu lernen, das braucht ja viel Übung", ja, ja, für die sprachlichen Formulierungen braucht es Üben, das ist eine Fähigkeit. Auch Fühlen und Denken zu unterscheiden, Wahrnehmung und Interpretation. Dagegen ist die bestimmte Haltung einzunehmen: „Jawohl, ich bin bereit, die Bedürfnisse anderer zu hören und zu verstehen und ernst zu nehmen“ eine Entscheidung, die können wir jeden Moment unseres Lebens treffen, ohne Übung vorher. Was es braucht, ist eine Bewusstheit, dass ich die Wahl habe, dass ich mich entscheiden kann. Wenn ich diese Bewusstheit „Ich kann mich entscheiden“ nicht habe, dann geht das natürlich nicht. Die Haltung wollen ist nichts, was man üben muss und doch ist es eben so, dass wir diese Entscheidungen immer wieder neu treffen, bis ans Ende unseres Lebens.

TM: Wir brauchen Achtsamkeit. Ansonsten würde es ja auch ein bisschen ein Gewohnheitsmuster.
KK: Genau.
FK: Das geht dann übrigens auch in die Körpermuster. Und ich persönlich finde, das Schöne ist, dass es einen Haufen Themen gibt, bei denen ich mich wirklich schwer tue, die Werte und Bedürfnisse der anderen Seite wirklich zu fühlen, nachzuspüren, darum geht es ja. Ich tue mir verdammt schwer. Und gleichzeitig weiß ich, ich könnte es. Und das ist gut. Ich weiß das immer, ich kann es, ich könnte es. Ich könnte investieren und weitermachen, und das tue ich ja dann auch.
KK: Wir haben vor einigen Jahren einen Film von „Harry Potter“ gesehen, aus dem wir uns ein Zitat rausgeschrieben haben.
FK: Das ist der zweite Teil von Harry Potter, wenn ihr die Filme mal anschaut.
KK: Harry Potter kommt zu seinem Professor Dumbledore, äußert seine Sorgen und sagt: „Da steht eine Situation an, und die ist ziemlich gefährlich.“ Und er sagt: „Und ich bin deshalb so unsicher, weil ich nicht weiß, ob meine Fähigkeiten als Zauberschüler schon ausreichen, diese gefährliche Situation zu bestehen.“ Da sagt Professor Dumbledore: „Was letztlich zählt, sind nicht unsere Fähigkeiten, sondern es sind unsere Entscheidungen.“
TN: Ich denke gerade an das Beispiel mit Adolf Hitler. Da ist es, glaube ich, ein bisschen schwer mit gewaltfrei, oder?
TM: Es gibt ein Zitat von Marshall B. Rosenberg. Das ist ein Zitat, in dem Marshall Adolf Hitler „ent-dämonisiert“. Weil es in seiner Sicht nichts nützt, ihn als „böse“ oder als „Monster“ darzustellen, sondern seine Bedürfnisse zu erkennen. Und das ist für einen Juden natürlich eine besondere Herausforderung, schließlich ist er ja auch sehr angegriffen worden, weil er Jude war. Er tut dies, um die Bedürfnisse von Adolf Hitler zu erklären und zeigt, dass Hitler eigentlich eine ähnliche Sozialisation hatte wie er, Marshall B. Rosenberg. In Marshalls Kindheit zuhause hieß es, dass Leute, die anders sind als Juden, schlecht sind. Und Hitler hatte eben diese Sozialisation, dass Leute, die Juden sind, schlecht sind, usw. Also hatte er Gemeinsamkeiten entdeckt und ist auch auf die Bedürfnisse eingegangen.
FK: Ja, das ist verdammt schwer, und es ist möglich.
TM: Eine ganz andere Sichtweise.
KK: Also, was mir ganz wichtig ist: Dieses Beispiel ist, wenn man so will, die hohe Schule. Überfordert euch nicht, respektiert eure Grenzen. Und grundsätzlich gilt, wenn ich in Bezug auf etwas, zum Beispiel, wenn ich mir vorstelle, was dieser Mensch in Bewegung gesetzt hat, ausgelöst hat, gemacht hat, noch selber Einfühlung brauche für meinen Schmerz, für meinen Horror, für meine Panik, für meine Empörung über das, was dieser Mensch gemacht hat, wie er sich verhalten hat, welche Gedanken er geäußert hat, dann macht es keinen Sinn, von sich selber zu fordern: „Ich müsste jetzt in der Lage sein, empathisch nachzuspüren, welche göttlichen Bedürfnisse er gehabt hat.“ Vor allem, wenn ich dessen Strategien hasse. In einem Heilungsprozess ist es grundsätzlich so: Solange wir für unseren eigenen Schmerz noch nicht genügend Einfühlung und Verständnis bekommen haben, überfordern wir uns, wenn wir glauben, wir müssten jetzt mitfühlendes Verständnis für andere Menschen haben, die mit ihrem Verhalten Auslöser für so viel Schmerz auf meiner Seite waren. Das geht nicht. Und wenn ihr schon mal mit dem Flugzeug geflogen seid, dann kennt ihr, dass anfangs die Sicherheitsvorkehrungen demonstriert werden, und dann kommt die Geschichte mit den Sauerstoffmasken. Wie lautet da die eiserne Regel?

TN: Erst sich selber die Sauerstoffmaske anlegen und dann dem Kind.
KK: Erst sich selbst versorgen, weil ich nur dann in der Lage bin, mich auch um andere zu kümmern. Das heißt, Selbstempathie ist die erste „Bürgerpflicht". Und solange ich nicht für meinen Schmerz, für meinen Horror, genügend Verständnis und Einfühlung bekommen habe und dadurch innerlich etwas zur Ruhe gekommen ist, bin ich nicht in der Lage, mich mit der Absicht „Jetzt möchte ich den anderen verstehen", einem anderen Menschen zuzuwenden. Wer das von sich selbst fordert, überfordert sich. Das gilt auch für eure Arbeit. Wenn ihr in eurer Arbeit mit Menschen zu tun habt, die gerade noch dringend Empathie brauchen, erwartet nicht von diesen Menschen oder bittet sie, dass sie mal Verständnis haben für die andere Seite, deren Verhalten bei ihnen so viel Schmerz ausgelöst hat. Das ist nicht angesagt.
TN: Aber zurück zu Adolf Hitler als Person. Da hat sich für mich etwas vermischt zwischen „Ich sehe einen Menschen als böse" und „Ich sehe das als böse an, was wer tut". Weil, wenn man jetzt beispielsweise mit Mördern oder mit Sadisten arbeitet, die aus Spaß, aus Lustgewinn jemanden töten, dann könnte ich vielleicht nachvollziehen, warum derjenige diesen Weg gegangen ist bis zu dieser Tat, aber die Tat an sich, die würde ich nicht entschuldigen wollen.
FK: Das ist genau der Unterschied. Ganz wesentlich, genau.

KK: Es ist von Bedeutung, dass man unterscheidet zwischen dem Bedürfnis und der Strategie. Jeder Mensch tut in jeder Situation das Beste, was ihm im Rahmen dessen, was ihm an Strategien bewusst ist, zur Verfügung steht, um sich ein Bedürfnis zu erfüllen, das wir alle haben. Alles, was Menschen jemals getan haben, jemals tun werden, tun sie immer aus dem gleichen Grund, warum wir alles tun, was wir tun: Wir versuchen uns Bedürfnisse zu erfüllen. Die Tatsache, dass ich Verständnis habe und eine hohe Wertschätzung für den Grund, warum jemand ein Verhalten an den Tag legt, heißt in keinster Weise, dass ich einverstanden bin mit der Strategie, die jemand benutzt. Die Strategie lehne ich total ab. Und „Verständnis für den Menschen haben" bedeutet, ich erkenne, ich versuche in Kontakt zu kommen mit „Warum handelt dieser Mensch, wie er handelt?". Und dann werdet ihr feststellen, das Bedürfnis, aus dem heraus dieser Mensch diese schrecklichen Dinge tut, sind die gleichen Gründe, warum ihr all das tut, was ihr täglich tut.

TN: Genau dort sehe ich den Ansatz, wo sozusagen Möglichkeiten für Manipulation entstehen können, oder?
KK: Sag mal ein bisschen mehr dazu. Wo siehst du hier die Möglichkeit?
TN: Na, wenn ich dann verstanden habe, wo das Bedürfnis des anderen ist, also das irgendwie erkannt habe, kann ich das ja auch nutzen, um zu sagen: „Ich versuche irgendwie meine Strategie soweit zu bringen, dass ich dein Bedürfnis adressiere", und könnte den ja dann manipulieren.
KK: Also erstmal würde ich gerne darüber sprechen, dass wir uns darüber verständigen, wie wir Manipulation definieren. Wenn ich sage: „Rieke, bist du so lieb und holst mir ein Glas Wasser", und sie steht auf und holt mir ein Glas Wasser. Würdet ihr sagen, jetzt habe ich sie manipuliert?
TN: Nein, das war eine Bitte.
KK: Genau. Also für mich ist eine Bitte keine Manipulation, es gibt keine „verdeckten" Absichten, die ich nicht offenlege.
FK: Das ist zentral dabei: Verdeckte Absichten.
KK: Genau. Das entspricht überhaupt nicht dem Prinzip in der „GFK". Im Gegenteil, in der Gewaltfreien Kommunikation wollen wir nämlich immer unsere Absichten offenlegen, auch bei der klaren Formulierung einer Bitte. Wenn jemand etwas tut, was ich nicht mag, und ich verstehe, welches Bedürfnis er sich erfüllt, dann steht mir frei, zu überlegen „Habe ich eine Idee, was ich gerne an Verhalten sehen möchte, was es ihm möglich macht, seine Bedürfnisse weiterhin zu erfüllen, aber jetzt auf eine Art, mit einer Strategie, die kompatibel ist mit meinen Bedürfnissen?". Und wenn ich ihn bitte, sich ein anderes Verhalten zu überlegen oder

ihm direkt einen Vorschlag mache und sage: „Wie wäre es, wenn du diese Strategie benutzt, um deine Bedürfnisse zu erfüllen, das würde besser zu meinen Bedürfnissen passen", dann habe ich das ganz offen und transparent auf den Tisch gelegt. Von daher sehe ich nicht, wo hier Manipulation ins Spiel kommt.
FK: Du kannst ja noch einmal drüber nachdenken, ob dir ein Beispiel einfällt, da bin ich sehr interessiert.
TN: Nein, ich verstehe schon, dass das nicht der Sinn der Sache ist. Ich sage nur, ich könnte mir vorstellen, wenn man jetzt die Gelegenheit hat, das dann zu erkennen und nutzen könnte, als Strategie zu verwenden, und das in Form von Manipulation.
FK: Bitte überlege dir ein Beispiel. Weil es leichter ist, das konkret nochmal anzuschauen als abstrakt.
SP: Aber therapeutisch, wenn ich das sagen darf, ist das natürlich ganz wichtig. Wenn jetzt jemand, der 50 Zigaretten am Tag raucht, aufhören will zu rauchen, dann ist es therapeutisch natürlich sinnvoll zu gucken, welches Bedürfnis er sich damit erfüllt, um eine andere Strategie zu finden.
TM: Pause, Körpersinn, sich spüren.
SP: Um eine andere Strategie zu finden, mit der er sich das Bedürfnis erfüllen kann.
TN: Aber das ist auch Manipulation in gewisser Weise.
KK: Nochmal: Wo siehst du hier eine verdeckte Absicht?
SP: Es ist keine verdeckte Absicht.
TN: Stimmt.
KK: Und deswegen ist meine Frage, wenn ihr von „Manipulation" sprecht, wie versteht ihr diesen Begriff? Ich höre manchmal, dass Leute sagen: „Alles, was eine Wirkung hat, ist eine Manipulation." Dann wäre jede Bitte auch eine Manipulation, weil jede Bitte dazu führen kann, dass Leute mir eine Bitte erfüllen. Und deshalb, mein Angebot als Definition für Manipulation: Manipulation ist definiert als: „Hier gibt es verdeckte Absichten, die ich nicht offenlege". Und wenn du jetzt in diesem Beispiel sagst: „Aber das ist dann Manipulation", dann wüsste ich gerne, siehst du hier eine verdeckte Absicht?
TN: Möglicherweise schon, wenn ich nicht eindeutig sage, was jetzt mein Ziel ist.
KK: Dann wäre es Manipulation, aber die Tatsache, dass ich jemandem helfe, vom Rauchen wegzukommen, basiert ja erstmal darauf, dass jemand sagt: „Ich leide darunter, hilf mir mal." Und wenn ich dann offenlege und transparent mache, was ich tue, was ich anbiete, wie ich vorgehe, welche Methode ich benutze, dann wüsste ich nicht, wo hier eine verdeckte Absicht drin ist.
TN: Mhm.
SP: Es gibt ja eine Zielklärung am Anfang.
FK: Und deswegen meine Entscheidung als Therapeutin, dass ich ganz, ganz klar bin. Nämlich, dass ich genau aus dem Grund so transparent wie möglich arbeite. Das ist für mich eine der höchsten Maximen: Transparenz, Transparenz, Transparenz über das, was ich tue.
TM: Auch in der Selbsterfahrung ist das Ziel die Auflösung von Verletzlichkeiten und mehr Klarheit, worum es geht. Das ist immer die Ausrichtung.
KK: Hier möchte ich einen Haken an das Thema machen und im Stoff einen Schritt weitergehen, wenn es nicht noch was Dringendes gibt. Okay?

KK: Du hattest ja am Anfang eine Frage gestellt. Da habe ich gesagt, das ist das Erste, was wir uns anschauen. Ihr erinnert euch, die drei Hindernisse auf dem Weg zur mehr Aufrichtigkeit. Das Erste war, wir wissen nicht, wie es geht. Wir haben inzwischen aus der Sicht dieses Modells Werkzeug für „wie geht Aufrichtigkeit?". Nämlich: Konzentration auf die vier wesentlichen Informationen. Das zweite war, dass wir in unserer Kultur aufwachsen mit der Idee, mit der Überzeugung „Wir sind verantwortlich für die Gefühle anderer Menschen", wir könnten anderen Menschen Gefühle machen, die könnten mir welche machen. Wir haben uns gestern angeschaut, wie Gefühle tatsächlich entstehen. Da gibt es von außen zwar einen Auslöser, aber die Ursache für meine emotionale Reaktion, das ist etwas, was in mir abläuft, nämlich „Welche Bedeutung weise ich dem, was ich wahrnehme, was ich erlebe, zu?", bewusst oder unbewusst.

Also etwas, was innerhalb von mir abläuft. Dadurch haben wir eine Klarheit, Gefühle, die wir selber haben, werden durch etwas verursacht, was in uns abläuft, auch wenn von außen ein möglicher Trigger geliefert wird. Und die Kehrseite der gleichen Medaille ist eben, dass wir nicht verantwortlich sein können für die Gefühle anderer Menschen, weil wir das nicht in der Hand haben. Und deshalb werfen wir jetzt mal einen Blick drauf, wofür sind wir verantwortlich und wofür nicht.

Es basiert erst einmal auf der Einsicht, auf der Erkenntnis, dass wir Menschen sinnvollerweise nur Verantwortung für Dinge übernehmen können, die wir entscheiden, die wir in der Hand haben, die wir selber kontrollieren. Wenn ich zu Rieke sage: „Sag mal Rieke, spinnst du, es schneit schon wieder, was machst du für einen Scheiß?“ Dann wird sie mit Recht sagen: „Du, Klaus, hast du sie noch alle? Ich mach doch das Wetter nicht!“ Also wir würden natürlicherweise die Verantwortung für Dinge ablehnen, die wir gar nicht selber entscheiden und kontrollieren können.

Mit dieser Erkenntnis werfen wir jetzt einen Blick darauf, was in menschlichen Interaktionen passiert. Sie startet in der Regel mit einer bestimmten Absicht und einem bestimmten Ziel, das ich habe. Wenn ich zum Beispiel sage: „Die Rieke, die bringe ich jetzt zum Heulen – und ich weiß auch schon wie.“ Dann bin ich natürlich für meine Ziele und meine Absichten zu hundert Prozent verantwortlich. Warum? Niemand anders entscheidet, welche Absichten ich verfolge. Das ist alleine meine Verantwortung. Mit dieser Absicht, sie zum Heulen zu bringen, mache ich jetzt etwas, werfe ihr z. B. irgendwas Gemeines an den Kopf. Für alles, was ich tue und sage, bin ich selbstverständlich wieder zu hundert Prozent verantwortlich.

Auch hier gilt: Niemand anders entscheidet, was ich tue. Das entscheide alleine ich. Jetzt habe ich ihr irgendetwas Gemeines an den Kopf geworfen, und jetzt bricht die Rieke als Reaktion in Tränen aus. Kann ich dafür verantwortlich sein? Nein! Warum? Wie sie reagiert, ist ihre Verantwortung. Das habe ich nicht in der Hand. Und jetzt kommt ein tricky Punkt, weil – du hast es vorhin schon so formuliert – „Ich weiß doch genau, wie der andere reagiert“. Nein, das weiß ich eben nicht! Ich habe Vermutungen darüber, wie jemand anders reagieren könnte, z. B. basierend auf vergangenen Erfahrungen. Die Tatsache, dass sie hundert Mal, wenn ich ihr so was gesagt habe, in Tränen ausgebrochen ist, nimmt ihr aber nicht die Freiheit, sich beim hundertersten Mal zu entscheiden „Diesmal reagiere ich anders, weil ich bewerte es anders – ich lache da drüber“. Wie wahrscheinlich oder unwahrscheinlich das ist, ist eine andere Frage. Es liegt nicht in meiner Hand, ich kann es nicht wissen. Alles, was ich weiß, ist, wie hat sie die letzten hundert Mal reagiert. Basierend auf dieser Erfahrung mache ich Annahmen, wie sie wahrscheinlich wieder reagiert. Und selbst, wenn meine Annahmen hundert Prozent immer zutreffen, heißt das nicht, dass ich weiß, wie sie reagiert. Das heißt einfach nur „meine Vermutungen haben zugetroffen“. Wie sie reagiert, ist alleine ihre Verantwortung und ihre Entscheidung.

Also, wenn du sagst: „Ja, aber ist das ethisch dann zu sagen: ‚Ach, bist ja du verantwortlich!‘?“ Verantwortung für unser Tun und Handeln ist ja nicht nur ein hohler Spruch. Er beinhaltet etwas, nämlich, dass ich bereit bin, meinen gesunden Menschenverstand, meine Erfahrung mit diesem Menschen in der Vergangenheit zu benutzen, um zum Thema „Will ich das sagen? Will ich das tun oder nicht?“, eine verantwortliche Entscheidung zu treffen. Das gleiche Prinzip gilt auch in der Rechtsprechung: Wenn jemand absichtlich etwas macht, was jemand anderem schadet, dann ist das strafbar. Aber auch, wenn jemand etwas tut und er hinterher sagt: „Hu, hab ich nicht dran gedacht, dass es passieren könnte“, entlassen wir niemand aus der Verantwortung. Da gibt es so Begriffe wie „Fahrlässigkeit“ oder „grobe Fahrlässigkeit“ für Fälle, in denen wir sagen: „Nein, das war dir zuzumuten, dass du daran denkst, dass das die möglichen Auswirkungen sind.“ Und dann ist das auch strafbar! Natürlich habe ich Verantwortung für mein Tun und das beinhaltet, dass ich mir Gedanken mache: „Welche Auswirkungen könnte das auf andere Menschen haben?“ Aufgrund dieser Gedanken, „Wie könnte das für jemand anderes sein?“, „Wie könnte sich jemand anderer in der Situation fühlen, wenn ich das zu ihm sage?“, treffe ich eine verantwortliche Entscheidung: „Tue ich das?“/„Sage ich das?“ Der Begriff „Verantwortung für unser Tun“ beinhaltet eine Menge.

Desweiteren: Wenn ich mir Gedanken darüber mache „Wie könnte das auf jemand wirken?“, „Was könnte das für jemand anderen bedeuten?“, heißt das nicht, dass ich das weiß. Und der andere entscheidet in eigener Verantwortung, welche Bedeutung er dem gibt. Und das bewirkt dann, wie er emotional reagiert. Wenn ich jetzt allerdings mitkriege, ich sage etwas und mein Gegenüber bricht in Tränen aus, dann ist die Art, wie ich damit umgehe, wenn ich das mitkriege, selbstverständlich wieder meine Verantwortung. Weil das wieder nur ich entscheide.

Wir haben jede Menge Verantwortung, für alle unsere Ziele und Absichten, für alles, was wir tun und wie wir mit der Reaktion anderer umgehen. Das Einzige, wofür wir keine Verantwortung haben können, weil wir es nicht in der Hand haben, ist, wie andere Leute auf mich reagieren, emotional oder im Handeln. Das ist die Verantwortung der anderen Person. Ihr könnt also nicht aus dem Seminar hier rausmarschieren, irgendetwas sagen, irgendwas tun und jemand anderer bricht in Tränen aus, und ihr sagt dann: „Ha, ha, ha, selbst verantwortlich! Hab ich neulich im Seminar gelernt!“ Das würde nicht der Ethik entsprechen, die wir versuchen zu vermitteln.

Auch wenn euch das alles einleuchtet, was ihr gerade gehört habt, das ist eines der am tiefsten verwurzelten Überzeugungen, mit denen wir in unserer Kultur aufwachsen, dass wir doch verantwortlich sind für die Gefühle anderer Menschen. Deshalb reicht es nicht aus, das alles intellektuell zu verstehen: „Stimmt, ist ja eigentlich klar, ist ja offensichtlich, wenn ich drüber nachdenke, dass ich dafür nicht verantwortlich sein kann.“ Ihr werdet trotzdem in den nächsten Wochen und Monaten oder vielleicht noch länger, immer wieder mal in die Falle tappen, dass ihr doch ein schlechtes Gewissen habt, ein Schuldgefühl, weil ihr an der Überzeugung wieder fest hängt und in die Falle getappt seid: „Ah, ich bin doch verantwortlich dafür, wie sich eine andere Person fühlt.“

TN: Ich habe dafür ein super Beispiel: Ich saß heute im Zug und habe mein Frühstück gegessen. Der Zug hatte Verspätung. Dann kam eine Frau, total abgehetzt und spricht mich an, ob der Zug nach Fürth fährt. Ich antworte und verschlucke mich dann. Und ihre erste Reaktion: „Entschuldigung, jetzt haben Sie sich wegen mir verschluckt.“ Und ich so: „Äh, nee, ich hätte auch zu Ende essen können und dann antworten.“ Also das war so witzig irgendwie, so typisch.

FK: Genau: Das ist etwas, das wirklich tief sitzt. Deswegen bitte ich euch richtiggehend, immer wieder mal dieses Buch zu nehmen und euch diese Seite zu verinnerlichen. So wachsen wir auf, dass wir glauben, dafür

sind wir wirklich ausschließlich verantwortlich. Wie soll ich für etwas verantwortlich sein, was ich nicht kontrollieren kann! In dieser Angelegenheit sitzt ein riesiges Schmerzpotential, da sitzen Tausende von Verletzungen und Verletzungsbereitschaften in dieser Tragik. Und es hat noch dazu zur Folge, dass wir deshalb, weil wir dieses Denken intus haben, vor der eigentlichen Verantwortung schreiend davonlaufen. Niemand will es gewesen sein. Statt zu sagen: „Ach, ich bin ja schuld an den Gefühlen anderer" wäre es gut, auf die Idee zu kommen, zu sagen: „Ich könnte mir ja mal anschauen, was habe ich getan, was hatte ich für Absichten", um in meine wirkliche Verantwortung zu gehen. Diese Idee liegt so fern, weil es so schmerzhaft ist, für die Gefühle von anderen verantwortlich zu sein. Das ist einer der zentralen Punkte, diese Thematik zu verinnerlichen.
TN: Und das gilt irgendwie für erwachsene Menschen, aber bei Kindern ist es doch ein bisschen anders.
FK: Wie meinst du das?
TN: Da bin ich ja sehr wohl dafür verantwortlich, wie sich jetzt ein kleines Kind fühlt. Also da geht es ja schon um Körperlichkeit und so.
FK: Du meinst jetzt im Verhalten von Erwachsenen zu Kindern?
TN: Ja.
KK: Um es nochmal klar zu machen, der Unterschied zwischen Körperempfindung und emotionaler Reaktion. Wenn ich einem anderen Menschen ein Messer in den Arm steche, verletze ich Nerven, da gibt es einen körperlichen Schmerz. Den verursache ich direkt damit, was ich tue. In der emotionalen Reaktion, ob jemand empört ist „Was erlauben Sie sich!", dafür bin ich nicht verantwortlich.
TN: Und ein Kind braucht ja auch positive, körperliche Empfindungen.
FK: Und ich glaube, ich ahne, was du meinst.
TN: Das Seelenleben gestalten wir ja mit irgendwie.
FK: Weil wir in dieser Führungsaufgabe, von der ich vorhin sprach, weil wir da so viel Verantwortung haben, ist es hier nochmal viel bedeutsamer, genau darauf zu schauen: „Welche Absichten habe ich? Was genau tue und sage ich?". Weil: Das Kind ist von mir abhängig. Über meine Führungsverantwortung, wo immer das der Fall ist, mit Kindern, vielleicht auch mit Patientinnen und Patienten, da macht es nochmal mehr Sinn, besonders nach meiner Absicht zu gucken.

KK: Und das, was du sagst, ist für mich vollkommen der Inhalt von dieser Stufe. (KK zeigt auf das Flipchart „Für was sind wir verantwortlich, wenn wir etwas tun/sagen?", zweiter Bereich.) Ich habe eine Verantwortung, ich habe eine Fürsorgepflicht als Vorgesetzter, als Eltern und, und, und. Deshalb ist es unverzichtbar, dass wir unsere Verantwortung für das, was wir tun, wahrnehmen, ohne in die Falle zu tappen, wenn jemand anders emotional auf mich reagiert, dass ich ein Schuldgefühl oder ein schlechtes Gewissen kriege, weil ich denke, ich hätte es verursacht. Ich habe einen Auslöser geliefert, und den geliefert zu haben, dafür bin ich hundert Prozent verantwortlich. Das Erstaunliche ist, dass in vielen Kulturen sprachlich extra Worte eingesetzt werden, um uns hier aus der Verantwortung zu stehlen. (KK zeigt auf dem Flipchart auf den dritten Bereich.) Die Lernaufgabe besteht hier darin, wie wir Verantwortung übernehmen: „Oh Gott, oh Gott, jetzt bin ich schuld, dass Sie sich verschluckt haben." Hier lehnen wir die Verantwortung ab. Weiß jemand, welches Wort wir in fast jeder Sprache haben, um die Verantwortung abzulehnen für das, was wir tun?

TN: Befehl von oben.
KK: Mhm. Es gibt noch ein eigenes Wort, aber das ist die Konstruktion.
TN: Amtssprache.
KK: Und was ist Amtssprache? Das Hauptwort in der Amtssprache.
TN: Höhere Gewalt.
TN: Anordnung.
KK: „Ich muss das tun." Es ist das Wort „müssen". Damit wird verschleiert, dass wir verantwortlich sind für das, was wir tun. Wenn jemand was macht und ich sage darauf: „Hey, warum haben Sie das gemacht?"

Dann sagt er vielleicht: „Ich musste! Anonyme Mächte haben mich dazu gezwungen, gegen meinen Willen!" Oder: „Unsere Firmenpolitik ist so, mein Chef hat gesagt ..." Oder: „Mein Lehrer hat gesagt, ich muss." Ein sehr gefährliches Konzept.

TN: Ein Beispiel: Ich kann mich erinnern, dass meine Tochter, sechs Monate alt, weint. Meine erste Reaktion war, sie auf den Arm zu nehmen. Sie weinte immer weiter, bis wir darauf gekommen sind, dass sie eigentlich ihre Ruhe haben und eben gerade nicht herumgetragen werden möchte. Bei meinem Sohn war es genau anders herum. Und meine Reaktion, mein Handeln war genauso, aber die Reaktion des Kindes war vollkommen unterschiedlich. Vielleicht war das Bedürfnis ein anderes, also sprich, ich war dann auch nicht direkt verantwortlich für die Reaktion des anderen, weil die vollkommen unterschiedlich durch ein und dieselbe Handlung ausgefallen ist. Das war mehr so „try and error". Wie ist es beim einen und wie ist es beim anderen? So erkläre ich mir eigentlich dieses „Ich bin nicht verantwortlich". Es ist eben die Entscheidung eines kleinen Kindes, eines Säuglings „Wie reagiere ich darauf?" So habe ich es erlebt.

KK: Bei „Entscheidung des Säuglings" wäre ich jetzt vorsichtig, weil das eine bewusste Entscheidung impliziert. Es gibt eben unterschiedliche Bedürfnisse, die in einer ähnlichen Situation bei unterschiedlichen Menschen ganz unterschiedlich sein können. Das eine Kind hat in dem Moment ein Bedürfnis nach Körperkontakt, was zu kurz kommt.

TN: Genau, und das andere eben nicht.

KK: Und das andere hat ein Bedürfnis nach Ruhe und für sich zu sein, was zu kurz kam.

TN: Ich hatte jetzt gerade noch so die Idee, dass diese Erkenntnis wirklich entlastend sein kann in der Erziehung.

KK: Absolut!

TN: Ich habe noch ein Beispiel: Das Wetter ist gerade schlecht, meine Tochter will sich allein anziehen. Meine Absicht ist zu sagen: „Nee, ich möchte nicht, dass du krank wirst." Mein Ziel ist also wirklich, das Kind soll nicht krank werden. Mein Handeln ist: Ich ziehe ihr Stiefel an. Ihre Reaktion ist: Sie weint. Da kann ich ja eigentlich nichts dafür, dass sie weint, weil ich ihr ja nur Winterstiefel angezogen habe. Meine Reaktion kann dann also sein: „Okay, ich sehe dein Bedürfnis: Eigentlich willst du lieber die Hausschuhe." Und ich kann sie ja als meine Reaktion auf ihre Reaktion trösten. Aber ich bin eigentlich nicht dafür verantwortlich, dass sie weint, weil ich sozusagen eigentlich mit besten Absichten gehandelt habe. Oder? Kann man das so sagen?

KK: Der entscheidende Punkt ist bei dem, was du gerade beleuchtet hast: Wenn ich ein schlechtes Gewissen und Schuldgefühle habe, was passiert mit meiner Selbstachtung? Die geht nämlich mit schlechtem Gewissen und Schuldgefühlen in den Keller. Wenn die Selbstachtung in den Keller geht, wird es irgendwann lebensbedrohlich. Das heißt, wir können das als lebendiges System nicht zulassen, dass unsere Selbstachtung unbeschränkt in den Keller geht. Also werden wir alle Energien mobilisieren, um die Selbstachtung wieder hoch zu bringen. Wie tun wir das?

TN: Ich kann mit ihr schimpfen, weil sie jetzt schon wieder weint.

KK: Ja, oder wir begründen und rechtfertigen und erklären und entschuldigen, warum alles so kam wie es kam usw. Wenn jemand in dem Moment so schmerzliche Gefühle hat, was braucht dieser Mensch am dringendsten?

TN: Trost.

KK: Mitfühlendes Verständnis, möglicherweise nennt das der eine oder andere „Trost". Also auf jeden Fall eine liebevolle Aufmerksamkeit für den Schmerz, den ich erlebe. Kann er das von jemandem bekommen, der Schuldgefühle hat? Fast unmöglich! Weil ich da mit mir selber beschäftigt bin. Und das, was du gerade geschildert hast, die Tatsache, dass ich nicht in die Falle tappe, Verantwortung für die emotionalen Reaktionen anderer zu übernehmen, macht mich frei, mit meiner ganzen liebevollen Aufmerksamkeit und Präsenz für die andere Person da zu sein, sodass die Person das bekommt, was sie in dem Moment am dringendsten braucht: liebevolle Aufmerksamkeit und Präsenz. Und das ist auch das Tragische, dass wir gelernt haben, uns dadurch Aufmerksamkeit zu holen, indem wir anderen Menschen ein schlechtes Gewis-

sen machen. Damit verhindern wir zuverlässig, dass wir das bekommen, was wir im Moment am dringendsten brauchen – liebevolle Aufmerksamkeit, Präsenz, Empathie.
TN: Nämlich der Leitfaden zum Umgang mit trotzenden Kleinkindern.
TN: Und auch mit Großen. (Einige lachen.)
KK: Ich möchte euch noch ein Beispiel erzählen: Lange, bevor wir die Gewaltfreie Kommunikation kennengelernt haben, habe ich etwas erlebt, bei dem ich, wann immer ich mich erinnere, im Nachhinein von Dankbarkeit richtig überschwemmt werde. Wir hatten eine Zeitlang, als wir unsere Wohnung in München hatten, ein Seminarhaus in Niederbayern, wo ich auch mein Büro hatte. Und in der Zeit war ich immer so die Hälfte der Woche dort und habe dort übernachtet. Es war zu weit, um täglich hin- und herzufahren. Den Rest der Zeit lebte ich in München. Und dann war ich mal dort, und bekam in der Nacht so Zahnweh, dass ich es nicht ausgehalten habe. Trotz Schmerztabletten waren die Schmerzen einfach so schlimm. Also habe ich mich mitten in der Nacht zusätzlich bei Sauwetter ins Auto gesetzt und bin nach München gefahren. Ich dachte: Dann lege ich mich noch zwei Stunden hin und gehe dann zum Zahnarzt. Ich wollte in die Wohnung rein, aber der Schlüssel steckte von innen. Rieke wusste ja nicht, dass ich komme. Sie ging davon aus, dass ich im Seminarhaus bin. Und weil sie auch dafür sorgt, dass sie gut schlafen kann, benutzt sie Ohrstöpsel. So hat sie also mein Klingeln und Klopfen an der Tür nicht gehört. Das war sehr schlimm für mich, dass ich nicht rein konnte. Ich bin dann eine Stunde draußen spazieren gegangen. Es hat geregnet, ich hatte auch nichts dabei, wurde nass. Komme wieder zurück, ich klingele Sturm, es war inzwischen 6.00 Uhr – nichts zu machen! Nicht aufgemacht. Es war mir schon peinlich, weil ich dachte, alle im Haus hören, dass ich Sturm klingele und an die Tür klopfen.
FK: Wir hatten noch so einen süßen Nachbarn, der kam dir noch helfen, oder?
KK: Genau. Dann kam der Nachbar raus. Und ich habe gesagt: „Mensch, Matthias, kann ich von deinem Schlafzimmer aus" – das ist das benachbarte Schlafzimmer –, „mit dem Besen ans Fenster schlagen?" Dann habe ich ans Fenster geschlagen, so stark, dass ich dachte, jetzt zerbreche ich gleich die Scheiben. Und sie hat geschlafen! Ich habe soo einen Hals gehabt, das war so furchtbar! Und ich bin eine weitere Stunde spazieren gegangen, nichts zu machen, wieder geklingelt, nicht geöffnet. Und dann bin ich irgendwann, weil der Zahnarzt dann offen hatte, zum Zahnarzt gegangen, dann kam ich nach Hause, und ich war noch so was von geladen und sauer und gekränkt und verletzt und stinkewütend, ich war zu wie ein Ofen. Und dann lag ich da, dicke Backe, ja, Rieke kommt nach Hause, die war irgendwo weg und macht auf, sagt: „Hey, du bist ja da!" Und ich bin unglaublich dankbar, dass du damals in der Lage warst, einfach nur, obwohl du dir keiner Schuld bewusst warst, dir die Schuld nicht angezogen hast und weggegangen bist und dadurch einfach mit deiner liebevollen Aufmerksamkeit für mich da sein konntest.
FK: Du warst ziemlich mies drauf.
KK: Genau. Ich war total finster drauf, habe sie drei-, viermal abfahren lassen. Und sie ist hartnäckig dabei geblieben, einfach mit einer liebevollen Aufmerksamkeit und Präsenz, bis dann der Panzer gebrochen ist und ich Rotz und Wasser geheult habe. Ich bin ihr so dankbar, dass sie die Fähigkeit hatte, nicht irgendwie zu sagen: „Also, jetzt reicht's mir, so muss ich mich nicht behandeln lassen", sondern in der Lage war, einfach mit dieser liebevollen Aufmerksamkeit da zu sein. Und ich glaube, dass das nur möglich war, weil sie weder ein schlechtes Gewissen hatte, noch ein Schuldgefühl, das sagt: „Oh Scheiße, wie konnte ich so dumm sein, und den Schlüssel stecken lassen." Und: „Oh Gott, oh Gott, oh Gott, wie musst du gelitten haben, dass ich nicht …" Nur das hat es möglich gemacht, dass sie da sein konnte für mich. Es geht nur, wenn wir keine Verantwortung für die Gefühle anderer übernehmen.
TN: Ich habe noch ein Beispiel, wo mir das schwerfällt, damit zurechtzukommen. Seit ein paar Wochen habe ich einen dreizehnjährigen Patienten in Behandlung, nach Suizidversuch, der angesichts der Dosis, die er genommen hat, wirklich ernst zu nehmen war. Die Vorgeschichte ist, dass die Eltern sich getrennt hatten. Die Mutter lernte im Auslandsurlaub einen Mann kennen, hat sich dann relativ schnell entschieden ins Ausland zu gehen, dort zu bleiben. Sie hatte den Mann mittlerweile nach der Scheidung geheiratet, was sie ihrem Sohn erzählt hatte, ihrem Ex-Mann nicht. Der Ex-Mann, also der Vater des Jungen, hat immer wieder mit Suizid gedroht, hatte Suizidgedanken, und hat das seinem Sohn offen kommuniziert. Der Bub hat den

Vater tageweise in der Wohnung eingeschlossen, damit er nicht rausgeht und sich irgendwas antut. Und irgendwann, als der Sohn in der Schule war, hat der Vater einen Autounfall gebaut, war dann auch schwer verletzt. Der Sohn ist jetzt bei uns. Beide Eltern, mit der Mutter bin ich telefonisch in Verbindung, haben große Schuldgefühle. Für mich ist das gerade ganz schwierig, wie ich das einordnen soll. Das ist der Junge, von dem ich gestern sagte, dass er zu mir sagt: „Fragen Sie mich bitte nicht, wie es mir geht." Das sagt er auch so seinen Eltern. Thema „Schuld" und „Verantwortung" ist so ein riesiges Paket! Ich frage mich: „Sind die Eltern nicht schuld daran, in welche Lage sie den Sohn gebracht haben? Wie er sich fühlt?"

KK: Meine Antwort lautet Nein. Sie sind verantwortlich für das, was sie getan haben, wie sie sich verhalten haben. Und was der Sohn bräuchte, wäre liebevolle Aufmerksamkeit. Dass er gehört und verstanden wird mit dem, was ihn bewegt und wie es ihm damit geht, mit all dem, was er in Bezug auf ihr Verhalten erlebt hat. Und das wiederum können sie nicht, wenn sie in einem Schuldgefühl stecken.

FK: Der Unterschied liegt darin, was folgt: Wenn ich in der Schuld versacke, wozu bin ich dann noch fähig? Wenn ich aber aufrichtig lerne, meine Verantwortung zu übernehmen, dann besteht als nächstes die Möglichkeit, dass sie den Sohn wirklich abholen können und ernsthaft daran interessiert sind, wie es ihm geht, nicht als Floskel, sondern als authentische Haltung. Ich drück dir die Daumen, dass du das gut managen kannst, vielleicht auch mit Hilfe von anderen.

TN: Ich habe auch noch eine theoretische Frage oder ein Beispiel, um das besser zu verstehen. Zum Beispiel eine Zwangspatientin, die den Stecker nicht aussteckt, das Haus brennt. Es gab einen Kurzschluss, das Haus brennt ab. Solche Befürchtungen gibt es ja häufig. In dem Beispiel ist sie also verantwortlich dafür, dass sie nicht den Stecker zieht und für die Konsequenz, dass das Haus abbrennt? Sie hat nicht die Schuld dafür, dass sie es vergessen hat?

KK: Was wir hier sagen: Sie ist nicht verantwortlich, wie andere Leute auf der Verhaltensebene reagieren …

FK: … wie andere sich dann fühlen.

KK: … und wie sie emotional reagieren. Dafür ist sie nicht verantwortlich.

TN: Aber für die Konsequenz, dass das Haus abbrennt schon?

FK: Ja.

TN: Also das Handeln beinhaltet immer auch die Verantwortung für die Konsequenz?

FK: Absolut!

TN: Ich bringe das, glaube ich, so ein bisschen durcheinander. Wenn von Reaktion gesprochen wird, ist das nicht das, was passiert, sondern das ist die innere, emotionale Reaktion eines menschlichen Gegenübers.

FK: Ja.

KK: Es geht um Verhalten plus emotionale Reaktion. Wie ich an dem Beispiel „Messer in den Arm stecken" gesagt habe, da verletzte ich Nerven, das habe ich direkt verursacht. Ich bin verantwortlich für den körperlichen Schmerz.

TN: Aber für einen Suizidversuch bin ich nicht verantwortlich, weil das ja eine emotionale Reaktion und keine sächliche Reaktion war.

KK: Das ist ein Verhalten.

TN: Das ist seine Entscheidung.

KK: Wie Menschen sich verhalten, wie sie emotional reagieren, ist nicht in meiner Kontrolle. Und ich bin verantwortlich für das, was ich tue, wie ich mich verhalte, wie ich emotional reagiere. Zum Beispiel, dass ich meinem Sohn mitgeteilt habe, dass ich mich mit dem Gedanken trage, mich umzubringen. Ich bin verantwortlich dafür, dem Sohn das gesagt zu haben.

TN: Weil vorhin das Thema war, wenn ich mich schuldig fühle, bin ich nicht dazu in der Lage, wirklich liebevolle Aufmerksamkeit zu schenken: Aber ist es im Alltag nicht häufig so, wenn sich Menschen schuldig fühlen oder Reue empfinden, dass sie versuchen, deutlich aufmerksamer zu sein und dass das schon gelingen würde, wenn das Gegenüber das zulassen würde?

KK: Es gibt einen wichtigen Unterschied bei dem, was du gesagt hast: „Sie bereuen es." – Es gibt natürlich einen Schmerz, den ich erlebe, wenn ich feststelle, ich habe etwas gesagt oder getan, und jetzt kriege ich mit, welche Auswirkungen das auf das Leben anderer hatte. Dann geh ich durch einen Trauerprozess, durch ei-

nen „Bedauernsprozess“, der mich in Kontakt mit dem Schmerz bringt, nicht im Einklang mit meinen eigenen Werten gehandelt zu haben. Und der ist wichtig, weil daraus lernen wir. Andererseits hat ein Schuldgefühl damit zu tun, dass ich Urteile habe über mich selber. Das geht auf Kosten der Selbstachtung. Dann müssen wir, um unsere Selbstachtung wieder in einen stabilen Zustand zu bringen, uns rechtfertigen, begründen und erklären, warum alles kam, wie es kam. Und das verhindert, dass wir aus der Erfahrung lernen.
TN: Also muss ich „Reue“ und „Schuldgefühl“ unterscheiden?
FK: Ja. „Bedauern“ wäre genau auf der anderen Seite von „Reue“ (FK deutet auf dem Flipchart „Werte und Bewertungen“ die Seite an, auf der wir die Aufmerksamkeit auf Werte und Bedürfnisse haben) und bietet die Möglichkeit, wieder konstruktiv mit demjenigen umzugehen.
KK: Der wesentliche Unterschied zwischen einem Schuldgefühl und einem Bedauern ist: „Wo ist meine Aufmerksamkeit?“ „Habe ich Urteile über mich selbst?“ „Wie konnte ich nur so dämlich sein?“ „Ich bin ein Versager.“ „Ich bin Dreck.“ „Ich habe das Recht verwirkt, überhaupt zu leben.“ Wenn ich Urteile über mich selber habe, werde ich Schuldgefühle auf Kosten der Selbstachtung entwickeln, und dann muss ich Dinge unternehmen, um meine Selbstachtung zu retten. Dann gibt es Rechtfertigung, Begründung usw. oder büßen, sich selber geißeln usw. Das hilft nicht, weil es Lernen verhindert. Wenn ich in Kontakt damit komme, dass ich sage: „Ich realisiere jetzt, um ein bestimmtes Bedürfnis zu erfüllen, habe ich etwas getan, und ich habe den Fokus nur auf dieses eine Bedürfnis gehabt. Ich habe ausgeblendet, dass es noch eine Menge anderer Werte und Bedürfnisse gibt, mit denen ich gerne im Einklang handeln möchte, und mit dem Fokus auf diese eine Geschichte, habe ich die anderen Werte ausgeblendet, und das ist sehr schmerzhaft, sich das anzuschauen, dass ich nicht in Einklang mit meinen eigenen Werten gehandelt habe.“ Und gleichzeitig bin ich mir bewusst: „Zu diesem Zeitpunkt habe ich das Beste getan, was mir zur Verfügung stand.“ Jetzt bezogen auf die Eltern: Wenn der Vater in einer Situation war, in der er seinem Sohn erzählt hat, dass ihn Selbstmordgedanken beschäftigen, war es offensichtlich die einzige, ihm zu dieser Zeit bewusst zur Verfügung stehende Strategie, sich ein Stück Entlastung zu verschaffen. Keine sinnvolle Strategie. Aber wenn es die einzige ist, die ich kenne, tue ich das Beste, was mir zur Verfügung steht. Und dann kann ich später bedauern und mich durch den Schmerz hindurcharbeiten. Wenn ich dann sehe, was es für Auswirkungen auf das Leben meines Kindes hatte, dass ich diese Strategie gewählt habe, dann bedaure ich, dass mir in dem Moment keine anderen Möglichkeiten zur Verfügung standen. Und ich erkenne, wie sehr ich mir wünsche, ich hätte andere Alternativen gehabt, als etwas zu tun, was so gravierende Auswirkungen auf das Leben meines Kindes hatte.
TN: Aber vermischen sich nicht häufig bei uns im Denken diese Gefühle automatisch: „Schuld“ und „Reue“? Theoretisch: Wenn man den Eltern klar machen würde, dass sie ja eigentlich eher Reue empfinden müssten, müsste das denen ja eine unglaubliche Last nehmen. Aber trotz allem sind wir Deutschen doch darauf getrimmt, uns dann immer selbst die Schuld zu geben und nicht Reue zu empfinden.
KK: Was immer wir hier als Worthülse verwenden, das Entscheidende ist „Wo ist meine Aufmerksamkeit?“. Ob ich Urteile über mich oder ob ich meine Aufmerksamkeit auf den Werten habe, die mir am Herzen liegen und ich realisiere: „Jawohl, ich habe nicht im Einklang mit allen meinen Werten gehandelt.“ Darin liegt der Unterschied, wenn ich die Worte „Reue“, „Bedauern“ oder „Schuld“ verwende. Ich habe mal eine Zeit lang in einer Drogentherapie-Einrichtung gearbeitet. Nebenan war ein Kloster. Ich habe mich mit Klosterschwestern unterhalten und festgestellt, dass die den Begriff „Schuld“ als Worthülse ganz anders füllen, als ich das in meinem Sprachgebrauch tue. Die haben zum Beispiel gesagt: „Ich trage meine Schuld.“
FK: Damit haben sie gemeint: „Ich trage meine Verantwortung.“
KK: Genau. Und man hat richtig gemerkt, wie ihnen damit eine Kraft zuwächst, wenn sie das tun. Das hat sie nicht kleiner gemacht, es hat sie innerlich aufgerichtet. In meinem Sprachgebrauch wäre das: „Ich stehe zu meiner Verantwortung.“ „Jawohl, ich bekenne, das habe ich getan.“ „Ich übernehme die Verantwortung, ohne Urteil über mich selber.“ Das ist dann ohne Schuldgefühl, das uns klein macht und Lernen verhindert. Aus der Bereitschaft, sich dem eigenen Schmerz zu stellen, erwächst Lernen. Weil daraus eine Motivation entsteht, alternative Strategien zu entwickeln. Ich möchte ja gerne in Einklang mit all meinen Werten und Bedürfnissen handeln, und jetzt realisiere ich, dass ich das in dem Moment nicht getan habe.

Und das ist so schmerzhaft, dass wir bereit sind, ab jetzt neue Strategien, neue Wege zu entwickeln, uns Gedanken zu machen: „Wie bekomme ich mein Handeln in Einklang mit all meinen Werten, und nicht nur in Bezug auf dieses eine Bedürfnis?" Wenn wir gerade nicht in diesem Einklang handeln können, heißt das, wir haben in dem Moment das Beste getan, was uns zur Verfügung stand, und wir erlauben uns, auch durch den Trauerprozess zu gehen und zu realisieren: „Es hat auf mein Leben, auf das Leben anderer Menschen Auswirkungen gehabt." Gut.
TN: Ich habe auch noch was, das mich verwirrt. Für mich fehlt der Bereich „Erwartung". Weil ich finde, in dem zweiten Punkt, in dem steht: „Für unser Handeln und Tun sind wir verantwortlich", ja. Okay. Aber was ist denn mit den Erwartungen? Ich finde, da fehlt ein Zwischenschritt. Die Reaktion kann ich meinetwegen nicht beeinflussen, aber ich kann mir ja Gedanken machen: „Wie ist denn die Erwartung auf eine Reaktion?" Das ist doch vielleicht auch ein wichtiger Punkt.
KK: Mein Verständnis, von dem, was du gerade Erwartung nennst, ist, dass ich mir aufgrund meines gesunden Menschenverstandes oder aufgrund meiner Erfahrung mit anderen Menschen in der Vergangenheit Gedanken mache. Ich stelle mir vor: „Wie könnte das für jemand anders sein?" Oder: „Wie wäre es für mich, wenn das jemand zu mir sagt?" Und das ist genau das, was wir unter „Verantwortung übernehmen" verstehen. Aufgrund dieser Überlegungen treffe ich dann eine Entscheidung: „Jawohl, ich werde … sagen oder tun". Und wenn der Aspekt für dich wichtig ist: „Ich habe bestimmte Erwartungen, die ich erfüllen möchte", dann fällt das unter den Aspekt, den Rieke vorhin genannt hat: „Das sind meine Ziele und Absichten. Warum mache ich das?"
TN: Also ich meinte damit, wenn die Reaktion anders ausfällt, als ich es vielleicht erwartet habe. Dann ist meine Reaktion vielleicht doch, dass ich Schuld habe oder mich schuldig fühle. Dann kann ich letztendlich ja den Rückschluss ziehen: Okay, jetzt fühle ich mich schuldig, das will ich aber nicht, also mein nächstes Handeln wird dann anders sein, oder?
KK: Wenn du sagst: „Ich muss mir Gedanken machen, und ich tue das im Bewusstsein, dass ich natürlich nicht weiß, wie jemand reagiert", das heißt, die Reaktion könnte anders sein als gedacht und ich bin da unsicher. Dann steht an, bevor ich mich entscheide, das mit der Person checken: „Oh, ich habe gerade vor, Folgendes zu tun, wie wäre das denn für dich?"
TN: Nein, ich meinte jetzt eher, ich müsste damit rechnen, dass die Handlung anders ausfällt, als ich es vielleicht haben möchte.
KK: Die Reaktion anders ausfällt?
TN: Ja, die Reaktion, genau. Und dann steht eher der letzte Punkt an, meine Reaktion auf die Reaktion. Ich müsste dann ja entsprechend auf die Reaktion reagieren.
KK: Wenn ich eine Vermutung habe wie etwa: „Der andere freut sich darüber, dass ich ihm wollene Socken stricke", und anstatt Freudenschrei sehe ich jetzt lange Gesichter, dann fällt die Reaktion anders aus, als ich sie mir gewünscht habe. Dann ist meine Reaktion: „Wie gehe ich jetzt damit um? Ohne ein schlechtes Gewissen zu haben, das hätte ich doch eigentlich wissen müssen, ahnen müssen!" Stattdessen sage ich: „Ah, jetzt lerne ich daraus: Mit selbstgestrickten Wollsocken kann ich das Leben dieses Menschen offensichtlich nicht bereichern." Dann überlege ich mir eine andere Strategie oder frage nach: „Also Wollsocken waren es nicht, ich wollte dir ja gerne eine Freude machen. Nachdem ich es offensichtlich nicht getroffen habe, wüsste ich gerne von dir, was würde dir denn eine Freude machen?" Oder ich würde dann sagen: „Also Wollsocken waren es nicht, jetzt habe ich eine andere Idee, ich schenke dir ein Origami-Set, wie wäre denn das für dich? Würde dir das gefallen?" Wenn die Reaktion so ist, dass er sagt: „Nee, auch nicht." Dann sage ich: „Jetzt gib mir mal einen Tipp." Das heißt, das ist alles: „Wie gehe ich damit um, wenn ich mitkriege, anstatt Freude hat es auf der anderen Seite Enttäuschung ausgelöst und lange Gesichter." Dann geht es darum herauszufinden: „Was lerne ich jetzt daraus?"

Hier möchte ich jetzt einen Haken an dieses Thema machen, okay? Es ist Zeit für die Kaffeepause – in zwanzig Minuten sehen wir uns wieder.

Kriterien für aussichtsreiche Bitten

KK: Bevor wir zu den Bitten kommen, werfen wir einen Blick darauf, warum wir es in diesem Modell so wichtig nehmen, dass wir zwischen den abstrakten Bedürfnissen und den konkreten Strategien unterscheiden. Wir verlieren nämlich die Flexibilität bei der Lösungssuche, wenn wir diese Unterscheidung nicht machen. Überlegt euch mal, wenn ihr nach einem langen Arbeitstag nach Hause kommt, und ihr merkt gerade „Ach, ich habe so ein Bedürfnis nach Entspannung“. Was könnt ihr tun, um euch dieses Bedürfnis zu erfüllen?

TN: Hinlegen.
TN: Spazierengehen.
TN: Lesen.
TN: Ein schönes Bad, Aromabad.
TN: Den Partner um eine Massage bitten.
KK: Ok. Ihr seht, jede Menge verschiedene Möglichkeiten, wie man sich das Bedürfnis erfüllen kann. Und wenn ihr jetzt überlegt: Nicht nur unterschiedliche Personen haben unterschiedliche Strategien, sondern jeder Person stehen unterschiedliche Strategien zu Verfügung. Sagst du zum Beispiel, lesen könnte dich entspannen, und jetzt findest du gerade kein Buch, was würdest du dann machen?
TN: Spazierengehen.
KK: Spazierengehen. Das heißt, jeder hat in seinem Leben unterschiedliche Möglichkeiten, und das erhöht die Flexibilität, wenn wir die Lösung für ein Problem oder einen Konflikt suchen. Wenn ich also merke „Ah, Sauna! Ja, Sauna! Das entspannt mich. Oh Mist, die Sauna hat ja heute zu!“, heißt das nicht, heute kriege ich leider mein Bedürfnis nach Entspannung nicht erfüllt, sondern dann suche ich eine alternative Strategie. Vielleicht ist das meine Lieblingsstrategie, und ich trauere ein bisschen, dass die gerade nicht funktioniert, aber ich verzichte nicht auf die Erfüllung des Bedürfnisses.

Für jedes Bedürfnis gibt es also eine unbeschränkte Anzahl an Möglichkeiten, Strategien oder Wegen, wie dieses Bedürfnis erfüllt werden kann.

Das Folgende ist einem Seminarteilnehmer passiert. Er erzählte von einer Situation, mit der er sich gerade beschäftigt hat: „Ich arbeite in einem Unternehmen. In dem Bürogebäude, in dem ich arbeite, gehen täglich etwa 450 Mitarbeiterinnen und Mitarbeiter ein und aus. Einen bestimmten Kollegen treffe ich relativ häufig, dann gehen wir in der Früh am Gang aneinander vorbei und dann sage ich: ‚Guten Morgen‘, und der sagt nichts.“ Daraufhin haben wir gefragt: „Und, was ist dein Bedürfnis, was zu kurz kommt?“ Er sagte: „Das liegt doch auf der Hand! Hey, wenn ich ‚Guten Morgen‘ sage, möchte ich, dass der auch ‚Guten Morgen‘ sagt.“ Daraufhin wir: „Augenblick mal, Guten Morgen-Sagen ist sinnlich wahrnehmbar, das ist kein Bedürfnis. Aber wenn dir das so wichtig ist, dann überlege doch mal, was würde sich denn dadurch erfüllen, wenn der andere ebenfalls ‚Guten Morgen' sagt?" Er dachte einen Moment nach und sagte dann: „Warum mir das wichtig ist? Ja, ich möchte beachtet werden. Ja, um Beachtung geht es mir." Das war also das Bedürfnis hinter der Strategie, dass der andere „Guten Morgen" sagt. Dann machten wir ein kleines Rollenspiel. Ein anderer Teilnehmer hat sich zur Verfügung gestellt und übernahm die Rolle der anderen Person. Dann hat er versucht, das sauber, „GFK-mäßig" anzusprechen und hat gesagt: „Du, hast du einen Moment Zeit, ich würde gerne mit dir was besprechen." Der andere: „Ja, klar, was ist denn los?" Er daraufhin: „Heute morgen sind wir uns am Gang begegnet, ich sagte guten Morgen, du sagtest nichts, und das ist mir in der Woche schon drei-, viermal aufgefallen." Das war also die Wahrnehmung. „Und, da bin ich gekränkt" – emotionale Reaktion. „Weil mir ist wichtig, dass wir einander beachten" – Bedürfnis. Und dann hat er seine erste Bitte ausgesprochen und hat gesagt: „Deshalb, wenn ich ‚Guten Morgen' sage, sagst du bitte auch ‚Guten Morgen', geht das für dich?" Der andere hat dann so reagiert: „Ach, so geht's dir. Ja, das darfst du nicht persönlich nehmen, verstehst du, ich bin ein Morgenmuffel, bevor ich nicht eine Tasse Kaffee getrunken habe, kriege ich meine Zähne nicht auseinander. Außerdem, mein Büro ist im 7. Stock, ich begegne so vielen Kollegen in der Früh, ich hätte schon Fransen am Mund vom vielen guten Morgen sagen, bevor ich das erste Mal am Schreibtisch sitze." Mit anderen Worten, er hat „Nein!" gesagt. Wenn ich jetzt denke: „Oh, das ist aber mein Bedürfnis, dass er Guten Morgen sagt" – Ende der Fahnenstange. Alles, was jetzt noch möglich ist, sind sogenannte „Trostpreis-Lösungen", die nennt man auch „Kompromiss". Man trifft sich fairerweise in der Mitte. „Äh, wie wär's, wenn du jedes zweite Mal Guten Morgen sagst?" Aber wenn ich klar bin, „Guten Morgen sagen" ist nur eine von mehreren Möglichkeiten, wie ich mein Bedürfnis nach Beachtung erfüllt bekommen kann, dann bin ich flexibel bei der Lösungssuche. Dann hat er gesagt: „Ok, Zähne nicht auseinanderbringen mhm … – Hey, wie wär's denn, wenn ich guten Morgen sage, und du nickst mir zu, das würde mein Bedürfnis nach Beachtung ebenfalls erfüllen." Da hat der andere gesagt: „Zunicken – lass mal probieren." (Nickt probeweise drei-, viermal mit dem Kopf.) „Nee", hat er gesagt, „das fühlt sich saudumm an, also mit dem Nicken ist überhaupt nicht mein Ding." Kein Problem, es gibt ja so viel mehr Strategien. Und als der gesagt hat: „Und wenn ich guten Morgen sage, und du gibst mir im Vorbeigehen einen Klaps auf die Schulter, wie wäre das? Das würde mein Bedürfnis nach Beachtung ebenfalls erfüllen?" Hat der andere gesagt: „Klaps auf die Schulter geben? Ja, kann ich gerne machen – kein Problem." Jetzt haben wir also eine Lösung gefunden, die das Bedürfnis nach Beachtung ebenfalls erfüllt und besser zu der Art passt, wie der andere seinen Morgen starten möchte. Das war natürlich ein Rollenspiel im Seminar.

Meine Vermutung ist, in den meisten Fällen im Alltag ist das lange vorher zu Ende. Der Kollege spricht ihn an, aber ohne Vorwurf, ohne Kritik, ohne Angriff. Und wenn der andere sagt: „Du, nimm's nicht persönlich, ich bin einfach ein Morgenmuffel, ich brauche erst eine Tasse Kaffee, dann bin ich bereit, auch verbal kommunikativ zu werden", dann können die meisten Menschen an der Stelle loslassen, weil sie aufhören, Feindbilder zu haben: „Ja, was hat der gegen mich?" „Ich hab dem nichts getan", sondern sagen: „Ok, der tickt eben anders als ich, und es gibt so viele Gelegenheiten tagsüber, wo ich mein Bedürfnis nach Beachtung komplett satt kriege, dass ich es nicht genau in diesem Moment und genau von dieser Person brauche."

Wenn es mir allerdings wichtig ist und ich dranbleiben möchte, dann tun wir gut daran, Folgendes auseinanderzuhalten: Beachtung ist das, worum es mir geht, und das verbale Grüßen ist eine mögliche Form, wie ich das erfüllt bekomme. Und es gibt neben meiner Lieblingsstrategie noch eine Menge anderer Möglichkeiten. Dadurch lässt sich in der Regel für einen Konflikt, in dem es verschiedene Bedürfnisse gibt, die gerade eine Rolle spielen, immer eine Lösung finden.

FK: Bei dem Beispiel finde ich es auch so schön, dass es durchaus verschiedene Stufen gibt. Also die wichtigste Stufe war für mich, als ich anfing, mich mit Beziehungen auseinanderzusetzen, dass ich das Bewusstheit habe, dass ich mein Wohlwollen behalten möchte. Auch wenn ich im Moment in Rage bin und sowas denke wie: „Was fällt denn diesem Trottel da ein? Der sagt mir nicht guten Morgen!" Dann kann ich innerlich runterfahren und die Entscheidung treffen: „Ich will mein Wohlwollen behalten." Wenn mir das gelingt, komme ich schon in diesem Moment selber auf den Trichter, dass er möglicherweise seinen Tag anders starten möchte oder irgendwelche anderen Anliegen hat, die in dem Moment stärker sind. Und schon kann ich Abstand nehmen davon. Wenn ich also wirklich mit mir selber arbeite, ist das möglicherweise schon viel früher vorbei und kann die Entscheidung treffen: „Ist es wichtig genug, dass ich es doch nochmal mit der anderen Person kurz beleuchte?" Und falls ja, es dann tun, wann immer es passt und geht.

TN: Das Problem daran ist, dass Interpretation so schnell stattfindet, dass schnell das Gefühl da ist ohne Bewusstheit über meine Bedürfnisse.
FK: Bedeutsam ist dafür, dass die Wahrnehmung am Anfang steht. Dafür bin ich Marshall immer wieder dankbar, dass er das so klar gemacht hat. Er hat diesen Aspekt so stark betont: „Was ist die Wahrnehmung?" Das hilft mir, die Interpretation von der Wahrnehmung zu lösen. „Das ist eine Unverschämtheit!" – Moment, das ist ja keine Wahrnehmung! Ebenso: „Wie kann der eigentlich! Der hat keine Erziehung!" – ist keine Wahrnehmung. Und diese ganze Schimpflitanei immer weiter runterbrechen und mir bewusst machen: Das ist keine Wahrnehmung. Was ist denn die Wahrnehmung? Wir gehen aneinander vorbei, ich sage „Guten Morgen", er schweigt. „Aha, okay, vielleicht hat er gute Gründe zu schweigen." Das ist so eine riesige Hilfe, weil in dem Moment, beginnt dieses Muster und Netz, in dem ich mich verheddere, sich wirklich langsam aufzulösen. Und es gelingt mir, mich darum zu kümmern, wenn ich denke, der andere ist ein Idiot oder gemein: „Was ist die Wahrnehmung? Was sind Fakten?"
TN: Ich habe bei mir immer wieder die Erfahrung gemacht, ich weiche gerne Konflikten aus, deswegen läuft das bei mir innerlich immer so ab: „Der macht das deswegen und deswegen und deswegen, deswegen brauchst du es nicht ansprechen." Das heißt, ich muss nur bei mir aufpassen, ob die Bedürfnisse nicht erfüllt sind, damit ich es also doch anspreche. Mir kommt es so vor, dass man das manchmal auch so ein bisschen als Taktik verwenden kann. Und ich merke das bei Patienten auch, die das gerne so machen, um Konflikten, wie gesagt, aus dem Weg zu gehen.
FK: Genau. Eine Vermeidungsstrategie, mit der ich mich selber und meine Anliegen vernachlässige. Wichtig ist, das dann zu sehen, und dann eben genau da weiter zu machen. Ja, danke, für das Beispiel.
TN: Und da erfüllen sie sich ja auch ein Bedürfnis damit, wenn sie einem Konflikt aus dem Weg gehen.
TN: Also, da ist die Strategie, ja bloß nichts anzusprechen, weil das die Harmonie gefährden könnte.
TN: Es ist eine Strategie, genau.
KK: Ja. Und das Bedürfnis, das ich mir erfülle, indem ich etwas nicht anspreche, das bleibt natürlich. Trotzdem ist es nicht die einzige Strategie, es nicht anzusprechen, sondern es gibt Alternativen. Vielleicht bin ich unsicher und bräuchte mehr Zuversicht, dass ein solches Gespräch zu etwas Sinnvollem führt. Und die Strategie „Dann sage ich es lieber nicht", ist nur eine Möglichkeit von vielen anderen. Denn wenn ich nur diese einzige Strategie wähle, um mir mein Bedürfnis nach einem friedlichen und harmonischen Miteinander zu erfüllen, dann kann es vorkommen, dass ich mir in die Tasche lüge, weil das Bedürfnis nicht wirklich dadurch erfüllt wird oder andere wichtige Bedürfnisse zu kurz kommen. Ich habe nämlich ja auch ein Anliegen, das dadurch angezeigt wird, dass ich mich unwohl fühle. Und auch hier gilt: Alternativen suchen.
TN: Gestern haben wir was angesprochen, was irgendwie nicht ganz klar ist für mich. Mimik, Körperhaltung sind etwas, was auch eine Rolle spielt. Zum Beispiel, wie nah ein Mensch auf mich zukommt, wenn er mit mir reden will, körperliche Distanz. Das ist auch eine Wahrnehmung.

KK: Ja.
TN: Bloß, wie kann ich das ansprechen? „Warum guckst du mich so grimmig an“, oder abweisendes Gesicht, das ist auch nicht das, was man dann irgendwie ansprechen kann ohne jemandem zu nahe zu treten.
KK: Ich erinnere nochmal daran, was ich gestern zum nonverbalen Verhalten gesagt habe. Ich benenne den Bereich: „Wenn du mir so nahe kommst, wie du es gerade tust“, „Wenn ich deinen Gesichtsausdruck sehe“.
TN: Mhm. Und ein „grimmiger“ Gesichtsausdruck, das ist eine Interpretation, ja, das ist eine eigene Verarbeitung – „Mein Gesichtsausdruck ist nicht so“, sagt dann der andere.
KK: Ich sage in so einem Fall nicht, wie sein Gesichtsausdruck ist, ich sage nur: „Wenn ich deinen Gesichtsausdruck sehe, fühle ich mich unsicher, und ich hätte gerne Klarheit darüber, was geht gerade in dir vor? Magst du mir bitte dazu was sagen?“
TN: Mhm.
TN: Das ist eine Formulierung ohne die Interpretation.
KK: Ja, ohne Interpretation. Nachdem ich nonverbales Verhalten ganz schwer direkt beschreiben kann, ohne Bewertung und Interpretation vorzunehmen, empfehlen wir beim nonverbalen Verhalten nur den Bereich zu benennen – „Wenn du in diesem Tonfall mit mir sprichst“.
TN: Und dann? Was mach ich dann?
KK: Wenn der andere nachfragt, was in meiner Erfahrung eher selten passiert, weil ich höre ja an dieser Stelle nicht auf, nachdem ich gesagt habe: „Wenn du mich so anschaust.“ – Ja „Mhm“ – „Wenn du mich so anschaust!“ Also es kommt ja danach was in den weiteren Schritten: „So geht es mir damit“, mein Gefühl: „Das ist mein Anliegen und deshalb habe ich folgende Bitte.“ Dann passiert es höchst selten, dass die Leute sagen: „Was meinst du mit, wenn du mich so anschaust?“ Denn die wichtigen Informationen sind ja schon auf dem Tisch, inklusive Bitte. Aber für den Fall, dass nachgefragt wird, dann kann ich als Nächstes zurückspiegeln. Wenn ich gerade mein Herz ausschütte, und ich sehe bei anderen folgende Körpersprache, schaut mal kurz her, weil das ist sehr subtil und schnell. (KK zeigt ein ganz kurzes Augenrollen.) Und das löst bei mir was aus, diese kurze Augenbewegung. Dann hat es natürlich keinen Zweck, zu sagen: „Hey, ich erzähl dir was Wichtiges, und was du machst ist ‚Ähhhm‘.“ (KK demonstriert heftige Körpersprache mit Kreisen des Kopfes und starker Mimik.) Dann sagt der andere natürlich: „Hey, das habe ich nicht gemacht!!!“ Hat er auch tatsächlich nicht gemacht Das heißt, wenn ich das nonverbale Verhalten zurückspiegele, dann natürlich nicht übertreiben, sondern so realistisch wie möglich und von der Tendenz lieber etwas untertreiben als übertreiben, denn jede Übertreibung wird abgelehnt.
TN: Was würdest du jemandem raten, um überhaupt den ersten Schritt zu machen? Eine Freundin, schon ziemlich lange verheiratet, hat sich nie getraut, ihrem Mann zu sagen, was sie wirklich denkt oder welche Bedürfnisse sie hat. Sie hat immer alles bejaht, obwohl sie innerlich wusste, sie ist damit nicht einverstanden. Und jetzt haben sie sich total auseinandergelebt, und wenn sie dann bei mir in der Beratung ist, dann sagt sie: „Ja, ich würde ihm das und das und das sagen.“ Sie hat es mit mir sogar geübt und wenn sie ihn dann vor sich hat, kann sie nichts sagen. Sie sagt einfach nichts. Das geht immer so weiter. Was könnte man jemandem raten, um den ersten Schritt zu wagen?
KK: Zuerst würde ich mit ihr das gemeinsam erkunden, indem ich frage, was es ihr schwer macht und was sie braucht, damit sie diesen Schritt hinkriegt. Möglicherweise braucht sie mehr Vertrauen, dass er ihr dann die Partnerschaft nicht kündigt und sagt: „Hey, du veränderst dich!“ Vertrauen darauf, dass es eine Bereitschaft gibt, auch mit einem veränderten Verhalten umzugehen. Und wenn das klar ist, was das ist, was sie braucht, dann mit ihr entsprechende Strategien entwickeln. Wenn sie sagt: „Ich habe so Sorgen, ich habe Jahrzehntelang nichts gesagt, wenn ich jetzt plötzlich den Mund aufmache, dann konfrontiere ich ihn ja mit einer vollkommen anderen Person, als die, die er kennt.“ Wäre eine Möglichkeit für sie zu sagen und genau das auf den Tisch zu legen: „Ich habe gerade gemerkt, ich habe mich in vielen Situationen nicht getraut etwas anzusprechen, und ich bin gerade dabei, mich zu verändern, mich dafür einzusetzen, und es fällt mir schwer. Ich hätte gerne deine Unterstützung dabei, wenn ich gerade daran arbeite, diesen Schritt zu machen – bekomme ich deine Unterstützung?“
FK: Das sagt sie zu ihrem Mann. Das wäre die Übung, dass sie das ihrem Mann sagen kann.

TN: Ja. Sie hat zu mir gesagt, wenn sie ihren Partner jetzt sieht, dann hat sie schon Tränen in den Augen, sie kann einfach nichts mehr sagen, weil er sie ziemlich oft niedergemacht hat usw. Und ja, da ist auch, glaube ich, noch eine Blockade, die sie erstmal wahrscheinlich lösen müsste.
KK: Ja, wenn sie also sagt: „Ich kann mit der Reaktion, die ich bisher in der Vergangenheit erlebt habe, schlecht umgehen, das haut bei mir so rein, dass ich dann sprachlos werde und mich das emotional so aufwühlt, dass ich nicht in der Lage bin, dann halbwegs gelassen zu kommunizieren." Dann ist die andere Möglichkeit, mit ihr zu überlegen, ob sie sich am Anfang eine Unterstützung holt. Und dann ihren Partner fragt: „Es fällt mir im Moment so schwer, ich werde dann so übermannt von Gefühlen, und ich suche mir gerade Unterstützung, bis ich das selbst hinkriege, wärst du bereit, dass wir zu zweit mal wohin gehen, ich würde dir gerne was sagen, und alleine kriege ich es nicht hin."
FK: Eine andere Möglichkeit ist, dass sie professionelle Unterstützung für sich selber holt. Die bietest du ihr wahrscheinlich auch im Ansatz. Allerdings ist eine Freundin dann auch noch ein bisschen was anderes. Das klingt schon so, dass es für sie gut wäre, die eigene Lerngeschichte mal anzuschauen. Das ist ein ganz wesentlicher Bereich: Was sichert sie sich dadurch, dass sie diesen Schrecken kriegt und diese Starre? Weil das ist ja irgendetwas Wichtiges. Das herauszuarbeiten wäre natürlich auch gut.
TN: Sie bemerkt jetzt auch, dass ihr Sohn genauso reagiert wie sie und das stört sie. Wenn er dem Vater etwas sagen soll, dann ist er genauso. Dann sagt sie, dass er schon Tränen in den Augen hat und kein Wort herauskriegt.
FK: Und schon ist das modelliert.
SP: Und ich würde auch sagen, es gibt immer die Möglichkeit, dass du deiner Freundin sagst: „Wollen wir nicht mal so ein GFK-Einführungswochenende zusammen machen, und da üben wir das erstmal?" Oder du nimmst sie mal zu diesen Donnerstagabenden mit, an denen wir das hier üben, das ist vielleicht etwas niedrigschwelliger, wenn sie nicht von hier weg kann. Und da könnt ihr das auch mal mit Coaching durch die Übungsgruppenleiter üben.
TN: Mhm, das ist ein guter Tipp, danke.

KK: Wir möchten euch jetzt üben lassen, diese Unterscheidung zu treffen, bevor wir zu den Bitten gehen. Erinnert euch mal an die Kriterien für die Bedürfnisse: abstrakt, allgemein, positiv formuliert, kein Bezug zu einer einzelnen Person. Wir bitten euch, dass ihr euch mal umschaut, mit wem ihr in diesem Seminar bisher noch wenig gemacht habt, und dass ihr euch in Vierer- oder Fünfergruppen zusammentut, also zwei Vierer- und zwei Fünfergruppen. Und in diesen Gruppen sortiert ihr dann die Aussagen, die hier auf den Hölzchen stehen in die Kategorie, drückt ein Bedürfnis aus und erfüllt die Kriterien für Bedürfnisse, nämlich „abstrakt, positiv formuliert, kein Bezug zu einer einzelnen Person". Und in die andere Kategorie: Ist kein sauberes Bedürfnis, weil eines dieser Kriterien nicht erfüllt wird: ist nicht abstrakt bzw. nicht allgemein, ist negativ formuliert mit Verneinung oder enthält einen Bezug zu einer einzelnen Person mit dem Ziel, dass die was tut, um das Bedürfnis zu erfüllen.

Übung
Notieren Sie in der folgenden Liste von Sätzen alle diejenigen Aussagen, von denen Sie glauben, dass sie die Kriterien für Bedürfnisse erfüllen (abstrakt und allgemein, positiv formuliert, kein Bezug zu einer einzelnen Person) – im Gegensatz zu allen Formulierungen, die kein Bedürfnis beschreiben, weil eines oder mehrere der Kriterien für Bedürfnisse nicht erfüllt ist.

Lösung im Anhang

Welche Aussagen beschreiben Bedürfnisse?

- Ich möchte so angenommen sein, wie ich bin.
- Ich möchte, dass du mich so akzeptierst, wie ich bin.
- Ich möchte, dass du mir sagst, was dir an mir nicht passt.
- Ich lege Wert darauf, kompetente Mitarbeiter zu haben.
- Mir liegt unsere Freundschaft sehr am Herzen.
- Ich möchte, dass du nicht dauernd auf mir rumhackst.
- Ich lege Wert darauf, dass man mich anruft, wenn sich der Termin ändert.
- Ich möchte, dass wir erfolgreich sind.
- Ich möchte, dass wir einander grüßen.
- Ich hätte zum Schnitzel gerne Kartoffelsalat statt Pommes Frites.
- Ich brauche die Sicherheit, dass wir füreinander da sind.
- Mir ist bei dieser Sache wichtig, dass ich mir selbst treu bleibe.
- Ich möchte, dass du auch meine Meinung in Betracht ziehst.
- Ich möchte mehr Kontakt zu anderen Menschen.
- Ich möchte, dass du ehrlich zu mir bist.
- Ich würde gerne hören, welchen Eindruck unsere Präsentation gemacht hat.
- Ich möchte mich selber mehr aktiv beteiligen.
- Ich lege Wert auf einen partnerschaftlichen Umgang.
- Ich möchte, dass du mehr Selbstvertrauen hast.
- Ich möchte bei solchen Entscheidungen einbezogen werden.
- Ich brauche die Sicherheit, dass wir alle am gleichen Strang ziehen.
- Ich möchte heute Abend gerne was unternehmen.
- Ich lege Wert darauf, dass man mir aus dem Mantel hilft.
- Ich liebe diese Vielfalt.
- Ich brauche es, dass die Dinge an ihrem Platz sind.
- Ich hab's gerne, wenn es harmonisch zugeht.
- Ich lege Wert auf einen respektvollen Umgang miteinander.
- Ich möchte nicht, dass du so mit mir sprichst.
- Ich würde auch gerne dazu eingeladen werden.
- Ich würde mich gerne darauf verlassen können, dass es klappt.
- Ich möchte eine Arbeit tun, die mich wirklich erfüllt.
- Ich möchte mich erst ein bisschen hinlegen.

KK: Wir gehen als nächstes zum vierten Schritt in unserem Modell: den Bitten. Was glaubt ihr, ist der häufigste Grund dafür, dass wir nicht bekommen, was wir wollen?

TN: Falsche Strategie? Oder die Verwechslung von Bedürfnis und Bitte?
KK: Das ist ein wichtiger Grund, aber nicht der häufigste.
TN: Dass wir zu wenig flexibel sind?
TN: Weil wir unsere Bitte nicht richtig formulieren.
KK: Nicht sinnvoll formulieren ist der zweithäufigste Grund.
TN: Nicht genau formulieren?
KK: Nicht genau, nicht richtig – das fällt alles in die gleiche Kategorie.

KK: Der häufigste Grund ist: Wir sagen gar nichts!

FK: Wir bitten nicht!

KK: Wir sprechen keine Bitte aus. Das ist mit Abstand der häufigste Grund, dass wir nicht bekommen, was wir wollen. Wir erwarten, dass der andere, wenn er mich nur wichtig genug nimmt, wenn er mich nur genug lieben würde, dann wüsste er genau, was meine Bedürfnisse und meine Bitten sind. Aus der Sicht dieses Modells „Gewaltfreie Kommunikation“ ist die häufigste Art und Weise, wie wir uns in unserem Alltag ausdrücken, indem wir Folgendes sagen: (KK zeigt auf dem Flipchart in der Reihenfolge auf die Schritte 2 dann 1, dann 3 und dann 4, während er sagt) „Mir geht’s beschissen. (2) Du bist schuld dran. (1) Ich habe keine Ahnung, was ich brauche (3). Tu irgendwas, damit es mir besser geht, und wehe, du rätst falsch!“ (4) Kommt euch das irgendwie bekannt vor?

TN: Ja, voll!

KK: Das ist nicht gerade ein Erfolgsrezept, obwohl es immer wieder versucht wird. (Einige lachen.) Das Prinzip wollen wir anhand einer kleinen Geschichte deutlich machen. Die Geschichte heißt „Das Kaninchen, das in den Himmel kommt“.

Da wartet eines Morgens das Kaninchen mit ein paar anderen Tieren vor der Himmelspforte, dass Petrus endlich aufmacht. Punkt 9.00 Uhr knarzt die Tür, schwingt auf, Petrus kommt raus, dickes Buch unter dem Arm und sagt: „So, wen haben wir denn heute hier?“ Kommt das Kaninchen nach vorn gehoppelt, sagt: „Petrus, ich, das Kaninchen.“ Sagt Petrus: „Das Kaninchen, einen Moment“, schlägt das Buch auf und sagt „Kaninchen, Kaninchen – da haben wir dich, Kaninchen: Bitte pünktlich 10.50 Uhr wieder hier sein, bereit, um 11.00 Uhr geschlachtet und gefressen zu werden.“ Guckt das Kaninchen verblüfft, hatte sich den Himmel irgendwie anders vorgestellt, und hoppelt weg. Kommt ein Schäferhund, bellt zwei-, dreimal, sagt Petrus: „Schäferhund, Schäferhund, da haben wir dich, bitte pünktlich 11.50 Uhr hier sein, bereit, um 12.00 Uhr geschlachtet und gefressen zu werden, okay?“ Auch der Schäferhund lässt die Ohren sinken, zieht den Schwanz ein und trottet weg. Kommt ein stolzer Panther, baut sich vor Petrus auf und Petrus sagt: „Panther? Panther, ja, heute Nachmittag, bitte pünktlich 14.50 Uhr da sein, bereit, um 15.00 Uhr geschlachtet und gefressen zu werden, okay?“ Auch der Panther sackt in sich zusammen und trottet weg. Kommt das Kaninchen wieder nach vorn und sagt: „Petrus, ich möchte aber nicht geschlachtet und gefressen werden.“ Sagt Petrus: „Ach, du möchtest nicht, ja, ok, dann streich ich dich von der Liste.“

In der Gewaltfreien Kommunikation übernehmen wir Verantwortung, indem wir selber klare Bitten aussprechen und nicht erwarten, dass der andere errät, was wir wollen. Das ist die Voraussetzung Nummer 1 für erfolgreiche Bitten.

Der zweithäufigste Grund, dass wir nicht bekommen, was wir wollen, das haben wir schon gehört: Wir sprechen Bitten aus, aber eben Bitten, die nicht erfüllbar sind. Erinnert ihr euch an das Experiment vom ersten Tag? Ja, „Tipp dich mal an die Nasenspitze“, „Fass dich mal ans Ohrläppchen“, „Respektier mich mal für sieben Sekunden“. Die letzte Bitte ist nicht erfüllbar. Schauen wir uns mal an, welche Kriterien es für sinnvolle, aussichtsreiche Bitten gibt.

Es gibt vier „K.O.“-Kriterien für erfolgreiche Bitten: Bitten sind dann wenig erfolgreich, aussichtsreich, sinnvoll,

Erstes K.O.-Kriterium: Wenn sie vom Gegenüber Gefühle statt Verhalten erbitten. Um Gefühle kann man nicht sinnvollerweise bitten, weil sich Menschen nicht auf Knopfdruck entscheiden können, bestimmte Gefühle zu haben oder nicht zu haben. Gibt es jemand unter euch, der Angst vor Hunden hat, wenn sie aggressiv auf euch zukommen? Mal kurz Handzeichen. (KK richtet sich an die TN, die die Hand gehoben haben.) Wie hilfreich ist das, wenn der Hundebesitzer sagt: „Bitte keine Angst haben, er will nur spielen.“? Sagt ihr dann: „Okay, wenn Sie mich so nett bitten, habe ich ab sofort keine Angst mehr.“ Es macht also keinen Sinn, Menschen darum zu bitten, Gefühle zu haben oder nicht zu haben. Deshalb: Solche Bitten, wie „Ich möchte, dass du mich liebst“ oder „Ich möchte, dass du dich wohlfühlst“, sind als Bitten vollkommen ungeeignet. Was tut mein Gegenüber, wenn es sich nicht wohlfühlt? Es kann es mir bestenfalls vorspielen, dass es sich wohlfühlt. Übrigens, getoppt wird das noch von den Hundebesitzern, die dann sagen: „Ja, wissen Sie, Sie dürfen keine Angst haben, weil das spürt der Hund, und das macht ihn aggressiv.“ Ich habe übrigens selber in meiner Studentenzeit als Briefträger gearbeitet, bin zweimal in den vier Wochen vom Hund gebissen worden. Und als wieder so ein Hund beim Postaustragen nach mir geschnappt hat, habe ich der Frau, der Hundebesitzerin, gesagt: „Halten Sie Ihren Hund fest“, die hat überhaupt nicht reagiert. Da habe ich gesagt: „Ich bin schon zweimal gebissen worden.“ Da sagt sie: „Ja, weinen Sie doch gleich!“ (Einige lachen)

Zweites K.O.-Kriterium: Eine Bitte ist vage und abstrakt, das heißt, sie lässt den Angesprochenen im Unklaren, was er tun könnte, wenn er die Bitte erfüllen möchte. Was glaubt ihr, ist die häufigste Antwort auf folgende Bitte: „Ich möchte, dass du mich ernst nimmst.“ Häufigste Antwort: „Mach ich doch! Mach ich die ganze Zeit! Ich weiß gar nicht, was du willst!“ Wenn eine Bitte konkret ist, ist eine solche Reaktion nicht möglich. (KK wirft einen Stift auf den Boden.) Wenn jetzt jemand sagt: „Hebst du bitte den Stift auf“, dann ist das Risiko sehr gering, dass jemand sagt: „Ich weiß gar nicht, was du willst, ich heb ihn die ganze Zeit auf.“ Alle Beteiligten können ja sehen, macht er es oder macht er es nicht. Also bei konkretem Verhalten ist so eine Reaktion: „Mach ich doch! Weiß gar nicht, was du willst", nicht denkbar. Was wäre hier eine mögliche sinnvolle Bitte? Das ist ja ein wichtiges Bedürfnis, ernst genommen zu werden, das ist abstrakt, aber als Bitte ist es ungeeignet. Um was könnte ich jemanden bitten, damit mein Bedürfnis ernst genommen zu werden erfüllt wird?

TN: Schau mich an, wenn ich spreche.
KK: Zum Beispiel: „Schau mir in die Augen, Kleines." Ja?

KK: *Drittes K.O.-Kriterium:* Die Bitte enthält Vergleiche: „Ich möchte, dass du genauso ordentlich bist wie Hans." Häufigste Reaktion auf diese Bitte? „Ich bin aber nicht Hans" – ja? Das beißt sich mit unserem Bedürfnis, als Individuum gesehen zu werden. Deshalb: Vergleiche haben in Bitten nichts verloren.

Viertes K.O.-Kriterium: Mit das am häufigsten verletzte Kriterium und deshalb ganz wichtig ist das letzte: Wenn eine Bitte beschreibt, was ich nicht möchte, anstatt was ich möchte, ist das ein K.O.-Kriterium. Zu sagen, was ich nicht möchte, ist genauso sinnvoll, wie wenn jemand im Bahnhof an den Fahrkartenschalter geht und sagt: „Äh, eine Fahrkarte bitte." Und wenn der hinterm Schalter sagt: „Ja, wohin denn?" Und der Kunde sagt: „Nicht nach Paris." Was weiß ich denn dann? Das ist keine sinnvolle Information, zu sagen, was ich nicht möchte, und alles andere bleibt offen. Hier ist ein Beispiel von einer Teilnehmerin, die in einem Seminar an der Stelle mal gesagt hat: „Ah, jetzt versteh ich, was da schiefgelaufen ist zwischen meinem Mann und mir." Sie erzählte: „Mein Mann hat in seinem Unternehmen eine Karrierechance bekommen, die er ergriffen hat. Das ist jetzt drei Monate her, das hat allerdings dazu geführt, dass er keinen Abend vor 21.00 Uhr zu Hause war, manchmal erst um 22.00 Uhr. Nach einem Vierteljahr ist mir der Kragen geplatzt, und ich habe zu meinem Mann gesagt: ‚Ich will nicht, dass du so lange im Büro arbeitest!' Die Reaktion des Mannes war: ‚Hast ja recht, hast ja recht – einverstanden.'" Weiter erzählt sie: „Letzte Woche hatten wir einen riesigen Krach. Er hat sich nämlich für ein Golf-Turnier angemeldet, war drei Tage gar nicht zu Hause." Er hat die Bitte perfekt erfüllt, er war nicht mehr so lange im Büro. Und jetzt hat sie gesagt: „Mensch, jetzt versteh ich, wie ich dazu beigetragen habe, und wie viel sinnvoller wäre es gewesen, anstatt zu sagen, was ich nicht möchte, positiv zu formulieren, was ich stattdessen möchte: ‚Ich hätte gerne, dass du drei Abende in der Woche ab 18.00 Uhr mit mir und den Kindern verbringst – kriegst du das hin?'" Im Nachhinein hat es sich rausgestellt, als sie sich mit ihrem Mann noch einmal ausgetauscht hatte über das Thema, dass der Mann sich selber eine Menge Gedanken über seine berufliche Situation gemacht hat: mehr Gehalt, größere Herausforderung, besserer Status, alles schön und gut. Als er gemerkt hat, mit wie vielen Überstunden das Ganze verbunden ist, hat er sich Sorgen gemacht, ob er selber, wenn er vierzig ist, mit einem Herzinfarkt in die Grube fällt, und das war es dann. Und als die Frau dann gesagt hat „Hey, ich will nicht, dass du so lange im Büro arbeitest", ist das auf sehr fruchtbaren Boden gefallen: „Ach, meine Frau macht sich auch Sorgen um meine Gesundheit, ich brauche was zum Ausgleich – mhm, Golfturnier." Aber die alternative Vorstellung der Frau sah ganz anders aus.

Deshalb: sinnvolle Bitten, aussichtsreiche Bitten, erfolgreiche Bitten sind welche, die a) positiv formuliert sind und b) realistische Handlungen und Verhalten ganz konkret und spezifisch benennen. Wenn ich bei der Wahrnehmung sauber gearbeitet habe, fallen die Bitten meist automatisch an ihren Platz. Wenn jemand in mein Büro kommt, ohne anzuklopfen und ich sage: „Mensch, wenn du so unverschämt und respektlos bist", dann resultiert aus diesen Bewertungen nur noch die Bitte „Sei doch bitte wertschätzend und respektvoll" – das ist nicht erfüllbar. Wenn ich aber die Wahrnehmung sauber formuliert habe: „Du bist gerade reingekommen ohne anzuklopfen", ist die Bitte selbstverständlich: „Klopfst du bitte an, bevor du reinkommst, geht das?" Also wenn ihr hier im ersten Schritt sauber gearbeitet habt, habt ihr es leichter, die Bitten zu formulieren – konkret, sinnlich wahrnehmbar, genauso sauber, wie wir es bei der Wahrnehmung im ersten Schritt auch geübt haben.

Der letzte Aspekt, das ist eine Frage der inneren Haltung. Was unterscheidet eine Bitte von einer Forderung? Das schauen wir uns ein bisschen später an. Jetzt geht es darum, dass ihr übt, diese vier K.O.-Kriterien zu erkennen. Und dazu nehmt ihr euch hier Memory-Karten heraus. Da gibt es welche, die zusammengehören. Ihr geht wieder paarweise zusammen und zwei Gruppen sind zu dritt. Das werdet ihr dann rausfinden. Dann bekommt ihr wieder Aussagen, die angeblich alle Bitten sind. Manche davon enthalten eines dieser vier K.O.-Kriterien. Ihr sortiert nach „saubere Bitten", „keine sauberen Bitten" – weil eines dieser vier K.O.-Kriterien drin vorkommt. Das ist die Aufgabe.

Übung
Markieren Sie in der folgenden Liste von Sätzen alle diejenigen Aussagen, von denen Sie glauben, dass sie die Kriterien für aussichtsreiche Bitten erfüllen: konkretes, sinnlich wahrnehmbares, positiv beschriebenes Verhalten – im Gegensatz zu allen Formulierungen, die keine sinnvollen Bitten beschreiben, weil eines oder mehrere der KO-Kriterien für sinnvolle Bitten enthalten sind. Lösung im Anhang.

Welche Bitten sind aussichtsreich?

- Ich möchte, dass du mich so akzeptierst, wie ich bin.
- Ich möchte, dass du mit mir am Sonntag ins Kino gehst.
- Es wäre mir lieb, wenn du mir einmal im Monat Blumen mitbringen würdest.
- Ich möchte, dass du mir sagst, was dir an mir nicht passt.
- Bitte sag mir, was ich tun kann, damit du dich hier wohl fühlst.
- Ich hätte gerne, dass du dich in meiner Gegenwart ganz ungezwungen fühlst.
- Ich möchte verstanden werden.
- Bringst du bitte die Kinder heute Abend ins Bett?
- Ich möchte, dass du auch meine Meinung in Betracht ziehst.
- Ich hätte gerne, dass du mich anrufst, wenn du später kommst.
- Ich hätte gerne, dass wir heute wenigstens eine Stunde für uns haben.
- Ich möchte, dass du ehrlich zu mir bist.
- Kannst du bitte meine Bücher heute in die Bücherei zurückbringen?
- Ich möchte, dass du mehr Selbstvertrauen hast.
- Ich möchte, dass du zu mir stehst.
- Ich möchte, dass du mich sympathisch findest.
- Ich möchte gerne von dir hören, wie du zu mir stehst.
- Ich möchte dir nicht immer hinterher räumen.
- Ich möchte nicht, dass du so mit mir sprichst.

- Ich möchte dir gerne erzählen, was mir heute passiert ist. Hörst du mir zu?
- Kannst du bitte auch mal an mich denken?
- Liest du bitte mein Manuskript durch und sagst mir, wie es dir gefällt?
- Ich will nicht, dass du so rumtrödelst.
- Ich möchte, dass du mir zuhörst und mir dann sagst, was du verstanden hast.
- Ich würde gerne von dir hören, wie du dich gefühlt hast, als dein Antrag abgelehnt wurde.
- Das möchte ich nicht noch mal erleben.
- Sagst du mir bitte, was deine Befürchtungen sind?
- Ich möchte, dass du nicht dauernd auf mir rumhackst.
- Ich möchte, dass du mich genauso liebst, wie ich dich.
- Ich hätte gerne, dass du dein Rad reinholst, weil es regnet.
- Bitte respektiere meine Rechte.

KK: Ich würde gerne mit euch noch zwei Situationen beleuchten, in denen es nicht so einfach ist, eine Bitte zu formulieren. Wir haben schon gesagt, wenn ich die Wahrnehmung sauber formuliert habe, dann ist es häufig leicht, die entsprechende Bitte daraus abzuleiten. Nun haben wir uns schon angeschaut, dass Wahrnehmungen in Situationen, in denen es um nonverbales Verhalten geht, häufig eine Herausforderung darstellen, die Wahrnehmung sprachlich zu formulieren. Und die Frage ist dann – wir hatten das gerade in der einen Gruppe am Schluss –, wenn mir die Lautstärke nicht gefällt: „Es ist lauter, als mir lieb ist", wie lautet denn dann die Bitte? Jemand benutzt eine Lautstärke, die lauter ist, als dir lieb ist.
TN: Kannst du bitte leiser sprechen.
KK: Jetzt geht der andere mit der Lautstärke um 0,8 Promille runter. Das ist jetzt leiser.
TN: Kannst du bitte genauso laut sprechen wie ich?
KK: Das wäre eine Möglichkeit, okay. Das heißt, wir modellieren es, indem man entweder sagt: „Wärst du bereit, mit der Lautstärke um die Hälfte runterzugehen, um ein Drittel runterzugehen", sodass der andere so was wie eine Ahnung hat, um wie viel möchte ich, dass die Lautstärke runtergeht. Oder, wie du gerade gesagt hast, ich biete dem anderen ein Modell an, was ich gerne hören möchte, ich spiegele ihn sozusagen zurück. „In meiner Lautstärke" oder wenn ich es modelliere: „Wärst du bereit, mit deiner Lautstärke etwa auf diese Lautstärke, die ich gerade benutze, runterzugehen?"
TN: Da ist ja ein Vergleich drin, man gibt sich ja als Modell vor, als Beispiel, „Wie ich ungefähr gerade spreche, in dieser Lautstärke", das ist in Ordnung!?
KK: Ja. Weil ich damit im Grunde genommen keinen Vergleich mache, sondern ihm ein Modell gebe. Also so, wie ich beim Zurückspiegeln bei der Wahrnehmung sage, auf was nehme ich gerade Bezug, wo merke ich, woran reibe ich mich, würde ich an der gleichen Stelle bei der Bitte, der Strategie, es vormachen oder modellieren.

Noch eine Sache, die auch manchmal Schwierigkeiten macht. Das ist, wenn alles, was uns im ersten Augenblick einfällt, eine Verneinung ist. Ich hatte mal in einem Unternehmen eine Führungskraft, die hat gesagt: „Ich habe jemand bei mir im Team, der benutzt so eine Art von Gossensprache, die mir ziemlich auf den Keks geht, also dem sein täglicher Sprachgebrauch ist ‚Arschloch', ‚Wichser', ‚Idiot', „blöde Sau', und ich merke, hier kommen natürlich Bedürfnisse nach einem wertschätzenden, respektvollen Umgang merklich zu kurz." Die ersten drei Schritte waren gar nicht schwer für ihn zu formulieren: „Wenn du solche Worte verwendest, wie gerade, bin ich empört. Ich lege Wert drauf, dass wir respektvoll und wertschätzend miteinander umgehen", aber die Bitte ist ihm schwergefallen. Das Einzige, was ihm an der Stelle eingefallen ist, war: „Kannst du bitte solche Worte nicht verwenden." Da habe ich ihn darauf aufmerksam gemacht, dass er gerade gebeten hat, eine Fahrkarte nicht nach Paris zu kaufen. „Ach so, ja, ja, mhm. Aber ich bin doch sehr spezifisch gewesen?" „Ja, du hast sehr spezifisch gesagt, du möchtest nicht Paris – wohin möchtest du stattdessen?" Da haben eine ganze Gruppe studierter Leute die Köpfe zusammenge-

steckt. Nach zehn Minuten war das beste Ergebnis, das sie rausgefunden haben, zu sagen: „Ich möchte, dass du gar nichts mehr sagst!" Das ist natürlich auch keine sinnvolle Bitte. Denn den Menschen, der solche Worte benutzt, treibt natürlich innerlich ganz schön was um. Und wenn wir bitten „Nichts zu sagen", dann habe ich eine tickende Zeitbombe. Denn selbst, wenn er bereit ist, das eine Zeitlang zu machen, explodiert er irgendwann. Also was wäre jetzt die sinnvolle, positiv formulierte Bitte?

TN: Ich weiß nicht so konkret, aber es wäre so eine Idee, dass er eher einen Kompromiss eingeht. „Ich bitte, dein Sprachniveau nochmal zu überdenken."
KK: Zu abstrakt.
TN: Und darauf zu achten, wie andere so sprechen.
KK: „Überdenken" und „achten", sind beides kein wahrnehmbares Verhalten.
TN: Die Worte wörtlich nennen, dass er das Wort, das Wort und das Wort nicht sagt.
TM: Ist Vermeidung.
KK: Dann gebe ich ihm eine Liste, da sagt er: „Oh, dann entwickele ich eine neue Liste!"

KK: Ihr seht, es ist nicht so einfach, es ist eine Herausforderung. Und wenn ihr nochmal dran denkt, dass wir in diesem Modell sagen „Das sind die vier wesentlichen Informationen", dann heißt das, dass ich gerne hätte, dass der andere, statt einen solchen Code zu verwenden wie ‚Arschloch', sagt, was ihn wirklich bewegt. Das heißt: „Kannst du mir stattdessen sagen, wenn du so einen Impuls hast, an dem du dich gerade reibst, wie es dir geht, was dein Anliegen ist, und gibt es einen Vorschlag oder eine Bitte von deiner Seite?" Wenn jemand so ein Seminar gemacht hat, kann man es einfach machen und sagen: „Kannst du das Ganze bitte nochmal in den vier Schritten sagen?" Wenn allerdings jemand nichts von den vier Schritten weiß, müsste ich explizit nachfragen. Wenn das als Paket zu viel ist für den Moment, würde ich die einzelnen Informationen einzeln nacheinander abfragen und sagen: „Was genau ist denn passiert gerade?" Und dann würde ich eventuell nicht offen fragen: „Wie fühlst du dich/was brauchst du?", sondern das in Form von empathischen Vermutungen machen, was wir uns heute Nachmittag anschauen werden und dann zum Schluss fragen: „Wie lautet dein Vorschlag oder was ist deine konkrete Bitte im Moment?" Frage beantwortet? (Nicken.)

KK: Alle weiteren Fragen bitte ich euch, im Moment zu parken. Ich möchte gerne in die Pause gehen, und euch vorher noch Gelegenheit geben, zu euren zwei, drei Situationen, die ihr notiert habt, in der nächsten Übung die Bitte hinzuzufügen mit dem Know-how über „sinnvolle Bitten". Und wie immer, wenn ihr Unterstützung braucht, meldet euch, dann helfen wir euch, die Bitte zu formulieren.

Übung
Nehmen Sie wieder Ihre Aufzeichnung mit Ihren Situationen zur Hand. Lesen Sie, welche Formulierungen Sie in Ihrer „Bestandsaufnahme" gewählt haben und überprüfen Sie, ob Sie eine sinnvolle Bitte gestellt haben. Wenn nicht, dann formulieren Sie nun den vierten Schritt in diesem Modell. Achten Sie darauf, dass es wirklich eine positiv formulierte, machbare Bitte ist, auf die die andere Person auch Nein sagen darf, also keine Forderung ist. Für alle Ihre Situationen nehmen Sie dieses Muster und lesen nach, welche Wahrnehmung, welches Gefühl und welches Bedürfnis (oder Bedürfnisse) Sie gefunden haben.

Du hast/Sie haben ... Wenn ich sehe/höre ... Wenn du/Sie ...
(und jetzt) fühle ich mich/bin ich ...
weil mir wichtig ist/weil ich ... brauche/weil ich Wert auf ... lege
und ich möchte, dass du/Sie ...

Einverstanden?/Bist du bereit, das zu tun?

KK: (nach der Abfrage: „Gibt es da noch irgendwas, was offen ist, auch in Bezug auf die letzte Gruppenarbeit?") Dann schauen wir uns jetzt einen weiteren Aspekt von Bitten an, der das Thema berührt: Was ist der Unterschied zwischen einer Bitte und einer Forderung? Ich gebe euch zwei Varianten und ihr schaut, wo ihr das einordnen würdet, als Bitte oder als Forderung. Wenn ich zu Tom sage: „Hey Tom, jetzt hol mir mal ein Glas Wasser! Und zwar ein bisschen plötzlich!" – Bitte oder Forderung?

TN: Forderung
KK: Forderung – ziemlich offensichtlich. Wenn ich stattdessen sage: „Du Tom, ich bin gerade so müd, wärst du so lieb und holst mir ein Glas Wasser, du tätest mir einen richtig großen Gefallen." – Bitte oder Forderung?
TN: Bitte.
KK: Bitte – glaubt ihr? (Einige lachen).

KK: Der Punkt ist, wir wissen es einfach nicht. Eine Bitte wird nicht dadurch definiert, wie nett sie formuliert ist. Die Schwierigkeit, Bitte versus Forderung zu erkennen, hat damit zu tun, dass der Unterschied darin besteht, aus welcher inneren Haltung heraus sie gestellt wird. Man kann natürlich von der Form des Gesagten her Vermutungen auf eine bestimmte Einstellung oder Haltung anstellen, aber eine Garantie gibt es nicht. Das einzig entscheidende Kriterium, was uns hilft, zu unterscheiden „War das von der Haltung her eine Bitte oder eine Forderung?" ist, „Was passiert, wenn mein Gegenüber ‚Nein' sagt?". (KK wendet sich wieder Tom zu.)

TM: Nein!

KK: „Okay. DANKE SCHÖN! Du hast genau gewusst, wie müd ich bin. Und letzte Woche habe ich dir auch ein Glas Wasser geholt!" An meiner jetzigen Reaktion kann man erkennen, obwohl das vorher im Pelz einer Bitte daherkam, von der inneren Haltung her sowas wie ein Anspruch auf Erfüllung dabei. Deshalb ist also nicht entscheidend, welche Formulierung jemand benutzt, sondern der Test ist, wenn ich ein „Nein" höre auf meine Bitte. Begegne ich diesem Menschen dann mit der gleichen Hochachtung, Wertschätzung und Respekt, wie wenn er „Ja" gesagt hätte?

Wenn das einen Unterschied macht, wenn ich anfange, Urteile über die andere Person zu haben, weil sie „Nein“ sagt, dann war es keine Bitte, sondern eine Forderung. Eine Bitte ist nur dann von der Haltung her eine Bitte, wenn der andere von mir die gleiche Wertschätzung als Mensch bekommt, unabhängig davon, ob er „Ja“ oder „Nein“ sagt auf meine Bitte.

Die daraus folgende weitere Frage bezüglich Bitten ist: Wenn wir jetzt eine Bitte ausgesprochen haben, was ist denn die wichtigste Frage, die uns dann beschäftigt?

TN: Wird sie erfüllt?

KK: Genau, wird sie erfüllt oder nicht. Das ist so eine wichtige Frage, die steht uns häufig so nah vor Augen, dass wir häufig vergessen, über diese Frage hinaus „Macht der andere, worum ich ihn bitte oder nicht?“, häufig vergessen, eine zweite Frage zu stellen. Und das hat Konsequenzen. Denn, wenn man NUR die Frage stellt: „Macht der andere, worum ich ihn bitte oder nicht?“, dann scheint Gewalt plötzlich eine ziemlich attraktive Option zu sein. Wenn ich die Machtmittel habe, den anderen tüchtig leiden zu lassen, wenn er nicht tut, worum ich ihn bitte, dann steigen durchaus die Erfolgsaussichten. Wenn ihr euch an die Situation erinnert vom ersten Tag, Großmutters 70. Geburtstag: Wenn der Vater zur dreizehnjährigen Tochter sagt: „Du, hör mal zu, wenn du nicht in fünf Minuten mit dem Rock hier stehst: Dann Handy abgeben, Taschengeld gestrichen, Fernsehverbot für drei Monate und Party kannst du knicken für eine lange Zeit.“ Dann sind die Chancen nicht schlecht, dass die Tochter in weniger als fünf Minuten dasteht und einen Rock anhat. Eine Garantie gibt es übrigens da auch nicht. Autonomie, Selbstbestimmung ist so wichtig für viele Menschen. Wenn ihr in die Weltgeschichte schaut, wie viele Leute lassen sich foltern oder umbringen, weil sie nicht tun wollen, was ihnen jemand anders anschafft, dann erkennen wir, da steckt ganz schön viel Power drin, in diesem Bedürfnis „Ich entscheide selbst, was ich tue“. Nichtsdestotrotz steigen natürlich die Chancen statistisch gesehen. Und deshalb ist es so wichtig, dass man sich über die Frage hinaus „Macht der andere, was ich möchte?“ immer eine zweite Frage stellt. Wenn man die nämlich dazu stellt, stellt man fest, dass Gewalt niemals funktioniert. Und die zweite Frage lautet: Wenn der andere das tut, worum ich ihn bitte, was möchte ich denn, dass der Grund ist, dass er es tut? Aus welcher Motivation heraus möchte ich, dass jemand mir die Bitte erfüllt? Und ich frage erstmal umgekehrt: Was möchte ich auf keinen Fall, dass der Grund ist, wenn mir jemand eine Bitte erfüllt? Wenn ich wüsste: Das ist deine Motivation mir meine Bitte zu erfüllen. Nein, danke. Lieber nicht! Das könnte ich nicht genießen. Habt ihr Ideen dazu? Aus welcher Motivation heraus möchte ich nicht, dass mir jemand eine Bitte erfüllt?

TN: Dass er sich erpresst fühlt.
TN: Angst.
KK: Ja. Noch eine Idee?
TN: Berechnung. Er will später ein Geschäft mit mir machen.
KK: Berechnung „Eine Hand wäscht die andere“. Jetzt habe ich das Konto aber tüchtig im Plus.
TN: Weil er ein schlechtes Gewissen hat.
KK: Aus einem schlechten Gewissen heraus, ja aus einem Schuldgefühl. Also ihr seht, es gibt schon Antworten auf diese Frage, bei denen man feststellt: Ah, wenn ich wüsste, das ist der Grund, warum das jemand tut, worum ich ihn bitte – mhm? Lieber nicht.

Die Motivation von Menschen, eine Bitte zu erfüllen, kann also auf unterschiedlichen Ebenen zu Hause sein. Vier dieser wichtigen Ebenen sind diese: Aus Gehorsam gegenüber einer Autorität. Aus Angst, es könnte unangenehme Konsequenzen haben, wenn ich nicht tue, worum mich jemand bittet. Aus einem schlechten Gewissen, aus einem Schuldgefühl, aus einem Schamgefühl heraus. Und aus Wertschätzung. Ich habe Freude daran, das Leben von jemand anderem zu bereichern. Ich habe Freude daran, jemandem eine Freude zu machen.

TM: Klaus, das ist ja auch ein Bedürfnis, anderen Menschen eine Freude zu machen. Das haben eigentlich alle Menschen.

KK: Ja. Das gesamte Motivations-System von uns Menschen, die Dopamin-Achse, die Ausschüttung von Wohlfühl-Botenstoffen, Oxytocin, Bindungshormone usw. wird im Wesentlichen gesteuert durch gelingende menschliche Beziehung. Danach sind wir Menschen süchtig. Wir sind soziale Wesen, unser ganzes Motivations-System ist darauf ausgerichtet. Es gibt noch ein paar wenige weitere Faktoren, die auf der Dopamin-Achse eine Rolle spielen und auf all diese Wohlfühl-Botenstoffe wirken. Das ist Musik und Bewegung und Drogen. Aber der wichtigste Faktor ist gelingende menschliche Beziehung. Das heißt, wir sind von der Biologie darauf programmiert, dass wir an nichts mehr Freude haben, als das Leben eines anderen zu bereichern. So werden wir geboren, das ist die Natur des Menschen, aus der Sicht jedenfalls dieses Modells.

Das gilt allerdings nur unter zwei Voraussetzungen. Es bleibt nur erhalten, wenn zwei Bedingungen gegeben sind. Erste Bedingung ist: Ich habe Freude daran, wenn ich nichts erlebe und höre, was meine Selbstbestimmung, meine Autonomie bedroht. Wenn wir etwas hören, das in unseren Ohren klingt wie: „Du sollst" oder „Du musst", dann fangen wir an, unsere Selbstbestimmung zu verteidigen und reagieren mit Widerstand und Trotz. Die zweite Bedingung ist, dass wir Menschen darauf vertrauen, dass unsere Bedürfnisse in dieser Welt zählen. In der menschlichen Reifeentwicklung gibt es zu unterschiedlichen Zeitpunkten auch unterschiedliche Schwerpunkte, in denen etwas häufiger oder weniger häufig auftritt. Wenn Kinder sehr jung sind, können sie kausale Zusammenhänge über längere Zeiträume nicht nachvollziehen. Einem dreijährigen Kind zu sagen: „Hey, putz dir mal die Zähne, denn wenn du das nicht machst, fallen sie dir raus, wenn du fünfzig bist", ist für ein dreijähriges Kind eine vollkommen irrelevante Information. Damit kann es nichts anfangen. Man hat Untersuchungen durchgeführt und Beobachter in eine Familie mit Kindern in diesem Alter reingesetzt, um zu schauen, wie denn dort kommuniziert wird. Eine Mutter sagte zu ihrem dreijährigen Kind: „Räum bitte deine Spielsachen auf" und der Kleine hat es gemacht. Der Beobachter fragte daraufhin das Kind: „Warum hast du das gemacht?" Das Kind reagiert mit einem erstaunten Gesichtsausdruck: „Na weil's die Mama gesagt hat." Was ist denn das für eine komische Frage? Hier gibt es eine Person, die stellt für mich eine Autorität dar, die hat gesagt: „Bitte mach's", deshalb tue ich es. Ende der Fahnenstange. Mehr gibt's darüber nicht zu berichten.

Im Erwachsenenalter wäre ein typisches Beispiel „Militär", da leistet man ein „Gehorsamsgelübde". Wenn man einen Soldaten fragt: „Warum haben Sie das gemacht?", dann sagt er vielleicht: „Befehl von oben!" „Ja, aber haben Sie nicht nachgedacht vorher?" „Nein, warum?" Da gibt's nichts zu denken (einige lachen). Autorität sagt Machen! – Ende. Tiefere Überlegungen – Fehlanzeige. Wenn Kinder etwas älter werden, und sie verstehen kausale Zusammenhänge über die Zeit und verstehen „Ah, etwas, was jetzt passiert, könnte die Ursache sein für etwas, was ich später erlebe", dann kann es sein, dass das jetzt eine Rolle spielt, und wenn man zu einem Fünfjährigen, den die Mutter gebeten hat, sein Zimmer aufzuräumen und der es getan hat, fragt: „Warum hast du denn das gemacht?" Dann sagt er vielleicht: „Weil ich sonst nicht raus kann und mit meinen Freunden spielen darf." Da wird also kalkuliert: „Hey, das könnte unangenehme Konsequenzen haben, wenn ich nicht tue, worum meine Mutter mich bittet", und dann ist Angst die Motivation, etwas zu tun, worum jemand mich bittet, weil ich vermeiden möchte, dass es unangenehme Konsequenzen gibt. Oder ich habe Angst, dass was Angenehmes ausbleibt. Das ist die Ebene, auf der wir versuchen, das Verhalten anderer Menschen zu steuern, in dem man sie belohnt oder bestraft. Dazu sage ich gleich noch ein bisschen mehr.

Wenn Kinder noch älter sind, und sie lang genug durch die gesellschaftliche Gehirnwäsche gegangen sind, dass sie jetzt verstanden haben „Ah, ich bin verantwortlich für die Gefühle anderer Menschen", dann sind ein schlechtes Gewissen, Schuld und Scham wunderbare Möglichkeiten, andere Menschen dazu zu bringen, das zu tun, was ich will. Und wenn man dann einen Neunjährigen fragt: „Du hast doch gerade dein Zimmer aufgeräumt, warum hast du das gemacht?" Dann sagt der vielleicht: „Weißt du, meine Mama fühlt sich so unwohl, wenn's bei mir so ausschaut." Da gibt es einen Menschen, der hat einen wichtigen Platz in meinem Herzen, und ich glaube, ich bin verantwortlich dafür, wenn der andere dann unglücklich, unzufrieden oder enttäuscht ist. Dann kann das der Grund sein, warum ich tue, worum jemand mich bittet.

Wenn man Leute übrigens fragt: „Wo hättest du denn gerne, dass die Motivation zu Hause ist, wenn dir jemand eine Bitte erfüllt?" Dann werden wir übereinstimmend hören: „Ja, ich hätte gerne, dass er es aus freien Stücken tut, weil er Freude daran hat, mir eine Freude zu machen." Und, das gilt ja auch in vielen Fällen, wenn diese beiden Bedingungen gegeben sind. Wenn ihr kleine Kinder beobachtet, die Erwachsene sehen, wie sie Geschirr spülen, sagen sie: „Ich will auch, ich will auch." Macht das mal mit einem Achtjährigen, dem du beigebracht hast, dass es seine verdammte Pflicht und Schuldigkeit ist, irgendwas zur Hausarbeit beizutragen, dann macht es keinen Spaß mehr. Aber wir haben Freude daran, einen Beitrag zu leisten. Freude, das Leben anderer zu bereichern, wenn die beiden Bedingungen gegeben sind.

Unglücklicherweise haben wir alle eine Zeit in unserem Leben erlebt, alle, die wir hier sitzen, wo dieses Urvertrauen, „Ah, meine Bedürfnisse zählen, meine Bedürfnisse sind wichtig", erschüttert worden ist. Diese Phase im Leben nennt man Kindheit. Das ist die Zeit, in der wir fast überall auf der Welt Kindern das Erleben ermöglichen „Deine Bedürfnisse sind nicht so wichtig".

Marshall hat in Elternseminaren folgende Übung durchgeführt: Anfangs teilt er die Seminargruppe in zwei gleich große Gruppen auf. Jede Gruppe bekommt eine Pinnwand, da steht ein Satz drauf. Und dann macht er das, was ihr auch mit diesen fünf Sätzen bei eurer Bestandsaufnahme gestern gemacht habt. Jemand sagt den Satz und ihr reagiert spontan darauf. Der einzige Unterschied hier ist, dass die ganze Gruppe gemeinsam die spontanen Reaktionen sammelt. Beide Gruppen haben den gleichen Satz, auf den sie reagieren. Es gibt nur einen Unterschied: bevor sie anfangen mit dem Brainstorming, geht Marshall nochmal in jeden Raum und sagt der einen Gruppe: „Bitte antwortet mit der Vorstellung, das ist dein Nachbar, der das zu dir sagt." Der anderen

Gruppe sagt er: „Bitte antwortet mit der Vorstellung, das ist ein Kind, das das zu dir sagt." Dann werden die ganzen Reaktionen aufgeschrieben, beide Pinnwände kommen in den gleichen Raum. Die gesamte Gruppe sitzt davor, und dann sagt Marshall: „Lest euch mal durch, was auf den beiden Pinnwänden steht. Gibt es einen Unterschied, was Wertschätzung und Respekt für das Gegenüber in den Aussagen zum Ausdruck bringt? Gibt es auf einer Wand mehr Wertschätzung als auf der anderen für das Gegenüber?" Das Ergebnis war immer sehr eindeutig, dreimal dürft ihr raten. Der Nachbar kriegt mehr Wertschätzung. Der Filter „Ah, ist ja nur ein Kind" bedeutet in den meisten Kulturen, dass man diesem Menschen nicht mit der gleichen Hochachtung und Wertschätzung und mit Respekt begegnet als einem Erwachsenen.

TM: Klaus, weißt du, welchen Satz er da genommen hat?
KK: Spielt gar keine Rolle. Es, es könnte so was sein wie: „Wenn es Ihnen nicht sauber genug ist, putzen Sie doch selbst", zum Beispiel.

Und der Unterschied ist übrigens nochmal drastischer, wenn man den Leuten nicht sagt: „Das ist ein Kind, das das zu dir sagt", sondern „Das ist DEIN Kind, das das zu dir sagt". Da geht es mit der Hochachtung nochmal ein Stück runter. Es gibt Menschen, die sagen: „Das Verhältnis zwischen Menschen wird dadurch geprägt, wie Männer Frauen behandeln in einer Kultur, das ist so die Basis für die Art, wie wir miteinander umgehen." Der australische Psychiater Gilligan stellt in seinem Buch die These auf: „Nicht die Art wie Männer Frauen behandeln, sondern die Beziehung, wie wir mit Kindern umgehen, ist die Basis für das, wie Menschen in einer Kultur miteinander umgehen, einander behandeln." Er hat untersucht, was wir in den letzten 2000 Jahre im Umgang mit Kindern gemacht haben. Wisst ihr, seit wann Kinder als Menschen gelten, offiziell? 1985 haben die meisten Menschen entschieden, dass Kinder tatsächlich echte Menschen sind, dass sie Menschenrechte haben. Das gab es vorher nicht. Und nicht alle Länder haben unterschrieben – Somalia zum Beispiel nicht. USA auch nicht, weil sie aufhören müssten Kinder hinzurichten. Das fordert die „Menschenrechtskonvention für Kinder" und diese Freiheit wollten sie sich behalten. Die Tatsache, dass viele Staaten die Konvention unterschrieben haben und damit sagen, „Ja, Kinder sind tatsächlich echte Menschen, haben Menschenrechte", das bedeutet ja noch nicht, dass das gelebte Wirklichkeit ist, das ist erstmal Programm.

TN: Deutschland wird jedes Jahr abgemahnt wegen der Kinderrechtskonvention.
KK: Mhm, das heißt, wir haben noch einen langen Weg zu gehen. Dass man einen Erwachsenen nicht schlagen darf, das wissen wir. Das wird bestraft, weil es ungesetzlich ist. Wisst ihr, seit wann es in Deutschland verboten ist, dass man Kinder schlagen darf?
TN: Gar nicht.

KK: Doch. Da gibt es Gesetze. Im Jahr 1998 wurde das Gesetz erlassen, 2000 wurde es ratifiziert. In Frankreich tobt gerade die Diskussion, ob man das gesetzlich verbieten soll, dass Kinder von ihren Eltern geschlagen werden dürfen. Von Lehrern geschlagen werden ist schon ein bisschen länger verboten. Aber in meiner Schulzeit war es noch gesetzlich erlaubt, dass Lehrer Kinder schlagen. Erst 1973 wurde es gesetzlich geregelt und verboten, in Bayern endgültig im Jahr 1980. Über Jahrtausende wurden Kinder wie Gegenstände behandelt. Sie waren Eigentum der Eltern. Sie konnten mit ihnen machen, was sie wollten. Jahrhundertelang war das nicht einmal ethisch verwerflich. Wenn jemand sein Kind umgebracht hat, hat man sagt: „Ja, ist zwar schade, aber darf er ja – ist ja sein Kind." Wenn jemand seinen Stuhl kaputt macht, der ihm gehört, kann sich auch niemand beschweren, der darf doch mit seinem Eigentum machen, was er will. Das erste Mal, als man sich in Deutschland über eine gesetzliche Regelung, ob man Kinder prügeln darf oder nicht, nachdachte, war vom neunzehnten auf das zwanzigste Jahrhundert, also um die vorletzte Jahrhundertwende. Vorher war das so selbstverständlich, dass niemand sich Gedanken darüber gemacht hat, dass man sich überhaupt mit diesem Thema beschäftigen müsste. Es wurde dann übrigens gesetzlich so festgelegt, dass die Väter das Züchtigungsrecht haben, die Mütter nicht. Das hat dazu geführt, dass viele Jahrzehnte lang Mütter gesagt haben: „Warte, bis der Papa nach Hause kommt, dann setzt es Prügel." Das war nicht nur, weil denen das zu mühsam war, sondern weil sie gesetzlich nicht das verbriefte Recht hatten. Übrigens: bis 1928 hatten Ehemänner auch das gesetzlich verbriefte Züchtigungsrecht gegenüber ihren Ehefrauen. Die Tatsache, dass Mütter gesetzlich nicht das Recht hatten, ihre Kinder zu schlagen, hat nicht bedeutet, dass es nicht trotzdem gemacht wurde, aber gesetzlich war das den Vätern vorbehalten. Das hat man übrigens 1958 im Zuge der Gleichberechtigung geändert. Da haben die Mütter auch gesetzlich das verbriefte Recht bekommen, dass sie ihre Kinder schlagen dürfen. Und, wie gesagt, im Jahr 2000 wurde es in Deutschland abgeschafft. Die skandinavischen Länder sind immer ein paar Jahrzehnte vor uns gewesen. Und es gibt heute noch viele Länder auf dieser Welt, wo Kinder zu schlagen nicht gegen das Gesetz ist.

In den meisten Kulturen haben wir also Menschen, die relativ früh einen Grund haben, das Vertrauen zu verlieren, dass ihre Bedürfnisse zählen auf dieser Welt. Dann zu erwarten, dass diese Menschen sich um die Bedürfnisse anderer kümmern, ist natürlich absurd. Die Voraussetzung, dass wir unserer menschlichen Natur treu bleiben, dass wir Freude daran haben, zum Wohlergehen anderer beizutragen, das Leben anderer Menschen zu bereichern, ist eben in hohem Maße davon abhängig, dass ich drauf vertraue, andere Leute nehmen meine Bedürfnisse genauso ernst, wie ihre eigenen. Und da kann jeder Mensch natürlich einen sinnvollen Beitrag leisten, wenn er diese Signale gibt und diese Haltung einnimmt, bei der andere Leute das Vertrauen fassen können: „Ah, meine Bedürfnisse werden gehört, verstanden und ernst genommen", da gibt es nichts, was natürlicher wäre, als Freude daran zu haben, das Leben eines anderen Menschen zu bereichern. Kooperationsbereitschaft ist unsere menschliche Natur. Aber eben, wie gesagt, nur unter diesen Bedingungen.

Noch etwas zu der Ebene „Angst – wenn ich das nicht tue, hat das unangenehme Folgen für mich" (KK zeigt auf die zweite Ebene von unten auf dem Flipchart „Gründe, das zu tun, was eine andere Person möchte"). Auf dieser Ebene versuchen wir, das Verhalten anderer Menschen durch Bestrafung und Belohnung zu steuern. Gott sei Dank hat sich mittlerweile schon in weiten Bereichen die Erkenntnis durchgesetzt, dass es einen hohen Preis kostet, andere durch Bestrafung zu motivieren, etwas zu tun, und dass das auch nicht besonders effektiv ist. Was sich leider noch nicht durchgesetzt hat, ist unser Verständnis, dass auch jede Art von Belohnung ebenfalls die Motivation zerstört und zwar immer und ohne Ausnahme. Motivieren Belohnungen? Selbstverständlich motivieren Belohnungen. Die Frage ist: „Zu was motivieren sie"? Belohnungen motivieren ausschließlich dazu, eine Belohnung zu erhalten und zu nichts anderem. Und wer was anderes glaubt, wird durch die Forschung widerlegt. Wir wissen das übrigens seit Jahrzehnten, aber es gibt nach wie vor eine populärwissenschaftliche Überzeugung „Doch, man kann Menschen motivieren, indem man sie belohnt". Sie stammt übrigens aus den 30er Jahren des letzten Jahrhunderts. Damals wurden sehr viele Tierversuche in diesem Bereich durchgeführt. Man brachte z. B. Ratten dazu, einen Hebel zu drücken, dann kommt ein Futterkorn runter, usw. Die Ergebnisse dieser Experimente hat man dann sehr unkritisch auf Menschen übertragen, nach dem Motto „Menschen sind ja auch nur Tiere". Man hat dann gefolgert, dass man Menschen auch durch Belohnungssysteme motivieren kann. Wir wissen seit Jahrzehnten in der Forschung, dass das nicht der Fall ist, sondern genau das Gegenteil: Jede Art von Belohnung zerstört Motivation und zwar immer und ohne Ausnahme. Motivieren durch Belohnung funktioniert nicht. Man kann Menschen eine Belohnung geben, aber man muss sie auch nur dann überhaupt belohnen, wenn man möchte, dass sie etwas tun, was nicht gut für sie ist. Wer mehr über dieses Thema erfahren möchte empfehle ich das Buch „Punished by Rewards" von Alfie Kohn.

TN: Das gibt es auch leider nur auf Englisch. Es gibt andere Bücher von ihm auf Deutsch, aber nicht genau das.

KK: Genau. Aber die anderen Bücher von ihm, die es auf Deutsch gibt, die lohnen sich auch, weil er im Grunde genommen das gleiche Thema immer wieder aus unterschiedlichen Blickwinkeln betrachtet. Das Buch ist deshalb auch so wertvoll, weil es jede Menge Quellenangaben hat über all die Menschen, die eben in diesem Bereich geforscht haben und rausgefunden haben: „Wie schaut es denn aus, was geschieht mit der Motivation?" Warum funktionieren Belohnungen nicht, um Menschen zu motivieren? Weil es bei Belohnungen nicht um die wahre Motivation geht, die auf die Gründe menschlichen Verhaltens abzielen, sie zielen ausschließlich auf die Verhaltensebene. Und wer sich nicht darum kümmert, warum Menschen sich auf diese oder jene Art und Weise verhalten, der geht an dem Problem vorbei.

TN: Belohnungssystem in der Psychiatrie, das Token-System ist ja schon Standardgeschichte. Ich weiß jetzt nicht, wie die Patienten ohne Token-System bei uns zu halten wären. Aber ist es nicht trotzdem indiziert, ich habe doch die Erfahrung gemacht, dass es funktioniert.
TM: Token-System sagt jedem was?
TN: Punkte sammeln, die man eintauschen kann für irgendeinen Verstärker.
TM: Belohnungssystem.
TN: Belohnung. Aber ist es nicht zum Beispiel gerechtfertigt, wenn ich einen Jungen mit einem nicht akzeptablen Verhalten habe, Mädchen auch, dass ich das allein schon deswegen einsetze, damit sie zu Hause eher das passende Verhalten zeigen, und damit ja dann auch die Wertschätzung seiner Eltern bekommen? Wenn er ein akzeptables Verhalten zeigt für die Eltern und dann Wertschätzung von den Eltern bekommt, lernt er doch auch: „Ja, meine Eltern haben mich lieb, wenn ich dieses Verhalten zeige." Okay, das ist dann wieder Angst und wieder Belohnung. Aber man kann ja oft auch dieses Token-System mit der Zeit wieder ausschleichen lassen. Aber sie haben dann zumindest auch mal Wertschätzung für ihr Verhalten und für sich überhaupt mal erfahren, wenn es dann zu Hause eher funktioniert. Weil es funktioniert sonst ja oft zu Hause gar nicht.
KK: Ich hatte gestern schon mal das Problem beleuchtet: Wenn man mit Menschen arbeitet und Kommunikation nur eingeschränkt möglich ist, hat man manchmal ein Dilemma und muss sagen: „Wir als Gesellschaft wollen uns die Rahmenbedingungen und den Aufwand nicht leisten, den es möglich macht, Menschen zu unterstützen, einen sinnvollen Umgang mit anderen Menschen zu lernen, das ist uns einfach zu teuer." Und dann ersetzt man ein Stück dessen, was zwischenmenschliche Kommunikation leisten könnte, durch Dressur.
TN: Aber ich kann ja nicht jedes Kind aus der Familie rausnehmen, nur weil eine Mama nicht in der Lage ist, immer wertschätzend zu sein.
KK: Ich sehe durchaus das Dilemma, und gleichzeitig gibt es eben die Forschungsergebnisse, die alle sehr eindeutig sind. Ich gebe euch ein Beispiel, und wie gesagt, in dem Buch gibt es viele davon.

Man hat in einem Kindergarten ein neues Spiel gekauft, und hat dann den Kindern, die ein bisschen älter waren, also fünf oder sechs Jahre alt, gesagt: „Es wäre schön, wenn ihr das den jüngeren Kindern beibringt, dass ihr das mit denen spielt." Und da hatte man eben zwei Gruppen. In der einen Gruppe hat man den älteren Kindern gesagt: „Spielt das doch mit den Jüngeren, das würde uns freuen. Und wenn ihr das macht, gibt es eine kleine Belohnung." Und in der anderen hat man das Gleiche gesagt, nur hat man das mit der Belohnung weggelassen. Und dann lässt man ein solches Programm vier Wochen laufen, und nach einem Vierteljahr überprüft man, in welcher Gruppe wurde das Spiel häufiger gespielt? Da gibt es immer ein eindeutiges Ergebnis: Nämlich in der Gruppe, in der es keine Belohnung gab. Die menschliche Psyche scheint so zu funktionieren, dass etwas in unserer Hochachtung sinkt, wenn es Mittel zum Zweck ist. Es ist nur noch ein Instrument, um ein anderes Ziel zu erreichen, und dafür gibt es nicht die gleiche Hochachtung und Wertschätzung, wie wenn wir etwas um seiner selbst willen tun. Intrinsische versus extrinsische Motivation.

Zum Thema „Naja, und dann kann man das ausschleichen": Das Riskante und die Schwierigkeit dabei, wenn man mit Belohnungen arbeitet, ist, dass Belohnungen Suchtcharakter haben. Das heißt, um die gleiche Wirkung zu erzielen, muss man die Dosis erhöhen. Schauen wir folgende Situation an: Eltern sagen: „Mich nervt das, dass meine Kinder dauernd die Schuhe mitten im Gang stehen lassen, anstatt sie in das Schuhregal zu stellen. Und ich habe es schon ein paarmal angesprochen, das hat aber irgendwie nicht den Effekt gehabt, den ich mir wünsche. Jetzt komme ich auf die geniale Idee, ich hole meine Kinder zusammen und sage: ‚Kinder, wenn am Ende der Woche, am Samstag, jeden Tag die Schuhe im Regal waren, gibt es 5 Cent ins Sparschwein für jeden.'" Was passiert jetzt mit den Schuhen? Ruck zuck sind die Schuhe im Regal. (Ein Teilnehmer schüttelt skeptisch den Kopf.) Vielleicht funktioniert es bei deinen Kindern nicht mit 5 Cent, das hängt auch vom Alter ab und der Höhe, mit der man einsteigen muss. Es hängt auch davon ab, wie weit die Sucht schon fortgeschritten ist. Wenn die Belohnung eine passende Höhe hat, hat sie diesen Effekt. Was man nicht bedenkt an der Stelle, wenn man jetzt feiert „Ha, es funktioniert", ist eben a) Suchtcharakter, das heißt, man muss die Dosis erhöhen, das bedeutet ein paar Jahre später „5 Cent am Ende der Woche ins Sparschwein?", da kannst du niemanden mehr hinter dem Ofen vorlocken, also erhöhst du die Dosis. Wenn die Kinder jetzt 16 Jahre alt sind: Zum einen geht es inzwischen ziemlich ins Geld, durch die ständige Dosiserhöhung. Und zum anderen: viele Eltern sagen dann: „Ja, also jetzt sind sie ja langsam erwachsen, ich finde, es sollte jetzt auch ohne Belohnungssystem funktionieren." Was haben die Kinder gelernt in all den Jahren? Eine wichtige Lektion: Sie haben gelernt, wie man eine Belohnung bekommt. Was ist der Grund, die Schuhe ins Regal zu stellen? Es gibt Geld dafür! Wenn der einzige Grund, der einzige Sinn, die Schuhe ins Regal zu stellen, wegfällt, was passiert jetzt mit den Schuhen? Gehen die noch ins Regal? „Hä! Warum denn?" Der einzige Grund, es gibt Geld dafür, warum ich es gemacht habe, fällt weg. Zusätzlich habe ich eine Generation herangezogen, die jedes Mal, wenn jemand zu ihnen kommt und sagt: „Kannst du bitte Folgendes machen", sagt, „Mach ich gerne, was kriege ich dafür?" Und die Frage ist: „Wollen wir das?"

TM: Es entsteht doch eine Routine im Sinne eines Gewohnheitsmusters bei den Kindern, die Schuhe dann in den Schrank zu stellen!
KK: Ja, und die Frage ist: „Will ich das tun, weil ich sage, ich habe eine Routine im Kopf oder möchte ich, dass Menschen etwas tun, weil sie den Sinn verstehen? Will ich die programmieren, will ich die dressieren, will ich die zu Automaten machen oder möchte ich, dass Menschen im Kontakt mit Werten und Bedürfnissen sagen Das mache ich gerne, weil das erfüllt wichtige Bedürfnisse, das erfüllt einen wichtigen Sinn?" Nicht über den Sinn und den Hintergrund zu sprechen, heißt, ich verhindere zuverlässig, dass je-

mals Kontakt zu irgendeinem Sinn hergestellt wird. Warum mache ich das denn? Der einzige Grund ist „Es gibt eine Belohnung dafür".
TN: Mir ist jetzt so ein bisschen unklar, was ist Belohnung? Weil … also wenn die Mama sich freut und Freude zeigt, dann ist es ja für das Kind auch eine Art von Belohnung.

KK: Danke für die Frage. Ich gebe euch eine Definition: Belohnung ist getragen von der Absicht, das Verhalten anderer Menschen zu steuern und zu beeinflussen. Wenn wir mal im Moment im qualitativen Bereich schauen, gibt es ja auch verbale Kommunikation und hier ist der Unterschied zu suchen. Eine verbale Belohnung nennt man übrigens „Lob". Was ist der Unterschied zwischen Lob und Wertschätzung? Es gibt einen ganz entscheidenden Unterschied. Wesentlich ist der Grund, warum ich es tue, die Haltung, aus der heraus es geschieht. Lob nennen wir alles, was mit dem Ziel gesagt wird, das Verhalten anderer Menschen zu beeinflussen und zu steuern. Wertschätzung ist im Gegensatz dazu: „Ich sage etwas und der einzige Grund, warum ich es sage, ist auszudrücken, was ich gerade innerlich erlebe und empfinde. Ich empfinde zum Beispiel eine Freude oder Dankbarkeit und ich möchte gerade das, was in mir lebendig ist, zum Ausdruck bringen." Deshalb ist der wichtige Punkt an der Stelle, bevor ich meinen Mund aufmache, sich selber zu fragen: „Was ist der Grund, warum ich im Moment meinen Mund aufmache?" Und sobald da auch nur eine Spur von dem drin ist „Ich will damit das Verhalten anderer Menschen steuern und beeinflussen, indem ich jetzt ein Lob ausspreche", empfehlen wir, es zurückzuhalten. Denn sobald der Empfänger ein bisschen was von dieser Absicht in die Nase kriegt, fangen die Leute an, ihre Autonomie zu verteidigen. Ich kenne das gerade aus Unternehmen. Da ist es nach wie vor gang und gäbe, dass geglaubt wird, man müsste die Menschen motivieren, indem man sie belohnt, auch verbal. Es gibt immer noch Führungskräfte-Seminare, in denen gelehrt wird „Man muss die Mitarbeiter loben, dann arbeiten sie härter". Und wo immer ich hinkomme, und diese Kultur Einzug gehalten hat, haben wir „verbrannte Erde" ohne Ende. Wenn dann jemand kommt und eine Dankbarkeit oder eine Freude zum Ausdruck bringt und sagt: „Ich wollte dir was sagen, ich finde das so toll, was du da machst." Sagt der: „Hör auf zu schleimen, sag mir lieber gleich, was du wirklich willst", weil sie ahnen schon, das kommt nicht von Herzen, sondern da wendet jemand eine Psychotechnik auf mich an, um an meinem Verhalten rumzuschrauben. Dann feuert das zurück. Und selbst dann, wenn etwas von Herzen ausgedrückt wird, sind die Leute sehr misstrauisch, weil sie Zweifel haben: „Ist das wirklich so gemeint, wie es jemand sagt? Ist das echt? Ist das authentisch? Kommt das von Herzen?" Oder: „Hat jemand gerade eine Maxime im Führungskräfte-Seminar gelernt, um mich und mein Verhalten zu manipulieren, ohne dass ich es mitkriege?" Und wenn das Vertrauen einmal verlorengegangen ist, ist es verdammt schwer, das zurückzubekommen. Deshalb, nochmal, ein ganz wichtiger Unterschied: Wertschätzung ist Nahrung für die Seele, und es gibt nicht genug davon. Man kann jemand auch nicht überfüttern damit. Aber sobald ein Teil meiner Absicht oder die komplette Absicht ist, das Verhalten anderer damit zu beeinflussen und zu steuern, feuert das zurück, wenn die Empfänger eine Ahnung davon kriegen. Weil dann Menschen ihre Autonomie, ihre Selbstbestimmung verteidigen: Niemand möchte manipuliert werden, sondern die Menschen wollen selbst entscheiden, was sie tun. Bevor ich auf das eingehe – Definition klar genug?

TN: Ich habe nochmal eine Frage zum Belohnungssystem: Bei unseren Essstörungs-Settings arbeiten wir auch mit Lob bzw. negativer Bestärkung. Wenn die Patienten aufessen, dürfen sie zum Beispiel an den Gruppentherapien teilnehmen etc. Passt das nicht, hat das eben Konsequenzen. Und wenn ich jetzt aber mit dieser Haltung rangehe, würde das ja eigentlich das ganze Setting ad absurdum führen. Oder ich müss-

te es einfach in Frage stellen. Da frage ich mich, wie kann man es denn dann erreichen, wenn jemand zum Beispiel durch das Untergewicht kognitiv noch so eingeschränkt ist, dass er das aus einem Bedürfnis heraus zum Beispiel isst – wie schaffe ich es denn dann, den anderen zu motivieren?
KK: Ich habe keine Patentantwort. Ich habe schon gesagt, in dem Moment, wo ihr sagt: „Eine Kommunikation ist auf dem Level nicht möglich, auf dem ich das gerne hätte“, oder jemand hat so Untergewicht, dass das Gehirn gar nicht mehr genügend Zucker bekommt, um klar zu denken, dann kann es sein, dass man an der Stelle sagt: „Mit dem, was wir uns als Gesellschaft im Moment leisten wollen, ist das etwas, wo ich ein Stück Dressur in Kauf nehme und hoffe, dass die Auswirkungen nicht so schlimm sind, dass man es später nicht zurückfahren kann.“ Oder sagt: „In diesem ‚Catch 22‘ – was tue ich? Beides hat Auswirkungen. ich treffe jetzt eine verantwortliche Entscheidung, es so zu machen, ‚Was anderes haben wir im Moment nicht zur Verfügung.‘“ Und wenn man also das Bewusstsein behält, dass Dressur natürlich immer auch ein Stück auf Kosten der Menschenwürde geht, dann kann man, wenn man das mitlaufen lässt, das auf das absolut Minimale beschränken, wo man sagt: „Ich befürchte sonst, dass ein Schaden entsteht, den wir nicht wieder gutmachen können.“ Ja? Mir reicht es, auch Anregungen zu geben, dass man Dinge mal infrage stellt und mal genauer hinschaut, was die natürlichen Gründe für menschliches Verhalten sind, sich Bedürfnisse zu erfüllen. Und wenn es gelingt, hier einen Beitrag zu leisten, dass Menschen lernen, in Kontakt zu kommen mit dem, was sie brauchen, was ihnen am Herzen liegt, und man unterstützt sie, passende Strategien zu entwickeln, ist das was anderes als das, was wir über Dressur erreichen können.
TN: Also ich denke da auch an das Zitat von Rosenberg, das du gestern zitiert hast, in dem es darum geht, dass er es schon oft nicht geschafft hat und der Grund war, dass er nicht lange genug drangeblieben ist. Wenn man eine Patientin hat, 22 Jahre und essgestört, und sie schaut auf 18 Jahre lang Essstörung zurück, dann ist die bei uns im Setting zwölf Wochen, weil die Krankenkasse nicht mehr bezahlt. Und das in Relation, man muss da halt länger dranbleiben, die muss in einem System aufgefangen sein, und dann hat man mit der Patientin eine Arbeit von zwölf Wochen, dann macht die ambulant weiter oder was weiß ich – wir sind einfach …, es ist einfach zu kurz.
TN: Also bei uns sind die bis zu einem halben Jahr. Und wir erleben das oft, also ich denke, das passt, dass wir sie am Anfang wirklich über das quasi Inkaufnehmen überhaupt zum Essen bringen. Und dann, wenn wir merken, die sind kognitiv wieder zugänglich und wieder reflexionsfähig, dann können wir weiter daran arbeiten. Dann macht man immer wieder Motivations-Arbeit: Was spricht dafür? Warum sollte sie essen? Welches Bedürfnis steckt vielleicht dahinter, nicht zu essen? Und ich denke, dann kommt das zum Tragen, wo die Dressur aufhört. Dann können mehr Freiheiten gewährt werden und das Belohnungssystem kann ausschleichen. Ich glaube auch, dass es was mit Zeit zu tun, ja.
TN: Lob versus Wertschätzung vermischt sich doch trotz allem sehr häufig. Wenn mein Oberarzt zum Beispiel zu mir sagt: „Frau X, ich möchte Ihnen sagen, dass Sie sehr gute Arbeit leisten.“ Dann kann es ja sein, dass es wirklich von Herzen kommt. Andererseits hat er trotz allem ja wahrscheinlich die Intention „Ja, wenn ich ihr das sage, dann motiviere ich sie dazu, weiterhin so zielstrebig zu arbeiten“. Also es vermischt sich ja dann oder es kann sich schon sehr häufig vermischen. Und wir sagen auch das Wort „Lob“, möchte ich mal behaupten, sehr häufig im Sinne von Wertschätzung, weil sich das bei uns so eingebürgert hat und diese Trennung gar nicht so da ist.

KK: Es ist eben eine Frage der Haltung. Eine Haltung ist nicht greifbar ist, nicht sinnlich wahrnehmbar. Jeder kann sich nur selber fragen: „Was ist meine Motivation, gerade den Mund aufzumachen?“ Ich stimme dir zu. Wir werden häufig eine Mischmotivation haben, unseren Mund aufzumachen. Und deswegen, sind die beiden Aspekte, die wir hier aufzeigen, wie zwei Pole einer Skala. Und je besser es uns gelingt, uns innerlich abzukoppeln von dem „Ich schiele auf die Ergebnisse meines Verhaltens“, achte ich mehr darauf „Was regt sich in mir gerade? Was ist in mir lebendig? Und was möchte ich gerne zum Ausdruck bringen von dem, was in mir lebendig ist?“ Wenn ich eine Freude habe, möchte ich meiner Freude Ausdruck geben. Und wenn ich das, so gut es mir möglich ist, trenne von dem „Oh, dann wird der andere als Folge davon Folgendes tun“, desto weniger vergiftet ist dieses Geschenk. Nach außen hin, von der Form her, ist das nicht immer sauber zu unterscheiden. Im Vertrieb gibt es häufig solche Belohnungssysteme. Einer der Gründe, warum in Vertriebs-Unternehmen der Mitarbeiterwechsel am höchsten von allen Sparten ist, liegt darin, dass man die Leute permanent demotiviert. Was passiert, wenn man sagt: „Die zehn erfolgreichsten Verkäufer in diesem Jahr kriegen ein Wochenende am Bodensee“? Was passiert mit demjenigen, der auf Platz 11 gelandet ist? Glaubt ihr, dass der denkt, das ist fair? Das gleiche Drama erleben wir, wenn es Prämien gibt für Verbesserungsvorschläge. Es gibt viele Unternehmen, die das eingeführt haben, „kontinuierlicher Verbesserungsprozess“ oder wie auch immer sie das nennen. Wenn du deine Idee einreichst, das Unternehmen hat was davon, gibt es eine Prämie. Überall hat das katastrophale Folgen. Die Folgen sind nämlich, dass Menschen, die sich in ihrem Arbeitsvertrag für ein bestimmtes Entgelt verpflichten, hundert Prozent ihrer Arbeitskraft zur Verfügung zu stellen, anfangen, nur noch mit achtzig Prozent ihrer Arbeitskraft zu arbeiten, und die anderen zwanzig Prozent dafür hernehmen rauszukriegen, „Wie kann ich noch eine zusätzliche Prämie rausschlagen?“. Das heißt, es geht auf Kosten der Produktivität. Das bekommen die Unternehmen auch über kurz oder lang mit, weil das ja spürbar wird, dass Leute nicht mehr zu hundert Prozent arbeiten, nur noch zu achtzig und den Rest der Zeit darüber nachsinnen: „Mit welchem Verbesserungsprozess kann ich ein zusätzliches Geld, eine zusätzliche Prämie bekommen?“ Wenn ein Unternehmen das merkt, passiert meist Folgendes: Anstatt mit der unseligen Praxis aufzuhören, sagt man: „Ha! Wir haben falsch belohnt! Man darf Leute natürlich nicht belohnen für etwas, wo sie einen Beitrag leisten in einem Bereich, für den sie verantwortlich und zuständig sind, weil da haben sie sich schon verpflichtet, hundert Prozent ihrer Arbeitskraft, ihrer Geisteskraft zur Verfügung zu stellen, und dafür kriegen sie ja schon ein Gehalt. Wir belohnen sie nur noch dafür, wenn sie einen Vorschlag machen in einem Bereich, für den sie gar nicht zuständig sind.“ Das dauert ungefähr vier Wochen, dann passiert Folgendes: (KK wendet sich an einen TN.) „Du komm, ich hätt da eine Idee, ich glaube, das könnte eine Prämie bringen. Wenn ich es einbringe, nein, das ist mein Bereich, verstehst du, aber du bringst es ein, wir teilen uns die Knete 60:40. Haben wir einen Deal?“ Und wieder arbeiten Leute nur noch zu achtzig oder neunzig Prozent, und den Rest ihrer Arbeitszeit verbringen sie mit Ideen „Wie kann man eine zusätzliche Prämie bekommen?“. Aber diese Überzeugung, man könnte Menschen motivieren, indem man sie belohnt, ist kaum ausrottbar. Wenn wir übrigens als Führungskräfte alles unterlassen, was die Menschen demotiviert, dann haben wir einen super Job gemacht. Man braucht Menschen nicht motivieren. Menschen sind von Haus aus motiviert, die werden motiviert geboren. Und wenn wir vermeiden, Menschen permanent zu demotivieren, wenn wir uns an der Stelle raushalten, dann haben wir einen super Führungsjob gemacht.

TN: Also meine Frage, die ich jetzt stelle, die ist jetzt nicht pro Lob, weil mir leuchtet das alles ein, was du sagst. Aber Entgelt beim Beruf, ist das jetzt eine Form von Wertschätzung? Also jemand steckt Arbeitsleistung rein, er bekommt dafür Geld – ist das jetzt eine Form von Belohnung oder ist das eine Form von Wertschätzung?
KK: Das Entscheidende ist, aus welcher Motivation heraus mache ich was. Wenn ein Unternehmen sagt: „Wir haben dieses Jahr eine Million Überschuss gemacht. 500.000, die Hälfte davon, gehen in Rücklagen für schwierige Zeiten, 200.000 benutzen wir, um zu investieren, die anderen 300.000 schütten wir aus.“ Dann ist es keine Belohnung, denn es geschieht aus der Haltung heraus „Hey, wir haben das gemeinsam erwirtschaftet, das steht uns allen zu“. Das ist keine Belohnung. Weil das nicht geschieht mit dem „Wir machen das, um die Menschen zu noch mehr Leistung anzustacheln“, sondern „Nein, wir haben das gemeinsam er-

wirtschaftet, wir verteilen das, was uns allen zusteht, weil wir es gemeinschaftlich erwirtschaftet haben".
TN: Aber indirekt doch schon wieder, weil dann impliziert das „Naja, wenn wir das jetzt so weitermachen und vielleicht noch mehr, dann kriegen wir nächstes Jahr vielleicht noch mehr Ausschüttung".
KK: Es spricht ja auch nichts dagegen, dass jemand, der sagt: „Ich bin Schuster" und „Mir reicht das, in der Woche 20 Paar Schuhe zu fabrizieren, dann habe ich mein Einkommen, und den Rest genieße ich meine Freizeit." Und jemand anderes sagt: „Ich würde gerne mehr Geld verdienen, ich produziere 30 Paar Schuhe." Auch in Unternehmen spricht überhaupt nichts dagegen, leistungsgerechte Bezahlung zu machen, wenn Leistung objektiv messbar wäre. In manchen Bereichen ist das vielleicht möglich. Aber in vielen Bereichen, in denen wir heute arbeiten, sind die Zusammenhänge so komplex, dass die Leistung überhaupt nicht mehr in irgendeiner Form objektiv messbar ist, weil meine Produktivität von so viel Zuarbeit durch andere Menschen abhängt. Letztendlich habe ich kaum Kontrolle darüber, was ich am Schluss abliefere, weil ich von so vielen Dingen abhängig bin, erst recht, wenn ich im Team arbeite. An der Stelle führt man jede Menge Ungerechtigkeit ein. Bezahlung ist eigentlich ein Hygienefaktor. Die beste Motivation von Mitarbeitern bekommt man, wenn man bei Abschluss des Arbeitsvertrages etwas aushandelt, wo beide Seiten sagen: „Das ist ein fairer Deal. Was ich hier gebe, wird fair entlohnt, da gibt es eine angemessene Gegenleistung." Dann hat dies zur Folge, dass Menschen nur selten darüber nachdenken, dass sie Geld für die Arbeit bekommen. Je häufiger sie darüber nachdenken, desto schlechter ist es für die Motivation. Wenn allerdings ein Bankangestellten ein Gehalt bekommt, von dem er nicht leben kann und er sich noch Geld dazu verdienen muss, indem er Versicherungen, Sparverträge an Kunden verkauft, dann sitze ich als Bankangestellter hinter dem Schalter und Kunde kommt rein. Kann ich hier noch ein menschliches Wesen sehen? Das wird verdammt schwer. Da kommt eine „Melkkuh" durch die Tür. Und wenn er die Tür öffnet, kriege ich Dollarzeichen in den Augen, weil ich schon weiß, wenn ich dem eine Lebensversicherung verkaufen kann, dann gibt es wieder so und so viel oben drauf auf mein Grundgehalt. Das ist tödlich für die Motivation. Und nicht gut für einen menschlichen Umgang miteinander. Das hat jede Menge Auswirkungen, wenn wir in diesem System unterwegs sind.
TN: Ich habe jetzt ein bisschen ein Problem mit dem Wort „Motivation". Was heißt Motivation per Definition eigentlich?

KK: Motivation ist die Energie, die Menschen aufbringen, wenn sie im Kontakt mit ihren Bedürfnissen sind und eine Chance sehen, dass ihre Bedürfnisse erfüllt werden. Dann mobilisieren sie Energie, etwas zu tun, um sich ihre Bedürfnisse zu erfüllen. Beide Faktoren sind notwendig, ich muss wissen, was ich brauche.

Eine Konsumgesellschaft lebt übrigens davon, dass man versucht, den Menschen beizubringen, dass die Strategien, die wir produzieren, ihre Bedürfnisse seien. Es gibt weder ein Bedürfnis nach einem Motorrad, noch nach einem Flachbildfernseher oder einem Urlaub auf Mallorca. Das sind alles Strategien. Aber eine Konsumgesellschaft lebt natürlich davon, den Leuten zu verklickern: „Die Produkte, die wir haben, die Strategien, die wir produzieren", seien ihre Bedürfnisse. Das heißt einmal: ich muss Klarheit darüber haben „Was sind meine Bedürfnisse?", „Was brauche ich?", „Worauf lege ich Wert?". Zum anderen muss ich eine Chance sehen und zuversichtlich sein können, um zu glauben: „Ich kann etwas tun, um meine Bedürfnisse zu erfüllen." Wenn ich die Zuversicht verliere, die Trauben so hoch hängen, wenn jemand sagt: „Springe einfach drei Meter hoch, dann ist dort oben ein Stück Schokolade." Da fange ich gar nicht an zu springen, weil das aussichtslos ist. Das heißt, ich muss eine Aussicht haben, dass es möglich ist, dass ich meine Bedürfnisse erfüllt bekomme. Wenn die Aussicht besteht und ich weiß, was ich brauche, dann mobilisieren Menschen Energie. Übrigens, das ist das, was wir das ganze Leben lang tun.

Ich möchte mit euch einen kleinen Versuch machen. Schreibt doch mal auf ein leeres Blatt Papier zehn Sachen auf, die ihr gestern oder heute gemacht habt, ganz banale alltägliche Dinge. „Ich habe mir die Zähne geputzt." „Ich habe mit Freunden telefoniert." „Ich habe was gegessen." Zehn Dinge, schnell hintereinander aufschreiben, brainstormmäßig. Was immer euch einfällt, was ihr gemacht hat: „Ich habe mir die Nase geputzt." „Ein Glas Wasser getrunken."

Übung
Machen Sie diese Übung jetzt für sich selber. Schreiben Sie auf ein Blatt Papier 10 Dinge auf, die Sie heute gemacht haben. Schreiben Sie diese Sachen auf der linken Seite des Blattes untereinander und lassen Sie rechts daneben etwas Platz.
Wenn Sie diese 10 Tätigkeiten aufgeschrieben haben, schreiben Sie nun daneben die Bedürfnisse oder das Bedürfnis, welches Sie sich dadurch erfüllen wollten.

KK: Nehmt euch jetzt einen Moment Zeit zu überlegen, warum ihr die Dinge getan habt. Und wenn der Grund, den ihr findet noch kein Bedürfnis ist, dann stellt euch eine weitere Frage: „Was sollte das erfüllen, was ich gemacht habe?" Ihr werdet feststellen, alles, was ihr jemals tut in eurem Leben, seien es noch die kleinsten Dinge, sind immer dadurch motiviert, dass ihr gerade versucht, euch ein wichtiges Bedürfnis zu erfüllen.

TN: Aber wenn ich jetzt sage: „Ich bin jetzt hier, weil ich das machen muss. Mein Chef macht mir Druck, dass ich endlich mit der Weiterbildung weiterkomme", dann ist das ja kein Bedürfnis.
KK: Nein. Du hast es halt noch nicht gefunden. Du lebst in der Illusion, du müsstest Dinge tun. Alles, was du tust, tust du immer aus dem gleichen Grund: Du hast dich entschieden es zu tun, weil es Bedürfnisse erfüllt. Solange du in der Illusion lebst „Ich tue das, weil ich muss", hast du immer noch einen Schleier vor dem, was der wirkliche Grund ist, warum du es tust. Du könntest auch nicht hingehen. Was wären denn die möglichen Konsequenzen? Was vermutest du?
TN: Ich komme mit der Weiterbildung nicht weiter.
KK: Ja, und warum ist es dir so wichtig, in der Weiterbildung weiterzukommen?
TN: Ja, da muss man ja mal fertig werden. Also ich bin jetzt auch hier, es interessiert mich tatsächlich.
KK: Ja. Warum ist es denn so wichtig, fertig zu sein?
TN: Weil es alle erwarten, dass man irgendwann Facharzt ist und nicht ständig auf Dauer Assistenzarzt.
KK: Genau. Und, nehmen wir mal an, du sagst: „Ich mache das nur, weil andere das erwarten, ich habe kein Interesse dran, aber andere erwarten das." Welches Bedürfnis erfüllst du dir, in dem du den Erwartungen anderer Menschen entsprichst?
TN: Anerkennung.
KK: Ja, genau. Und wenn du es gefunden hast: „Das bedeutet für mich Erfüllung von Zugehörigkeit, Wertschätzung, Anerkennung." Dann kannst du sagen: „Ah, jetzt verstehe ich, warum ich das Ganze mache." Dann bist du frei zu überlegen: „Ist das die einzige Strategie, wie ich genügend Wertschätzung und Anerkennung in meinem Leben bekommen kann?" Dann geht der Fächer auf. Dann kannst du sagen: „Okay, ich bin hier in dieser Fortbildung, weil letztlich geht es mir um Anerkennung, um Wertschätzung, um Zugehörigkeit zu einer bestimmten Gruppe." Die Frage an dieser Stelle wäre: „Okay, und wenn das im Moment eine Strategie ist, die sich nicht so gut anfühlt, bei der ich dauernd den Eindruck habe, ich muss Dinge machen, die ich gar nicht machen will", dann kannst du überlegen: „Welche alternativen Möglichkeiten gibt es, das zu bekommen, was mir so wichtig ist. Alternativen auf einem Weg, der sich viel angenehmer anfühlt, weil er nicht mit bestimmten Nachteilen verbunden ist, mit einer Idee von Zwang oder ‚Ich muss oder ‚Das bringt mir eh nix', aber gut, ich muss sie halt machen." Dann wird es wieder mehr Möglichkeiten geben, mehr Freiheitsgrade, dass du, einen Weg findest zu sagen: „Hey, da bin ich mit Begeisterung." Ein schö-

nes Beispiel insofern, weil es manchmal nicht damit getan ist, zu sagen: „Ich will einen Flachbildfernseher haben, weil ich möchte gerne attraktive Bilder sehen in einer hohen Auflösung." Das ist noch kein Bedürfnis. Dann braucht es möglicherweise, zwei-, drei-, vier-, fünf-, sechsmal die Frage: „Und warum ist mir das so wichtig?" Bis du bei etwas landest, wo du sagst: „Ah, das ist es, worum es geht."
Nochmal zurück zu deiner Frage „Was ist denn Motivation?". Motivation ist die Art und Weise, wie wir Energie mobilisieren, mit dem Ziel, Bedürfnisse zu erfüllen. Was nochmal die beiden Sachen voraussetzt: Ich habe ein Bewusstsein darüber „Was ist es, was ich brauche" UND „Ich habe eine Aussicht, ich sehe mit Zuversicht die Möglichkeit, dass es machbar ist, mir meine Bedürfnisse zu erfüllen".
TN: Mehr Energie ist es dann nicht? Also ein Mehr an Energie?
KK: Nein, es ist die Energie, die ich aufbringe, die mir das Leben zur Verfügung stellt, mich darum zu kümmern, dass ich bekomme, was ich brauche. Ist das Bedürfnis sehr hungrig, dann ist es häufig so, dass wir uns mit mehr Kraft und mehr Leidenschaft dafür einsetzen, als wenn das Bedürfnis satt ist. Auch bei körperlichen Bedürfnissen sehr gut spürbar. Wenn ich merke, mein Bedürfnis nach Wärme ist nicht so ganz erfüllt, aber ich friere auch nicht fürchterlich, ist natürlich die Energie, mich darum zu kümmern, dass mir warm und gemütlich wird, weniger stark, als wenn ich sage: „Uh, ist mir kalt." Das stellt mir mehr Energie zur Verfügung, mich darum zu kümmern, dass ich es so warm bekomme, wie ich es gerne hätte. Wenn ich drei Tage nichts gegessen habe und mein Bedürfnis, Energie in Form von Nahrung zu mir zu nehmen, ist sehr, sehr hungrig, dann werde ich in der Lage sein, MEHR Energie zu mobilisieren, mich darum zu kümmern, dass ich was zu futtern kriege, als wenn ich sage: „Oh, ich habe erst gerade vor einer halben Stunde gegessen."
TN: Ich habe geschrieben: „Meinen Sohn gelobt, der hat da was Gutes gemacht." Da schwanke ich, ist es dann Anerkennung? Ich weiß nicht, was ist das jetzt für ein Bedürfnis von meiner Seite?
KK: Was hat dein Sohn gemacht oder gesagt, bei dem du den Impuls hattest, etwas auszusprechen, was du Lob nennst?
TN: Er hat von alleine aufgeräumt, Puzzleteile – die Mama hat gesagt: „Oh, und das musste ich nicht zehnmal sagen." Normalerweise muss man es schon zehnmal sagen (lacht).
KK: Das heißt, er hat aus eigenem Antrieb, ohne dass du drei-, viermal gesagt hast „Bitte räume auf", aufgeräumt?
TN: Ja. Ich habe mich gefreut. Aber ist das dann auch eine Freude? Ist das, habe ich mir gedacht Anerkennung?
KK: Also du hast eine Freude empfunden. Und du hast eine Freude empfunden, weil? Was für ein Bedürfnis hat sich für dich erfüllt, als du gesehen hast, dein Sohn tut etwas, ohne dass du ihn bittest, ohne dass du ihn aufmerksam machst, sondern aus freien Stücken, aus eigener Initiative? Was erfüllt sich dadurch für dich?
TN: Dass es ihm gut geht. Dass er sich gut entwickelt. Ich hänge da, wirklich.
KK: Magst du ein paar Vermutungen hören, und du schaust, wann dir dein Körper signalisiert: „Ah, damit könnte es was zu tun haben?" Magst du ein paar Vermutungen hören?
TN: Vermutungen über was?
KK: Was dein Bedürfnis sein könnte, was sich erfüllt, weil DASS sich ein Bedürfnis erfüllt hat, signalisiert dir dein Körper über ein Gefühl von Freude. Du hast gesagt: „Ich hab mich gefreut", was ein Signal ist, dass ein wichtiges Bedürfnis von dir gerade erfüllt wurde. Nachdem du sagst: „Ich weiß aber nicht genau, welches Bedürfnis es ist", war mein Angebot, „Lass dir mal ein paar Vermutungen sagen, und spüre mal nach, ob etwas davon Resonanz gibt, bei dir ins Schwarze trifft, und dir vielleicht hilft, klarer zu sehen ‚Ach, das könnte es gewesen sein.'"
TN: Bei der Freude war es so, dass ich mich wohlig, also warm gefühlt habe.
KK: Das ist das Gefühl.
TN: Ja, ich habe jetzt nicht irgendwie Belohnung in Form von Schokolade oder so.
KK: Nein, nein, nein, sondern die Frage ist, welches Bedürfnis von dir ist erfüllt worden, wenn dein Sohn aus eigenem Antrieb etwas aufräumt, um was du normalerweise in deiner Erfahrung häufig bittest, oder ihn drauf aufmerksam machst oder ihn daran erinnerst.

TN: Okay, legt los!
TN: Freude mitzuteilen, glaube ich, deine Freude.
KK: Das mitteilen. Aber die Frage ist, welches Bedürfnis wurde erfüllt, als der Sohn die Spielsachen, das Puzzle aufgeräumt hat, ohne Erinnerung.
TN: Harmonie. Kein Streit – ist Harmonie vielleicht das Bedürfnis, in der Familie?
KK: Das ist nicht der Kern, glaube ich.
TN: Nach Selbstwirksamkeit. Oder dass ich was bewirke.
TN: Erfolg, ja.
TN: Die Erziehung hat was gebracht.
TN: Wunscherfüllung, weil sie gewünscht hat, dass er aufräumt.
KK: Und der Wunsch wird auch erfüllt, wenn sie ihn erinnert oder dreimal bittet, und er macht das dann. Was ist das Bedürfnis, was sich möglicherweise erfüllt hat, dass der Sohn es macht, ohne dass sie ihn erinnert, oder ohne dass sie es explizit erbittet?
TN: Würde das helfen, wenn sie überlegt: „Was waren die Konsequenzen, als er das nicht gemacht hat?"
KK: Das kann manchmal helfen, ja.
TN: Bedürfnis nach Eigenverantwortlichkeit.
TN: Selbständigkeit, dass er selbständig wird.
TN: Das ist ja eine Sache beim Sohn. Ich meine, sie soll ja schauen, was es bei ihr ausgelöst hat. Und wenn sie immer gewohnt ist, ihren Sohn zu ermahnen, dann ist das eine Entlastung, die sie jetzt gerade erfährt. „Hey, der macht das von selbst, ich muss ihn nicht ermahnen, ich muss nicht hinterher" usw. Also das ist das Erste, an was ich gerade gedacht habe „Oh, das entlastet mich!" „Das freut mich jetzt, ich bin entlastet."
KK: Beides sind ja emotionale Reaktionen, Freude oder was du beschreibst, Erleichterung. Aber das sind die emotionalen Reaktionen.
TN: Dass er es verstanden hat.
KK: Jetzt kommen wir dem schon näher.
TN: Dass der Sohn Verständnis für ihre Bedürfnisse hat.
KK: Und er hat es nicht nur verstanden, sondern?
TN: Akzeptiert?
TN: So gegenseitig auf einander achten.
TN: Er hat danach gehandelt.
KK: Ja. Das heißt, da gibt es eine Bereitschaft und eine Motivation auf Seiten deines Sohnes, etwas zu tun, was dein Leben bereichert. Das heißt, ich vermute, es hat was mit diesem Bereich zu tun, was immer dann die Worte sind, die du dafür findest, dass du gesagt hast: „Hey, offensichtlich ist es angekommen auf der anderen Seite, welche Bedeutung das für mich hat", also dieses „AH! – das ist angekommen". Und dann gibt es eine Bereitschaft auf Seiten deines Sohnes „Nachdem ich verstehe, dir ist das so wichtig, ich bin bereit, etwas zu tun, auch wenn es mich ein Stück Überwindung oder ein Stück Bemühen kostet, ein Stück Energie, weil ich Freude daran habe, etwas zu tun, was dich offensichtlich freut." Und zu spüren, ich bin so wichtig für einen anderen Menschen, dass der, nachdem er verstanden hat, was mir so am Herzen liegt, eine Bereitschaft hat, einen Beitrag zu leisten, mein Leben zu verschönern, mein Leben zu bereichern. Das ist eines der ganz zentralen Bedürfnisse, die wir Menschen haben. Wir wollen wichtig sein im Leben eines anderen Menschen. Und das wäre eines der Möglichkeiten, in denen wir erfahren: Das gibt mir jetzt eine Sicherheit, eine Zuversicht, ich habe so einen wichtigen Platz im Herzen meines Sohnes, dass er, nachdem er verstanden hat, welche Bedeutung das für mich hat, aus eigenem Antrieb eine Bereitschaft hat, etwas zu tun, was mein Leben bereichert, was meine Bedürfnisse erfüllt. Jetzt sehe ich gerade so ein bisschen Nicken. Geht das in eine Richtung, wo du sagst: Damit könnte es etwas zu tun haben?
TN: Aber ich denke, bei mir vermischt sich auch da was. Diese Harmonie finde ich, also der Wunsch danach war wirklich auch da, ja, und auch Entlastung. Das war irgendwie auch da. Vieles zusammen. Und das kann ja sein, dass mehrere Bedürfnisse zeitgleich befriedigt wurden.
KK: Ja, natürlich. Und wichtig wäre nochmal, was wir bei den Bedürfnissen schon gesagt haben, die Be-

dürfnisworte sind nicht die Bedürfnisse. Das sind verbale Fingerzeige, die auf etwas hindeuten, was jenseits von Worten liegt. Deshalb erreichen manche Worte den einen Menschen, andere Worte braucht es für die gleiche Qualität für andere Menschen, dass sie sagen können: „Das gibt jetzt Resonanz, da spüre ich was."
TN: Jetzt hätte ich aber eine Frage. Das ist ja ein neuralgischer Punkt. Wenn sie zu ihrem Sohn sagt: „Das ist jetzt toll, du hast das Puzzle aufgeräumt, und das hast du gemacht, und die Mama ist deswegen glücklich und freut sich." Und: „Ich bin im siebten Himmel" usw. Und dann verknüpft ihr Sohn das „Was ich tue, hat Auswirkungen auf meine Mutter, ich mache ihr das Gefühl".
KK: Ich mache nicht das Gefühl anderer Menschen. Menschen reagieren mit Gefühlen auf das, was ich tue. Deshalb ist es wichtig, nicht nur zu sagen, wie ich mich fühle, sondern auch offenzulegen welches Bedürfnis sich für mich erfüllt. „Ich habe es gerne ordentlich" und „Ich möchte, dass du das hörst, wie wichtig mir das ist. Wie immer du dich entscheidest, ob du jetzt einen Beitrag leisten möchtest oder nicht, meine Liebe und meine Wertschätzung für dich als Mensch wird das nicht ändern." Und: „Ich teile dir mit, wie ich mich fühle, und wie es mir geht, wenn meine Bedürfnisse erfüllt werden." Und natürlich haben wir eine Möglichkeit, einen Beitrag zu leisten, die Bedürfnisse anderer zu erfüllen, was für denjenigen dadurch spürbar wird, dass er angenehme Gefühle hat. Das heißt nicht, dass ich jemandem die Gefühle gemacht habe. Ich habe einen Beitrag geleistet, um die Bedürfnisse zu erfüllen. Mit einer hohen Wahrscheinlichkeit freut sich dann jemand oder ist dankbar oder erleichtert oder erlebt ein Empfinden von innerem Frieden oder Ruhe.
TM: Es ist halt ungewohnt. Und deshalb ist es so eine gute Selbst-Entwicklungs-Methode, weil du Ungewohntes gewohnt machen kannst.
KK: Und, hier nochmal ganz wichtig, der Unterschied, wenn du sagst: „Ich empfinde eine Freude", und du machst deinen Mund auf, weil du deine Freude teilen möchtest, mitteilen möchtest, wie es dir geht. Das ist der Unterschied, ob du an der Stelle sagst: „Ich sage dir, wie sehr ich mich freue, weil ich hoffe, dann machst du es wieder." Das eine ist nur die Motivation: „Ich empfinde gerade etwas, das will da raus, ich möchte es mitteilen." Oder eben darauf zu schielen, wenn ich das jetzt mache, hat es diesen und jenen Effekt auf das Verhalten einer anderen Person.

Ich möchte gerne den Bereich jetzt langsam abschließen. Wie gesagt, man könnte hier problemlos eine ganze Woche Seminar zu diesem Thema halten, ohne dass es uns langweilig würde, sich mit dem Thema auseinanderzusetzen. Wir streifen das hier nur im Rahmen dessen, was wir hier über Kommunikation anbieten. Ich möchte das Thema mit einer kleinen Geschichte abschließen, die das auf eine humorvolle Art und Weise beleuchtet. Ja, vielleicht zwei Geschichten. Die eine ist, um nochmal deutlich zu machen, dass die Alternative zu loben nicht ist, nichts zu sagen. Ich bin sehr froh, mit einem Menschen mein Leben zu teilen, der für mich eine dauernde Inspiration für diese Resonanzfähigkeit ist. Egal, ob wir im Supermarkt sind, auf der Straße in irgendeinem Geschäft, die Rieke geht immer in Resonanz. Ungewohnt für Leute, aber sie spricht aus, wenn ihr was gefällt, was jemand anhat, wenn sie ein Verhalten – was war noch das Letzte, was du gesagt hast, vor ein paar Tagen im Supermarkt?

FK: Da war ich im Supermarkt, wo eine Lady war, die die Regale gemacht hat, und sie hat das mit sichtbarem Fokus und Tempo gemacht. Ich stand da und war vollkommen platt und begeistert. Dann bin ich zu ihr gegangen, habe gesagt: „Ich möchte das gerne sagen, ich finde das einfach so großartig, dem zuzuschauen, mit welchem Tempo und mit welchem Fokus Sie das hier alles einräumen und ordnen, da könnte sich so mancher eine Scheibe abschneiden, ich möchte das einfach gerne mal gesagt haben." Dann schaut sie mich so an, strahlt über das ganze Gesicht und sagt: „Danke!" Und das liebe ich, so was. Also Resonanz – und auch mit dem Kind. Weil das Kind lernt ja auch dadurch, Resonanz zu erleben, auch selber wieder zu geben. Das ist ein permanenter Fluss. Ganz bedeutsam.

TN: Kann ich dazu noch was sagen? Das ist mir jetzt ganz krass aufgefallen. Ich war mit unserer Tochter in den USA, wo wir viel mit öffentlichen Verkehrsmitteln gefahren sind. Sie war da ungefähr sechs Monate alt. Die Leute haben dort, gerade auch aus dem asiatischen Raum, sehr auf sie reagiert und sie immer angelächelt. Das kannte ich nicht aus Deutschland. Und sie hat zurückgelächelt. Und irgendwann hat sie auch gelernt, wenn sie im Bus Leute anlächelt, die lächeln zurück. Und sie hat immer alle angestrahlt in der U-Bahn irgendwo, in New York oder in Los Angeles und alle haben zurückgelächelt. Dann sind wir nach Deutschland zurückgekommen, mit dem Zug gefahren, geguckt, sieht jemanden, lächelt – keiner lächelt zurück. Nach ein paar Mal Zugfahren hat sie nicht mehr gelächelt. Das fand ich krass.
TM: Die Resonanz.

KK: Eine Geschichte, die das Prinzip nochmal beleuchtet, ist von einem Ehepaar, das sich ein Kind wünscht, seit vielen Jahren, und dann ist die Frau schwanger, das Kind kommt auf die Welt. Beide freuen sich riesig. Es ist ein kleiner Junge. Als er heranwächst, neun, zehn, elf Monate alt wird, werden sie aufgeregt. Bald wird er sein erstes Wort sagen. Was wird das sein? Mama oder Papa, oder was? Aber das Kind macht keine Anstalten, zwölf, dreizehn, vierzehn, fünfzehn Monate und keine Silbe, kein Ton, kein Pieps. Sechszehn, siebzehn, achtzehn Monate. Sie bringen das Kind zum Arzt, weil sie Sorge haben, da ist was. Der Arzt untersucht den Jungen, sagt er: „Der Bub ist kerngesund, ich kann nichts finden, aber er spricht halt nicht." Zwei Jahre, drei Jahre, vier Jahre, keine Silbe, keinen Ton, keinen Mucks, kein Wort. Die Eltern haben sich langsam daran gewöhnt. Alles andere läuft normal, nur sprechen tut er halt nicht. Fünf Jahre, sechs Jahre. Als sie eines Tages mit dem Sechsjährigen beim Abendbrot sitzen, schiebt er plötzlich den Teller zurück und sagt: „Scheiße, die Suppe ist total versalzen." Äh! Schock! Das Kind spricht in ganzen Sätzen. Als sie sich vom ersten Schock erholt haben, sagt die Mutter: „Ja, Bub, du kannst ja sprechen, warum hast du denn bisher nie was gesagt?" Hat er gesagt: „Bisher war alles in Ordnung." Wir Männer sind eine besonders gefährdete Spezies, dass wir glauben, der einzige Grund, den Mund aufzumachen ist, wenn es was zu meckern gibt.

Das Zweite, was nochmal die Essenz zusammenfasst in einer kurzen Geschichte, ist von einem Mann, der in der Nähe einer Schule ein Grundstück und ein Haus hat, ein Gartengrundstück. Und im Sommer, als er im Garten gearbeitet hat, kam so eine Rasselbande von Jungs irgendwie auf die Idee, dass es Spaß macht, ihn zu verarschen und zu veralbern. Sie sind also nach der Schule immer am Zaun stehengeblieben, wo er im Garten gearbeitet hat und haben Faxen gemacht: „Hä, Langnase! Äh! Pfft! Blödmann!" Ihm ging das ziemlich auf den Keks, aber er hatte schon so eine Ahnung davon, dass es vielleicht nicht so erfolgreich wäre, hinzugehen und zu sagen: „Jungs, macht das nicht, lasst das bitte." Er hat eine andere Strategie entwickelt. Er ging an den Zaun und sagte: „Jungs, super, wie ihr das macht! Ganz große Klasse. Ihr habt euch echt eine Belohnung verdient." Die sind erstmal zurück vom Zaun, fanden es ein bisschen eigenartig, dass da jemand so reagiert. Aber er hat schon seinen Geldbeutel rausgeholt, da haben sie Vertrauen gefasst sind wieder hin an den Zaun. Er hat jedem einen Euro gegeben und gesagt: „Ganz große Sache! Super gemacht! Erste Sahne! Echt, da habt ihr euch eine Belohnung verdient. Morgen bitte wiederkommen, wieder richtig vom Leder ziehen, dann gibt's wieder eine Belohnung." Da waren sie natürlich am nächsten Tag alle wieder da. Es hat sich rumgesprochen, dass es da einen Bekloppten gibt, da waren es noch ein paar mehr, haben geschimpft, haben wieder richtig vom Leder gezogen, jeder hat seinen Euro kassiert. Und dann hat er gesagt: „Morgen bitte wiederkommen, es gibt aber nur noch 50 Cent." Na, 50 Cent ist auch Geld, und Spaß macht es auch, also waren sie alle da am nächsten Tag, haben ihn wieder tüchtig beschimpft, Geld kassiert. Dann hat er gesagt: „Morgen bitte wiederkommen, es gibt aber nur noch 20 Cent." Am nächsten Tag waren nur noch die meisten da – ein paar haben gefehlt. Als sie ihn wieder tüchtig beschimpft haben, haben sie wieder ihr Geld kassiert, 20 Cent jeder. Dann hat er gesagt: „Morgen bitte wiederkommen, es gibt aber nur noch 5 Cent.“ Am nächsten Tag war die Gruppe schon merklich kleiner. Und als die ihre Belohnung kassiert haben und er gesagt hat: „Morgen bitte wiederkommen, es gibt aber nur noch einen Cent“, haben sie alle gesagt: „Spinnst du? Für EINEN Cent? Machen wir nicht!“ (Einige lachen.)

Gut. Jetzt sind wir im Wesentlichen damit durch, dass wir uns einmal angeschaut haben, warum wollen wir, dass uns jemand eine Bitte erfüllt. Deshalb nochmal im Rückgriff auf die Geschichte hier, was ist von der Formulierung her tatsächlich eine Bitte, und was ist eine Forderung?

Wenn ihr noch einmal in die Unterlagen schaut, seht ihr, dass am Ende dieses Formulars, das wir euch gegeben haben, bei der Bitte immer steht: „Okay, einverstanden? Bist du bereit das zu tun? Kannst du dir das vorstellen?“ Mit dieser Frage hat es folgende Bewandtnis: Je klarer und eindeutiger wir eine Bitte aussprechen, desto höher ist das Risiko, weil es eben so spezifisch ist, dass der Empfänger das hört wie eine Forderung.

Weil die Haltung natürlich etwas ist, was man nicht direkt sehen und erfahren kann, tun wir gut daran, dem Menschen ein Signal zu geben, was es ihm leichter macht, zu vertrauen „Das, was ich gerade ausgesprochen habe, ist von der Haltung her tatsächlich eine Bitte und keine Forderung“. Die Langform einer Bitte lautet folgendermaßen: „Wärst du so lieb, und holst mir ein Glas Wasser? Und bevor du dich entscheidest, ob du mir die Bitte erfüllst, hätte ich gerne, dass du innerlich checkst, aus welcher Motivation heraus würdest du es tun? Und wenn du da auch nur eine Spur von Gehorsam, aus Angst, aus einem Schuldgefühl heraus, um meine Liebe zu kaufen, entdeckst, bitte tue es nicht. Die Beziehung zu dir ist mir viel zu wertvoll, ich möchte sie nicht dadurch riskieren. Tue es also bitte nur dann, wenn du es mit der gleichen Freude tun kannst, die ein kleines Kind empfindet, wenn es hungrige Enten im Teich füttert.“

Diese Langform ist für den Alltag zu lang und zu poetisch. Die Kurzform lautet „Okay?“ Aber die Haltung hinter dem „Okay? Einverstanden? Passt es so? Kannst du dir das vorstellen?“, ist genau das, was ich in der Langform gerade zum Ausdruck gebracht haben. Wir wollen, dass Menschen nur tun, worum wir sie bitten, wenn sie es aus freien Stücken tun, mit der Freude daran, mein Leben zu bereichern. Weil alle anderen Motivationen, wenn wie hier, hier oder hier zu Hause sind, (KK zeigt auf die unteren drei Bereiche auf dem Flipchart „Gründe, das zu tun, was eine andere Person möchte“) würden die Qualität des menschlichen Miteinanders verringern. Das ist der Grund, warum wir möchten, dass uns jemand eine Bitte erfüllt. Diese Haltung wird zum Ausdruck gebracht, in dem man innerlich erstmal checkt: „Komme ich wirklich von der Haltung der Bitte?“ und dann darüber hinaus dem anderen eine Chance geben will, Vertrauen zu fassen, indem ich mir klar mache: „Das, was ich gerade ausgesprochen habe, ist von der Haltung her auch tatsächlich eine Bitte und keine Forderung.“

SP: Und trotzdem kann es ja sein, dass ich eigentlich eine Bitte ausspreche. Wenn ich aber ein Nein bekomme und eine Gefühlsreaktion habe, die zwar ohne Urteile ist, die aber vielleicht trotzdem nicht angenehm für mein Gegenüber ist. Ich könnte zum Beispiel traurig sein.
KK: Ja klar.
SP: Und das wäre trotzdem gewaltfrei, wenn ich dann aber keine Urteile über den anderen habe?
KK: Ja. Natürlich habe ich emotionale Reaktionen, wenn ich jemanden um was bitte und der sagt „Nein“. Vielleicht bin ich enttäuscht, vielleicht bedaure ich das, vielleicht bin ich auch verärgert, weil ich mehr Gleichgewicht im Geben und Nehmen brauche, und das kommt gerade zu kurz. Aber ich gehe immer davon aus, dass der andere Nein gesagt hat, weil er ein wichtiges Bedürfnis hat, das zu kurz käme, wenn er Ja sagen würde. Im Grunde genommen gibt es kein Nein. Es gibt nur Ja zu wichtigen Bedürfnissen. Der

andere sagt: „Wenn ich dir die Bitte erfüllen würde, dann käme ein wichtiges Bedürfnis von mir zu kurz, und ich vertraue darauf, dass du andere Strategien findest, um das zu bekommen, was du brauchst, die mich nicht beinhalten. Und ich gönne dir das, dass du das bekommst. Kannst du einen Weg finden, der mich nicht involviert?"

TN: Ich habe mir mit meinem Mann diese DVD vom Marshall angeschaut und an dieser Stelle haben wir diskutiert. Er meinte, das sei Quatsch. Er macht alles nur, weil der das einfach so macht. Aber er macht es nicht, weil es ihm Freude macht. Er konnte das überhaupt nicht verstehen, dass man etwas macht, einfach weil man auch selber empfindet, dass man das gerne macht oder dass man Lust dazu hat. Ich habe ihn dann gefragt, ob das heißt, dass er alles, was er macht gar nicht machen will oder so. Er sagte, er macht es einfach so blind, also er macht's einfach, das sei halt Arbeit. Ich habe da so ein „müssen" rausgehört. Er konnte das nicht nachvollziehen und ich konnte es ihm auch nicht klarmachen, was damit gemeint ist. Da möchte ich wissen, wie man da weiterkommt.

KK: Um verstehen zu können was der wirkliche Grund meines Tuns ist, braucht es zuerst eine Klarheit darüber, was meine Bedürfnisse sind. Wenn ich kein Bewusstsein darüber habe, lebe ich möglicherweise in einer Welt, die sehr von „müssen" regiert wird oder „Es geht nicht anders". Wie man das übersetzt, werden wir uns morgen noch in einer extra Übung anschauen.

Wir haben ja gerade bei einigen Beispielen gesagt: „Aha, möglicherweise gilt es hier auf eine Forschungsreise zu gehen." Und den Hinweis, warum es in vielen Kulturen Menschen nicht ermöglicht wird, in Kontakt mit ihren Bedürfnissen zu sein, hatte ich gestern schon gegeben. Das ist, weil Menschen, die im Kontakt mit ihren Bedürfnissen sind, nicht gut in hierarchische Systeme passen. Und von daher kann eine Bewusstheit über „Wie fühle ich mich?" und „Was ist es, was ich wirklich brauche, was mir wirklich wertvoll und am Herzen liegt" eine gefährliche Sache sein. Wenn Menschen einmal im Kontakt sind mit dem, was sie wirklich brauchen, was ihnen wichtig ist, dann verhalten sie sich nicht so, dass sie gut konsumieren. Sie verhalten sich möglicherweise auf eine Weise, die den Mächtigen nicht gefällt. Wie schon gesagt: Menschen, die in Kontakt mit dem sind, was ihnen wirklich am Herzen liegt, geben keine willfährigen Untertanen ab. Deshalb gibt es gute Gründe, dass in vielen Bereichen menschlichen Zusammenlebens, es Mächtige ganz gerne haben, wenn Menschen keine Ahnung davon haben, was sie wirklich brauchen. Und es kann eine Zeitlang dauern, bis man sich den Zugang zu dem „Was ist mir wirklich wichtig?" verschafft. Ihr kennt ja vermutlich diese Geschichten von Menschen, die in Industrie und Wirtschaft, in der materiellen Welt, sehr erfolgreich sind und plötzlich irgendwann aussteigen, weil sie merken: „Was habe ich mir da Jahrzehnte lang eingebildet, was mich glücklich macht?" Du hast es heute erzählt, als wir auf dem Weg zum Essen waren. Dass es in der Sterbebegleitung kaum Menschen gibt, die auf dem Sterbebett noch ein Bedauern darüber haben, nicht noch diese oder jene Million gemacht zu haben, sondern sagen: „Ich würde gerne einmal noch im Leben spazieren gehen", und eben nicht „Och, hätte ich doch noch drei Stunden im Internet surfen können". Wenn wir nicht im Kontakt sind mit unseren Bedürfnissen, leben wir auch ein teilweise sehr entfremdetes Leben, weil wir dauernd in der Illusion leben: „Das ist wichtig. Das macht mir Spaß. Das macht mich glücklich. Das macht mich zufrieden." Und herauszufinden „Was ist uns wirklich wichtig?, Was liegt uns am Herzen?, Was hat wirklich Bedeutung für uns?, Was erfüllt mich?", das kann eine lange Reise sein in dieser Kultur, in der wir aufgewachsen sind. Gut. Das lassen wir jetzt mal sacken. Noch Fragen?

TN: Also mir fällt auf, dass gerade an der Arbeitsstelle häufig eine Bitte mit einer Forderung vermischt wird. Mir fällt auf, dass häufig gesagt wird: „Man muss", also: „Man sollte da mal." Ich habe dann angefangen nachzufragen: „Meinen Sie damit mich? Für mich wäre es hilfreich, wenn Sie mich direkt an-

sprechen." Dann hieß es: „Würden Sie bitte ...", und ich habe wieder nachgefragt: „Okay, warum soll man das jetzt machen?" Oder: „Ist für mich nur schwer nachvollziehbar." Und es gab keine Antwort darauf. Dann wurde mir klar, dass hier eigentlich eine Forderung als freundliche Bitte verpackt wurde: „Würden Sie bitte." Das sehe ich ganz schwierig, dass man einfach nicht klar ist. Weil es ja kein Problem war, es zu tun, aber da fehlt einfach oft die Klarheit.
KK: Es gibt natürlich bestimmte Konventionen, die den Umgang, die Kommunikation miteinander erfreulicher machen. Obwohl hier mein Vorgesetzter eine Führungskraft ist und weisungsbefugt im Rahmen meiner Arbeitsplatzbeschreibung und ich das alles per Arbeitsvertrag unterschrieben habe, obwohl das so ist, formuliert er trotzdem: „Schreiben Sie bitte diesen Brief."
TN: Genau, klar.
KK: Und es ist klar, dass derjenige an der Stelle entscheiden kann, was er oder sie tut, weil es im Rahmen der Entscheidungsbefugnis der Führungskraft ist und meiner Akzeptanz „Ich habe einen Arbeitsvertrag unterschrieben mit einer bestimmten Arbeitsplatzbeschreibung". Aber das, was du gerade geschildert hast, ist nochmal ein Beleg dafür, dass eine Bitte von einer Forderung nicht die nette Formulierung unterscheidet, sondern die innere Haltung, aus der heraus ich sie stelle und die Denke, mit der sie verbunden ist. Bei einer Forderung sage ich immer: „Wenn du es nicht tust, habe ich Urteile über dich." Eine Bitte ist, wenn ich sage: „Ich möchte, dass du es tust." Und wenn jemand sagt: „Nein", dann bin ich total neugierig und will verstehen „Was steht dem anderen im Weg, dass er gerne ‚Ja' sagt?", mit dem Bewusstsein „Es gibt einen guten Grund, warum derjenige ‚Nein' sagt", und in vielen Fällen bin ich interessiert daran, den zu erfahren, weil mir das eine Möglichkeit gibt, mit den neuen Informationen nach einem Weg zu suchen, der die Bedürfnisse aller Beteiligten besser berücksichtigt, als meine ursprüngliche Strategie.
TN: Ich habe Schwierigkeiten mit dieser Haltung, weil es für mich auch eher ungewohnt ist, aus einer Freude heraus etwas zu tun. Ich kenne in Beziehungen schon auch die Art und Weise, dass man sagt: „Naja, Bedürfnis nach Gleichgewicht, Geben und Nehmen hin oder her. Ich würde mich freuen, wenn er es für mich tut, er hat mich drum gebeten, drum mache ich das jetzt für ihn, fertig, aus!" Ich mache es nicht aus einer Freude heraus, sondern ich mache es, weil ich mich jetzt freuen würde, wenn der andere das in dem Moment für mich tun würde. Aber ich sage nicht: „Ja, juhu, ich stehe jetzt auf für dich, obwohl ich eigentlich schon müde bin, und gehe noch runter, und hole von der Tankstelle irgendwas", zum Beispiel (einige lachen.).
KK: Wenn du sagst: „Ich kann mich reinversetzen in die Situation, in der ich so müde bin, und ich schätze es, dass jemand etwas für mich tut, was es mir dann wiederum leichter macht, etwas zu tun." Und wenn du dir das vorstellen kannst, ist die Frage: „Hast du nicht Freude daran, etwas zu tun, in dem Bewusstsein, das macht jemand anderem eine Freude, jemandem, der deinem Herzen nahesteht?" Und das heißt NICHT, dass ich an der Stelle sage, das muss eine Begeisterung sein oder „Juhu", aber eine innere stille Freude sagt: „Ah, ich tu gerade etwas für einen anderen Menschen im Bewusstsein, das bereichert dessen Leben." Marshall hat das mal provokativ so genannt, hat gesagt: „Don't do anything that is not fun!", also „Mach nie etwas, was dir keinen Spaß macht". Wenn wir aber Spaß verbinden mit dem Jahrmarkt oder Party oder so was, trifft das natürlich nicht die Stimmung, in der wir uns möglicherweise befinden, wenn wir gerade einen Menschen, der demenzkrank ist, aus der Kotze befreien. Das ist jetzt nicht etwas, wo wir sagen, „Das ist Spass", aber wir tun das mit einer inneren Genugtuung, weil es klar ist: „Ich tue hier etwas für einen Menschen, der sich selbst nicht helfen kann." Das ist dann keine laute „Juhu-Freude". Es ist eher eine stille innere Befriedigung, die vielleicht lautet: „Da gibt es ein paar Dinge, die mich ein Stück Überwindung kosten, sie zu tun. Und es macht Freude zu sehen, dass meine Motivation reicht, etwas zu tun, weil ich einen Sinn darin sehe, weil ich gerne das Leben eines anderen Menschen bereichern möchte, jemandem eine Freude machen möchte, jemandem etwas geben möchte, was seinem Leben gut tut."
TN: Ja, ich verstehe, dass man es dann nicht aus einer Erwartung heraus macht, dass der andere es dann für einen auch tut, und wenn er es dann nicht tun würde, man ärgerlich wäre beispielsweise. Dann wäre die Haltung zweifelhaft.
KK: Es gibt natürlich so was, das du gerade als Bedürfnis genannt hast, dass wir in Beziehungen zu anderen Menschen auch eine bestimmte Balance suchen. Die muss aber nicht Sekunde für Sekunde abge-

rechnet werden. Es kann allerdings sein, dass in einer Beziehung, in der das Gleichgewicht aus Geben und Nehmen komplett aus der Balance geraten ist, meine Motivation zu Geben verschwindet. Genauso kann es sein, wenn du einen Freund hast und weißt, dass er gerade durch eine schwere Phase seines Lebens geht, weil er sich von seiner Frau getrennt und er gerade ziemlich durch den Wind ist, dass du gerne bereit bist, ein halbes Jahr ein Ungleichgewicht in Kauf zu nehmen. Wenn wir miteinander sprechen, geht es in der Regel um seine Themen, nicht um meine. Ich kann das gut halten. Aber irgendwann brauche ich dann auch wieder einen Ausgleich, eine Balance. Wenn die auf Dauer nicht möglich ist, dann wird man in der Regel die Motivation verlieren, in diese Beziehung viel zu investieren. Und deshalb leben sowohl Freundschaften als auch Partnerschaften von einem gewissen Gleichgewicht im Geben und Nehmen.
TN: Ohne dass man das Gefühl hat, jemandem was zu schulden.
KK: Ja. Der Ausgleich wird systemisch dadurch geschaffen, dass man die Dankbarkeit, die man empfindet, zum Ausdruck bringt. Wenn das keinen Ausgleich schaffen würde, wäre es verdammt schwer für Menschen, in Würde etwas annehmen zu können, wenn sie dauernd sagen: „Ich stehe immer in dessen Schuld." Wir stehen nicht in dessen Schuld, wenn es gelingt, den Ausgleich dadurch zu schaffen, dass man sich von Herzen bedankt.

Okay? Dabei würde ich es jetzt gerne lassen. Pause. Um 16.00 Uhr starten wir dann mit der zweite Säule der Gewaltfreien Kommunikation, nämlich die „Kunst des Zuhörens".

KK: Ich würde gerne nochmal zwei Sachen kurz aufgreifen, die jetzt in der Pause aufgetaucht sind. Nochmal zu der Geschichte: Unterschied Belohnung und Entlohnung. Belohnung hatten wir definiert als etwas, was Menschen tun, um andere in ihrem Verhalten zu steuern und zu beeinflussen. Eine Entlohnung ist ein Hygienefaktor. Wir sagen: um einige Grundbedürfnisse zu erfüllen in einer Welt des Tauschhandels, ist das Tauschen sehr viel einfacher über diese geniale Erfindung Geld, weil das von allen als Tauschmittel anerkannt wird und das den Austausch von Waren und Dienstleistungen sehr vereinfacht. Beim Abschluss des Arbeitsvertrages wird eine Entlohnung ausgehandelt, von der beide Seiten sagen: „Das ist ein fairer Deal. Das ist ein fairer Ausgleich." Wenn Menschen dann so wenig wie nur möglich darüber nachdenken, dass sie Geld bekommen für das, was sie tun, ist die Motivation am höchsten. Aus der Forschung wissen wir, die wichtigsten Faktoren für Motivation sind: Erstens, die Selbstbestimmung, wenn auch vielleicht nur in einem bestimmten Rahmen. Je mehr Leute einen Rahmen haben, in dem sie selbst entscheiden dürfen, desto höher die Motivation. Das Zweite, das wichtig ist, ist Sinn. Das heißt, dass Menschen sagen; „Hier kann ich einen sinnvollen Beitrag leisten durch etwas, was ich tue." Und der dritte Faktor ist das, was man im Englischen „Mastery" nennt. Es bedeutet, wir haben Freude daran, wenn wir in einer Sache, die wir tun, merken, dass wir besser werden darin. Eine der Gründe, warum Millionen von Menschen, ohne dass sie dafür bezahlt werden, zu Hause Instrumente spielen. Es macht Spaß, wenn ich Gitarre spiele und merke: „Ich kann etwas, was ich vor ein paar Monaten oder vor ein paar Jahren noch nicht konnte." Das heißt, wir haben Freude daran, in etwas besser zu werden, flüssiger zu werden, unsere Fähigkeiten zu erweitern. Und überall, wo diese drei Faktoren gegeben sind, spielt Geld als Faktor für Zufriedenheit oder Motivation eine vollkommen untergeordnete Rolle.
Wenn Menschen unzufrieden sind, sind diese drei Faktoren die, die am häufigsten fehlen. Alles ist vorbestimmt, ich kann gar nichts selber entscheiden. Ich bin nur ausführend, ich bin im Grunde genommen eine Maschine, eine menschliche Maschine. Das Zweite ist: Ich habe keine Möglichkeit, im Rahmen dessen, was ich tue, zu erleben, dass ich besser werde in etwas. Und das Dritte: Ich kann nicht sehen, dass das, was ich tue, irgendeinen gearteten höheren Sinn erfüllt. Das macht Menschen unzufrieden.

Zu der Frage: „Wie ist es denn, gehe ich dann zu dem Arbeitgeber, der mir das meiste Geld anbietet?" Das tun Menschen manchmal, weil sie in der Illusion hängen, mehr Geld würde glücklich machen. Auch das ist ganz gut erforscht: Es stimmt einfach nicht. Lottogewinner sind spätestens nach sechs Monaten mit ihrer Zufriedenheit keinen Millimeter höher als sie vorher waren. Das heißt, das ist ein sehr, sehr kurzfris-

tiger Aspekt. Und es gibt auch Untersuchungen, wenn man Leute fragt: „Wie viel Geld würdest du gerne haben, damit du richtig glücklich bist?“ Dann ist es egal, ob Leute ein Jahreseinkommen von 50 Euro haben oder von 50 Milliarden Euro haben, die Antwort ist auf allen Ebenen immer genau die gleiche: „Doppelt so viel, wie ich jetzt habe.“ Das macht überhaupt keinen Unterschied, wie viel Geld jemand hat. Die Idee, dass Geld mich zufrieden oder glücklich macht, ist immer verbunden mit der gleichen Spanne, etwa doppelt so viel, wie ich jetzt habe. Und sobald ich doppelt so viel habe, gibt mir das kurzfristig einen Kick, kurze Zeit später ist die Lebenszufriedenheit, das Lebensglück genau exakt gleich. Und wenn man die Menschen wieder fragt: „Wie viel brauchst du, damit du wirklich glücklich bist?“, sagen sie wieder: „Etwa doppelt so viel, wie ich jetzt habe.“

TN: Ich habe im Radio gehört, da war irgendwo eine Studie, dass das Glück doch mit dem Geld ein bisschen zusammenhängt, bis zu einer gewissen Summe, ich glaube 70.000 im Jahr, und darüber hinaus wird man dann nicht mehr glücklicher. Und da gab es einen Unternehmer, der hat sein Gehalt gekürzt und das von seinen Mitarbeitern erhöht, damit alle den gleichen Betrag erreichen und sozusagen alle glücklich sind. Das fand ich interessant.
KK: Noch ein anderer Versuch: Man hat Menschen Geld geschenkt und gesagt: „Kannst damit machen, was du möchtest.“ Sie nur gebeten zu sagen, was sie mit dem Geld gemacht haben. Mit weitem Abstand die glücklichsten Menschen waren die, die das Geld verwendet haben, um jemand anderem etwas Gutes zu tun. Wenn Menschen das Geld für sich selber verwendet haben, ist der Effekt, was das Empfinden von Glück oder Zufriedenheit angeht, weniger hoch, als bei Menschen, die sagen: „Ich habe das Geld verwendet und habe es jemandem geschenkt.“ „Habe ich jemandem gegeben.“ Oder: „Für jemand anders etwas erwirkt.“ Was übrigens nochmal ein Hinweis darauf ist, was wir in der GFK so sehen und die Hirnforschung in den letzten Jahren immer mehr Belege dafür bringt, dass uns Menschen nichts mehr Freude macht, als wenn wir einen Beitrag leisten können, das Leben zu bereichern, das Leben anderer Menschen, aber auch das Leben im übergeordneten Sinne.

Die 4 Formen des Zuhörens

KK: Jetzt gehen wir zur zweiten Säule der Gewaltfreien Kommunikation, zur „Kunst des Zuhörens“. Bisher haben wir uns damit beschäftigt, jemand anderes tut was, wie wirkt das auf mich? Wie kann ich jemand anderem mitteilen, wenn mich stört, was jemand anderes tut oder sagt? Was sind meine Anliegen? Wie kann ich diese Anliegen gut rüberbringen?

Jetzt geht es darum, Kontakt aufzunehmen zu dem anderen, also um die Kunst des Zuhörens. Dazu schauen wir uns folgende Schlüsselunterscheidung an.

Diese Schlüsselunterscheidung ist so wichtig in diesem Modell, dass wir sogar zwei Symbole dafür haben. Vielleicht habt ihr euch gefragt was denn die beiden Stofftiere in der Mitte, der Wolf und die Giraffe, eigentlich hier machen. Das sind die Symbole, die wir in der Gewaltfreien Kommunikation traditionell für diese beiden unterschiedlichen Arten verwenden, wie ich meine bewusste Aufmerksamkeit ausrichten kann. Ursprünglich nicht Wolf, sondern Schakal, aber weil der in Europa nicht heimisch ist, benutzen wir in Europa den Wolf als Symbol. Das hat natürlich mit den realen Tieren nichts zu tun. Es hat sich historisch entwickelt, dass wir für die Ausrichtung auf moralistische Urteile/Bewertungen den Wolf als Metapher benutzen. Für die Ausrichtung auf Werte und Bedürfnisse benutzen wir als Symbol die Giraffe.

Nun kann ich, wenn ich meine Aufmerksamkeit auf moralistischen Urteilen habe, sowohl Urteile über andere Personen haben, als auch über mich selbst. Ähnlich ist es beim Fokus auf die Bedürfnisse. Auch diesen kann ich richten auf die Bedürfnisse anderer Personen oder auf meine eigenen. Dadurch kommt man auf vier Arten, wie man die Aufmerksamkeit ausrichten kann: Urteile über andere, Urteile über mich selbst, die Bedürfnisse anderer, meine eigenen Bedürfnisse. Und das nennen wir dann das „4-Ohren-Modell", eben vier Arten, die Aufmerksamkeit auszurichten.

Wir können „mit Wolfsohren hören". Wenn sie nach außen gerichtet sind, haben wir Urteile über andere. Nach innen heißt, ich habe die Urteile über mich. Und „Giraffenohren außen" heißt, ich nehme die Bedürfnisse anderer Menschen in den Blick, „Giraffenohren innen", meine eigenen.

Kommst du mal nach vorne, Rieke, damit wir das demonstrieren können. Wir zeigen jetzt, wie typischerweise die Reaktion ausfällt, wenn ich auf eine bestimmte Art und Weise diese Botschaft von der anderen Seite empfange. Rieke wird mir jetzt viermal den gleichen Vorwurf machen und ich demonstriere, wie meine Reaktion ausfällt je nachdem, welche Ohren ich auf habe. „Wolfsohren außen" ist ein Symbol dafür, dass ich jetzt denke, mit meinem Gegenüber stimmt etwas nicht. Woher ich das weiß? Ja, sonst würde sie doch so was nicht sagen! Alles, was der andere tut und sagt, ist, mit diesen Ohren gehört, der Beweis dafür, dass mit dieser Person irgendwas verkehrt ist, dass mit der etwas falsch ist, dass mit der was nicht stimmt, die sollte anders sein, als sie ist – ich habe Urteile über diese Person. Auf einer emotionalen Ebene ist meine Reaktion Ärger. Ich ärgere mich über die andere Person, wenn ich so über sie denke. Ärger ist eine emotionale Reaktion, die ein Produkt dieser Ohren ist. Das bedeutet auch, dass Kulturen, die ihre Orientierung auf Werte und Bedürfnisse behalten haben, das Gefühl Ärger gar nicht kennen. In deren Wortschatz findet sich auch kein Wort, um dieses Gefühl zu benennen, weil es einfach nicht existiert. Es ist ein Produkt, einer bestimmten Art zu denken. Hören wir uns mal an, wie die Reaktion ausfällt, wenn ich diese Ohren aufhabe. (KK setzt sich ein paar Wolfsohren auf. Szenische Darstellung.)

FK: Du Egoist!
KK: Quatsch Rieke, ich bin doch kein Egoist. Hey, weißt du, was das Problem mit dir ist? Du bist zu feige, dich für deine eigenen Anliegen einzusetzen. Und weil ich das kann, bist du neidisch. Das ist doch das Problem.

Also der Fehler liegt nicht hier (KK deutet auf sich selber), nein, er liegt dort drüben (KK deutet auf Rieke). Es gibt auch weniger aggressive Varianten, die aber mit der gleichen Ausrichtung zu tun haben. Alles belehren, alles korrigieren, alles richtigstellen, stellt auch so ein Gefälle her und drückt aus: „Das, was du machst oder wie du denkst, ist falsch. Ich sage dir jetzt mal, wie man es richtig sehen muss.“ Deshalb noch eine Variante mit den gleichen Ohren. (Szenische Darstellung.)

FK: Du Egoist!
KK: Äh, äh, äh, Rieke, stimmt nicht! Stimmt nicht! Da hast du was falsch verstanden!

Die zweite Art, wie man etwas aufnehmen kann, ist mit den „Wolfsohren innen“ zu hören. Auch hier ist mein Fokus auf Urteilen. Jetzt habe ich die Urteile allerdings nicht über die andere Person, sondern über mich selbst. Jetzt denke ich „Mit mir stimmt etwas nicht!“. Woher ich das weiß? Ja, sonst würde sie ja so was nicht sagen. Alles, was die andere Person tut und sagt, ist für mich jetzt der Beleg, dass mit MIR etwas verkehrt ist. Hören wir uns die Reaktion an. Auf der emotionalen Ebene ist übrigens das Resultat: Ich habe ein Schuldgefühl, ich schäme mich, oder ich fange an, mich deprimiert zu fühlen. Nun eine typische Reaktion, wenn ich das mit diesen Ohren höre. (KK dreht die Wolfsohren um, mit den Ohr-Öffnungen nach hinten. Szenische Darstellung.)

FK: Du Egoist!
KK: Oh Scheiße! Hab ich mich da zu weit aus dem Fenster gelehnt, oder? Oh! Passiert mir immer wieder! (KK haut sich selbst auf die Finger.) War wirklich sehr selbstsüchtig von mir. Aber weißt du, mein Vater war auch so – na, ich weiß schon, das ist keine Entschuldigung. Aber ich habe heute einen wahnsinnig schweren Tag gehabt.

Alle Entschuldigungen, alle Rechtfertigungen, alle Erklärungen werden aus der Haltung geboren, dass ich denke, mit mir ist was verkehrt, und ich müsste mich jetzt rechtfertigen, entschuldigen oder erklären, warum alles so kam, wie es kam.

Die dritte Art, wie man was hören kann, und jetzt wechseln wir die Ausrichtung, das heißt, jetzt gibt es eine Ausrichtung auf Werte und Bedürfnisse. „Mit Giraffen außen hören“ ist ein Symbol dafür, dass meine Aufmerksamkeit darauf gerichtet ist, zu verstehen: „Wie fühlt sich die andere Person? Was hat mein Gegenüber für ein Anliegen? Was braucht diese Person?“ Man nennt das auch „empathisch in Verbindung gehen“. Die emotionale Reaktion ist mitfühlendes Verständnis für die andere Person. Bitte nicht verwechseln mit „Ich bin mit irgendetwas einverstanden“. Einverstanden sein kann ich nur mit Verhalten. Hier richtet sich meine Aufmerksamkeit auf Gefühle und Bedürfnisse. Nachdem die andere Person ja nicht sagt, was sie fühlt und braucht, bin ich auf Vermutungen angewiesen. Empathische Vermutungen sind aber nur respektvoll, wenn sie in Form einer Frage kommen. Ich behaupte nicht, zu wissen, was sie fühlt und was sie braucht, weil sie sonst den Eindruck hat, sie liegt beim Psychiater auf der Couch und kriegt eine kostenlose Diagnose, was mit ihr los ist. Also respektvoll ist es nur in Form einer Frage. Dritte Reaktion auf den gleichen Auslöser: (KK setzt sich Giraffenohren auf, mit den Ohren-Öffnungen auf das Gegenüber gerichtet. Szenische Darstellung.)

FK: Du Egoist!
KK: Bist du stinksauer gerade? Geht es dir darum, dass man auch an andere denkt?
FK: Ja.
KK: Und dass die Bedürfnisse aller hier berücksichtigt werden?
FK: Ja, sag ich doch.
KK: Okay.

Jetzt hat sie es bestätigt. Das ist nicht immer der Fall. Eine empathische Vermutung kann ins Schwarze treffen, dann wird sie bestätigt. Die kann aber natürlich auch daneben liegen. Das Entscheidende ist nicht, dass wir richtig raten. Ich hefte mir nachher keinen Orden an für gute Menschenkenntnis, sage: „Ha, schon 95 Prozent Trefferquote." Das Entscheidende ist, dass der Mensch mir abnimmt, dass ich ernsthaft versuche zu hören und zu verstehen, wo ihn der Schuh drückt, wie es ihm geht und was er braucht.

Die vierte Art, wie man etwas hören kann, ist mit „Giraffen-Ohren innen". Auch hier liegt der Fokus auf Werten und Bedürfnissen, allerdings auf meinen eigenen. Das heißt, hier stelle ich mir die Frage: „Was fühle ich denn im Moment, wenn ich das höre?" und „Was sind meine Bedürfnisse?". Das ist in der Regel erstmal ein stiller, innerer Prozess, deshalb spreche ich meine Reaktion in die andere Richtung, um deutlich zu machen, es geht nicht laut an mein Gegenüber. Hierspreche ich es laut aus, so dass ihr hören könnt, was ich mir üblicherweise still innerlich sage. Folge ist: Auf der emotionalen Ebene entwickle ich ein mitfühlendes Verständnis für mich selbst. Man nennt das auch „Selbstempathie". Vierte Reaktion auf den gleichen Auslöser. (KK dreht die Giraffenohren um, so dass die Ohren-Öffnungen nach hinten zeigen. Szenische Darstellung.)

FK: Du Egoist!

KK: Wenn ich das höre, merke ich, dass ich ziemlich betroffen bin. Ich hätte gerne, dass man mir vertraut, dass ich mich für die Bedürfnisse anderer auch interessiere. Und ich merke, wie frustriert ich gerade bin, weil ich Verständnis dafür brauche, wie sehr mir das gerade unter den Nägeln brennt.

Das nennt man Kontakt mit meinen eigenen Gefühlen, meinen eigenen Bedürfnissen. Wenn ich das gemacht habe, kann es sein, dass ich anschließend aufrichtig bin und das, was ich über mich selber rausgefunden habe, jetzt, wie wir es die letzten eineinhalb Tage geübt haben, auch laut ausspreche. Das könnte dann so klingen:

KK: Du, Rieke, wenn ich das höre, merke ich, bin ich ziemlich betroffen. Ich hätte gerne, dass man mir abnimmt und mir vertraut, dass ich mich auch für die Bedürfnisse anderer interessiere. Jetzt wüsste ich gerne, wie es dir geht damit, wenn ich dir das so sage?

Damit habe ich wieder alle vier Schritte der Aufrichtigkeit praktiziert. Manchmal kann ein Moment ausreichen, mir Selbstempathie zu geben, sodass ich danach in der Lage bin, mich dem anderen zuzuwenden. Dann versuche ich, die andere Person zu hören und zu verstehen: Wo drückt meinem Gegenüber der Schuh? Wie fühlt es sich? Was braucht es?

Das sind die vier Arten, die wir unterscheiden, wie man eine Botschaft von der anderen Seite aufnehmen kann.

Jetzt wollen wir euch Gelegenheit geben, sogenannte „Ohrendiagnose" zu betreiben, indem ihr bei euren fünf Sätzen, auf die ihr gestern reagiert habt, mal untersucht: „Welche Ohren habe ich da wohl aufgehabt, wenn ich so reagiere?". Dazu noch zwei Hinweise: Manchmal flippen wir die Ohren mittendrin. Das heißt, ein Teil meiner Reaktion kann das eine sein, ein anderer Teil das andere. Auch dafür ein Beispiel (szenische Darstellung):

FK: Du Egoist!
KK: Aber echt, hab ich mich da zu weit aus dem Fenster gelehnt? Hey, das musst du mir jetzt aber auch nicht vor allen Leuten hier vorwerfen!

Also der erste Teil war „Wolf innen“ – „Hab ich mich da zu weit aus dem Fenster gelehnt?“, dann schalte ich um auf „Wolf außen“ und sage: „Was du machst, ist aber auch nicht ok.“ Für den Fall, dass ihr sagt: „Meine Reaktion ist eine Mischung“, schreibt ihr bitte alle Ohren auf, die ihr identifiziert habt, in dem Fall „Wolf innen“ und „Wolf außen“, beides kommt in meiner Reaktion vor. Letzter Hinweis: Manchmal ist die Reaktion, die wir haben, eine, die aufrichtig ist. Aufrichtigkeit basiert auf „Giraffenohren innen“, weil ich ja nur in der Lage bin aufrichtig zu sein, wenn ich zumindest rudimentär kurz Kontakt aufgenommen habe zu dem, was ich fühle und brauche. Ich kann ja die vier Schritte nicht aussprechen, wenn ich keine Ahnung habe, was ich fühle und brauche. Also im Grunde genommen ist, wenn ihr aufrichtig seid, immer implizit ein Stück „Giraffenohren innen“ dabei, bevor ich meinen Mund aufmache, weil sonst könnte ich meine Gefühle und Bedürfnisse nicht mitteilen. Eine Reaktion basierend auf „Giraffenohren innen“ könnte sein (szenische Darstellung):

FK: Du Egoist!
KK: Aha! Wie kommst du denn darauf?

Im Grunde genommen habe ich damit nur eine Bitte ausgesprochen. Die ausführliche Form würde lauten: „Wenn ich das höre, bin ich verwirrt, ich würde es gerne besser verstehen, hilf mir mal dabei. Kannst du mir eine Wahrnehmung benennen, die dich zu dieser Interpretation bringt?“ Die laut ausgesprochene Kurzform: „Wie kommst du denn darauf?“

Falls ihr so eine Reaktion habt, dann wäre das Aufrichtigkeit, und das gehört von der Systematik her zu „Giraffenohren innen.“ Wenn die Frage allerdings vom Tonfall lautet „Ja, wie kommst du denn auf so’n Scheiß?“, wäre das „Wolfsohren außen“. Es handelt sich dann ja nicht um eine echte Frage basierend auf „Ich würde es gerne besser verstehen“, sondern um ein verstecktes Urteil oder um einen versteckten Vorwurf. Nicht sehr versteckt, zugegeben, aber manchen vielleicht nicht so klar.

Geht bitte mit dem Partner zusammen, mit dem ihr gestern die Übung gemacht habt und macht jetzt nur die „Ohrenanalyse“. Bitte schreibt euer Ergebnis auf, aber noch keine Alternativen ausprobieren. Wenn ihr die Analyse fertig habt, kommt ihr wieder hierher zurück in den Raum. Wenn ihr Unterstützung braucht, sagt uns Bescheid, meldet euch, dann helfen wir euch dabei zu identifizieren, welche Ohren ihr aufgehabt habt.

Übung
Schauen Sie Ihre Reaktionen durch, die Sie auf ein paar der Sätze im Kapitel „Kommunikationsmuster in Konflikten“ aufgeschrieben haben. Mit welchen Ohren haben Sie offensichtlich diese Sätze gehört, wenn Ihre Reaktionen so ausfallen, wie Sie es notiert haben? Gibt es eine Mischung aus verschiedenen Ohren, mit denen Sie das aufgenommen haben?

Notieren Sie, was Sie herausgefunden haben.

KK: Als Erstes möchte ich klären, ob es noch Sätze gibt, bei denen nicht klar ist, mit welchen Ohren ihr sie gehört habt?
TN: Den Satz – also die Reaktion auf: „Ich kann mich nicht erinnern".
KK: Sagst du nochmal den Auslöser für den Satz, auf den du reagierst hast?
TN: „Na bitte, das habe ich dir doch gleich gesagt – habe ich es nicht gesagt?" – „Ja, ich kann mich nicht erinnern."
KK: Es hängt sehr vom Tonfall ab. Wenn er den Satz in diesem Tonfall sagt: „Daran kann ich mich nicht erinnern!" Dann ist es „Wolf außen", weil er damit sagt: „Korrektur, du erinnerst das falsch, ich würde mich schon erinnern, wenn nur irgendetwas dran wäre." Wenn es ohne diesen Tonfall kommt, sehr neutral, dann ist es „Giraffe innen", indem du einfach deine eigene Wahrnehmung benennst. „Ich kann mich nicht erinnern. In meiner Erinnerung habe ich da nichts auf meiner Tonspur." Was fehlt und nicht ausgedrückt wird, ist alles Weitere: „Ich bin verwirrt und hätte gerne eine Sicherheit, dass wir eine gemeinsame Erinnerung darüber haben, was wirklich Fakt ist. Kannst du mir noch mehr Informationen geben? Wann hast du das zu welchem Zeitpunkt und in welchem Kontext gesagt, vielleicht kommt dann meine Erinnerung wieder."
TN: Also dieses von Satz Nummer 3 hier: „Jetzt halte dich mal raus, du musst immer zu allem deinen Senf dazugeben." Ich sage: „Auch wenn ich scheinbar keine Ahnung habe, so habe ich eine Meinung, die ich kundtun möchte." Und zuerst dachte ich, das sind „Wolfsohren", aber am Ende waren es dann doch die „Giraffenohren" (lacht), die nach innen?
KK: Also, wenn du sagst: „Auch wenn ich scheinbar keine Meinung habe", klingt es eher wie „Wolf außen", weil damit sagst du: „Du siehst das falsch. Das ist nur scheinbar. Du bist auf den Schein hereingefallen. In Wirklichkeit habe ich sehr wohl Ahnung." Damit korrigierst du den anderen. Und wenn du das weglässt und du sagst nur: „Ich habe eine eigene Meinung, und die möchte ich auch gerne kundtun." Dann hast du eine Wahrnehmung benannt, nämlich den Fakt: Ich habe eine eigene Meinung. Damit nennst du den ersten Schritt. Mit der Aussage „Mir ist wichtig, meine eigene Meinung einzubringen" benennst du dein eigenes Bedürfnis.
Noch etwas, wo ihr sagt, das war mir nicht klar, was das ist?
TN: Ich habe 11: „Das verstehst du sowieso nicht."
KK: Und deine Reaktion ist?
TN: „Dann lassen wir das." Da sind wir irgendwie verloren, da hat irgendwie nichts gepasst (lacht).
KK: Genau. Also das ist genauso wieder abhängig davon, wie es gesagt wird. So, wie du es gerade gesagt hast, wäre es einfach ein Vorschlag, eine Bitte, die du machst, und das wäre „Giraffen-Ohren innen", weil es eine Form von Aufrichtigkeit ist. Die vollständige Form könnte lauten: „Wenn ich das höre, habe ich große Zweifel. Mir ist es wichtig, dass wir nur über etwas reden, worüber wir eine gemeinsame Basis haben. Mein Vorschlag ist, lassen wir das Thema fallen."
TN: Und was ist damit: „Kannst du dich denn nicht einmal benehmen?" – „Meinst du, dass ich mich inadäquat verhalten habe?"
KK: Das wäre „Wolf innen", weil ich mich damit einklinke und sage: „Ah, du denkst also, es könnte sein, ich habe mich da nicht angemessen verhalten? Wenn da was dran ist, tut es mir leid, Entschuldigung. Das habe ich so nicht mitgekriegt, da hätte ich wohl ein bisschen sensibler sein sollen." Das wären mögliche Folgereaktionen.
TN: Kann das nicht auch „Wolf außen" sein? Für mich klingt das eher wie ein Vorwurf.
KK: Ja. Mit einem bestimmten Tonfall könnte es natürlich bedeuten: „Was du schon wieder denkst!"
TN: Ja. Oder ist es dann zu viel Interpretation?
KK: Es hängt sehr vom Tonfall ab. Sage es nochmal in dem Tonfall, in dem du es gesagt hast.
TN: „Meinst du, dass ich mich inadäquat verhalten habe?"
TN: Für mich sind das Wolfsohren innen.
KK: Genau. Ich klinke mich ein und sage: „Du denkst, ich habe mich da unangemessen verhalten. Du denkst, das war nicht ok, was ich gemacht habe? Wahrscheinlich hast du recht." Wenn ich sage: „Hä,

denkst du vielleicht, ich hab mich da unangemessen verhalten? Das glaubst du wirklich?" Hinter dieser Frage steht dann vermutlich eine Aussage wie: „Was redest du denn für einen Unsinn. Da ist ja kein Wort wahr dran. Das stimmt natürlich nicht, was du denkst." Das wäre dann „Wolf außen". Aber den Tonfall habe ich hier nicht gehört.

Dann wüsste ich gerne, wer von euch eine Reaktion als ‚Giraffe außen' identifiziert hat, um zu schauen, ob wir ein gemeinsames Verständnis davon haben. Sagst du mal den Satz und deine Reaktion darauf.

TN: Also, das ist eine Mischung. Der Satz war: „Du überlässt alles mir. Immer muss ich allein entscheiden." Meine Reaktion: „Wie kommst du darauf? Ich habe den Eindruck, du möchtest das alleine entscheiden." Da finde ich „Giraffe innen" und „Giraffe außen".

KK: Okay: Also „Giraffe außen" höre ich erst mal nicht. Lies bitte nochmal den ersten Teil vor „Wie kommst du darauf?" – was ist das?

TN: „Wolf außen."

KK: Könnte sein: „Wie kommst du denn da drauf?!" Das wäre „Wolf außen". Aber wenn es eine echte Frage ist: „Wie kommst du darauf?"

TN: „Giraffe innen."

KK: „Giraffe innen", weil es Aufrichtigkeit ist, in Kurzform nur als Bitte. Ausführlicher würde es so klingen: „Wenn ich das höre, bin ich verwirrt, ich würde es gerne besser nachvollziehen können. Sag mir doch mal, wie du darauf kommst?" Ausgesprochen wird nur die Bitte am Schluss der Aufrichtigkeit, die sich an meinen Bedürfnissen „Ich würde gerne nachvollziehen können, wie du zu deiner Meinung, zu deiner Sichtweise kommst" orientiert. Jetzt der zweite Teil.

TN: „Ich habe den Eindruck, du möchtest das alleine entscheiden."

KK: „Ich habe den Eindruck" heißt „ich denke". Eine empathische Vermutung würde lauten: „Bist du ... (Gefühlsvermutung)? Weil dir ist wichtig ... (Bedürfnisvermutung)". Von der Haltung könnte es durchaus „Giraffe außen" sein. Klassisch ausgedrückt könnte „Giraffe außen" lauten: „Und da bist du empört, weil du das wirklich gerne selber entscheiden würdest?" Okay? Noch jemand, der „Giraffe außen" identifiziert hat?

TN: „Du bevormundest mich dauernd, ich weiß selber, was ich zu tun habe." – „Oh, es tut mir leid, bis jetzt habe ich das so nicht wahrgenommen."

KK: Was ist das?

TN: „Wolf innen" ist auch dabei.

KK: Nein, ausschließlich „Wolf innen".

TN: Ausschließlich? Okay (lacht).

KK: Das ist ganz klassisch „Wolf innen".

TN: Wegen „Es tut mir leid", oder?

KK: „Tut mir leid, Entschuldigung", und dann kommt eine Begründung: „Ich habe wohl hier einen Fehler gemacht."

TN: Okay. Gut. Ich habe noch ein paar „außen" (lacht). Das ist gemischt: „Du bist dermaßen unzuverlässig." – „Ja, kann sein." Das ist „Wolf innen". „Könntest du eine andere Lösung für deine Termine vorschlagen."

KK: „Könntest du eine andere Lösung vorschlagen", ist eine Bitte. Bei Empathie gibt es keine Bitten, da gibt es nur Vermutungen darüber, was der andere fühlt und braucht.

TN: Ich habe auch den gleichen Satz: „Du bist dermaßen unzuverlässig", und dann habe ich drauf gesagt: „Echt? Was habe ich denn gemacht, dass du das so empfindest?"

KK: Ja, was ist das?

TN: „Wolf innen."

KK: „Wolf innen", komplett.

TN: Wieso „Wolf"?

KK: Deshalb: Die Frage „Was habe ich denn gemacht?" klingt für mich nach: „Offensichtlich habe ich irgendwas falsch gemacht. Ich bin dir sehr dankbar, wenn du mir im Moment die Hinweise gibst, wo ich

versagt habe, wo ich was falsch gemacht habe." „Giraffe innen" wäre, wenn die Frage ausschließlich ist: „Kannst du mir eine Wahrnehmung benennen, sodass ich besser verstehen kann, wie du darauf kommst?" Das wäre wieder eine Bitte, mir die Wahrnehmungen mitzuteilen. Sag sie nochmal laut und spürt nochmal nach „Wo liegt hier der Hauptfokus?".
TN: „Echt? Was habe ich denn gemacht, dass du das so empfindest?"
KK: Also für mich ist es vor allen Dingen dieses „Echt? Ist das so?". Das klingt für mich wie: „Wahrscheinlich ist es wohl so", an der Stelle. Wenn das Wort „echt?" nicht wäre, könnte ich mir vom Tonfall her auch „Giraffe innen" vorstellen, wenn es dann tatsächlich nur noch ist „Was habe ich gemacht? Gib mir mal eine Wahrnehmung".
FK: Aber das „echt?" könnte auch so ein Ausdruck von einer Überraschung sein und von einem Erstaunen.
TN: Ja.
KK: Ok, das kann ich nachvollziehen.
FK: „Ich bin erstaunt, überrascht", dann wäre es „Giraffe innen"?
KK: Ja, dann wäre es „Giraffe innen".
TM: „Ich bin verwirrt, ich würde gerne verstehen."
KK: Ich gebe euch nur mal einen Geschmack, weil du gesagt hast: „Ich habe das mit ‚Giraffenohren außen' gehört." Sag mal den Satz zu mir, auf den du reagiert hast, ich reagiere darauf mal mit „Giraffenohren außen".
TN: „Du bist dermaßen unzuverlässig!"
KK: „Ist total frustrierend für dich, weil du brauchst wirklich mehr Zuverlässigkeit? Du würdest dich gerne darauf verlassen können, dass Zusagen eingehalten werden?" Also „Giraffenohren außen" aufhaben, ist ausschließlich Vermutungen anstellen „Wie fühlt sich da jemand?" Und: „Was hat derjenige für ein Anliegen, für ein Bedürfnis?"
Das üben wir gleich anschließend ausführlich. Noch etwas, was ihr als „Giraffenohren außen" identifiziert habt? Ja?
TN: Bei dem Satz Nummer 10: „Du kümmerst dich auch um gar nix!", lautet meine Reaktion: „Um was denkst du denn, sollte ich mich kümmern? Was ist dir denn so wichtig?" Für mich war das „Giraffenohren außen".
KK: Also, bei „Um was denkst du denn, sollte ich mich kümmern?", könnte es sich um eine Frage nach den Wahrnehmungen handeln. Und der letzte Teil „Um was sollte ich mich denn kümmern?", wird zumindest von der Haltung: „Ich möchte gerne verstehen, wo dich der Schuh drückt" passen. Das könnte man als Giraffenohren außen einordnen, ist aber natürlich weg von diesem klassischen Gefühl und Bedürfnis.
TN: Von dem Schema sozusagen.
KK: Ja. Sag nochmal den Satz zu mir, ich demonstriere nochmal, wie „Giraffe außen" klingt.
TN: „Du kümmerst dich auch um gar nix!"
KK: „Du bist total empört? Du hättest gerne, dass wir gemeinsam Verantwortung übernehmen?"
TN: Und wie wäre da „Giraffe innen"?
KK: „Giraffe innen" können wir, abhängig davon, wie ich die Sache sehe oder was meine Wahrnehmung ist, so formulieren: „Wenn ich das höre, bin ich gekränkt. Ich möchte gerne, dass gesehen wird, welchen Beitrag ich hier leiste." Wenn ich aber sage: „Mensch, ich kann das nachvollziehen", dann könnte sein, dass ich sage: „Wenn ich das höre, bin ich erschrocken, weil mir ist schon wichtig, einen Beitrag zu leisten. Und ich brauche Verständnis dafür, dass ich im Moment so viel um die Ohren habe, dass es einfach bei mir untergegangen ist."
TN: Bedeutet das, dass der zweite Teil, den du gesagt hast, eine Interpretation ist? Also „Bist du empört", okay, aber.
KK: Ja, weil „empathische Vermutungen" sind Vermutungen. Die können wir ruhig machen.
TM: Sind Interpretationen.
KK: Ja, es sind Interpretationen, über das, was jemand fühlt und braucht. Und diese Interpretationen sind sinnvoll und respektvoll, wenn ich deutlich mache: „Es ist nur meine Vermutung, ich behaupte nicht zu

wissen." Und deshalb ist wichtig, dass die Satzmelodie am Schluss hoch geht. Ich sage ja nicht: „Ah ja, du bist sauer und brauchst Zuverlässigkeit! Hab dich schon durchschaut, weiß schon Bescheid, was du brauchst." Das wäre nicht respektvoll. Eine Interpretation ist nur respektvoll, wenn ich deutlich mache: „Das ist lediglich meine Interpretation. Bitte korrigiere mich, sollte ich danebengetippt haben." Natürlich könnte man auch offen fragen: „Und was fühlst du, und was brauchst du gerade?" In unserer Kultur können die meisten Menschen diese Frage nicht beantworten, weil sie keine Ahnung haben, was sie fühlen und brauchen. Deshalb ist es hilfreicher, eine „empathische Vermutung" auszusprechen, weil viele Leute leichter erkennen können, ob die Vermutung Resonanz gibt: „Jaaa, da ist was dran", oder „Ja, GENAU". Unser Körper signalisiert uns: „Die Vermutung des anderen gibt eine Resonanz. Aber ich bin die Person, die Bescheid weiß über mich." Deshalb ist die Vermutung nur respektvoll, wenn sie in Form einer Frage gestellt wird.

TN: Würde es auch Sinn machen, anstatt eine Frage zu stellen zu sagen: „Sind Sie empört?", dass man sagt: „Sie sind empört?"

KK: Beides – grammatikalisch ist das eine die Frageform „Sind Sie empört?". „Sie sind empört" ist Aussageform. Beides ist möglich. Wenn bei einer Aussageform grammatikalisch „Sie sind empört", die Satzmelodie deutlich macht, das ist keine Aussage, sondern eine Frage. Der Unterschied ist „Ah, Sie sind empört", oder „Sie sind empört?" (KK spricht die Satzmelodie so, dass sie am Ende ansteigt.) als Frage.

TM: Könnte man auch sagen: „Wenn ich Sie richtig verstehe, sind Sie jetzt empört", da muss man diese Melodie nicht heben.

KK: Könnte man machen. Ich habe eine Vorliebe dafür, wenn man auf diese Einstiegs-Formulierungen verzichtet „Wenn ich es richtig verstehe ...", „Habe ich das so richtig verstanden ...", „Gehe ich recht in der Annahme, dass ...", denn dann entsteht bei manchen Menschen der Eindruck, er sitzt in einem „Fernseh-Quiz", in einer „Fernseh-Show" und muss 5 Mark ins Schweinchen werfen, wenn er „Ja" sagt. Wer das noch kennt von früher, „Heiteres Beruferaten", da kommt das mit den 5 Mark ins Schweinchen vor.

KK: Hinzu kommt, dass, wenn ich sage: „Habe ich es richtig verstanden?", schon viel Fokus bei mir ist. „Habe ich das richtig verstanden?" „Du bist sauer? Du brauchst mehr Fairness?", da ist der Fokus auch sprachlich vollkommen beim anderen – „Du fühlst", „Du brauchst". Und nicht: „Hab ich das richtig verstanden, was du fühlst?" Bei Empathie ist wirklich die gesamte Aufmerksamkeit, die Präsenz, der Fokus komplett beim anderen. Das wird sprachlich am besten wiedergegeben, indem das Wort „ich" gar nicht vorkommt.

TN: Wie ist es mit der Formulierung: „Kann es sein, dass du sauer bist?"

KK: Das ist ähnlich. „Kann es sein?", gehört in die Kategorie „Ist das richtig? Ist das möglich? Habe ich das richtig verstanden? Gehe ich recht in der Annahme? Ist das korrekt, dass ..."

FK: Und auch hier wieder: Das Wesentliche ist die innere Haltung und Ausrichtung. Wortgebilde wie „Kann es sein" sind mir vielleicht vertraut und liegen mir vielleicht mehr, weil ich mich damit besser auskenne, wenn ich es so umschreibe. Wichtig ist, ich bin mit der Aufmerksamkeit nicht bei mir, sondern beim anderen. In der Formulierung meiner Empathie, komme ich nicht vor. Wenn ich jetzt irgendwo mit dem Fokus bei mir bin, kann es sein, dass ich anfange, mich mit mir zu beschäftigen, nämlich damit, ob ich jetzt richtig liege oder nicht. Dann ist die Gefahr, dass ich aus der empathischen Verbindung, aus dieser Präsenz rausrutsche.

TN: Jetzt habe ich nochmal eine Frage und ein Problem. Ich hatte immer gedacht, es ist nicht schlecht, wenn man „Ich-Botschaften" sendet, aber das passt jetzt ja ganz und gar nicht in das Konzept.

KK: „Ich-Botschaften" sind wichtig, wenn es darum geht, dass ich etwas von mir mitteile. Das heißt, bei dem, was wir die letzten eineinhalb Tage geübt haben: Aufrichtigkeit. Da benutze ich „Ich-Botschaften". Übrigens, die klassische „Ich-Botschaft" nach Thomas Gordon enthält drei Elemente. Einige davon sind ganz ähnlich wie in diesem Modell: Als Erstes nennt er auch die Wahrnehmung, die Fakten. Das ist identisch. Ich gebe euch nochmal das Beispiel: Jemand kommt in mein Büro ohne anzuklopfen. Dann wäre eine klassische „Ich-Botschaft“ nach Thomas Gordon: „Wenn du reinkommst, ohne anzuklopfen, bin ich sauer, ich halte das für grob unhöflich.“ Erster Schritt identisch „Du kommst rein, ohne anzuklopfen“. Zweiter Schritt identisch „So fühle ich mich“, wobei bei Thomas Gordon die Unterscheidung zwischen Gefühlen und sogenannten „Opfer- oder Pseudogefühlen“, die versteckte Vorwürfe sind, nicht gemacht wird. Die habe ich erst bei Marshall so sauber kennengelernt. Und das dritte Element einer klassischen „Ich-Botschaft“ ist die Bedeutung des Wahrgenommenen für mich. Die Bedeutung des Wahrgenommenen kann ein Bedürfnis sein. Thomas Gordon spricht ganz klassisch von „Ich lege meine Bedürfnisse offen“, tut es dann allerdings bei den „Ich-Botschaften“ häufig nicht, sondern nennt stattdessen eine Bewertung, für die ich dann allerdings – wichtiger Schritt – die Verantwortung übernehme. Ich sage nicht: „Das ist respektlos“, sondern „Ich halte das für respektlos“, was ein wichtiger Schritt in eine sinnvolle Richtung ist, weil es wegkommt von dem „Ich behaupte … Die Wissenschaft hat festgestellt, das ist respektlos. Jeder, der ein bisschen Hirn hat, muss das genauso sehen. Vielmehr sage ich: „Ich halte das für respektlos.“ Damit übernehmen wir für unsere moralistische Bewertung „respektlos“ die Verantwortung. Wir sind aber immer noch in der Denke, als gäbe es so etwas wie „respektloses Verhalten“, wenn auch nur subjektiv. In der „Gewaltfreien Kommunikation“ ist der Paradigmenwechsel gründlicher, weil wir uns verabschieden von Ideen, es gäbe so etwas wie respektloses Verhalten. Es gibt nur Menschen, die ein Bedürfnis nach Respekt haben, das manchmal zu kurz kommt und manchmal erfüllt ist und zwar für viele Menschen ganz, ganz unterschiedlich. Kann ich mal bitte die Hand sehen, wen es stört, wenn jemand in euer Büro kommt, ohne anzuklopfen. (Einige Hände gehen hoch.) Hand hoch, wen es nicht stört. (Viele Hände gehen hoch.) Das ist in meiner Erfahrung in vielen Fällen gleich verteilt, wenn ich frage, häufig 50:50. Hier ist deutlich, dass die eine Präferenz in der Überzahl ist. Und das zeigt, dass das Bedürfnis nach Respekt für manche Menschen bei gleicher Faktenlage zu kurz kommt und für manche immer noch erfüllt ist. Deshalb: So etwas wie „respektloses Verhalten“ gibt es nicht.

Ein weiterer wichtiger Unterschied zu den sogenannten „Ich-Botschaften“ ist, dass Thomas Gordon sagt: Keine Bitte aussprechen. Meine Vermutung, warum er das empfiehlt, ist Folgendes: Er hat sein Modell in der Arbeit mit Eltern und Kindern entwickelt. Das Machtgefälle zwischen Eltern und Kindern ist in den meisten kulturellen Situationen so groß, dass er vermutlich – aber das ist meine Interpretation – annimmt, dass sie als Forderungen oder Anordnungen ankommen. Er sagt auch: Wenn wir die Bedeutung des Wahrgenommenen für unser Leben offenlegen, dann weiß der andere genau, was er tun kann, um meinen Bedürfnissen besser zu entsprechen. Das halte ich für eine Illusion. Das wissen viele Menschen gerade nicht. Aber aus seiner Sicht ist die „Ich-Botschaft“ damit abgeschlossen, wenn ich die Bedeutung des Wahrgenommenen auf den Tisch gelegt habe.

Zurück zu deiner Frage. „Ich-Botschaften“ sind dann sinnvoll, wenn ich statt zu sagen: „Du bist respektlos“, von mir rede: „Wenn du reinkommst, ohne anzuklopfen, bin ich sauer, weil ich halte das für respektlos.“ Und damit liegt der Fokus bei mir.

Aber jetzt bei Empathie, geht es natürlich nicht um „Ich-Botschaften.“ Bei Empathie liegt der Fokus beim anderen, und ich versuche zu hören, zu verstehen, zu erfassen, Verbindung damit aufzunehmen: „Was bewegt den anderen? Wie geht es dem? Was braucht er?“ In dem Modell von Thomas Gordon-Modellen nennt man das „Aktives Zuhören“. „Empathisches Zuhören“ geht aus meiner Sicht auch nochmal einen Schritt weiter. Beim „Aktiven Zuhören“ bei Thomas Gordon werden häufig nur die vermuteten Gefühle zurückgespiegelt. Eine Vermutung über „Welche Anliegen hat jemand?“, habe ich beim „Aktiven Zuhören“ höchst selten erlebt. Marshall pflegte zu sagen: Neunzig Prozent des menschlichen Kontakts, der Verbindung, die entsteht, entsteht nicht darüber, dass ich verstehe, wie sich jemand fühlt, sondern dass ich verstehe, welches Anliegen jemand hat. Also das ist der Kern des „Empathischen Zuhörens", die Bedürfnisse der anderen Personen zu verstehen.

FK: „Anliegen" wird hier als Synonym für „Werte, Bedürfnisse" verwendet.

KK: Noch jemand, der sagt „Meine Reaktion haben wir als ‚Giraffe außen' identifiziert"? Dann bitte ich euch nachzuzählen, wie häufig ihr „Wolfsohren außen" habt, und dann so viele Finger hochzuhalten, wie das bei euch in euren fünf Reaktionen vorgekommen ist – 38. Dann bitte einmal nachschauen, wie häufig „Wolfsohren innen" vorgekommen sind – 27. „Giraffenohren außen".
TN: Ich bin mir nicht ganz schlüssig.
KK: Okay, dann bitte nochmal Finger runter. Wo haben wir es noch nicht überprüft, wo ihr glaubt, eure Reaktion gehört in die Kategorie „Giraffenohren außen" und nennt euer Beispiel einfach nochmal, damit wir das gleiche Verständnis haben. Was war dein Beispiel?
TN: „Hör bloß auf mit dem Psychogerede, du redest wie ein Psychiater." – „Was meinst du damit?"
KK: Okay. „Was meinst du damit?" ist „Giraffe innen." Sich dafür interessieren, wie jemand denkt oder woran derjenige das festmacht. Das wäre also keine Vermutung über Gefühle und Bedürfnisse, sondern wieder eine Frage nach Wahrnehmungen, nach Auslösern.
TN: Aussage 22: „Diese ewige Streiterei in unserer Abteilung geht mir auf den Keks." Unsere Reaktion: „Das finde ich sehr bedauerlich, dass es Ihnen auf den Keks geht, aber wir müssen es irgendwie lösen."
KK: Gut. Das ist auf jeden Fall nicht „Giraffe außen". Hat jemand eine Ahnung, was das ist?
TN: Das ist die „Aber-Formulierung", das ist Verneinung in dem Sinn.
KK: Also ich würde es im Wesentlichen, bis auf das „aber", einordnen bei „Giraffe innen", weil du sprichst von deinen eigenen Gefühlen, sagst: „Ich habe da ein Bedauern, wenn ich das höre", und dann sagst du, machst du einen Vorschlag: „Ich möchte jetzt, dass wir eine Lösung finden, dass wir uns der Lösung zuwenden." Das ist ein Vorschlag, sich in Bezug auf eine Lösung zu äußern.
FK: Das „aber" und das „müssen", ich glaube, du hast ein „müssen" auch drin.
TN: Ja.
FK: Das macht so eine kleine Tendenz zu "Wolf außen".
TN: Also Bedauern ist nicht schuld? Das hat jetzt damit nichts zu tun?
KK: Ich höre an der Stelle nicht, dass er Verantwortung übernimmt, dass das so ist, sondern dass er sagt: „Wenn ich das höre, bedaure ich das." Und dann macht er einen Vorschlag in Richtung Strategie entwickeln, Lösungsfindung. Empathie kümmert sich überhaupt nicht um Lösungen, mir geht es nur darum zu verstehen, was jemand fühlt und braucht. Sage mir nochmal den Satz, dann demonstriere ich den Unterschied zu „Giraffe außen".
TN: „Diese ewige Streiterei in unserer Abteilung geht mir auf den Keks."
KK: „Das ist total frustrierend für dich, du wünschst dir mehr Harmonie in der Zusammenarbeit?" Ich stelle eine Vermutung an über „Was fühlt der andere?" und eine Vermutung darüber „Was ist es, was sie für ein Anliegen hat, was diese Person braucht?". Noch jemand, der sagt „Giraffe außen" und noch nicht überprüft?
TN: Bei Nummer 18 „Jetzt hör mir doch endlich mal zu." Da hatte ich gesagt „Ok, ich bin jetzt ganz bei dir."
KK: Da sprichst du von dir. Wenn das verbunden ist mit der Idee „Ich war bisher NICHT bei dir", dann wäre es „Wolf innen". Die Message wäre dann sozusagen: „Bisher habe ich nicht aufgepasst, jetzt passe ich auf." Und wenn du sagst: „Jetzt bin ich bereit dir zuzuhören. Bitte sag es mir nochmal", das wäre „Giraffe innen". Du stellst keine Vermutung an darüber, was jemand fühlt und was jemand braucht.
FK: Als Faustregel könnt ihr euch merken: Bei „Giraffe außen" erwähnst du dich selber gar nicht.
KK: Auch hier nochmal: „Giraffe außen" wäre. Sagst du nochmal den Satz zu mir?

TN: „Jetzt hör mir doch endlich mal zu!“
KK: „Bist du genervt? Hättest du gerne die volle Aufmerksamkeit?“ Was vermute ich, fühlt sie und was braucht sie, nämlich die volle Aufmerksamkeit und respektvoll in Form einer Frage formuliert.
TN: Frage dazu: Aber was ist denn, wenn es zutreffend ist, wenn ich tatsächlich mit meiner Aufmerksamkeit in dem Augenblick bei was anderem war? Soll ich dann da drüber gehen und quasi einfach über das Bedürfnis des anderen reden?
KK: Ich werde später noch einmal erläutern, dass Empathie nicht in jeder Situation angebracht ist. Bei großer emotionaler Beteiligung wollen die Menschen in aller Regel erstmal empathisch gehört und verstanden werden. Natürlich gibt es auch Situationen, in denen sie das nicht wollen. Insofern ist es manchmal angebracht aufrichtig zu sein und manchmal empathisch.

FK: Also hier wäre auch möglich, das mit den vier Schritten aufzugreifen und zu sagen: „Oh ja, wenn ich das gerade mitkriege, bedaure ich das“, da haben wir das Gefühl „Bedauern“. Und: „Mir liegt auch dran, dass wir im Gespräch wirklich volle Aufmerksamkeit kriegen. Bist du bereit, es mir nochmal zu sagen?“ Dann wären das die vier Schritte mit dem Gefühl des Bedauerns. Und dann könnte ich danach möglicherweise Empathie geben. Aber wenn das stärker ist, ist eben erstmal Aufrichtigkeit angesagt. Danke für die Frage.

KK: Frag mich mal, wie alt ich bin.
TN: Wie alt bist du denn?
KK: Jetzt gibt es zwei Möglichkeiten. Die eine ist: „Ich bin 63.“ Dann beantworte ich und bin einfach aufrichtig. Frag mich nochmal.
TN: Wie alt bist du denn?
KK: „Du bist gerade total neugierig? Das Alter spielt für dich eine ganz wichtige Rolle?“ – Das wäre eine typische Situation, in der ich vermute, dass der Fragende keine Empathie sondern einfach nur eine Antwort haben will. Das werden wir später nochmal genau beleuchten.
TN: Aber ich könnte das auch mit den vier Schritten verneinen oder? Jetzt habe ich halt gehört, dass du mich gefragt hast, wie alt ich bin. Das finde ich bedauerlich, weil mir meine Privatsphäre sehr wichtig ist, und deswegen bitte ich dich, mich das nicht zu fragen.
KK: Mich zu bitten, mich nicht zu fragen, halte ich für schwierig. Aber ich nehme mir natürlich raus an der Stelle, zu sagen „Nein“. Und das könnte ich tatsächlich in den vier Schritten sagen. Anstatt zu sagen: „Möchte ich jetzt nicht erzählen“, kann ich sagen: „Mhm, wenn ich mir überlegen, das jetzt offen zu legen, bin ich innerlich ganz zögerlich, ich möchte meine Privatsphäre wahren, und deshalb werde ich dir mein Alter nicht sagen.“

TN: Ich habe eine ähnliche Frage. Es gibt Menschen, die gerne direkt Dinge fragen, die sie überhaupt nichts angehen.
KK: „Was sie nichts angeht“ ist deine persönliche Bewertung.
TN: Ja. Aber das ist meine Sphäre und meine Entscheidung.
KK: Genau. Aber hinter der Denke „Das geht den nichts an“, steckt ein Bedürfnis, und welches ist das?
TN: Autonomie, Privatsphäre, Schutz.
KK: Privatsphäre wahren, genau. Und das ist ja das, was wir auch gerade offengelegt haben: „Wenn ich mir das gerade überlege, bin ich sehr zögerlich. Ich möchte meine Privatsphäre waren.“ Und du kannst die ersten zwei Schritte auch weglassen, so wie in dem Beispiel „Gibst du mir bitte mal das Salz rüber“ die ersten drei Schritte nicht notwendig sind, könnte es sein, dass ich hier zum Beispiel nur Schritt 3 und 4 offenlege und sage: „Ich möchte gerne meine Privatsphäre wahren und werde deshalb diese Frage nicht beantworten.“
TN: Ich kenne es aus Seminaren, dass Dozenten empfehlen nachzufragen: „Was würde die Antwort verändern?“ Ist das eine Nachfrage nach dem Bedürfnis, warum der andere, also der Patient in dem Fall, die Frage stellt oder ist es eher so ein Ausweichen und keine klare Kommunikation im Sinne der Schritte?

KK: Sag mal ein Beispiel.
TN: Also, wenn man was Persönliches gefragt wird, wie: „Sind Sie verheiratet?"
KK: Und dann kommt welche Reaktion?
TN: Ja, mit eine Rückfrage beispielsweise: „Ja, was würde das verändern, wenn Sie das wüssten?"
KK: Also es könnte sein, dass man sagt: „Ich bin im Moment skeptisch oder unsicher, was diese Frage für Sie bedeutet. Und ich glaube, meine Motivation, etwas von meiner Privatsphäre preiszugeben wäre anders, wenn ich mehr Klarheit darüber hätte, was ist Ihre Motivation, die Frage zu stellen. Bevor ich mich entscheide, ob ich die Frage beantworte, wären Sie bereit, offenzulegen, aus welcher Motivation heraus kommt Ihre Frage?" Kurzform könnte lauten sozusagen: „Bevor ich das beantworte, können Sie mir sagen, warum Sie diese Frage stellen?" Und dann könnte es jemand sein, der sagt: „Ich habe schlechte Erfahrungen gemacht mit Therapeuten, die unverheiratet sind, die haben mich sexuell manchmal ganz schön angemacht, in meiner Vorstellung würde ich mich sicherer fühlen, wenn ich wüsste, Sie sind in einer festen Beziehung. Deswegen hat das für mich Bedeutung." „Das kann ich jetzt gut nachvollziehen, ja, ich bin verheiratet." Oder zu sagen: „Ich bin nicht verheiratet, ich bin ledig. Nachdem ich höre, da haben Sie schlechte Erfahrungen gemacht, gibt es irgendetwas anderes, was Ihnen mehr Sicherheit geben würde, dass Sie hier in einem geschützten Rahmen mit mir arbeiten können?"
FK: Oder: „Versprechen Sie sich mehr Verständnis für Ehethemen, die Sie vielleicht hier besprechen wollen, wenn Sie wüssten, ich bin in einer ähnlichen Situation, ich bin auch in einer Ehe." Also da gibt es verschiedene Möglichkeiten, was dann hinter der Frage stecken könnte.
KK: Wenn ich eine Vermutung habe, kann ich nachfragen. Wenn ich allerdings vollkommen blank bin, würde ich nicht ins Blaue hinein raten, sondern sagen: „Ich habe keine Ahnung, um was es hier gehen könnte. Ich würde es gerne besser verstehen. Es hat sicher einen guten Grund, warum Sie das fragen. Es fällt mir leichter, bevor ich mich entscheide zu antworten, wenn ich wüsste, was der Hintergrund Ihrer Frage ist."
TN: Oder ich höre auch oft die Frage: „Haben Sie denn überhaupt selber Kinder?"
TN: Sie glauben dann, dass du sie besser verstehen kannst.
TN: Ja, aber ist das denn immer so?
KK: Ich glaube, es geht in dem Moment nicht um logische Argumente, sondern darum, dass jemand sagt: „Mir würde das mehr Zuversicht geben." Wir hatten eine Teilnehmerin in unserer Ausbildung, die selbst eine schwere traumatische Erfahrung in der Kindheit gemacht hat und jetzt andere Menschen unterstützt, die traumatische Erfahrungen haben. Ich kann mir gut vorstellen, dass für Menschen, die so eine schlimme Erfahrung in einem bestimmten Bereich haben, sagen: „Die Fähigkeit von jemand anderem nachzuvollziehen, was ich da für eine persönliche Geschichte habe, wäre ein Stück größer, denke ich. Wenn ich weiß, dass jemand die gleiche Erfahrung gemacht hat, glaube ich, dass die Person sich besser einfühlen kann aufgrund eigener Erfahrung." Das gleiche gilt in der Drogentherapie. Wir haben in einer Einrichtung gearbeitet, in der teils Ärzte, Psychologen, Therapeuten, Sozialarbeiter waren, gemischt mit sogenannten „Ex-Usern". Das waren Menschen, die selbst eine Drogengeschichte hatten und durch die Therapie gelaufen sind. Sie waren sehr viel glaubhaftere Modelle, weil die Klienten den Eindruck hatten „Hier kann jemand besser nachvollziehen, was ich gerade durchmache". Das heißt nicht, dass andere Leute nicht unterstützend und hilfreich sein können. Es geht also nicht um richtig/falsch, logische Argumente, sondern darum, dass man sagt: „Mir bedeutet das was."
TN: Ist ja theoretisch auch Prinzip von einer Selbsthilfegruppe.
KK: So ist es, ja. Und die sind sehr, sehr erfolgreich.
TN: Das heißt, ich würde dann so zurückfragen: „Was nehmen Sie jetzt an?" Oder wie du auch gesagt hast: „Hätte das jetzt für Sie eine Bedeutung?"
KK: Ja. Genau. Und hier würde ich vermutlich auch nicht blank sein, sondern ich hätte eine Vermutung, die ich prüfen kann. „Bedeutet es Ihnen viel, mit jemand zu arbeiten, von dem Sie sich vorstellen, dass er sich leicht in Sie hineinversetzen kann, weil er einen ähnlichen Erfahrungshintergrund hat?" Und dann ehrlich sein und sagen: „Habe ich nicht. Und jetzt entscheiden Sie, ob Sie sich lieber jemand anders suchen, fühlen Sie sich frei."

TN: Das Problem ist, die Möglichkeit haben wir halt in der Klinik nicht. Also ich hatte auch erst vor kurzem den Fall, dass mir ein Vater dann gesagt hat: „Also mir wäre es eigentlich lieber, der Ansprechpartner wäre ein Mann, weil ich gerade voll das Problem mit Frauen habe." Da war ich aber auch erstmal überrumpelt, weil ich damit überhaupt nicht gerechnet habe. Ich glaube, ich habe es dann einfach so stehen lassen.
KK: An der Stelle könntest du sagen: „Das kann ich Ihnen gerade nicht anbieten. Wir haben auch niemanden, der zur Verfügung steht. Jetzt haben Sie die Wahl, meine Unterstützung in Anspruch zu nehmen. Bei allem Respekt, dass das für Sie eine Hürde darstellt, wir können Ihnen im Moment nichts anderes anbieten. Die Alternative ist, Sie kommen alleine mit Ihrer Problematik klar. Wie entscheiden Sie sich jetzt?"
FK: Genau, je offener und zugewandter du da bleiben kannst, desto mehr demonstrierst du in dem Moment deine eigene Kompetenz. Also nochmal, hier ist dieser bedeutsame Unterschied: Zuhören heißt nicht zustimmen. Also, „Sie hätten gerne jemand, der oder die eigene Kinder hat, weil sie dann eine größere Sicherheit hätten, wirklich verstanden zu werden?", heißt nicht, dass ich das auch so sehen muss. Aber wenn ich mich wirklich öffnen kann, um ganz da zu sein und den anderen ernst zu nehmen und weg bin von jeder Verurteilung, dann bin ich in dem Moment und präsent, schütze den Kontakt und stärke ihn. Und dann tue ich eigentlich genau was dafür, dass dieser Mensch genau das Vertrauen finden kann, nach dem er sich sehnt, auch wenn ich keine Kinder habe.
TN: Ja.

KK: Nochmal zurück: Gibt es noch jemand, der ‚Giraffenohren außen' bei sich identifiziert hat, die wir noch nicht gecheckt haben?
TN: „Sei doch nicht immer so empfindlich." – „Ich fühle mich von dir immer so bedrängt, ich würde mir wünschen, dass du mir klar sagst, was dich stört, und nicht immer so allgemein redest, das regt mich auf."
KK: Ja. Hier zeigst du vom Ansatz etwas über dich selber. Das wäre „Giraffe innen". Allerdings sind in der Form, wie du dich aufrichtig ausdrückst, einige „Wolfselemente" enthalten. „Ich fühle mich bedrängt" ist ein versteckter Vorwurf, weil es Interpretation ist, was der andere mit dir tut. Du beschreibst, was du alles NICHT möchtest, was in der Regel als Vorwurf gehört wird. Die Bitte ist vage formuliert. Sie gibt dem anderen keine klare Informationen „Was möchte ich auf der Verhaltensebene gerne anders sehen".
FK: Du hattest auch noch die Hand hoch?
TN: „Du überlässt alles mir, immer muss ich alleine entscheiden." Also das Bedürfnis ist, dass ich mich mehr an Entscheidungen beteilige.
KK: Ja, von der Haltung her, ja. Wenn ihr nochmal daran denkt: Wir definieren Bedürfnisse so, dass keine Einzelpersonen darin vorkommen. Hier würde man das noch korrigieren, indem wir die Aussage „Hast du das Bedürfnis, dass ICH ...", allgemeiner fassen.
TN: ... dass andere Menschen?
KK: Genau. Oder: „dass jeder ..., dass wir uns alle daran beteiligen, ja?" Also „wir" und „alle" und „uns", das ist unschädlich, aber nicht, „Du möchtest, dass ich ...".

Noch ein Beispiel: Wenn jemand sagt: „Du Lügenbeutel!", und ich sage: „Ist es dir wichtig, dass ich ehrlich bin?", da würde ich damit die Botschaft geben „Alle anderen können lügen, Hauptsache, ich bin ehrlich". Wäre das dann in Ordnung? „Nein, nein, ich möchte grundsätzlich, dass Menschen die Wahrheit sagen, unter anderem du auch, aber grundsätzlich alle." Das wäre „Giraffe außen".
TN: Ich habe bei Nummer 10, da habe ich eigentlich drei. Ich lese vor, ja? „Du kümmerst dich auch um gar nichts!" Die Antwort: „Es nutzt nichts, wenn du jetzt schimpfst, ich bin überfordert. Wir setzen uns und machen einen Notplan." Und da dachte ich mir, dass „Wolfsohren außen" ist nämlich das „Es nutzt nichts, wenn du jetzt schimpfst".
KK: Gut erkannt.
TN: Und dann, „Ich bin überfordert" – da denke ich mir, ok, ich gehe jetzt in mich hinein und sage: „Ich kann gerade nicht mehr geben."

KK: Genau, „Giraffe innen", du teilst etwas von deinem emotionalen Zustand mit.
TN: Ja. Und das Letzte „Wir setzen uns, und machen einen Notplan".
KK: Ist auch „Giraffe innen", weil du damit eine Lösung vorschlägst: „Lass uns Folgendes tun. Bist du damit einverstanden?" Also es ist eine Bitte, ein Vorschlag von deiner Seite, was du möchtest, dass ihr jetzt tut.
TN: Aber jetzt war das „Wolf außen" und „Giraffe innen" und „Giraffe außen" auch, oder?
KK: Nein.
TN: Warum denn nicht „Giraffe außen"?
KK: „Giraffe außen" wäre eine Vermutung, über das, was der andere fühlt und braucht.
FK: Sag den Satz nochmal zu Klaus, dann kann er es dir nochmal zeigen.
TN: „Wir setzen uns und machen einen Notplan."
KK: Das ist Aufrichtigkeit, an der Stelle eine Lösung zu finden. Sag den ursprünglichen Satz mal zu mir, und ich gebe dir ein Beispiel für „Giraffe außen".
TN: „Du kümmerst dich auch um gar nichts!"
KK: „Bist du empört, weil du hättest gerne, dass hier jeder ein Stück Verantwortung übernimmt, dass wir uns gemeinsam um die Dinge kümmern?" Das wäre eine Vermutung über „Was fühlst du?", „Bist du empört? Frustriert?". Und ich vermute, was dein Anliegen ist: sich gemeinsam um die Dinge kümmern. Was du gesagt hast, war lösungsorientiert: „Ich schlage vor, dass wir uns jetzt zusammensetzen, mal einen Plan machen, wer was macht." Aufrichtigkeit ist: „Was können wir jetzt tun?"
TM: Und Aufrichtigkeit ist „Giraffenohren innen".
KK: Genau, Aufrichtigkeit gehört zu „Giraffenohren innen". „Ich bin gerade, wenn ich das höre, überfordert, ich bin allerdings auch an einer konstruktiven Lösung interessiert. Ich schlage vor, wir setzen uns jetzt mal zusammen und bereden, wer macht was?" Von diesen vier Schritten hast du nur das und das laut ausgesprochen, die beiden anderen hast du weggelassen, aber alles ist Aufrichtigkeit, was thematisch zu „Giraffenohren innen" gehört. Eine Vermutung darüber, was der andere fühlt und was der braucht, kommt in deiner Reaktion nicht vor. Das wäre „Giraffe außen".
TN: Aber wenn ich sage, „Ich bin überfordert", könnte das dann nicht „Wolf innen" sein, weil ich dann sage: „Oh, ich gebe zu, dass ich mich einfach schlecht fühle", oder?
KK: Wäre denkbar, wenn du an der Stelle sagst: „Ah, ich weiß, ich sollte mich da mehr einbringen, aber verstehst du, ich bin halt einfach überfordert, ich habe so viel zu tun" – Rechtfertigung und Erklärung, schlechtes Gewissen.
KK: Okay. Noch jemand „Giraffe außen"? Dann zählen wir nochmal zusammen. Finger hoch für „Giraffe außen" – 4. Da seid ja schon weit über dem Schnitt, weil in aller Regel steht hier die Null. Okay. Wenn wir uns bewusst machen, dass das Einzige von den vier möglichen Reaktionen, das man wirklich „Zuhören" nennen kann, dies hier ist (KK deutet auf Giraffenohren außen.). Das ist das Wesen von „Zuhören": meine Aufmerksamkeit vollkommen beim anderen zu lassen und versuchen zu erfassen, was in diesem Menschen lebendig ist. Dann wird klar, dass wir hier den größten Hebel haben, an dem wir ansetzen können. Wenn wir verstehen, dass dieser Fokus auf „Ich versuche zu hören, ich versuche zu erfassen, was jemand fühlt und was jemand braucht" die Grundlage dafür ist, dass Leute bereit sind, sich konstruktiv, kooperativ zu verhalten, weil sie den Eindruck haben „Ich werde gehört, ich werde verstanden, ich werde ernstgenommen".
TM: Letztlich ist die Essenz unseres Berufes „Giraffenohren außen".
KK: Wobei ich klar sagen möchte: Die Tatsache ist, dass ihr im Moment in den Übungen reagiert habt auf etwas, was in euren Ohren erstmal klingt wie ein Vorwurf, wie eine Kritik, wie eine Beschuldigung. Das ist natürlich nicht der Alltag in eurem Beruf. Ganz häufig kommen Menschen zu euch und haben einfach ein Problem. Sie formulieren keine Vorwürfe, keine Angriffe, keine Beschuldigung, sodass es uns im beruflichen Alltag natürlich viel leichter fällt, diese Ohren aufzusetzen. Aber überall dort, wo wir im Alltag die Illusion haben: „Der versucht gerade mich anzugreifen. Der versucht mir ans Bein zu pinkeln. Der will mich kritisieren. Der will mich beschuldigen", dort haben wir einen ungeheuren Nachholbedarf, damit wir Dinge nicht persönlich nehmen, sondern verstehen: „Das ist lediglich der unglückliche Ausdruck eines bestimmten Anliegens, das jemand hat."

Wir wollen euch gern nochmal eine Metapher anbieten für das, was wirklich geschieht, wenn wir mit „Giraffenohren außen" hören. Vielleicht habt ihr schon mal von der „Kommunikationstheorie" gehört, die besagt: Es gibt einen „Sender" und einen „Empfänger". Zwischen den beiden werden Nachrichten hin- und hergeschickt. Der Sender sendet eine Nachricht, der Empfänger empfängt sie. Dann wird der Empfänger zum Sender und sendet seinerseits eine Nachricht. Mit anderen Worten: Was wir tatsächlichen tun in der Kommunikation, wir tauschen dauernd Geschenke aus. Wenn Rieke mir jetzt ein Geschenk machen möchte und ich habe die „Wolfsohren" auf (szenische Darstellung):

(Rieke hat ein undefinierbares Päckchen aus zerknülltem Flipchartpapier und reicht es Klaus. Klaus zögert, weicht zurück, aber Rieke geht ihm nach und bietet es ihm nachdrücklich an. Nach weiterem Zurückweichen und Zögern nimmt Klaus schließlich das Päckchen, betrachtet es von allen Seiten und wirft es schließlich auf den Boden.)

KK: Nee! So hässlich eingewickelt! Das will ich nicht haben!

Dieses Geschenk wollen wir in der Regel nicht haben, weil es auf eine Art und Weise verpackt ist, von der wir glauben, der andere will mich kritisieren, angreifen oder beschuldigen. Aber das ist nur die Verpackung. So, schauen wir mal, was jetzt passiert, wenn ich „Giraffenohren außen" aufhabe? In der gleichen Situation kommt Rieke wieder auf mich zu und hat ein Geschenk für mich. Diesmal habe ich aber „Giraffenohren außen" auf. (Szenische Darstellung)

(Rieke hat ein undefinierbares Päckchen aus zerknülltem Flipchartpapier und reicht es Klaus. Klaus strahlt und nimmt das Päckchen)

KK: Danke Rieke! Ich guck gleich mal, was drin ist. Ok?

(Während Klaus das Päckchen auswickelt) Und dann kümmern wir uns nicht um die Verpackung, weil das ist ja nur Einwickelpapier, ist unwichtig. Und dann sagen wir: „Ach, das wolltest du mir geben", und schauen nach, was drin ist. Was in jeder Nachricht drin ist, sind die wesentlichen Informationen. Das will mir jemand mitteilen: Was nimmt er wahr, wie fühlt er sich in Bezug auf das Wahrgenommene, was hat er für Bedürfnisse, und er hat eine bestimmte Bitte. Der Fokus mit diesen Ohren ist erstmal auf die zentralen zwei Informationen gerichtet: „Was fühlt der andere?" und „Was braucht er?". Alles andere, was so aussieht, als wäre es eine Kritik, ein Angriff, eine Beschuldigung, ein Urteil über mich, ist nichts als „Einwickelpapier". Das gibt es nicht wirklich. Das ist keine Realität. Und jetzt haben wir die Möglichkeit, das dritte Hindernis aus dem Weg zu räumen. Erinnert ihr euch noch an die Dinge die uns daran hindern, aufrichtig zu sein? Der dritte Aspekt war, dass wir glauben, Angst vor der Reaktion des anderen zu haben. Wovor wir wirklich Angst haben, ist, dass wir „Wolfsohren" aufhaben, wenn der andere reagiert. Wenn ich „Giraffenohren" aufhabe, wovor sollte ich mich dann fürchten? Denn mit „Giraffenohren außen" höre ich nur, dass der andere mir mitteilt, was er fühlt und was er braucht. Wenn ich einen Vortrag halte und aus dem Zuschauerraum kommt „Buh! Aufhören! Schwachsinn! Kinderkram" und ich habe die Giraffenohren auf, kann ich nur die Schönheit der Botschaft hören: Menschen teilen mir gerade mit, wie sie sich fühlen und was sie brauchen, also nichts, wovor man Angst haben müsste.

TN: Aber dann ist man mit der eigenen Persönlichkeit sehr stark in Konfrontation. Also wenn ich jetzt eine Botschaft bekomme, dann hängt doch die Interpretation von meiner Persönlichkeitsstruktur ab, oder?

KK: Es hängt von meiner Art zu denken ab. Wenn ich „Wolfsohren“ aufhabe, glaube ich tatsächlich: „Sie will mich angreifen.“ Aber das will sie nicht! Selbst wenn sie sagt: „Ich will dich angreifen!“, das ist nicht das, was sie wirklich will. Was sie wirklich will, ist: „Kann mal bitte jemand hören, wie beschissen es mir geht, und was ich brauche?“ Allerdings haben die meisten Menschen gelernt, ihre Gefühle und Bedürfnisse so hässlich einzuwickeln, dass es für den Empfänger so ausschaut, als wollte ihn diese Person angreifen, verurteilen, beschämen, beschuldigen, einen Vorwurf machen. Das ist nicht, was die Leute wirklich wollen. Die Leute ringen darum, dass sie endlich einmal jemand hört, wie sie sich fühlen und was sie brauchen. Und mit diesen Ohren habe ich ein Bewusstsein, dass es so etwas wie Angriff, Kritik, Beschuldigung gar nicht gibt, das ist eine Illusion, das ist Einwickelpapier.
TN: Jetzt gibt es ja auch Situationen, wo Leute so heftig auftreten, dass sie einen irgendwie im Affekt anstecken. Also wenn einer richtig heftig wird, dann kann es ja sein, dass man erstmal mit Angst reagiert. Und dann will man sich erstmal abgrenzen, verteidigen.

KK: Das nennen wir in der Gewaltfreien Kommunikation „schützender Einsatz von Macht“. Das heißt: „Ich sorge dafür, wenn ich sage, jetzt sind meine Ohren leider abgefallen“, dass ich sage: „Ich brauche mal Zeit für mich und schaue mal, ob ich meine Ohren wieder fest kriege, dann rede ich wieder mit dir.“ Wenn der andere sagt: „Das könnte dir so passen, du kneifst!“, dann kann ich antworten: „Ich schütze mich gerade. Ich kümmere mich jetzt um mich selber. Es ist nicht gegen dich gerichtet, es ist kein Urteil über dich. Ich kümmere mich gerade und sorge gut für mich. Und ich gehe jetzt raus. Ich hoffe, du kannst das nehmen.“ Bei Selbstfürsorge denkt an das Beispiel im Flugzeug, das Thema mit den Sauerstoffmasken: Erst kümmere ich mich um mich selber. Erst dann bin ich in der Lage, mich um jemand anderen zu kümmern. Und wenn mir die Ohren abfallen und ich das realisiere, dann sage ich: „Ich kümmere mich gerade mal wieder darum, dass ich meine Ohren aufsetze, und dafür brauche ich einen Moment Zeit. Dann bin ich wieder für dich da.“

TN: Das ist also der erste Schritt, dass ich merke, dass ich etwas brauche, um erstmal etwas für mich selbst zu regeln und klarzukriegen?
KK: Ja, genau.
TN: Aber das sind jetzt keine „Giraffenohren innen“? Also du schmeißt sie wirklich runter? Weil das ist ja auch eine Art von Selbstfürsorge.
KK: Das war jetzt nur eine Metapher.
TN: Ach so.
KK: Wenn ich keine Bereitschaft habe, wenn ich merke, dass es mich gerade überhaupt nicht interessiert, was der andere fühlt und braucht, dann ist das ein deutliches Zeichen dafür, dass ich gerade etwas brauche. Etwas für meinen Schmerz, für meinen Frust, für meine Bedürfnisse. Dann ist es meine erste Bürgerpflicht, mich um mich selbst zu kümmern. Das kann ich mit Selbstempathie tun. Manchmal brauche ich aber auch Empathie aus einer anderen Quelle. Von meinem Gegenüber kann ich die Empathie sicher gerade nicht kriegen, denn er oder sie ist ja selber gerade so bedürftig. Dann empfehlen wir, sich aus der Situation rauszuziehen. Und wenn die Selbstempathie nicht reicht, schaue ich, dass ich Empathie aus einer anderen Quelle bekomme, bis ich wieder in der Lage bin zu sagen, „Jetzt bin ich wieder für dich da“. „Meine ‚Giraffenohren‘ sind wieder stabil auf dem Kopf, und jetzt bin ich gerne bereit zu hören, wo dich der Schuh drückt.“
SP: Aber dass ich jetzt Selbstempathie praktizieren werde, sollte auch in jedem Fall kommuniziert werden.
KK: Ja. Genau. Wenn ich an einer Stelle merke, „Ich brauche jetzt Zeit für mich“, dann hilft das nicht, dass man sagt „Om, om, om“, weil der andere, der auf 180 ist, sagt: „Spinnt der? Was macht der? Wir sind mitten im Konflikt, fängt der an zu meditieren. Was soll denn das?“ Das heißt, es ist wichtig, dass man es kommuniziert, und vielleicht Folgendes sagt: „Ich entscheide mich jetzt, gut für mich zu sorgen. Ich tue das nicht aus egoistischen Motiven, ich tue das, damit ich nachher in der Lage bin, mich dir wieder zuzu-

wenden und zu hören und zu verstehen, was dich bewegt, was du brauchst. Im Moment bin ich nicht in der Lage, dir zuzuhören und zu verstehen, was du brauchst. Deshalb kümmere ich mich jetzt darum, dass ich wieder in die Lage komme, dir später wieder zuzuhören." Das ist Selbstfürsorge und Psychohygiene, für die ich verantwortlich bin. Ob dem anderen das gefällt oder nicht, beeinflusst nicht meine Entscheidung, dass ich mir jetzt eine Auszeit nehme und gut für mich sorge.

TN: Egoismus sollte doch auch in der Liste von Werten existieren.

KK: Egoismus ist eine Bewertung. Und in diesem System gibt es überhaupt keine Bewertung. Es gibt nur, dass ich sage: „Ich brauche im Moment etwas für mich. Ich respektiere, dass ich gerade innerlich weder eine Bereitschaft, noch die Fähigkeit habe, mich dir zuzuwenden, und ich tue das, wie gesagt, nicht nur für mich, ich tue es auch für die Beziehung, weil du möchtest ja gehört und verstanden werden. Im Moment bin ich nicht in einem Zustand, in dem ich eine Bereitschaft habe, dich zu hören und zu verstehen, deswegen sorge ich gut für mich, damit ich die Bereitschaft wiederfinden kann, mich dir zuzuwenden, zu hören und zu verstehen, was du brauchst."

TN: Hast du da irgendeinen Beispielsatz? Weil oft ist es ja so, wenn man zum Beispiel im Konflikt ist, also da ertappe ich mich dann selber, ich gehe dann einfach raus, weil ich es nicht haben kann, wenn es laut wird und wenn ich dann merke, wir kommen da jetzt eh nicht zusammen. Aber dann gehe ich einfach raus. Und mich selber regt es total auf, wenn das Gegenüber einfach raus geht. Hast du da was?

KK: Zwei Sachen dazu: Einmal ist es sinnvoll, sich in einer ruhigen Minute zusammenzusetzen und einen Satz zu formulieren, den ihr dann auswendig lernt. Wenn ihr emotional aufgewühlt seid, seid ihr eben nicht in der Lage, das Hirn einzuschalten, denn ihr seid ja durch den Wind. Das heißt, es muss ein Satz sein, den ihr so verinnerlicht habt, dass, wenn euch mitten in der Nacht um 3.00 Uhr jemand aus dem Schlaf holt und sagt „Satz!", ihr diesen Satz runterspulen könnt, ohne nachdenken zu müssen. Das ist das eine. Das zweite ist: Wenn das in einer Beziehung zu einem Menschen ist, mit dem ihr häufiger zu tun habt, nehmt euch die Zeit und teilt dem anderen in einer ruhigen Minute mit: „Ich komme manchmal in Situationen, in denen ich emotional so durcheinander bin, dass ich nicht mehr in der Lage bin, Kontakt zu dem aufzunehmen, was du fühlst und brauchst. Ich brauche dann Zeit für mich. Ich bin in so einer Situation so überfordert, dass ich nicht mehr in der Lage bin, dir zu sagen, was ich jetzt brauche. Ich möchte dich vorwarnen. Ich werde dann rausgehen. Das tue ich dann, weil ich mich gerne wieder in eine Lage bringen möchte, dir mit einem offenen Herzen zuzuhören. Ich tue das sowohl für mich, als auch für unsere Beziehung, denn du möchtest ja gerne gehört werden."

FK: „Ich möchte also, dass du ganz klar weißt, es ist nicht gegen dich, es ist für uns beide, wenn ich rausgehe."

TN: Mhm. Weil ich habe das als Kind so bei meinen Eltern kennengelernt, dass es dann irgendwie wie eine Bestrafung war.

FK: Das kennen viele Menschen so, deswegen ist es gut, das ganz, ganz deutlich zu sagen. Und vielleicht in der Situation selber nochmal kurz dran zu erinnern: „Ich möchte dich nochmal dran erinnern, ich kann im Moment nicht mehr, außer jetzt für einen Moment rauszugehen, erinnere dich, es ist nicht gegen dich, es für uns beide."

KK: Und wenn ich selbst nicht in der Lage bin, das verbal zu machen, macht was Nonverbales aus. Aber kommuniziert das in einer ruhigen Minute, dass ihr sagt: „Wenn ich mich gerade in der Lage befinde, in der ich nicht mehr kommunizieren kann, werde ich dieses Symbol verwenden. Gib mir mal eine Rückmeldung, was hast du verstanden, was das heißt." „Hä?" „Ich sage es dir jetzt nochmal, ich schreibe es dir auch gerne auf, dieses Zeichen heißt: ‚Ich bin gerade nicht in der Lage, dir mit einem offenen Herzen zuzuhören, ich nehme mir jetzt eine Auszeit, um mich wieder in die Lage zu versetzen, dir mit einem offenen Herzen zuzuhören, und das mag einige Minuten, Stunden, Tage, Wochen dauern, das weiß ich nicht genau, aber ich komme garantiert wieder auf dich zu, wenn mein Herz wieder offen ist. Dann bin ich bereit, zu hören, zu verstehen, was dich beschäftigt. Kann ich nochmal hören, was hast du verstanden?'" Wenn das geklappt hat, dann kannst du es non-verbal machen, das erfordert in der Regel weniger psychischen Aufwand, weil in dem Moment in der Regel die Großhirnrinde abschaltet.

FK: An dieser Stelle kann ich mir auch gut vorstellen zu sagen: „Ich bitte dich gleichermaßen darum, wenn du den Eindruck hast, dass du im Moment nicht wirklich hören kannst, nicht hören möchtest oder das irgendwie für dich nicht konstruktiv ist, gib mir auch ein Zeichen. Lass uns genauso miteinander selbstfürsorgend umgehen." Dann kommt auch das rein, was ich für einen Kontakt so wertvoll finde, nämlich wegzukommen von: „Ich muss mich jetzt um mich selber kümmern." Und hin zu dem Verständnis: „Ich möchte gerne für meine Entscheidung, die ich getroffen habe, einstehen. Ich möchte gerne ab sofort auf einer konstruktiven Ebene bleiben, wenn ich spreche. Ich habe die Schnauze voll davon, mich über irgendwelche Vorwürfe und Interpretationen zu streiten. Es führt uns nicht weiter." Vor diesem Hintergrund würde ich sagen: „Kleinen Moment mal, für mich ist es im Moment nicht mehr konstruktiv. Lass uns kurz pausieren und dann wieder zusammenkommen." Damit betone ich mehr das Gemeinsame.
TN: Ich finde das ganz fürchterlich, also ich habe das in unserer Familie ganz oft erlebt. Tagelang wurde da geschwiegen. Und das fand ich fürchterlich! Und in dem Moment, wenn der Streit da ist, und es ist dann laut, dann spüre ich, dass es nicht weitergeht. Aber ich scheue mich davor, das dann halt auch so auszusprechen. Aber, wenn man das mal vorher eigentlich so klar gemacht hat – ja, das macht Sinn.
TM: Wenn wir in die Herkunftsfamilien gehen, entdeckt man generationsübergreifende Muster mit denen wir kontaminiert sind.
TN: Man wünscht sich nämlich, dass man das nicht wiederholt – ja, und dann ….
TM: Ja, ja, und trotzdem macht man es, und löst wieder beim anderen diese Hilflosigkeit aus.
TN: Ich wollte nochmal umgekehrt fragen: Wenn man so einen Gesprächspartner hat, der einfach dann geht, wäre es dann auch sinnvoll, nochmal zu fragen, vielleicht in einer anderen Minute: „Ist das vielleicht auch aus dem Grund und nicht etwa, weil du mich bestrafen möchtest, sondern weil du wieder zu dir selber finden möchtest?"
FK: „Ist das für dich im Moment eine gute Möglichkeit, dich zu schützen und wieder Kraft zu schöpfen, dass du für das Gemeinsame dann wieder offen bist?" Genau.
KK: Genau. Man kann auch eine „empathische Vermutung" anstellen. Wenn jemand rausgeht und für die Kommunikation nicht mehr zur Verfügung steht, ist Empathie das Beste, was ihr tun könnt. Auch wenn ihr es nicht überprüfen könnt, weil derjenige es weder bestätigt noch verwirft. Trotzdem könnt ihr ganz für euch eine „empathische Vermutung" anstellen: „Was ist der gute Grund, warum jemand das tut?" Wenn zum Beispiel Jugendliche aus dem Zimmer gehen und die Türen knallen, wenn Erwachsene mit ihnen reden, erleben wir immer wieder, dass es um die gleichen Bedürfnisse geht. Die Jugendlichen hätten gerne mehr Vertrauen, als sie im Augenblick haben, dass dieses Gespräch zu etwas Sinnvollem führt. Wenn sie dieses Vertrauen nicht haben, gibt es auch keinen Grund, im Gespräch zu bleiben. Und wenn sie in der Vergangenheit schmerzliche Erfahrungen gemacht haben, dass sie sagen: „Das wird nur eine weitere Gardinenpredigt, ich komme nicht zu Wort, ich werde nicht gehört, nicht verstanden, nicht ernstgenommen, ich muss mir nur die Vorwürfe anhören. Es lohnt sich nicht, ein solches Gespräch zu führen."

KK: Ich schlage vor, dass wir zehn Minuten Pause machen. Danach gehen wir in Kleingruppen und üben „empathisches Zuhören".

In der Pause teilt das Trainingsteam kleine laminierte Lernkärtchen aus, die die beiden folgenden Flipcharts in kleinem Format zeigen.

KK: Auf den kleinen Kärtchen verwenden wir die Begriffe „Schuldohren" und „Verständnisohren". Wenn wir in Unternehmen arbeiten, verwenden wir sie synonym zu „Giraffenohren" und „Wolfsohren". Die „Wolfsohren" entsprechen den „Schuldohren", innen und außen, und die „Giraffenohren" heißen auf diesen Lernkärtchen „Verständnisohren".

TN: Das ist aber besser verständlich.

KK: Mit den „Schuldohren"?

TN: Ja.

KK: Freut mich zu hören.

Was wir jetzt gerne mit euch machen möchten ist, dass wir ausführlich die verschiedenen Ohren üben. Wir trainieren den Muskel im Hirn, der in unserer Kultur ziemlich brachliegt, sodass wir ein besseres Verständnis dafür bekommen, wie sich empathisches Zuhören anhören könnte. Wir wollen euch dafür noch eine Hilfestellung an die Hand geben, weil viele Leute, wenn wir „empathisches Zuhören" praktizieren, sagen: „Ja, wenn du das so vormachst, ist es so offensichtlich. Und jetzt, nachdem ich es gehört habe, ist es natürlich ganz klar, aber ich wäre selber nicht drauf gekommen. Wie machst du das?" Hier sind zwei Hilfsmittel.

Die erste Strategie, das erste Werkzeug, funktioniert besonders gut, wenn jemand ein unerwünschtes Verhalten beschreibt. Wenn jemand zum Beispiel sagt: „Hey, Sie können doch hier nicht einfach reinkommen ohne anzuklopfen." Also hier wird ein unerwünschtes Verhalten benannt: Jemand kommt rein ohne anzuklopfen. Dann nehmen wir das Gegenteil, nämlich das erwünschte Verhalten: Offensichtlich hätte dieser Mensch gerne, dass man anklopft, bevor man reinkommt. Und dann wisst ihr natürlich, das ist ein sinnlich wahrnehmbares Verhalten und deshalb noch kein Bedürfnis. Und dann stellt ihr euch die Frage: „Wozu wäre denn das gut? Was erfüllt sich dadurch für mich? Um welches Bedürfnis könnte es gehen, wenn man vorher anklopft, bevor man reinkommt?" Und wenn ihr dann irgendeine Idee habt, überprüft ihr diese Idee auf die Kriterien für Bedürfnisse: positiv formuliert, abstrakt, allgemein, keine einzelnen Personen angesprochen. Also: „Wofür ist denn das gut, wenn ich vorher anklopfe?" „Naja, vielleicht ist das ein Stück Respekt vor der Privatsphäre." Dann können wir überprüfen: Ah, respektvolle Privatsphäre – abstrakt allgemein? Ja. Positiv formuliert? Auch. Eine einzelne Person angesprochen? Nein. Also, das

Das 4-Ohren-Modell

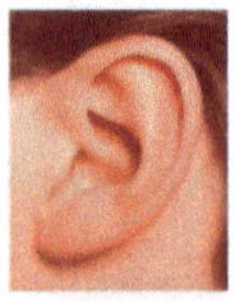

Schuldohren außen
mit der anderen Person stimmt etwas nicht
⟶ Ärger

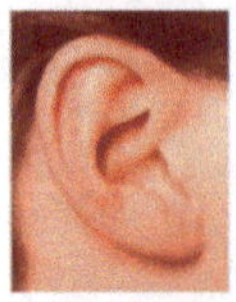

Schuldohren innen
mit mir stimmt etwas nicht
⟶ Schuldgefühl, Schamgefühl, Depression

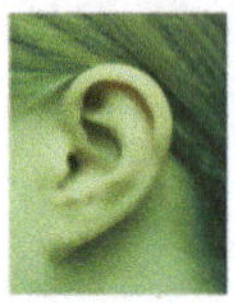

Verständnisohren außen
was fühlt und braucht die andere Person?
⟶ mitfühlendes Verständnis für die andere Person

Verständnisohren innen
was fühle und brauche ich selbst?
⟶ mitfühlendes Verständnis mit mir selbst

Bedürfnisse finden

1. Strategie
Jemand beschreibt ein unerwünschtes Verhalten:
Sie können doch hier nicht einfach reinkommen ohne anzuklopfen!
↳ das erwünschte Verhalten finden: vorher anklopfen
↳ Welches Bedürfnis würde durch das erwünschte Verhalten erfüllt?
↳ die Privatsphäre wird respektiert

2. Strategie
Jemand äußert eine Bewertung:
Das ist doch total rücksichtslos!
↳ das Gegenteil der Bewertung ist das Bedürfnis
↳ gegenseitige Rücksichtnahme / rücksichtsvoll miteinander umgehen

wäre eine sinnvolle Beschreibung für ein Bedürfnis. Das führt zu der möglichen empathischen Vermutung: „Bist du sauer, weil dir wichtig ist, dass deine Privatsphäre respektiert wird?“

Die zweite Strategie funktioniert besonders gut, wenn jemand eine Bewertung, ein Urteil äußert. Wenn jemand zum Beispiel sagt: „Das ist doch total rücksichtslos, was sie da machen!“ Dann höre ich, hier ist ein Urteil drin, nämlich „rücksichtslos“. Dann nehme ich das Gegenteil des Urteils und schon habe ich das Bedürfnis. Das Gegenteil von „rücksichtslos“ ist „rücksichtsvoll“ oder „Rücksichtnahme“. Eine empathische Vermutung könnte so lauten: „Bist du aufgebracht, weil dir wichtig ist, dass wir aufeinander Rücksicht nehmen?“ Das ist manchmal ganz einfach wie in diesem Beispiel. Oder wenn jemand sagt: „Das ist so unfair!“ Da überlegen wir: „Ah, da ist ein Urteil drin – unfair. Was ist das Gegenteil von unfair, ah ja, Fairness.“ Also: „Bist du stinksauer, weil du möchtest, dass wir fair miteinander umgehen?“ – „empathische Vermutung“. manchmal ist es einfach. Manchmal braucht es einen kleinen Umweg. Wenn ich nämlich das Gegenteil nicht finde. Was kann man dann tun? Ihr habt ja vorhin gehört, wie Rieke mir ein paarmal an den Kopf geworfen hat, ich sei ein Egoist. Dann sag ich: „Ah, Egoist ist das Urteil – was ist denn das Gegenteil von Egoist?“

TN: Altruist.

KK: Altruist? Mhmm. Also ich finde entweder gar nichts oder das, was ich da finde – Altruist – klingt nicht wie ein Bedürfnis, dann muss ich einen kleinen Umweg gehen. Der sieht so aus, dass ich mir kurz überlege: „Wie definiere ich denn Egoist?“ „Ein Egoist ist ein Mensch, der nur an sich denkt.“ Dann nehme ich das Gegenteil davon und das Gegenteil bekomme ich, indem ich ein „nicht“ einfüge. Das Gegenteil eines Menschen, der nur an sich denkt, ist ein Mensch, der nicht nur an sich denkt. Achtung logische Falle: Das Gegenteil von einem Menschen, der nur an sich denkt, ist nicht ein Mensch, der nur an andere denkt. Da empfehlen wir immer den kleinen Umweg mit dem „nicht“ gehen. Also: Das Gegenteil eines Menschen, der nur an sich denkt, ist ein Mensch, der nicht nur an sich denkt. Und weil ihr wisst, dass Bedürfnisse immer positiv formuliert sind, braucht man dafür eine positive Formulierung: „Ein Mensch, der nicht nur an sich denkt“, jetzt positiv formuliert lautet: „Ein Mensch, der auch an andere denkt.“ Damit haben wir das Bedürfnis. „Bist du aufgebracht, weil dir wichtig ist, dass man auch an andere denkt?“ – „empathische Vermutung“.

Mit diesen beiden Werkzeugen schlagen wir vor, dass ihr jetzt in Dreiergruppen geht, die wir gleich auslosen werden. Dann nehmt ihr die Sätze, mit denen ihr schon gearbeitet habt, bei denen ihr noch keine „empathische Vermutung“ habt und formuliert eure „empathischen Vermutungen“ dazu. Wenn ihr mit diesen Sätzen durch seid, könnt ihr auch noch neue bearbeiten. Und wir nehmen uns eine halbe Stunde Zeit dafür.

In den Kleingruppen tut ihr nichts anderes, als reihum Folgendes:

A sagt zu B einen dieser Sätze, auch ruhig emotional, B versucht eine „empathische Vermutung“. Dann sagt B zu C einen Satz, C reagiert mit einer empathischen Vermutung. Dann sagt C zu A einen Satz, A antwortet mit einer empathischen Vermutung.

Wir gehen rum und stehen euch für den Fall zur Verfügung, dass es irgendwo klemmt oder ihr Fragen habt. Und in einer halben Stunde treffen wir uns wieder hier.

FK: Zur „empathischen Vermutung“ möchte ich ergänzen: Es geht nicht darum, dass eine Antwort richtig oder falsch ist oder gut oder schlecht ist. Es geht vielmehr darum, dass die Art und Weise, wie ich auf jemand reagiere, Konsequenzen hat. „Empathische Vermutungen“ bevorzugen wir als Weg, wenn wir wirklich einander näher kommen wollen. Eine „empathische Vermutung“ enthält nur die Worte „Du fühlst dich … ?“ und „Du brauchst …?“. Und mein ganzes Wesen ist in dem Moment wirklich interessiert daran. „Du bist gerade ...? Du fühlst dich gerade …? und du hättest gerne …?“ Ich bin wirklich interessiert daran, zu verstehen, was in dir lebendig ist.

KK: Gut, dann schaut mal, wer in welche Gruppe gehört, sucht euch einen Platz, an dem ihr arbeiten wollt.

Das sagt jemand zu dir:	**Was ist deine empathische Reaktion? (Vermute, was der andere fühlt und braucht, wenn er das sagt)**
1. Du bevormundest mich dauernd. Ich weiß selber, was ich zu tun habe!	
2. Nun seien Sie doch mal ehrlich! Das glauben Sie doch selbst nicht, dass das klappt.	
3. Jetzt halt dich da mal raus. Du musst immer zu allem deinen Senf dazugeben, obwohl Du keine Ahnung hast, was da wirklich passiert ist.	
4. Diese Entscheidung kann ich Ihnen jetzt nicht erklären. Das würden Sie sowieso nicht verstehen, denn das ist eine politische Entscheidung.	
5. Das fass ich einfach nicht! Das ist alles, was du in den zwei Wochen fertig gekriegt hast?!? Du bist echt unfähig!	
6. Machen Sie mir jetzt keine Vorwürfe, diese Entscheidung kommt von ganz oben.	
7. Ach, ich glaube, jetzt geht's los! Jetzt stellen Sie auch noch meine Kompetenz in Frage!	
8. Mein Gott! Wie sehen Sie denn aus?!? Na ja, ich sehe schon: von Ihnen kann ich heute wohl nicht viel erwarten. Na ja – dann muss ich eben alles wieder alleine machen. (schwerer Seufzer)	
9. Dafür bin ich nicht zuständig. Also jammern Sie mir nicht die Ohren voll.	
10. Das müssen Sie doch einsehen! So geht das einfach nicht!	
11. Das haben wir schon immer so gemacht.	
12. Das ist typisch für die Akademiker. Kommen frisch von der Uni und denken, sie wissen alles besser als wir, die wir schon Jahrzehnte damit arbeiten.	

13 Jetzt hör' mir doch endlich mal zu!	
14. Hör bloß auf mit der Psycho-Kacke. Du redest echt wie ein Psychiater.	
15. Versteh schon, versteh schon! Hauptsache, dir geht's gut. (Sarkastisch)	
16. Du kümmerst dich auch um gar nix!	
17. Halt hier keine langen Vorträge. Das hilft uns jetzt auch nicht weiter.	
18. Das verstehst du sowieso nicht! (schwerer Seufzer)	
19. Mensch, immer dasselbe mit dir! Das hab' ich schon tausendmal gesagt!	
20. Du überlässt alles mir! Immer muss ich allein entscheiden.	
21. Das ist dein Problem. Damit hab' ich nichts zu tun.	
22. Na, bitte! Das hab ich dir doch gleich gesagt. Hab ich´s nicht gesagt?	
23. Hey, hey, hey! Du bist hier nicht im Seminar und ich bin nicht einer von deinen Teilnehmern.	
24. Du bist dermaßen unzuverlässig!	
25. Wieso hat das so lange gedauert? Ich werd noch verrückt hier!	
26. Das musst du doch wissen! Das gibt's doch gar nicht! Das weiß doch jeder!	
27. Jetzt stell dich nicht so an, wenn man dich mal um was bittet.	
28. Du bist viel zu nachtragend!	
29. Du bist vielleicht ein Schlamper! Jetzt findest du das wieder nicht!	
30. Jetzt sei doch nicht immer so empfindlich! Da traut man sich schon bald gar nichts mehr zu sagen	
31. Das kostet doch alles Geld!	
32. Diese ewige Streiterei in unserer Abteilung geht mir auf den Keks.	
33. Das geht dich überhaupt nichts an.	

Das sagt jemand zu dir:	Was ist deine empathische Reaktion? (Vermute, was der andere fühlt und braucht, wenn er das sagt)
34. Du bist so ein sturer Bock!	
35. Fragen Sie nicht ewig! Tun Sie einfach mal nur, was ich Ihnen gesagt habe.	
36. Du willst immer nur das letzte Wort haben!	
37. Du bist die größte Bremse in der Gruppe.	
38. Jetzt denk doch mal logisch!	
39. Jetzt komm mal wieder runter auf'n Teppich. (emotional)	
40. Das darf doch nicht wahr sein! Sag mal – hast du denn vorher nicht überlegt?!?	
41. Das hätten Sie doch merken müssen!	
42. Ich will dir mal was sagen – aber sei nicht gleich wieder beleidigt.	
43. Kannst du dich denn nicht einmal benehmen?	
44. Ich glaube, Sie haben sich da im Ton vergriffen.	
45. Darf ich dich mal daran erinnern, dass du das selbst so vorgeschlagen hast?	
46. Sag mal: Bist du schwerhörig?!?	
47. Die Schwierigkeiten hab ich nur mit Ihnen.	
48. Jetzt seien Sie doch mal vernünftig! Das ist doch vollkommen unrealistisch.	
49. Du hast überhaupt keinen Grund dich jetzt zu beschweren! Das hast du dir ganz alleine zuzuschreiben.	
50. Das ist doch der totale Schwachsinn! Das geht ganz bestimmt schief.	
51. Jetzt sieh das doch endlich mal ein, dass das so nicht geht!	
52. Das macht Ihnen doch ganz bestimmt nichts aus, dass wir das so geändert haben, oder?	
53. Wenn du in meiner Situation wärst, hättest du dich genauso entschieden.	
54. Als ich so alt war wie du, da war es für uns noch viel härter.	

55. Das hab ich *so* nie gesagt!	
56. Sag mal, merkst du denn nicht, dass du von einem Fettnäpfchen ins andere trittst?	
57. Du weißt überhaupt gar nicht, was in mir vorgeht.	
58. Das gibt's doch gar nicht! Was hast du dir dabei eigentlich gedacht?	
59. Das haben die da oben wieder mal über unsere Köpfe entschieden. Und wir müssen das wieder ausbaden.	
60. Wieso denn schon wieder ich? Ich bin immer der Dumme!	
61. Du kannst echt nicht planen. Du bist ein echter ein Chaot.	
62. Typisch Frau! Total hysterisch!	
63. Komm! VERGISS ES! Ich sage sowieso nichts mehr!	
64. Was hab ich denn jetzt schon wieder falsch gemacht?!?	
65. Du wirst dich nie ändern.	
66. Ich meine es doch nur gut mit dir! Ich will doch nur dein Bestes.	
67. Jetzt reg dich doch nicht so künstlich auf! Es ist doch nix Schlimmes passiert!	
68. Du kannst eben einfach nicht vertrauen.	
69. Sag mal: Was willst du denn eigentlich? Ich weiß überhaupt nicht, was du hast.	
70. Hat doch eh alles keinen Zweck.	
71. Du musst ganz einfach nur deinen Pflichten nachkommen.	
72. Du bist immer so negativ!	
73. So was geht eben nicht so einfach von heute auf morgen. Du hast da einfach utopische Erwartungen.	
74. Warum kommst du so spät?	
75. Was soll denn das nun schon wieder heißen?!?	

Das sagt jemand zu dir:	**Was ist deine empathische Reaktion? (Vermute, was der andere fühlt und braucht, wenn er das sagt)**
76. Da hätten Sie einfach anders reagieren müssen und nicht alles gleich so persönlich nehmen.	
77. Die Leute haben alle Angst vor Ihnen, weil Sie immer so aggressiv sind.	
78. Du wolltest es ja nicht anders. Jetzt löffle auch aus, was du dir eingebrockt hast.	
79. Jetzt entscheide dich endlich mal – ich hänge seit Tagen in der Luft.	
80. Du kannst es nehmen oder bleiben lassen!	
81. Mein Gott bist du arrogant!	
82. Du immer mit deinen Gefühlen!!!	
83. Ich hab jetzt keine Zeit! Lass mich endlich mal in Ruhe.	
84. Egoist!	
85. Das glaub ich dir einfach nicht.	
86. Warum hast du denn das nicht früher gesagt, dass dir das nicht passt?!?	

KK: Als Erstes wüsste ich gerne: Gibt es Formulierungen, bei denen ihr sagt: „Da haben wir uns sehr hart getan mit der empathischen Vermutung, um welches Bedürfnis es geht, da würden wir gerne nochmal eine Demonstration sehen?" Alles soweit zu eurer Zufriedenheit gelungen?
TN: Es wurde im Verlauf der Übung immer leichter, haben wir festgestellt.
KK: Der Lerneffekt setzt ein.
TN: Wie bei der Nummer 21 diskutiert: „Pass doch ein bisschen besser auf, das kostet doch alles Geld." Also, wenn es jetzt um eine umgestoßene Vase geht, könnte man sagen: „Dass du sorgfältig mit den Sachen umgehst?"
KK: Nahe dran, aber keine einzelne Person benennen: Dass „du" beinhaltet eine Person. Unabhängig von einer einzelnen Person wäre: „... dass man" oder „Dass Menschen sorgfältig mit Dingen umgehen".
TN: Aber was ist das für ein Bedürfnis?
KK: Sorgfältig mit Dingen umzugehen. Sorgfalt im Umgang mit Materie, mit Dingen. Genau. Das halte ich für eine sinnvolle Vermutung – „Bist du empört, du möchtest gerne, dass man sorgfältig mit Dingen umgeht und im Bewusstsein hast, dass alles auch eine Menge Geld kostet".
TN: „Mehr Verständnis für deine Sorgen" zum Beispiel, dass jemand Sorgen hat.
KK: Bei Gefühlen wie Sorgen, Angst, Bedenken, ist es wichtig dass ihr diszipliniert zum Bedürfnis geht. Wenn ihr sagt: „Machst du dir Sorgen, dass Folgendes passieren könnte?" Dann füttert ihr dadurch Katastrophenphantasien. Stellt dir vor, du bist als Führungskraft mit einer Mitarbeiterin oder einem Mitarbeiter im Gespräch und du ahnst, dass derjenige Angst hat, dass er gekündigt wird. Wenn man jetzt empa-

thisch versucht, den abzuholen und sagt: „Machst du dir Sorgen, dass dir gekündigt wird? Dass du auf der Straße stehst, nicht mehr weißt, wie du deine Miete zahlen kannst?“
FK: „Unter der Brücke schlafen musst?“
KK: „Und dein ganzes Leben verpfuschst ist, hast du davor Angst?“ – „Ähh!!“ Da geht die Person stimmungsmäßig derart in den Keller. Deshalb ist es wichtig, bei den Gefühlen Angst, Sorge, Bedenken, zu sagen: „Hast du Sorgen, weil dir so wichtig ist, dir deinen Arbeitsplatz zu erhalten?“
TN: Die Nummer 6 war auch irgendwie schwierig.
KK: Lies mal vor.
TN: „Das haben wir schon immer so gemacht.“
KK: Also der Kontext ist, dass irgendjemand eine Information bekommt, hier soll etwas anders gemacht werden als in der Vergangenheit. Und jetzt gibt es da einen Widerstand, der sich darin ausdrückt: „Das haben wir schon immer so gemacht.“ Was ist dann das Anliegen?
TN: „Möchten Sie mehr Möglichkeiten, selbst zu bestimmen?“
KK: Dann wäre vermutlich nicht die Aussage „Das haben wir schon immer so gemacht“, sondern dass er sagt: „Warum bestimmt eigentlich jeder über unseren Kopf weg?“ Dann wäre das Gegenteil: „Du möchtest selber mitentscheiden oder Freiräume zur Selbstbestimmung haben?“
TN: Wir haben gesagt: „Ist es dir wichtig, die Sicherheit zu haben, dass die Dinge immer auf gleiche Art und Weise erledigt werden?“
KK: Okay. „Du möchtest gerne so arbeiten, wie es dir vertraut ist?“ Oder: „Du hättest gern, dass gesehen wird, wie sehr sich das bewährt hat in der Vergangenheit?“ Oder: „Ist es dir wichtig, Dinge nur dann zu ändern, wenn sie wirklich Sinn machen und einen echten Nutzwert bringen?“ Damit habt wird zum Ausdruck gebracht, dass Menschen nicht grundsätzlich gegen Veränderung sind. Aber viele Leute haben es einfach nur satt, dass jeden Monat eine neue Sau durchs Dorf getrieben wird. Die anderen Veränderungen sind noch gar nicht fertig durchgeführt und schon kommt wieder eine neue. Und sie verstehen nicht, worin der Sinn, der Nutzwert oder der Vorteil darin bestehen soll, schon wieder etwas zu ändern.
TN: Monatlich müssen Verbesserungsvorschläge vorgelegt werden. So ist das.

KK: Wir hatten auch schon mal kurz erwähnt, dass Menschen nicht in jeder Situation Empathie wollen. Menschen wollen im Grunde genommen eines von zwei Dingen: entweder empathisch gehört und verstanden werden, oder sie wollen jetzt Aktion sehen oder eine Antwort haben. Wenn ein Sohn zu seinem Vater kommt und sagt: „Papa, kann ich heute auf die Beach-Party?“, und der Vater empathisch reagiert: „Hey, du bist so richtig aufgeregt? Möchtest mal wieder richtig Spaß haben?“ – Sohn: „Hä? Ja! Und kann ich nun, oder kann ich nicht?“ „Du wirst langsam ganz ungeduldig, weil du Klarheit brauchst?“ Für jeden nachvollziehbar: Der Sohn will keine Empathie, er will eine Antwort. Das Risiko allerdings, dass Menschen, wenn sie eine Antwort haben wollen, Empathie bekommen, ist relativ gering. Umgekehrt, wenn Menschen dringend Empathie wollen und sie bekommen eine Antwort, Trost, Ratschläge, Tipps oder Lösungen, das kommt sehr viel häufiger vor. Die grobe Faustregel lautet: bei starker emotionaler Beteiligung wollen die Menschen vermutlich erst einmal empathisch gehört, verstanden und abgeholt werden und sind zu diesem Zeitpunkt nicht offen für Lösungen, Vorschläge, Ratschläge, Tipps. Wenn keine große emotionale Beteiligung für euch ersichtlich ist, ist die Wahrscheinlichkeit hoch, dass derjenige eine Antwort haben möchte. Wenn jemand sagt: „Du, wie spät ist es denn?“, und jemand antwortet: „Du bist total neugierig – Orientierung an der Zeit ist ganz, ganz wichtig für dich?“ Da gibt es keine große emotionale Beteiligung, das ist eine ziemlich sachliche Frage „Wie spät ist es denn?“, dann will derjenige vermutlich eine Antwort haben. Das ist natürlich eine Faustregel. Eine Faustregel hat Ausnahmen. Wenn ihr heute Abend rausgeht, und es kommt euch jemand mit zwei schweren Koffern entgegen: „Um Gottes Willen, wo geht's zum Bahnhof?!?“ Große emotionale

Beteiligung, trotzdem will er nicht hören: „Sie sind ganz aufgeregt und nervös, wollen Sie rechtzeitig Ihren Zug kriegen?“ Das ist auch nicht angesagt. Sondern derjenige will so schnell wie möglich eine Antwort auf seine Frage „Wo ist der Bahnhof?“ haben. Grundsätzlich gilt, wenn die Faustregel euch zu ungenau ist, fragt halt einfach nach.

Wir erleben auch Unterschiede bei Frauen und Männern, so wie wir sozialisiert werden. Das heißt, vor allen Dingen Männer, wenn sie auch noch einen technischen Beruf haben, sind sehr darauf getrimmt, Probleme zu lösen. Nach der „Heimwerker-Mentalität“: Problem in Sicht? Heimwerker-Mütze auf, Bohrmasche in die Hand nehmen, Problem reparieren! Und deshalb gibt es auch in Paarbeziehungen, wenn eine Frau einfach mal nur gehört und verstanden werden möchte, häufig so ein Missverständnis, dass der Mann denkt: „Ah, sie will eine Problemlösung.“ Und dann kann man natürlich auch nachfragen und sagen: „Du, bevor ich jetzt reagiere, wolltest du von mir gerade eine Lösung haben oder einfach nur gehört werden?“ „Hä? Äh! Nur gehört werden.“ „Dann bin ich ja froh, dass ich es gecheckt habe, jetzt weiß ich Bescheid.“ Und umgekehrt, kann man natürlich auch klare Bitten aussprechen und sagen: „Ich würde dir gerne erzählen, was mir heute passiert ist, ich brauche weder einen Tipp, noch eine Lösung, noch einen Ratschlag, sondern einfach für zehn Minuten deine liebevolle Aufmerksamkeit. Kriegst du das hin?“ Dann weiß der andere auch Bescheid. In der Regel spricht man keine klaren Bitten aus, deshalb muss die andere Person raten: „Was ist es, was mein Gegenüber gerade möchte?“

Ich will zum Abschluss noch drei kleine Geschichten erzählen, die einen Blick darauf werfen, welche Kraft darin liegt, wenn es uns gelingt, diesen Fokus zu halten und den anderen einfach nur mit „Giraffenohren außen“ empathisch abzuholen.

Es ist ein Erlebnis von einem Zivildienstleistenden, der in einem Krankenhaus seine neue Stelle angetreten hat. Er hatte vorher so ein Seminar besucht. Die Oberschwester hat ihn rumgeführt und ihm die Räumlichkeiten gezeigt. Zum Schluss hat sie ein bisschen über die Menschen erzählt, die gerade da sind: „Wenn du durch diese Tür gehst, möchte ich, dass du weißt, was dich erwartet. Da drinnen liegt eine Frau Mitte 70. Mit ihr kann man nicht reden, kein vernünftiges Gespräch führen. Wenn sie hört, dass die Tür aufgeht, dann ist das, als ob jemand die Taste von einem Tonbandgerät drückt. Dann läuft ein Endlosband ab: ‚Ich möchte sterben. Ich möchte sterben. Ich möchte sterben. Ich möchte sterben.‘ Man kann es nicht abstellen, es läuft die ganze Zeit durch, während man im Raum ist. Sie bekommt ihre Pflege, und wir haben schon alles versucht, aber ein Gespräch mit ihr ist unmöglich. Ich möchte einfach nur, dass du weißt, was dich erwartet, wenn du da reingehst.“ Als er das erste Mal reinging, hörte die Patientin, wie die Tür aufging und fing an: „Ich möchte sterben. Ich möchte“, da hat er gesagt: „Mei, Sie fühlen sich so elend? Sie würden am liebsten sterben?“ Da richtete sie sich in ihrem Bett auf, schaute ihn mit großen Augen an und fing an zu erzählen. Eine halbe Stunde lang hatten sie ein gutes Gespräch und eine Woche später war sie entlassen. Im Nachhinein hatte sich herausgestellt, dass alle Leute, die bis dahin in ihrem Zimmer waren, versucht haben, sie zu trösten, zu beschwichtigen, zu erklären: „Sie sind nicht so krank, Sie kommen wieder raus, Sie werden schon sehen, es ist nicht so schlimm, es wird schon wieder.“

Und wir Menschen neigen dazu, wenn wir nicht gehört werden mit dem, was uns wichtig ist, was uns am Herzen liegt, dann wiederholen wir uns eben so lange, bis uns endlich jemand hört. Das machen die meisten Menschen. Zwar nicht so penetrant wie in dem Fall, denn unsere gute Erziehung hindert uns dran, anderen so auf den Keks zu gehen. Aber wenn wir mit unserer körperlichen Abwehr anstehen, pfeifen wir auf gute Manieren, und dann setzen wir uns permanent dafür ein, dass uns endlich mal jemand hört. Und wenn wir nicht gehört werden, wiederholen wir uns solange, bis die andere Person es endlich schnallt.

Wenn ihr also in Gesprächen den Eindruck habt „Moment mal, jetzt höre ich das Gleiche in anderen Worten zum dritten Mal", tut euch und dem anderen einen Gefallen und sagt: „Kleinen Moment! Lass mich mal checken, ob ich es soweit verstanden habe: Du fühlst dich ..., weil dir ist wichtig ..." – „empathische Vermutung". Das kann euch und anderen Menschen jede Menge Zeit sparen. Denn wenn die Leute plötzlich eine Rückmeldung bekommen und sie merken „Hey, es ist ja schon angekommen", brauchen sie es nicht noch einmal zu sagen.

TM: Ich denke, das ist ein ganz wichtiger Punkt von „empathischem Zuhören", gerade für Mediziner, aber auch für Psychotherapeuten. Unser Gewohnheitsmuster ist, lösungsorientiert zu denken und dann Lösungen zu präsentieren. Und das ist für Partnerschaften oder Freundschaften oft ein großes Problem, dass man Grenzen überschreitet und immer wieder Tipps gibt, weil das Gewohnheitsmuster durch den Beruf so stark ausgeprägt ist.

KK: Die zweite Situation war in einem Seminar mit Marshall in Schweden, die dort in regelmäßigem Turnus stattfanden. Eine Teilnehmerin besuchte immer wieder seine Seminare. In der Abschlussrunde sagte sie: „Mensch, ich bin so froh, dass ich das kennengelernt habe. Meine Kommunikation mit anderen Menschen hat sich total verändert. Inzwischen habe ich es so integriert, dass ich glaube, ich kann mit jedem Menschen jetzt so reden. Mit meinen Kindern ist es leichter und einfacher geworden, mit meinem Mann ist die Beziehung herzlicher und tiefer. Mit meinen Kollegen komme ich zurecht, mit meinem Chef kann ich so reden. Es gibt nur einen Menschen, mit dem würde das niemals funktionieren: Das ist mein Vater. Wir sind drei Geschwister aus drei unterschiedlichen Ehen, keine Ehe hat länger gehalten als ein Dreivierteljahr, mein Vater hat in seinem Leben noch nicht mal eine Freundschaft gehabt, die länger als drei Monate hielt, weil er mit seiner ekelhaften Art alle Leute vergrault. Mit jedem könnte ich so reden, mit meinem Vater niemals!" Beim nächsten Seminar war sie ganz aufgeregt und hat erzählt: „Nach dem letzten Seminar kam ich nach Hause. Ich wohne mit meinem Vater in einem Haus auf dem Land. Ich steige aus dem Taxi aus, zwei schwere Koffer in der Hand, mein Vater steht in der Haustüre, sieht mich kommen. Anstatt ‚Guten Abend' zu sagen, sagt er: ‚Na, warst du wieder auf einem von den dämlichen Seminaren, dein ganzes Geld verschwenden?" Sie sagte: „Mein erster Impuls war, zu sagen: Hey Vater, ich bin 45 Jahre alt, ich weiß selber, wie ich mein Geld ausgebe." Aber irgendwas von dem Seminar muss nachgewirkt haben. Denn ich habe stattdessen tief Luft geholt und gesagt: ‚Du Dad, machst du dir Sorgen, möchtest du sichergehen, dass wir im Alter finanziell auch gut abgesichert sind?" Und zum ersten Mal in meinem Leben hatten wir ein gutes Gespräch. Seitdem hauen mich meine Geschwister immer an und sagen: ‚Hey, was hast du mit dem Alten gemacht? Du kommst auf einmal mit dem klar. Was ist denn da passiert?'" Wenn Menschen gehört werden mit dem, was sie bewegt, können sie sich ändern.

Die dritte Geschichte ist in einem viertägigen Seminar passiert. Am dritten Tag nahmen wir uns sehr viel Zeit um „empathisches Zuhören" zu üben. Und am vierten Tag in der Früh hat eine Mutter erzählt: „Ich habe eine Tochter. Sie ist fünf Jahre alt. Jeden Abend haben wir ‚Zu-Bett-Geh-Krieg'. Es ist Zeit zum Schlafen. ‚Aber ich bin noch nicht müde, ich will noch ein bisschen auf bleiben, kann ich noch ein bisschen rumsausen, ich hab noch Durst, ich will noch was essen.' ‚Nein, das Sandmännchen war schon da, alle anderen Kinder schlafen auch, du wirst knatschig, wenn du nicht ausreichend Schlaf hast. ...' Immer Argumente, Krieg, Krieg, Krieg – jeden Abend.

Aber gestern Abend war es anders. Wahrscheinlich dadurch, dass wir den ganzen Tag so viel empathisches Zuhören geübt haben. Als meine Tochter am Abend kam und sagte: ‚Ich bin aber noch nicht müde, ich will noch ein bisschen aufbleiben', habe ich, anstatt zu argumentieren, einfach gesagt: ‚Mei, du bist noch ganz wach und möchtest am liebsten noch ein bisschen aufbleiben?' ‚Ja.' Dann war Stille. Alles wichtige war wohl gehört worden und nachdem fünfzehn Sekunden Pause entstanden waren, habe ich dann zu meiner Tochter gesagt: ‚Mhm, ich würde jetzt gerne ein bisschen Zeit für mich haben, was machen wir denn jetzt?' Und allein, dass ich in der Lage war, meine Tochter kurz empathisch zuzuhören, hat sie sich mit der Kreativität, die Kinder haben, in die Lage versetzt, für das Problem sofort eine Lösung zu finden, und sie hat gesagt: ‚Ich zähle jetzt bis zehn und dann kannst du gehen.' Ich sagte: ‚Wie bitte?' ‚Ja, eins, zwei, drei, ... acht, neun, zehn – so, jetzt kannst du gehen.'" Sie sagte: „Ich bin wie in Trance rausmarschiert, und heute Morgen auf der Fahrt ins Seminar hat mich die ganze Zeit die Frage beschäftigt ‚Was war nur das Bedürfnis meiner Tochter, was sie sich versucht hat zu erfüllen? Inzwischen habe ich eine ziemlich gute Idee, aber es ist natürlich eine Vermutung, heute Abend werde ich es überprüfen." Sie sagte: „Ich glaube, dass meine Tochter sehr darunter leidet, dass jeden Abend die Erwachsenen bestimmen, wann die gemeinsame Zeit zu Ende ist. Dadurch, dass ich in der Lage war, ihr diese kurze Zeit einfach nur zuzuhören, hat sie sofort eine Lösung gefunden für das Problem. ‚Ich entscheide heute, wann die gemeinsame Zeit vorbei ist – ich zähle bis zehn, und dann ist Schluss. Eins, zwei, drei, ... acht, neun, zehn – raus.'" Wie die Überprüfung ausgegangen ist, weiß ich nicht, weil es der letzte Tag im Seminar war, weil wir uns danach nicht mehr gesehen haben. Aber ich vermute, an dieser Interpretation war eine Menge dran. Da bestand eine gute Chance, dass sie erfasst hat „Ah, das ist es, worum es meiner Tochter geht". Wenn wir wirklich gehört werden mit dem, was wir fühlen und brauchen, ändern wir uns.

Gut, für heute sind wir fertig. Was immer ihr heute Abend noch vorhabt, habt einen schönen Abend, und bis morgen um 9.00 Uhr.

Ende zweiter Tag.

Dritter Seminartag

Guten Morgen zusammen, ich möchte gerne mit einer kleinen Geschichte aus dem indianischen Kulturkreis starten:

Ein Großvater erzählt seinem Enkel, wie es in ihm arbeitet und aussieht, angesichts einer kürzlich erlebten Tragödie: „Weißt du, das ist, wie wenn zwei Wölfe in meinem Herzen miteinander kämpfen. Der eine ist rachsüchtig und voller Hass und aggressiv, und der andere ist eher traurig, liebevoll und voller Mitgefühl." Als der Enkel das hörte, wurde er ganz aufgeregt und fragte: „Ja, aber Großvater, welcher Wolf wird den Kampf in deinem Herzen gewinnen?" Der Großvater hat ihn angelächelt und gesagt: „Derjenige, den ich füttere."

Bevor wir uns den neuen Inhalten von heute zuwenden, wüsste ich gerne, ob es von eurer Seite noch offene Enden von gestern gibt, auf die ihr eine Antwort braucht?

KK: Ok, dann springen wir mal rein in den Tag. Bisher haben wir Übungen mit einzelnen Elementen des Modells gemacht. Heute wollen wir alle Elemente zusammensetzen. Manchmal erleben wir in Seminaren, dass die Teilnehmer sehr ungeduldig sind und sowas sagen wie: „Oh, kann das nicht schneller gehen?" Ich möchte euch dazu eine Metapher anbieten, die euch vielleicht hilft. Stellt euch vor, ihr seid in irgendeinem Konzert gewesen und ihr seid sehr berührt von dem, was ihr da gehört habt. Ihr ward besonders fasziniert von dem Menschen, der da Geige gespielt hat. Und das hat euch so motiviert, dass ihr es jetzt lernen wollt. Also geht ihr zu einem Geigenlehrer und sagt: „Kannst du mir das beibringen?" Er sagt: „Ja, kann ich." Dann sagt ihr: „Ok, los, dann lass uns loslegen." Er sagt: „Ja, jetzt zeige ich dir erstmal, wie du die Geige hältst." Ihr sagt: „Hä? Ich wollte eigentlich Mozart spielen. Das habe ich gehört, und das hat mir so gefallen, das möchte ich gerne lernen." „Ja", sagt er, „da lernen wir jetzt erstmal, wie man die Geige hält." „Puh! Ja, gut." „So, und jetzt spielen wir mal Tonleiter." „Tonleiter? Ich wollte Mozart spielen." Ja, und dann fängt er eben an, mit dir die Tonleiter zu üben. Genau das haben wir bisher im Wesentlichen gemacht. Und jetzt wollen wir anfangen, die ersten kleinen Stückchen zu spielen, in dem wir das, was wir bisher geübt und gelernt haben, zusammenbringen.

Ihr werdet jetzt gleich in Zweiergruppen gehen. Nehmt euch pro Gruppe jeweils einen Satz von diesen laminierten Karten. Sie dienen euch als „Spickzettel". Sucht euch einen Platz und legt sie auf den Boden als Bodenanker. Damit könnt ihr üben.

Sucht euch dann eine Situation aus, die irgendwie schwierig war oder ist. Das kann eine von den beiden Situationen sein, bei der ihr euch ursprünglich überlegt habt: „Stimmt, da tut jemand etwas, das mir nicht passt. Das spreche ich jetzt an." Legt dann aber eure Unterlagen weg, und schaut mal, dass ihr das jetzt in Gesprächsform bringt, mit Augenkontakt. Und dann geht ihr die vier Schritte durch, indem ihr zum Beispiel sagt (wendet sich an FK): „Du, Rieke, wenn du reinkommst in mein Büro, ohne anzuklopfen (Wahrnehmung), dann bin ich verärgert (Gefühl) weil mir ist so wichtig, dass meine Privatsphäre respektiert wird" (Bedürfnis). Meine Bitte ist: „Klopfst du bitte an, bevor du reinkommst, geht das für dich?" Und dann könnt ihr euch Rückmeldungen holen. Wenn ihr möchtet, dann könnt ihr auch ein unmittelbares Feedback bekommen. Ihr holt euch dazu einen „Kooperationsbereitschaftsanzeiger" und nutzt den für das Feedback. Denn darum geht es ja, sich so auszudrücken, dass die Kooperationsbereitschaft möglichst erhalten bleibt.

FK: Also hier unten ist „Kooperationsbereitschaft" niedrig bis hier oben „Kooperationsbereitschaft" hoch.

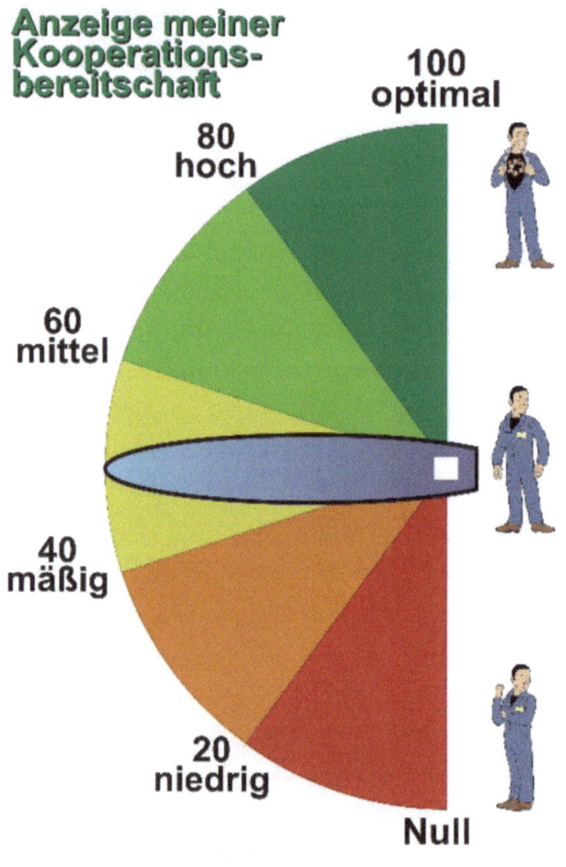

KK: Wir schlagen vor, dass ihr in einer mittleren Stellung anfangt, sodass eben Feedbackausschläge nach oben und unten möglich sind. Rieke hält es jetzt so, dass ihr es sehen könnt. Ihr haltet es später so, dass euer Gegenüber es gut sehen kann und dadurch unmittelbar Feedback bekommt. Ihr hört zu, was euch gesagt wird und spürt nach: „An welcher Stelle werde ich trotzig?" oder „Wo geht mir das Herz auf?". Wenn ich z.B. sage: „Du Rieke, wenn du dermaßen unverschämt" (FK zeigt auf ihrem Feedbackinstrument, dass ihre Kooperationsbereitschaft stark nach unten geht). – Oh ok, da war doch irgendwas nicht ganz GFK-mäßig, so wie ich mich ausgedrückt habe.

FK: Vor allem das „dermaßen".

KK: Und dann bitte löschen und nochmal neu anfangen: „Wenn du in mein Büro kommst, ohne anzuklopfen, merke ich, bin ich verärgert, weil mir so wichtig ist, dass meine Privatsphäre respektiert wird."

(FK zeigt eine langsame steigende Kooperationsbereitschaft). „Und könntest du dich nicht endlich mal bemühen" (Zeiger geht nach unten). „Ah, ‚endlich' wäre nicht so gut!" Das sehe ich dann sofort – bitte löschen, und sage: „Ich hätte gerne, dass du anklopfst, bevor du reinkommst. Wärst du bereit dazu?" Ja, sodass ihr eben sehr schnell und direkt Feedback bekommen könnt, und das Gegenüber kann dabei gleichzeitig spüren lernen „Was macht denn eine bestimmte sprachliche Formulierung mit mir?. Wie wirkt das auf meine innere Bereitschaft, mich dem zu öffnen, einen Beitrag leisten zu wollen, dass der andere auch bekommt, was er braucht?"

FK: Jetzt noch der schlimmste Satz.

KK: Genau. Im Alltag kommt wohl eher keine Reaktion, die heißt: „Ich bewundere, wie klar und wertschätzend du dich ausgedrückt hast. Und selbstverständlich bin ich gerne bereit, alles zu tun, worum du mich bittest." Wenn ihr also eine zusätzliche Herausforderung haben wollt und gerne vorbereitet sein wollt auf andere Reaktionen und lernen möchtet, damit umzugehen, dann könntet ihr eurem Gegenüber eine herausfordernde Reaktion zeigen, indem ihr zum Beispiel sagt: „Gut, wenn ich durch bin, dann sagst du bitte zu mir: ‚Mein Gott, bist du ein bürokratischer Krümelkacker!'" Und dann bin ich eben wieder aufrichtig in den vier Schritten und gehe mit dieser herausfordernden Reaktion um. (Szenische Darstellung.)

KK: Du, Rieke, wenn du reinkommst ohne anzuklopfen, bin ich verärgert, weil mir ist so wichtig, dass meine Privatsphäre respektiert wird. Klopfst du bitte an, bevor du reinkommst, geht das?
FK: Mein Gott, bist du ein bürokratischer Krümelkacker.

KK: Und jetzt innerlich ganz schnell „Giraffenohren außen" aufsetzen, sodass ihr die Schönheit der Botschaft – Gefühl und Bedürfnis – hören könnt und sagt (szenische Darstellung):

KK: Bist du gerade aufgebracht, weil es dir wichtig ist, dass es einfach und unkompliziert läuft zwischen uns?
FK: Ja. BITTE!

KK: Jetzt habe ich es auch noch bestätigt bekommen, aber das ist nicht notwendig. Der entscheidende Punkt ist nicht, dass wir richtig raten, der entscheidende Punkt ist, nimmt sie mir ab, dass ich wirklich hören und verstehen möchte, wie es ihr geht, was sie braucht und das ernst nehme. Das ist die entscheidende Botschaft.

FK: Das Wesentliche, wenn Klaus diese Antwort von mir bekommt: er lässt sich dadurch nicht irritieren. Er bleibt in seiner Spur – Wohlwollen behalten. Auch wenn hier vielleicht noch etwas Heftigeres kommt. Trainieren, das Wohlwollen zu behalten, weil ich ja, wie ihr es gerade mitbekommen habt, auch einen Grund habe. Nur, wie ich reagiere, ist die Verpackung.

KK: Und mich interessiert nicht die Verpackung, mich interessiert, was ist drin. Und drin sind immer wunderschöne Gefühle und Bedürfnisse. Was anderes gibt es nicht. Alles andere ist nur Illusion.

Für die Gruppenfindung stellt euch bitte im Halbkreis auf, in der Reihenfolge eurer Geburtstage im Jahr. Der früheste Geburtstag hier, am Ende – Januar bis Dezember. Genau, aber auch innerhalb eines Monats natürlich der Tag. – Dann bitte die Karten abholen. Bei den Anzeigern kann es sein, dass es nicht für alle reicht, dann macht ihr das einfach mit Händen anzeigen „Kooperationsbereitschaft geht hoch und geht runter".

Ich möchte auf zwei Dinge kurz eingehen, die bei den Übungen gerade aufgetaucht sind. Jemand hat gesagt: „Da gibt es eine Situation, wo zwei Menschen zusammenleben, die einen sehr unterschiedlichen Stil haben, was den Umgang mit Materie angeht, mit Gegenständen." Das ist ein Dilemma in Beziehungen, auf das wir immer wieder treffen. Menschen entscheiden sich zu einem Zeitpunkt, ihr Leben miteinander zu teilen, wenn sie ineinander verliebt und im Hormonrausch der ersten Monate sind. Sie glauben, „Das kriegen wir alles gebacken, auch wenn wir ganz unterschiedlich sind". Wenn der Hormonrausch dann verfliegt, stellen sie fest: „Unsere Art durchs Leben zu gehen, mit Materie umzugehen, ist so unterschiedlich, dass es schwierig ist, einen Weg zu finden, der beiden Seiten voll gerecht wird." Dann geht es darum, mit dieser Unterschiedlichkeit zu leben, denn es gibt ja einen guten Grund, warum sie sich entschieden haben, gemeinsam ihr Leben zu verbringen. Manche Menschen wählen dann vielleicht eine Lebensform, die heißt:

„Wir haben getrennte Wohnungen. Wir sind verheiratet, wir haben eine feste Beziehung, aber gemeinsam in einer Wohnung zu leben, würde auf so viele Schwierigkeiten stoßen, was unseren Umgang mit Sauberkeit, Ordnung, Materie angeht. Aber wenn ich zu Besuch bin beim anderen, dann respektiere ich, das ist dessen Wohnung. Ich halte mich raus, selbst wenn es meinen Standards nach Ordnung, Sauberkeit, Hygiene und Stil usw. gar nicht entspricht, weil ich ja nur zu Besuch bin. Wenn wir in der gleichen Wohnung leben würden, wäre das sehr viel schwieriger." Wenn man sich dazu entscheidet, in der gleichen Wohnung zu leben, erfordert das, die eigene Komfortzone ein Stück zu erweitern und zu respektieren, dass wir unterschiedlich sind. Der Anspruch, in meiner Art zu leben, mit Materie umzugehen, meine Standards von Ordnung sind die einzig richtigen und wahren und der andere hat sich gefälligst anzupassen, ist in der Realität nicht umsetzbar. Das will geregelt werden.

Auch im Umgang mit Kindern. Wir hatten vorhin ein Beispiel, in dem ein Jugendlicher sagt: „Das ist mein Zimmer! Und in meinem Zimmer bestimme ich, wie es ausschaut. Wenn es dir da nicht gefällt und du Bauchweh hast, dann lass meine Zimmertür zu." Aber es gibt natürlich Eltern, die Röntgenaugen haben und die Unordnung durch geschlossene Zimmertüren sehen können. Dann ist es schwierig an der Stelle. Dann gilt es, eine Toleranz zu entwickeln und die eigene Komfortzone ein Stück zu erweitern, weil man ja mit dem Kind, mit dem Partner zusammen lebt. Dann ist die Frage: „Wie kann ich mich erweitern, dass ich damit leben kann, dass mein Partner, mein Kind anders tickt als ich? Finde ich eine Form von Ausgleich? Ist jemand beispielsweise bereit, alle Vierteljahr eine neue Pfanne zu kaufen, wenn einer es hasst, dass die Pfanne zerkratzt ist und der andere nicht aufpassen will? Ich kriege meinen Partner/meine Partnerin nicht dazu, so mit der Pfanne umzugehen, dass keinerlei Kratzer entstehen. Kann ich mit einer zerkratzten Pfanne leben oder kaufe ich alle drei Monate eine neue? Das ist einfach ein Investment, das ich für die Beziehung mache, und ich verzichte drauf, meinen Partner verändern oder erziehen zu wollen. Vielleicht ist jemand auch bereit, so viel Energie aufzubringen und zu sagen: „Ich höre, wie wichtig dir das ist, eine makellose Pfanne zu haben, und ich kriege es alleine nicht hin. Wenn ich die Pfanne benutze, kriegt sie Kratzer. Ich benutze die Pfanne lieber gar nicht oder wir besorgen uns zwei. Dann hast du deine eigene Pfanne, die kannst du pflegen und hegen, die rühre ich auch nicht an, und die ist nach zehn Jahren noch kratzerlos. Und ich habe meine Pfanne. Die zerkratze ich so, wie ich das möchte."

Ich möchte gerne noch auf einen zweiten Aspekt aufmerksam machen. Die vier Schritte unseres Modells zeigen einen Ablauf von einer Problem- zu einer Lösungsorientierung. Die ersten drei Schritte Wahrnehmung, Gefühl und Bedürfnis sind die Definition eines Problems. Da passiert etwas, das ich nicht mag. Das weiß ich, weil ich eine emotionale Reaktion darauf habe. Und der Grund ist, dass dabei ein bestimmtes Bedürfnis zu kurz kommt. „Wenn du in mein Büro kommst, ohne anzuklopfen, bin ich sauer, weil mein Bedürfnis nach Respekt vor meiner Privatsphäre da zu kurz kommt, das ist dann nicht erfüllt." Damit ist das Bedürfnis ein Teil der Problemdefinition. Denn ein Problem besteht eben auch darin, dass ein Bedürfnis nicht erfüllt ist. Gleichzeitig ist das Bedürfnis aber auch ein Teil der Lösungsorientierung: „Weil mir so wichtig ist, dass meine Privatsphäre respektiert wird, bitte ich dich, klopf doch an, bevor du reinkommst, okay?" Das Bedürfnis ist sozusagen die Drehscheibe von der Problem- zur Lösungsorientierung.

TN: Bei uns ist die Frage aufgekommen, kann ein bestimmter Mensch ein Bedürfnis sein? Kann ich sagen: „Weil DU mir wichtig bist? Ich bin verärgert, weil du nicht angerufen hast, weil du mir wichtig bist?"
KK: „Weil du mir wichtig bist" ist kein Bedürfnis. Bitte sag nochmal den Auslöser.

TN: Der Auslöser war, dass die Tochter nicht angerufen hatte – sie hat nicht Bescheid gesagt, dass sie zu spät kommt.
KK: Das Bedürfnis ist nicht „Die andere Person ist mir wichtig", sondern das Bedürfnis ist „Ich habe die Sicherheit, dass ich wichtig bin für die andere Person". Das ist das Bedürfnis. Wir wollen im Leben anderer Menschen wichtig sein, insbesondere bei den Menschen, die auch einen wichtigen Platz in unserem Herzen haben. Das ist das Bedürfnis.
TN: Das Bedürfnis ist also nicht die Sicherheit meiner Tochter, sondern die Sicherheit, dass ich ihr wichtig bin?
KK: Es wäre natürlich beides möglich. Entscheiden kann das nur die Person, die das Bedürfnis hat, indem sie sich selber erforscht und es herausfindet. Wenn die Tochter nicht angerufen hat, dann könnte es sein, dass jemand entdeckt: „Ich bin jetzt unsicher, und ich habe alle möglichen Katastrophenphantasien, was ihr passiert und zugestoßen sein könnte" – dann wäre das Bedürfnis. „Ich möchte, dass die Menschen, die einen wichtigen Platz in meinem Herzen haben, in dem Fall meine Tochter, die möchte ich sicher wissen." Wenn es aber etwas ist, wo du sagst: „Mein Mann hat Arbeitsschluss um 18.00 Uhr und ist dann in der Regel kurz danach zu Hause." Und wenn er jetzt zum Beispiel sagt: „Da ist noch eine wichtige Sache, ich mache heute eine Überstunde", und er entscheidet sich, länger in der Arbeit zu bleiben und er ruft mich an. Dann ist das Bedürfnis erfüllt: „Ich möchte spüren können, dass ich wichtig bin für die andere Person und zwar so wichtig, dass sie bereit ist, mich über die Veränderung zu informieren".

Das Bedürfnis ist also die Drehscheibe von der Problem- zur Lösungsorientierung. Im Grunde genommen müsste man das Bedürfnis zweimal benennen: „Wenn du reinkommst, ohne anzuklopfen, bin ich verärgert, weil mein Bedürfnis nach Respekt für meine Privatsphäre kommt da zu kurz. Und: Weil es mir so wichtig ist, dass meine Privatsphäre respektiert wird, bitte ich dich, anzuklopfen." Das Bedürfnis so zweimal zu formulieren, wäre jedoch sehr umständlich. Deshalb benennen wir es nur einmal. Man kann das Bedürfnis im Prinzip problemorientiert oder lösungsorientiert benennen. Wenn man es problemorientiert benennt, nämlich das Bedürfnis ist nicht erfüllt, besteht ein etwas höheres Risiko, dass das der Empfänger wie einen Vorwurf hört. Deshalb ist unsere Empfehlung, das Bedürfnis lösungsorientiert zu benennen. Also anstatt problemorientiert zu sagen: „Wenn du reinkommst, ohne anzuklopfen, bin ich verärgert. Mein Bedürfnis nach Respekt für meine Privatsphäre kommt da nämlich zu kurz, klopfst du bitte an?", empfehlen wir stattdessen, es lösungsorientiert zu benennen: „Wenn du reinkommst, ohne anzuklopfen, bin ich verärgert. Mir ist so wichtig, dass meine Privatsphäre respektiert wird, klopfst du bitte deshalb an, bevor du reinkommst?" Das Risiko ist damit etwas geringer, dass der Empfänger das als Vorwurf aufnimmt, interpretiert und versteht.

FK: Und es ist für uns ungewohnter, so zu formulieren. Das ist wichtig zu wissen. Es braucht ein bisschen Arbeit, diesen Fokus zu ändern. Ihr, die ihr therapeutisch arbeitet, braucht das Bewusstsein, dass therapeutische Arbeit sich von Beratung oder Coaching dadurch unterscheidet, dass wir im Coaching eine sehr viel stärkere Lösungsorientierung haben. Es gibt natürlich auch sehr lösungsorientierte, therapeutische Ansätze, Kurzzeittherapie nach Steve De Shazer zum Beispiel, aber die meisten therapeutischen Ansätze sind welche, die sagen: „Bevor wir über Lösungen reden, wollen wir erstmal das Problem wirklich an der Wurzel verstanden haben." So ein Fall ist für ein Coaching nicht geeignet, hier braucht jemand eine andere Form von Unterstützung, die mehr in einen therapeutischen Bereich gehört.

Außerdem gibt es Situationen, wo man mit Lösungsorientierung nicht weiterkommt, man findet sozusagen nicht die passende Lösung. Dann ist es in der Regel hilfreich zu prüfen, ob das, worum es geht, wirklich schon richtig verstanden ist. Das könnte nämlich einer Lösungsfindung im Weg stehen. Deshalb empfehlen wir in der therapeutischen Arbeit den Ansatz: „Wir nehmen uns erstmal ausreichend Zeit, das Problem zu verstehen, bevor wir über Lösungen nachdenken." Deshalb kann es im therapeutischen Kontext durchaus hilfreich sein, das Bedürfnis problemorientiert zu formulieren. Wenn ihr euch Mitschnitte von Marshall Rosenberg anhört, der ja auch therapeutisch gearbeitet hat, werdet ihr oft die problemorientierte Benennung des Bedürfnisses hören: „I am feeling this, because my need for that was not met". Die wörtliche Übersetzung lautet: „Ich fühle das, weil meinem Bedürfnis nach nicht begegnet worden ist". Das hat in etwa den problemorientierten Ansatz wie die deutsche Formulierung: „Das Bedürfnis ist nicht berücksichtigt." Ihr werdet diese Formulierung bei Marshall häufiger hören. Wie gesagt, im Coaching empfehlen wir, das Bedürfnis, soweit es geht, immer lösungsorientiert zu benennen, da tun sich die Empfänger erfahrungsgemäß etwas leichter damit, während es im therapeutischen Kontext sinnvoll sein kann, das Bedürfnis zunächst problemorientiert zu formulieren, bis ein ausreichendes Verständnis des Problems erreicht ist.

KK: Wir haben jetzt alle einzelnen Werkzeuge beieinander, sodass wir schauen können, wie wir das Ganze zusammensetzen können und zu einem sinnvollen Wechsel zwischen Aufrichtigkeit, empathisches Zuhören, Aufrichtigkeit, empathisches Zuhören kommen, um irgendwann sagen zu können: „So, jetzt sind wir soweit, wir haben einander soweit verstanden, dass wir über Lösungen reden können." Dazu wollen wir euch ein Modell zeigen, das euch hilft, einen roten Faden zu behalten und in jedem Moment klar zu haben: Was will ich in diesem Augenblick? Gehört und verstanden werden von der anderen Seite? Bin ich im Moment bereit, mich dem anderen zuzuwenden, um zu hören und zu verstehen, worum es der anderen Person geht? Oder haben wir einander schon soweit verstanden, dass es jetzt Sinn macht, gemeinsam über Lösungen nachzudenken, zu verhandeln und Vereinbarungen zu treffen, wie wir die beteiligten Bedürfnisse unter einen Hut kriegen? Das wollen wir euch gleich nach der Kaffeepause zeigen.

Ein Modell für Konfliktlösung

So, wir wollen euch jetzt zeigen, wie wir das Ganze zusammensetzen. Das Modell, das euch helfen kann, diesen klaren roten Faden zu haben, heißt „Sechs-Stühle-Modell".

Das Modell legt nahe, dass ihr von drei unterschiedlichen inneren Positionen aus miteinander im Gespräch sein könnt. Und diese Positionen heißen in diesem Modell die „Ich-Position", die „Du-Position" und die „Wir-Position". Auf der „Ich-Position" befinde ich mich immer dann, wenn ich möchte, dass es um mich geht. Von dieser Position aus spreche ich, kommuniziere ich, wenn ich möchte, dass mein Gegenüber hört, versteht, was mich bewegt, wie ich mich fühle, was ich brauche, was mein Anliegen ist. Und auf diesem Stuhl bin ich besonders erfolgreich, wenn es mir gelingt, mich aufrichtig mitzuteilen und zwar ohne Vorwurf, ohne Kritik, ohne Angriff, ohne Beschuldigung. Wie das geht, habt ihr schon gelernt: Beschränkung auf die vier wesentlichen Informationen.

Auf dem „Du-Stuhl" befinde ich mich innerlich immer dann, wenn ich willens und in der Lage bin, meine Aufmerksamkeit auf mein Gegenüber zu richten. Hier versuche ich zu hören, zu verstehen, in Kontakt damit zu kommen: „Was bewegt mein Gegenüber? Was hat der für ein Anliegen?" Auf dieser Position bin ich besonders erfolgreich, wenn es mir gelingt, mit „Giraffenohren außen" zu hören, sodass ich, ganz egal, wie der seine Botschaft eingewickelt hat, nur die Gefüh-

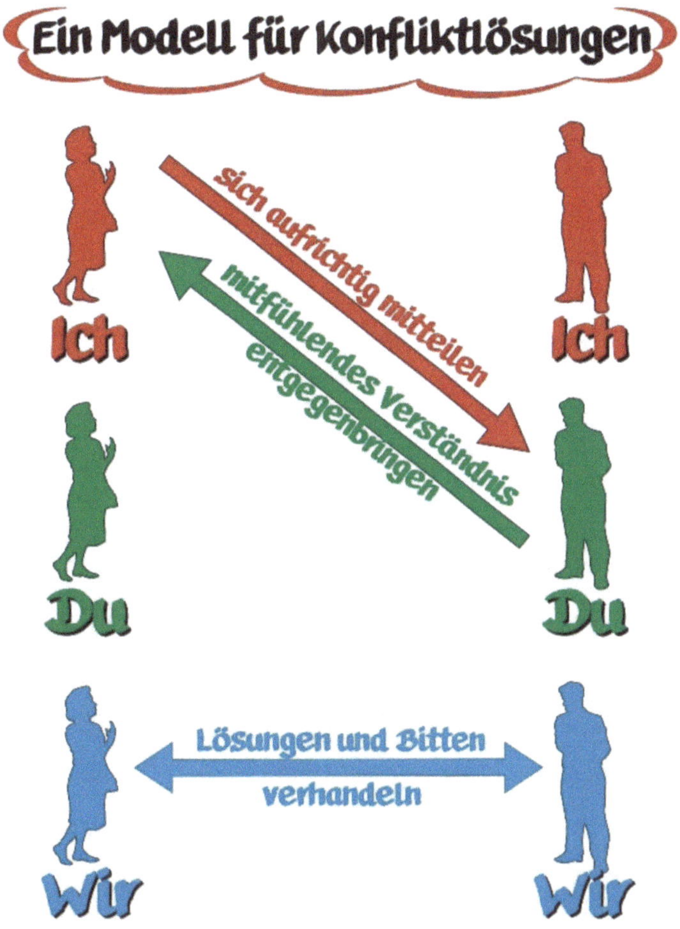

le und Bedürfnisse meines Gegenübers höre. Dadurch bin ich in der Lage, Dinge nicht mehr persönlich zu nehmen.

Auf der „Wir-Position" befinden wir uns immer dann, wenn wir sagen: „Die gegenseitige Verständigung hat soweit geklappt, jetzt macht es Sinn, dass wir mal über Lösungen nachdenken, verhandeln und Vereinbarungen treffen. Wie bekommt man eine Lösung hin, die den Bedürfnissen aller Beteiligten, so gut es geht, gerecht wird?" Was wir im Alltag in vielen Kulturen ganz häufig erleben, ist, dass Menschen sagen: „Mit dem Psychokram hier oben, da habe ich es nicht so, lasst uns gleich zu einer Lösung gehen." Und dann fangen die Menschen an, über Lösungen zu reden, bevor sie verstanden haben, was die beteiligten Bedürfnisse auf beiden Seiten sind. Das ist meistens nicht sehr erfolgreich und bringt nur selten tragfähige Lösungen, weil wir ja noch keine Ahnung hatten, um was es den Beteiligten geht. Erinnert ihr euch an das Beispiel vom ersten Tag – Omas 70. Geburtstag: Der Vater möchte, dass die Tochter einen Rock anzieht. Die Tochter möchte mit Jeans dorthin gehen. Wenn man, ohne zu ahnen, um welche Bedürfnisse es geht, sofort über Lösungen nachdenkt, dann landet man eben typischerweise bei so Trostpreislösungen, die man auch „Kompromiss" nennt: „Äh, Jeans? Rock? – OK: „Jeansrock". Deshalb macht es Sinn, dass man sich Zeit nimmt, erst einmal zu hören und zu verstehen, „Um was geht es jeweils beiden Seiten?", bevor man überhaupt darüber nachdenkt „Welche Lösung fällt uns denn dazu ein?".

Wir haben euch am ersten Tag zwei Definitionen gegeben, Arbeitsdefinitionen, die den Unterschied beschreiben: „Was ist ein Problem und was ist ein Konflikt?" Wenn wir ein Problem haben, sitzt die Person, die das Problem hat, sinnvollerweise auf dem „Ich-Stuhl". Diese Person hat ein wichtiges Anliegen, das gerade zu kurz kommt. Das weiß sie, weil sie unangenehme Gefühle hat. Und dann braucht sie jemanden, der sie hört und versteht. In einer Welt, in der wir gewohnt sind, so schnell wie möglich Lösungen zu finden, kommt das dann häufig zu kurz. Das würde dann so ausschauen: Kommt zum Beispiel ein Kunde in den Laden und sagt: „Sie, am Samstag habe ich den Stift, der nichts taugt, gekauft. Der funktioniert nicht!" Wenn der Verkäufer in einem schlauen Kommunikationsseminar gelernt hat „immer schön lösungsorientiert bleiben", dann geht er sofort auf den „Wir-Stuhl" und sagt: „Ja. Möchten Sie jetzt ihr Geld zurück oder möchten Sie einen neuen Stift?" Er bietet also zwei Lösungsmöglichkeiten an. Dann geht es an dem, wie Menschen funktionieren, in der Regel vorbei. Das heißt, hier ist das Risiko sehr hoch, dass der

Kunde so reagiert: „Hä! Geld zurück? – neuer Stift? Wissen Sie überhaupt, wovon ich rede? Dieser Stift hat einen Haufen Geld gekostet. Da kann ich doch erwarten, dass der funktioniert!" Der Verkäufer bleibt lösungsorientiert und sagt wieder: „Ja, möchten Sie jetzt Ihr Geld zurück oder einen neuen Stift?", bietet also wieder seine zwei Lösungen an. Je nachdem, wie dieser Kunde von seiner Persönlichkeitsstruktur her gestrickt ist, es gibt eher extrovertierte oder introvertierte Persönlichkeiten, fällt die Reaktion unterschiedlich aus. Wenn der Kunde extrovertiert ist, explodiert er jetzt wahrscheinlich, brüllt nach dem Chef oder nach jemand Kompetentem. Ist er eher introvertiert, fällt die Reaktion vielleicht so aus: „Äh, okay, geben Sie mir das Geld zurück", und dann ward der in diesem Laden nie wieder gesehen. Was wir also bräuchten, ist, wenn ein Kunde als Problembesitzer in den Laden kommt und sagt: „Sie, am Samstag habe ich den Stift, der nichts taugt, gekauft. Der funktioniert nicht!", dass jemand auf der anderen Seite bereit ist, ihn vom Du-Stuhl aus zu hören, seine Aufmerksamkeit auf den Kunden richtet und versucht zu erfassen: „Was sind die Gefühle und Bedürfnisse?". – „Und da sind Sie stinksauer, Sie erwarten gute Qualität für ihr Geld?" Sodass der Kunde die Sicherheit hat: „Ja, endlich hat's jemand kapiert! Ja, logisch! So, was können Sie mir jetzt anbieten?" Wenn der Kunde ausreichend gehört ist, geht der irgendwann von sich aus auf den „Wir-Stuhl". Wenn er den Eindruck hat, dass alles, was ihm wichtig ist, gehört und, verstanden wurde. Das war jetzt allerdings die Kurzvariante. In der Regel geht es nicht so schnell.

Wenn Leute mit einer emotionalen Ladung kommen, dann ist das meist nicht so, dass man sagt: „Oh, Empathie, hier hast du ein Bröckchen, das muss jetzt reichen für die nächste halbe Stunde." Vielmehr bleibt der andere auf dem Ich-Stuhl, bis alles Wichtige auf dem Tisch ist und er die Sicherheit hat, dass alles Wichtige gehört und verstanden wurde. Wenn das der Fall ist, entsteht ein natürlicher Impuls zu sagen: „Okay, und jetzt möchte ich gerne über Lösungen reden." Auf diesen Impuls warten wir – alles andere wäre verfrüht.

TN: Aber geht das denn immer? Wenn ich in der Regel was Falsches kaufe oder es nicht funktioniert, will ich nicht nur gehört werden oder so, sondern ich will so schnell wie möglich das Geld haben.

KK: Kann ja sein. In dem Fall würden die Leute reingehen und wahrscheinlich in einem relativ ruhigen, sachlichen Tonfall sagen: „Das Ding funktioniert nicht, bitte geben Sie mir das Geld zurück." Und dann sind keine großen Emotionen im Spiel, ich sage in dem Fall: „Ich will nicht gehört werden, ich will eine Lösung – fertig". Deswegen hatten wir gestern gesagt, wenn jemand fragt: „Wie viel Uhr ist es?", dann will er keine empathische Reaktion, dann will er wissen, wie viel Uhr es ist. Wenn allerdings intensivere Emotionen im Spiel sind, dann wollen Menschen erfahrungsgemäß in den allermeisten Fällen, dass jemand hört und versteht, wie schlecht es ihnen geht, wie furchtbar aufgeregt, enttäuscht, frustriert und verärgert sie sind, weil sie eben wichtige Anliegen haben, die nicht erfüllt sind.

TM: Also das ist was, was man auch in Supervisionen häufig erlebt. Wenn eine hohe emotionale Ladung da ist, die nicht erst durch Empathie abgenommen wird und es dann zu früh zu Lösungen kommt, werden die dann nicht akzeptiert.

KK: Wenn Problembesitzer hier auf dem Ich-Stuhl sitzen, brauchen sie zuerst jemand, der sie abholt. Erst dann kann man schauen „Wie kriegt man das Problem gelöst?". Bei einem Konflikt haben wir eine komplexere Situation. Da gibt es nämlich auf beiden Seiten ein Bedürfnis, was nicht erfüllt wurde. Und das bedeutet, dass wir auf beiden Seiten jemanden haben, der dringend gehört werden möchte. Bei einem Konflikt brauchen wir also die Bereitschaft einer Seite, zuerst zu hören. Dann brauchen wir einen Wechsel, weil die andere Person ja auch gehört werden will.

Manchmal mehrere Wechsel. Und dann können die beiden darüber nachdenken: „Wie kriegen wir den Konflikt gelöst?“.

Ein Konflikt ist also eine komplexere Situation, als ein Problem. Deshalb tun wir gut daran, wenn wir ein Problem haben, dieses nicht unnötig zu Konflikten aufzublasen. Leider neigen wir Menschen dazu. Das sieht dann so aus: Der Kunde kommt in den Laden, sagt: „Sie, am Samstag habe ich den Stift, der nichts taugt, gekauft. Der funktioniert nicht!“ Wenn sich der Verkäufer entscheidet, anstatt auf den Du-Stuhl zu gehen und die Gefühle und Bedürfnisse des Kunden zu hören, stattdessen auf den „Ich-Stuhl“ zu gehen und zu sagen: „Freundchen, NICHT in diesem Ton mit mir!“, haben wir ruckzuck aus einem Problem einen Konflikt gemacht. Jetzt dauert es mindestens doppelt so lange, bis wir ihn lösen können. Daran liegt also auch die Kraft, wenn es uns gelingt, Dinge nicht persönlich zu nehmen, weil wir in der Lage sind, mit „Giraffenohren außen“ zu hören. Die Dinge sind in den allermeisten Fällen nicht persönlich gemeint. Alles, was Menschen jemals tun, was so aussieht wie Angriff, Vorwurf, Kritik, Beschuldigung, ist nichts anderes, als die tragische, hässliche Verpackung für ein göttliches Anliegen. Wenn man sich gleich darauf konzentriert, kann man es sich ersparen, Probleme zu Konflikten aufzublasen.

Haben wir allerdings von Haus aus einen Konflikt, dann braucht es die Bereitschaft einer Seite, die eigenen Sachen zu parken, und den anderen zuerst zu hören. Wenn keine der beiden Seiten diese Bereitschaft mitbringt, passiert häufig Folgendes: Da sitzt hier jemand auf dem „Ich-Stuhl“ und versucht, weil er ja DRINGEND als Erster gehört werden möchte, sein Gegenüber dazu zu bringen, auf den „Du-Stuhl“ zu gehen. Der denkt aber gar nicht dran, der klebt selber auf dem „Ich-Stuhl“ fest und möchte auch als Erstes gehört werden und versucht, den anderen auf den „Du-Stuhl“ zu bekommen.

Das sind Situationen, die zur Eskalation neigen, weil beide Seiten darum kämpfen, als Erste gehört zu werden. Es wird aber niemand gehört, weil die „Du-Stühle“ leer bleiben. Hier gibt es im Grunde genommen nur zwei sinnvolle Möglichkeiten, wie man mit einer solchen Situation umgeht: Wenigstens einer von beiden hat genügend Bewusstsein darüber und realisiert: „Hey, niemand von uns ist im Moment bereit, auf den ‚Du-Stuhl‘ zu gehen und den anderen zu hören.“ Das bedeutet, es macht keinen Sinn, miteinander im Gespräch zu bleiben. Es ist nicht hilfreich im Gespräch zu bleiben, wenn beide dringend gehört werden wollen, aber niemand da ist, der zuhört. Die „Du-Stühle“ bleiben dann leer. Die eine Möglichkeit, also damit sinnvoll umzugehen, ist, dass einer von beiden innehält und sagt: „Stopp mal, stopp mal, stopp mal. Das sieht ja gerade so aus, als wärst du nicht bereit, mich als Erstes zu hören. ICH bin auch im Moment nicht bereit und in der Lage, dich als Erstes zu hören. Lass uns für eine Zeitlang auseinandergehen. Es ist Zeitverschwendung, ein Gespräch zu führen, in dem niemand zuhört.“ Dann macht es Sinn, eine „Giraffen-Hotline“ zu kontaktieren und jemand anderen zu finden, der in der Lage ist, einen empathisch zu hören. Jemand anderem zu erzählen, was einen bewegt: „Das ist der Hammer, was der gerade mit mir gemacht hat.“ Und dann habe ich hoffentlich am anderen Ende einen guten Freund/eine gute Freundin, die in der Lage ist, mit „Giraffenohren außen“ zu hören, sodass ich die Empathie jetzt aus einer anderen Quelle bekomme, die ich hier von meinem Gegenüber im Konflikt nicht bekommen kann. Das ist die eine Möglichkeit.

Die zweite Möglichkeit ist: Beide bleiben im Gespräch, aber sie realisieren „Von uns ist niemand bereit und in der Lage, den anderen zu hören“, dann mietet man sich jemanden, der sich meist gegen Bezahlung auf die „Du-Stühle“ setzt. Diese Personen nennt man „Schlichter“, „Vermittler“, „neutraler Dritter“ oder „Mediator“. Deren Job ist es, das, was die beiden gerade nicht können, stellvertretend zu tun. Nämlich beide solange empathisch zu hören, bis die beiden Parteien emotional soweit entlastet sind, dass sie sagen: „Danke, das reicht, ich kann's jetzt selber." Aus der Sicht der „Gewaltfreien Kommunikation" ist der Job des Mediators erledigt, wenn die beiden sagen: „Jetzt bin ich selbst in der Lage auf den ‚Du-Stuhl' zu gehen." Denn Lösungen finden, das können die in der Regel alleine.

TM: Vielleicht noch wichtig zu erwähnen, dass dieses Modell der Konfliktlösung für die Paartherapien, wenn jemand interessiert ist an Paartherapien, ein Schlüssel ist, ein ganz wesentlicher Punkt.
TN: Ich habe auch das Gefühl, dass es ein Schlüssel für ein sinnvolles Gespräch bei Jugendlichen mit ihren Eltern sein kann.
TM: Ja, ja, klar.

KK: Wenn wir eine Situation haben, in der ein Paar Unterstützung durch einen neutralen Dritten sucht, dessen Job es ist, zu vermitteln, indem er beiden Seiten empathisch zuhört, kann es vorkommen, dass der Mann plötzlich Panik bekommt, wenn die Mediatorin eine Frau ist und sagt: „Oh, die Frauen verbünden sich gegen mich." Aus diesem Grund haben Rieke und ich mit Paaren zu zweit gearbeitet. Wir wollen euch an zwei Beispielen zeigen, was der Job des Mediators ist. Und dazu noch den Unterschied zwischen einem „Kompromiss", also einer Trostpreislösung und einem „Konsens", den wir in der „Gewaltfreie Kommunikation" anstreben, aufzeigen. Die kürzeste Mediation, die ich je erlebt habe, hat Friederike mal gemacht. Wir waren in München in einem Kinopalast. Im ersten Stock kauft man die Karten, Naschzeug und Getränke. Dann geht eine Rolltreppe hoch in den zweiten Stock, wo die Eingänge zu den verschiedenen Kinosälen sind. Oben war noch zu und die Rolltreppe war mit einem Seil abgesperrt. Wir standen um die Rolltreppe ganz eng, dicht an dicht, wie die Ölsardinen in der Büchse und warteten darauf, dass die Rolltreppe aufgemacht wird und wir raufkönnen. Neben uns standen zwei jüngere Pärchen, etwa Anfang 20. Eine Frau hatte einen Kaffee in der Hand und der Mann von dem anderen Pärchen hat sie im Gedränge so berührt, dass sie fast ihren Kaffee verschüttet hätte, worauf ihr Partner sich umdreht und sagt: „Hey! Pass doch auf! Mann, hey!" Worauf der andere sich umdreht und sagt: „Sag mal, spinnst du? Willst du eine auf's Maul oder was?" Es dauerte keine dreißig Sekunden und die beiden waren bereit, sich zu prügeln. Das ging aber nicht, weil wir so eng beieinander standen, dass man nicht mal die Hand heben konnte. Das haben die beiden auch scharfsinnig erkannt und sich gegenseitig angeboten, ins Erdgeschoss zu gehen, wo es mehr Platz gab, um sich zu prügeln. Bevor die beiden sich aus der Menge lösen konnten, dreht sich Rieke um, schaut den einen an und sagt: „Ich glaube, er wollte nur darauf aufmerksam machen, dass wir im Gedränge hier ein bisschen aufeinander Acht geben", schaut ihn fragend an nach dem Motto: „Hab ich das korrekt übersetzt in ihr Bedürfnis?" Und der sagt: „Äh – ja, genau!", und Rieke dreht sich um, schaut den anderen an und sagt: „Und ich glaube, er wollte einfach nur freundlich angesprochen werden." Schaut den auch wieder an mit einem Fragezeichen im Gesicht: „Hab ich das korrekt übersetzt in ihr Bedürfnis?" Auch der andere sagt: „Äh, stimmt!" Dann haben die beiden sich angeschaut, ein bisschen blöde gegrinst, „Hä, hä, hä, hä, hä", und dann war die Sache durch. Kein Grund mehr, sich zu prügeln, nachdem klar war: „Ah, das ist es, worum es eigentlich ging." Also das ist der Job im Prinzip von jemand, der vermittelt oder schlichtet, dass er Übersetzungen anbietet, so dass die Leute nicht auf die hässliche Verpackung reagieren müssen, sondern verstehen „Ach, das war das Anliegen".

TN: Wenn du jetzt dazwischengegangen wärst, kann ich mir vorstellen, dass die zwei Männer wahrscheinlich dann noch gereizter reagiert hätten.
TN: Ja, sie hätten sich vielleicht zusammen verbündet gegen dich.
KK: Ja. Das Risiko ist grundsätzlich da, wenn man keinen offiziellen Auftrag hat, dass man überhaupt hier als neutraler Dritter unterstützen darf. Von daher ist das immer mit einem Risiko verbunden, wenn man sich von außen einmischt unter der Annahme, die anderen würden das wertschätzen, dass man diese Übersetzungsarbeit zur Verfügung stellt. Falls ihr an der Reaktion merkt, „Die Erlaubnis habe ich nicht, hier als neutraler Dritter zu unterstützen", dann respektvoll zurückziehen, denn es gibt natürlich keine Garantie, dass die anderen dankbar sind.

Jetzt zu dem anderen Beispiel. Wir haben mit einem Ehepaar gearbeitet. Sie standen kurz vor der Scheidung. Die beiden haben aber realisiert, dass sie sehr viele ungelöste Konflikte hatten. Sie wollten ihrer Ehe noch eine Chance geben und haben unsere Unterstützung gesucht. Wir haben über einen längeren Zeitraum regelmäßig einmal die Woche Sitzungen gemacht und ihnen geholfen, ihre Konflikte zu lösen. Am Beginn einer bestimmten Sitzung haben sie einen Konflikt auf den Tisch gelegt, der emotional sehr heftig war. Und zwar ging es um das Thema „Wie man die Toilettenpapierrolle einhängt" – so rum oder so rum. Ja, wenn man von außen darauf schaut, findet man das vielleicht witzig. Aber wenn man drinsteckt und ein Teil dieses Konfliktes ist, ist es bitterernst. Was wir dann anstreben, ist, die Menschen zu ermächtigen, es selbst zu schaffen, auf den „Du-Stuhl" zu gehen, damit wir als Schlichter überflüssig werden. Das geht am einfachsten mit der Partei, mit der Seite, die die weniger intensiven Gefühle hat. Das war in dem Fall der Mann. Also haben wir den Mann in diesem Gespräch auf dem Du-Stuhl gecoacht und haben ihn gebeten, zu sagen, was er verstanden hat, worum es seiner Frau geht. Die erste Rückmeldung klang ungefähr folgendermaßen (in genervtem Tonfall mit viel Augenrollen): „Also ich habe verstanden, dass es dir wahnsinnig wichtig ist, dass man das Toilettenpapier so rum reinlegt." An der ganzen Körpersprache war deutlich, dass er die Göttlichkeit dieses Anliegens nicht verstanden hat. Und ihr wisst inzwischen warum: Ob man das Toilettenpapier so rum oder so rum aufhängt, ist sinnlich wahrnehmbar und deshalb natürlich gar kein Bedürfnis, sondern es ist eine Strategie. Und für Strategien gibt es in der Regel keine Wertschätzung, die gibt es nur für die Bedürfnisse, die dahinter liegen. Es hat dann erstmal von unserer Seite aus ein bisschen „Notfall-Empathie" für den Mann gebraucht, um ihn in die Lage zu bringen, dass er ein echtes Interesse entwickelt, um zu verstehen, worum es seiner Frau geht. Und nach einiger Zeit hat er diese Haltung und dieses Interesse gefunden, die wir auf diesem „Du-Stuhl" brauchen, nämlich wirklich verstehen wollen „Worum geht es meinem Gegenüber". Mit dieser Haltung hätte er natürlich, wie wir es gestern geübt haben, empathische Vermutungen anstellen können. Aber eine empathische Vermutung kann ich natürlich nur anstellen, wenn ich eine habe. Wenn ich vollkommen blank bin, rate ich ja nicht ins Ungewisse hinein. Das ist ja kein Fernsehquiz, wo man sich seine Bedürfnisliste aus der Tasche zieht und sagt: „Was hätte man denn im Angebot? Freundlichkeit vielleicht? Nein, ist es nicht. Was nehmen wir denn dann?" Also empathische Vermutungen laut aussprechen beruht darauf, dass man eine Vermutung hat. Der Mann war vollkommen blank. Er hatte keine Ahnung, um was es hier gehen könnte. Also hat er hier eine offene Frage gestellt, aber aus der gleichen Haltung heraus, die wir hier brauchen, nämlich „Ich möchte gerne verstehen". Das klang ungefähr so: „Du, ich höre, dass dir das unheimlich wichtig ist, und ich würde es wirklich gerne besser verstehen. Hilf mir doch mal dabei! Nehmen wir an, wir würden die Klopapierrolle so rum einhängen, wie du das vorschlägst, was würde dir denn das bedeuten? Was wäre denn damit für dich sichergestellt?" Jetzt hat er also nach dem Bedürfnis hinter der Strategie gefragt.

Bevor wir uns anhören, was die Frau geantwortet hat, schauen wir mal, was üblicherweise passiert. Da streiten in vielen Situationen zwei Erwachsene, zum Beispiel über das Thema, wie man die Toilettenpapierrolle einhängt, bis einer von beiden plötzlich innehält und sagt: „Stopp mal, stopp mal, – über was streiten wir gerade? Wie man die Klopapierrolle einhängt? Das ist ja Kindergarten! Komm, wir sind doch erwachsene Menschen, wir können doch eine faire Lösung, einen fairen Kompromiss finden." Und dann gehen die, ohne verstanden zu haben, um welche Bedürfnisse es geht, sofort auf den „Lösungsstuhl." Was glaubt ihr, finden die hier an fairen Kompromissen?

TN: Zwei Rollen Klopapier.
KK: Zwei Toilettenpapierrollen.
TN: Der eine könnte sagen: „Ok, ich sehe deine Begründung ein, warum du sie so haben willst – mir ist es eigentlich egal." Ist das ein Kompromiss?
KK: „Mir ist es eigentlich egal", hieße, einer von beiden gibt einfach nach oder gibt seine Position auf. Aber das war hier nicht möglich. Denn wir arbeiten ja auch nicht umsonst, die Leute haben eine Menge Geld in die Hand genommen, weil eben niemand bereit war, nachzugeben. Also von daher, das war ausgeschlossen. Was glaubt ihr, könnten hier sonst noch faire Kompromisse sein?
TN: Eine Woche so, eine Woche so.
KK: Ok, jede Woche abwechselnd.
TN: Zwei Toiletten.
KK: Zwei Toiletten – „Du gehst in den ersten Stock, ich ins Erdgeschoss." Wenn man zum Beispiel gemeinsam ein Haus hat mit mehreren Toiletten.
TN: Ja, man hängt sie immer um, wenn man sie benutzt hat, und der andere hat sie dann immer so wie er es möchte.
KK: Okay. Als Entgegenkommen für den anderen, sobald ich fertig bin mit meinem Toilettengang, drehe ich die Toilettenpapierrolle um. Falls ich dann zweimal hintereinander gehe und der andere nicht, hänge ich sie mir selber wieder um.
TN: Keine Toilettenpapierrollen, sondern feuchtes Toilettenpapier.
KK: „Hakle feucht", genau, oder das amerikanische, zick-zack gefaltetes, wo es gar keine Richtung gibt.
TN: Die Rolle auf den Boden stellen.
TN: Ok. Oder ein Schälchen Wasser wie in Indien.
KK: Ja, also wir sehen, wir sind nicht verlegen, uns hier Lösungen zu überlegen und faire Kompromisse zu finden.

Gehen wir mal zurück zu der Situation, in der der Mann gefragt hat: „Nehmen wir an, wir machen das so, wie du das vorschlägst, was würde dir das bedeuten?" Die Frau war auch nicht gewohnt, in Kontakt mit ihren Bedürfnissen zu sein und konnte das nicht sofort beantworten: „Was mir das bedeuten würde?" Man hat richtig gesehen, wie sie innerlich auf der Suche nach einer Spur war, bis sie es dann gefunden hat. Dann sagte sie: „Ja, dass ich auch mal recht habe!" Das hat er verstanden: „Ach, darum geht's." Die Frau hat ein Ungleichgewicht erlebt. Wenn die beiden gemeinsam irgendeine Entscheidung zu treffen hatten, wenn irgendein Problem zu lösen war, hat sie erlebt, dass in achtzig, neunzig Prozent der Fälle das gemacht wurde, was der Mann vorgeschlagen hat. Das hatte sie satt und wünschte sich mehr Gleichwertigkeit, mehr Balance, wessen Ideen verwirklicht und umgesetzt werden. Das hat sich übrigens mit den Werten des Mannes durchaus gedeckt, der wollte auch, dass es partnerschaftlich zugeht, er hatte nur keine Bewusstheit darüber, dass das so aus der Balance war. Und wenn man jetzt sieht, worum es der Frau geht, dann stellt man fest, dass all die tollen Kompromisse, die wir gefunden haben, einen Haken haben: Sie haben leider mit dem Bedürfnis, um das es der Frau im Kern geht, gar nichts zu tun. Deshalb wären sie keine tragfähigen, keine nachhaltigen Lösungen, weil kurze Zeit später das gleiche Problem an einer anderen Stelle wieder hochkommen würde.

Wenn wir also auf dem „Wir-Stuhl" tragfähige Lösungen haben wollen, dann führt kein Weg daran vorbei, dass man sich Zeit nimmt und rausfindet „Was sind die Bedürfnisse auf beiden Seiten?". Erst wenn das klar ist, ist es sinnvoll, auf den „Wir-Stuhl" zu gehen und zu schauen: „Okay, nachdem wir jetzt die Bedürfnisse kennen, was fällt uns ein, wie bekommen wir all diese Bedürfnisse bestmöglich berücksichtigt?"

Zu diesen drei Positionen gehören auch die drei Arten von Bitten, die wir in der „Gewaltfreien Kommunikation" unterscheiden. Auf dem „Ich-Stuhl", auf dem ich ja möchte, dass es um mich geht, gibt es nur eine Bitte, nämlich eine, die sicherstellt: „Ist meine Botschaft, das, was ich rüberbringen möchte, auch so angekommen, wie ich es meine?" Deshalb lautet die Bitte auf dem „Ich-Stuhl" immer: „Ist meine Botschaft so angekommen, wie ich sie verstanden haben möchte?" Also die Bitte auf dem „Ich-Stuhl" lautet: „Was hast du verstanden, worum es mir geht?" „Was ist bei dir angekommen, wie ich mich fühle und was ich brauche?" Auf dem „Du-Stuhl", auf dem ich ja bereit und willens bin, meine Aufmerksamkeit auf den anderen zu richten und ich erfassen und verstehen möchte „Wie geht es meinem Gegenüber?" „Was braucht dieser Mensch?", ist die Bitte auf dem „Du-Stuhl" immer eine Einladung, mir etwas von dem mitzuteilen, was ich gerne verstehen möchte: „Wie geht es dir damit, wenn ich dir das sage?" „Wie ist das für dich, wenn du das hörst?" „Was sagst du denn dazu?" Damit signalisiere ich: „Ich bin ganz Ohr, leg los, ich möchte wirklich gerne hören, verstehen, erfassen, wie du dich fühlst, was du brauchst." Auf dem „Wir-Stuhl", auf dem es ja um Lösungen, um Vereinbarungen geht, da haben wir die sogenannten „Handlungsbitten", konkrete Bitten um ein bestimmtes Verhalten oder bestimmte Vorschläge für konkrete Vereinbarungen, sowas wie: „Klopfst du bitte an, bevor du reinkommst, geht das?" „Kannst du bitte die Schuhe ins Schuhregal stellen?" „Können Sie mir den Bericht bis morgen 12.00 Uhr auf den Schreibtisch legen? Kriegen Sie das hin?" Also all die konkreten Dinge, die ich möchte, dass jemand tut, oder die ich mit dem anderen vereinbaren möchte.

Wir empfehlen, im Alltag viel mehr die ersten beiden Arten von Bitten, die die Beziehungspflege im Auge haben, die die Qualität des menschlichen Miteinanders verbessern, das gegenseitige Verständnis erreichen wollen, zu stellen als das, was wir häufig tun: sofort zu „Lösungsbitten“ zu gehen. In den meisten Fällen, in denen es um die Qualität des Miteinanders geht und die Konflikte auf der Beziehungsebene stattfinden, braucht es gar keine Handlungsbitten mehr. Denn es geht in erster Linie um einen Austausch und gegenseitige Verständigung, und dann braucht es in vielen Fällen gar keine Vereinbarung oder Handlung mehr am Schluss. Die Beziehungsbitten stellen ist eine gute Voraussetzung, um sicherzustellen „hat die gegenseitige Verständigung geklappt?“. Und erst dann nimmt man sich Zeit und schaut: „Was fällt uns jetzt an Strategien, an Vereinbarungen ein, um die Bedürfnisse auf beiden Seiten, so gut es geht, zu erfüllen?“

Das bedeutet, dass ich mir in dem Moment klarmache, bevor ich mich entscheide, eine Bitte auszusprechen, „Welche Art von Bitte ist denn jetzt sinnvoll in der Situation?“. Ich zeige euch gleich ein Beispiel.

Vorher wollen wir noch einmal einen Blick darauf werfen: „Wo kommen die beiden Beziehungspflegebitten her?“ Bei jeder „Handlungsbitte“ ist es klar, wenn ich sage: „Klopfst du bitte an, bevor du reinkommst“, dann ist das eben eine Strategie, die mir einfällt, wie ich mein Bedürfnis nach Respekt für meine Privatsphäre erfüllt bekommen kann. Wenn ich sage: „Stellst du bitte die Schuhe ins Regal“, ist das eine Strategie, die mein Bedürfnis nach Ordnung adressiert. Wo kommen diese beiden ersten Arten von Bitten eigentlich her, wenn jede Bitte eine Strategie ist, ein Bedürfnis zu erfüllen? Der Ursprung dieser Bitten liegt hier.

Diese vier Schritte, so wie wir sie auch geübt haben, Wahrnehmung – Gefühl – Bedürfnisse – Bitte, sind nicht die „Gewaltfreie Kommunikation“, sondern lediglich die Methode, die Technik. Wenn diese vier Schritte nicht in einem Rahmen stattfinden, der dadurch entsteht, dass wir die Zielsetzung haben, mit anderen Menschen eine wertschätzende Verbindung zu haben, dann ist es nur eine Methode, eine Technik und hat nichts, aber auch gar nichts mit „Gewaltfreier Kommunikation“ zu tun. Die vier Schritte als Methode, als Technik sind nur „Gewaltfreie Kommunikation“, wenn sie mit der Absicht verbunden sind, ein wertschätzendes Miteinander, eine wertschätzende Verständigung hinzubekommen. Dieser Rahmen, diese Zielsetzung, diese Absicht besteht aus zwei Grundbedürfnissen. Ein wertschätzendes Miteinander, ein wertschätzender Kontaktaustausch miteinander, basiert auf zwei Grundbedürfnissen, nämlich „Ich möchte verstanden werden“ und „Ich möchte den anderen verstehen“. Wenn diese beiden Rahmenbedürfnisse nicht ausreichend satt und erfüllt sind, kümmere ich mich nicht um mein Bedürfnis nach mehr Respekt vor meiner Privatsphäre, sondern erst einmal um die beiden Rahmenbedürfnisse. Wenn ich also die Schritte: „Wenn du reinkommst, ohne anzuklopfen, merke ich, bin ich verärgert, weil mir wichtig ist, dass meine Privatsphäre respektiert wird“, zu meinem Gegenüber sage und von ihm nonverbale Signale bekomme, die mich zweifeln lassen an dem Vertrauen, dass diese beiden Rahmenbedürfnisse ausreichend erfüllt sind, dann überprüfe ich, welche nonverbalen Signale ich von der anderen Person bekomme, während ich das sage, bevor ich eine Bitte ausspreche, die dieses Bedürfnis adressiert. Wenn ich von der Mimik her Signale bekomme, die mich skeptisch sein lassen, ob mein kommuniziertes Bedürfnis „Respekt vor meiner Privatsphäre“, wirklich angekommen und verstanden wurde, würde ich an der Stelle pausieren, um mich erstmal um das Rahmenbedürfnis zu kümmern und sagen: „Was hast du denn verstanden, um was es mir geht?“ Für den Fall, dass meine Interpretation ist „Ich bin nicht sicher, ob ich in Kontakt bin mit dem, was den anderen Menschen gerade innerlich bewegt“, kümmere ich mich darum mit der Frage: „Wie geht es dir damit, wenn ich dir das sage?“ Im Grunde genommen macht man ausführlich ausgesprochen einen neuen Durchgang auf: „Wenn du reinkommst ohne anzuklopfen, bin ich verärgert, mir ist wichtig, dass meine Privatsphäre respektiert wird“, hier pausiere ich und fange eine neue Reihe von vier Schritten an: „Und während ich deinen Gesichtsausdruck sehe, während ich dir das sage, bin ich sehr verunsichert, und ich hätte gerne eine Klarheit darüber, ob mein Anliegen so angekommen ist, wie ich es meine. Gib mir doch mal eine Rückmeldung, was hast du verstanden?“ Die ersten drei Schritte des zweiten Durchgangs werden meistens nicht laut ausgesprochen, die sind still innerlich. Laut ausgesprochen wird von dem zweiten Durchgang Aufrichtigkeit von den vier Schritten nur noch der vierte Schritt, die Bitte. Und erst, wenn ich sicher bin „Jawohl, ich glaube, ich bin im lebendigen Kontakt mit dem, was den anderen Menschen bewegt, was der braucht, der hat verstanden, um was es mir geht“, dann geht es um Lösungen für dieses Bedürfnis „Privatsphäre“. Diese drei Optionen demonstriere ich euch an einem Beispiel anhand des Sechs-Stühle-Modells mit dem entsprechenden Wechsel auf die passenden Stühle bzw. Positionen.

Beispiele und Rollenspiele

Ich fange also hier als Problembesitzer an, auf dem Ich-Stuhl und sage: „Du, wenn du reinkommst ohne anzuklopfen, merke ich, bin ich verärgert, weil mir wichtig ist, dass meine Privatsphäre respektiert wird.“ Und während ich das sage, kriege ich jetzt körpersprachliche Signale, die mich skeptisch sein lassen, dass meine Botschaft so angekommen und so verstanden worden ist, wie ich sie meine. Deshalb bleibe ich für die Bitte auf dem „Ich-Stuhl“ und sage: „Was hast du denn verstanden, um was es mir geht?“ Mögliche Reaktion der anderen Person: „Was ich verstanden habe, ja, war ja klar und deutlich. Du denkst, du bist der King, und man muss sich noch anmelden, bevor man reinkommt. Am besten mit drei Durchschlägen.“ Gott sei Dank habe ich nachgefragt, was angekommen ist, weil von der Schönheit meines Bedürfnisses ist nichts angekommen. Das gibt mir Gelegenheit, nachzuarbeiten. Dann sage ich erstmal „Danke für die Rückmeldung“, weil der andere hat ja meine Bitte erfüllt, mir nach bestem Wissen und Gewissen eine Rückmeldung zu geben, was er verstanden hat. Das entspricht nur nicht dem, was ich gerne rüberbringen möchte, aber er hat meine Bitte erfüllt. Deshalb: „Danke für die Rückmeldung. Ich wollte etwas anderes rüberbringen. Vielleicht habe ich es nicht klar genug gemacht. Lass es mich nochmal versuchen: Für mich ist mein Büro auch ein Stück meiner Privatsphäre und ich möchte, dass das respektiert wird. Könnte ich es nochmal hören von dir?" „Ja, aber ich kann doch nicht ..." – „Kleinen Moment, kleinen Moment, ich höre dich gleich. Ich möchte nur vorher sicherstellen, ob ich mich diesmal klar ausgedrückt habe. Es würde mir sehr helfen, ich höre nochmal in deinen Worten, was hast du verstanden, worum es mir geht?" „Äh, äh, ... weiß nicht, sag nochmal." Die andere Person war so beschäftigt mit dem, was sie selbst gleich sagen möchte, dass bei ihr gar nichts angekommen ist. Also, ein neuer Versuch: „Für mich ist mein Büro auch ein Stück Privatsphäre, und das möchte ich, dass das respektiert wird. Könnte ich es von dir nochmal hören?" „Äh, ja, du betrachtest halt dein Büro auch als deine Privatsphäre, und du möchtest, dass das respektiert wird." „Danke, ich bin sehr erleichtert, dass das auch so rübergekommen ist. Du wolltest gerade was sagen?" Und dann signalisiere ich: „Jetzt bin ich ganz Ohr für das, was dir wichtig ist, mitzuteilen." Wenn das, wie in diesem Beispiel, beim dritten Mal gelingt, dass der andere halbwegs das zurückmelden kann, was euer Bedürfnis ist, dann schlage ich vor, geht mal in die Kirche, zündet eine Kerze an und sprecht ein Dankgebet: „Oh, schon beim dritten Mal!" Das ist nämlich nicht selbstverständlich, dass das so schnell geht. Manchmal braucht es noch mehr Versuche.

TN: Vor allem an dem Punkt diese Standhaftigkeit zu wahren, dass man an dem bleibt, was überhaupt zu dem Konflikt geführt hat. Wenn der andere nicht zuhört, ja, der nimmt mich ja gar nicht wahr, da werden während dieses Gespräches auch andere Bedürfnisse scheinbar verletzt, oder? Und dann geht man darauf vielleicht ein, und dann kommt man in weitere rein, verliert sich dann halt wirklich.

KK: Wenn ich kein Urteil darüber habe, sondern mich einfach leidenschaftlich dafür einsetze „Ich möchte gehört und verstanden werden", dann ist es diese Beharrlichkeit, die eine große Wirkung entfalten kann. Das habe ich übrigens in meinem ersten Seminar mit Marshall erlebt. Das hat mich damals wirklich zu Tränen gerührt. Es war eine vollkommen neue Welt, die sich da für mich aufgetan hat. Er hat mit einer Teilnehmerin gearbeitet, die einen Konflikt hatte, was das Erbe anging, die Mutter, zwei andere Geschwister und sie. Sie hat ihre Situation geschildert. Marshall hat ihr dann irgendwann angeboten: „Okay, übernimm du mal die Rolle deiner eigenen Mutter, und ich übernehme deine Rolle." Und da hat er genau das gemacht: „Was hast du verstanden?" – „Du bist total egoistisch!" – „Ein Moment, mir ist wichtig, dass gehört wird, um was es mir geht, was hast du verstanden, gib mir doch mal eine Rückmeldung." „Ja, aber immer geht es nur um dich." – „Einen kleinen Moment, ich höre dich gleich, gib mir mal eine Rückmeldung, ich brauche die Sicherheit, dass ich mich klar ausgedrückt habe." Das und das und das – alles was zurückkam, war nicht das, was er versucht hatte rüberzubringen. – „Okay, danke, ich wollte was anderes rüberbringen, nochmal ..." Und ich glaube, er hat sieben oder acht Versuche gemacht. Das war so neu für mich! Und diese Bereitschaft, sich leidenschaftlich und kraftvoll für die eigenen Anliegen einzusetzen, ohne Urteile über den anderen „Ist der zu blöd zuzuhören?" oder so was. Nein, ich setze mich dafür ein. Das hat mich zu Tränen gerührt. Das war wirklich der Moment, in dem ich gemerkt habe: „Das ist was, das ist vollkommen neu bei all dem, mit dem ich schon Jahre als Kommunikationstrainer unterwegs war. Gewaltfreie Kommunikation das ist etwas, das öffnet einen neuen Bereich."

TN: Und was mache ich, wenn der andere abblockt und sagt: „Lass den Scheiß?"
KK: „Gewaltfreie Kommunikation" zu leben, erfordert diesen Spagat, den ich schon mal erwähnt habe. Zu verstehen, dass wir einerseits machtvoll sind jenseits unserer wildesten Vorstellungen. Denn wenn wir eine bestimmte Haltung einnehmen, hat das natürlich Wirkung, Auswirkung, Einfluss auf andere. Und

gleichzeitig gilt es, die Demut zu behalten, dass wir null Kontrolle darüber haben, wie andere Menschen sich verhalten. Wenn es nicht gelingt, auch wenn du dich sehr leidenschaftlich dafür einsetzt, dass du gehört und verstanden wirst, dann ist das in der Regel ein Zeichen dafür, dass der andere auf so viel Schmerz sitzt, dass er nicht in der Lage ist, etwas von dir aufzunehmen. Dann kannst du entscheiden, ob bist du bereit, das eigene Anliegen auf den Parkplatz zu stellen, auf den „Du-Stuhl" zu gehen und dich erstmal dem anderen zuzuwenden, was der andere an schmerzlichem Erleben gerade gehört und verstanden haben möchte mit all den Anliegen, die da dranhängen. Wenn du nicht bereit bist, dein Anliegen zu parken, heißt es, auseinandergehen und respektieren, dass im Moment auf beiden Seiten so viel Schmerz ist, dass eine Verständigung im Moment nicht möglich ist. Dann sind die Alternativen, man sucht Unterstützung durch einen neutralen Dritten, oder man schaut, dass man außerhalb dieses Gespräches so viel Empathie für den eigenen Frust und Schmerz und die eigenen Anliegen bekommt, dass man dann in der Lage ist, zurückzugehen und zu sagen: „Ich bin bereit, meines zu parken und den anderen zuerst zu hören." Das kann den anderen leichter in die Lage versetzen, mich danach auch zu hören. Und es gibt keine Garantie für den Erfolg. Es gibt nur Chancenverbesserung, und unsere Erfahrung ist, dass Dinge möglich sind. Ich habe euch gestern das Beispiel erzählt, bei dem die Frau gesagt hat: „Mit meinem Vater könnte ich nie so reden." Und in dem Moment, wo sie in der Lage war, einmal nicht auf die Verpackung reinzufallen, auf die hässliche, sondern das Anliegen hinter der Verpackung zu hören, dass da plötzlich was aufgegangen ist. Wer übrigens den Film noch nicht gesehen hat in Bezug auf diese Thematik „Besser geht's nicht", würde ich euch sehr empfehlen, den mal anzuschauen. Weil es eine wunderbare Geschichte ist von jemandem, der ein goldenes Herz hat, der aber Muster drübergelegt hat, die dazu führen, dass alle Leute nichts mit ihm zu tun haben wollen. „Besser geht's nicht" mit Jack Nicholson und Helen Hunt, auch cineastisch ein Höhepunkt. Beide haben damals den Oscar bekommen. Ich weiß nicht, ob es jemals schon einen Film gegeben hat, wo beide Hauptdarsteller den Oscar bekommen haben. Und ihr gelingt es eben, durch die Verpackung hindurch zu dem Kern dessen vorzudringen, was diesen Menschen ausmacht.
TN: Wenn der andere, der beim Reinkommen ins Büro nicht geklopft hat dann sagt: „Ja, okay, nächstes Mal mache ich das", aber man merkt am Gesicht, er ist beleidigt oder irgendwie halt nicht wirklich zufrieden, würdest du dann trotzdem nachbohren?
KK: Nachbohren nicht, aber ich würde nachfragen.
TN: Du würdest du das machen?
KK: Parke es einmal einen Moment. Ich würde gerne die drei Bitten noch durchgehen und demonstrieren, und dann komme ich nochmal drauf zurück, ja?
TN: Ja.

KK: Also das war die Entscheidung, auf diesem Stuhl zu bleiben. Nun die zweite Variante, bei der ich mich entscheide, mit der zweiten Bitte zu gehen. Die ersten drei Schritte sind identisch: „Du, wenn du rein kommst, ohne anzuklopfen, merke ich, bin ich verärgert, weil mir ist so wichtig, dass meine Privatsphäre respektiert wird." Und für die Bitte wechsle ich auf den „Du-Stuhl" und sage: „Wie ist das für dich, wenn ich dir das sage? Wie geht es dir damit?" Mögliche Reaktion: „Pff, ja, ich versteh dich ja. Aber du musst auch mich verstehen. Verstehst du, gerade gestern hat ein Kollege gesagt: ‚Bitte NICHT anklopfen, wir sind keine Behörde! Bei DIR soll ich jetzt wieder anklopfen. Was soll ich denn machen? Hä, soll ich mir eine Liste schreiben, wo ich anklopfe und wo nicht? Hey, ich hab auch noch was anderes zu tun. Ich ARBEITE auch noch zufällig hier." Gott sei Dank habe ich nachgefragt, weil das Thema offensichtlich ganz schön was ausgelöst hat. Also, „Giraffenohren außen" auf, Gefühle und Bedürfnisse hören: „Und jetzt bist du aufgebracht, du hättest es gern einfach und unkompliziert zwischen uns?" „Ja! Das kannste laut sagen!" So, und jetzt haben wir die Bedürfnisse auf beiden Seiten auf dem Tisch. Hier gibt es jemand, der wünscht sich mehr Respekt vor seiner Privatsphäre, auf der anderen Seite gibt es jemand, der hätte es gern einfach und unkompliziert. Nun können Sechsjährige den Konflikt lösen, wenn sie Bedürfnisse kennen. Dann kann man auf den „Wir-Stuhl" gehen und verhandeln. „Lass mich mal überlegen – Respekt vor der Privatsphäre, einfach und unkompliziert. Du, wie wär's, wenn ich die Tür auflasse, als Signal ‚Kannst jederzeit rein kommen', Tür zu wäre das Signal ‚Bitte anklopfen'. Würde das für dich funktionieren?" „Lass mich mal überlegen, Tür auf/Tür zu. Nee! Weil dann lässt der andere die Tür auf, weil er frische Luft braucht, dann müsste ich mir wieder eine Liste schreiben, bei wem bedeutet welches Signal was. Aber ich mache dir einen Vorschlag: Häng doch einfach ein Schild an die Tür ‚Bitte anklopfen', dann brauche ich keine Liste, da sehe ich sofort, du hättest das gerne, und dann mache ich das auch." „Schild an die Tür? Ja, kann ich gerne mal ausprobieren, machen wir. Wollen wir es mal vierzehn Tage probieren, und dann checken, ob es für uns beide ein gangbarer Weg ist?", Handschlag – fertig.

Damit will ich nicht sagen, dass alle Konflikte in sechzig Sekunden lösbar sind. Es gibt sicherlich komplexere Konflikte als die Situation, die ich gerade verwendet habe. Aber das ist das Prinzip. Und hier bei der Lösungssuche sind auch keine großen Emotionen mehr im Spiel. Es ist alles vorher gehört worden. Es geht jetzt nur darum: „Wie wäre es damit?" „Geht aus folgenden Gründen nicht, wie wäre es damit?" „Ja, mit der Abänderung geht's vielleicht?" „Würde es für dich auch passen mit der Änderung?" „Mhm, klingt gut, machen wir." Also hier gibt es nur noch ein sachliches Verhandeln, Vorschläge, Brainstorming, solange, bis man eine Lösung gefunden hat, bei der beide sagen: „Das scheint ein guter Weg zu sein."

Eine dritte Variante gibt es natürlich auch, dass ich sage: „Die Beziehung ist so gut und tragfähig, es ist kein großes Ding, was da dran hängt, und wir können sofort zu einer Lösung gehen." Dann würde ich auch mit den ersten drei Schritten hier anfangen auf dem „Ich-Stuhl" – „Du, wenn du reinkommst ohne anzuklopfen, bin ich verärgert, weil mir wichtig ist, dass meine Privatsphäre respektiert wird." Und für die Bitte gehe ich sofort auf den „Lösungsstuhl" und sage: „Klopfst du bitte an, bevor du reinkommst, geht das für dich?" Und wenn meine Vermutung zutrifft und wir sind bereits so weit, dass wir sofort über die Lösung reden können, ist die Wahrscheinlichkeit groß, dass die andere Person sagt: „Ja, klar, mache ich gerne, kein Problem." Dann ist das auch gelöst.

Soweit klar mit den drei Arten von Bitten?

TN: Was ist aus dem Pärchen mit den Klopapierrollen geworden?
KK: Die sind heute noch zusammen.
TN: Okay. Schön.
KK: Aber das war nicht der einzige Konflikt, den die hatten, sondern es gab mehrere.
TN: Das glaube ich.
KK: Jetzt zurück zu deinem Beispiel, dass du gesagt hast, jemand sagt: „Okay, mach ich – pff." Und ich bin nicht ganz happy, weil ich vermute, da gibt es noch etwas, was es dem anderen schwer macht, darauf einzugehen. Dazu zwei Hinweise: Das erste ist, und das gilt vor allen Dingen in einer Beziehung zwischen Erwachsenen und Kindern und Jugendlichen. Wenn man manchmal hier auf dem „Lösungsstuhl" einen Vorschlag macht: „Bist du bereit, das so zu machen?", und der andere reagiert dann so, und sagt „Huch! JA! GUT, dann mach ich das halt." Wenn wir an der Stelle sagen: „Nicht in diesem Ton! Nein, so akzeptiere ich das nicht!", dann würdigt man nicht an der Stelle, dass die andere Person sich gerade durchgerungen hat. Ja, das ist nicht die Lieblingslösung der anderen Person. Die Reaktion signalisiert allerdings auch, obwohl es nicht meine Lieblingslösung ist: „Ich habe gehört, wie wichtig dir das ist und deshalb überwinde ich mich jetzt, und mache das mal dir zuliebe, obwohl ich nicht begeistert bin." Wenn man dann sagt: „Nicht in diesem Ton, so will ich es nicht annehmen. Das musst du schon lächelnd machen mit einem freundlichen Gesicht und mit einem frohen Herzen", dann setzt man den Level so hoch und würdigt

nicht, dass jemand die Bereitschaft hat, obwohl es nicht die Lieblingslösung ist, es trotzdem zu tun. An dieser Stelle ist es wichtig, dass man sich einfach dafür bedankt und das würdigt, indem man zum Beispiel sagt: „Es sieht so aus, als ob dies nicht deine Lieblingslösung ist. Vielen Dank, dass du bereit bist, es dennoch zu tun." Weil der andere dann den Eindruck bekommt: „Hey, es lohnt sich, diesen Schritt zu machen. Es gibt dafür eine Wertschätzung, es wird gesehen, es wird gewürdigt – das ist schön!" Ich muss an der Stelle nicht immer adressieren „Was ist denn los?", sondern kann auch einfach mal sagen: „Danke."
Für den Fall, dass ich sage: „Ich befürchte, dass hier jemand in einem Muster hängt, mit dem er ‚Ja' zu etwas sagt, was er dann später torpediert und sabotiert, weil er nicht wirklich einverstanden wurde, und er hat das nur aus Angst vor unangenehmen Konsequenzen usw. gemacht", dann würde ich es natürlich ansprechen. Dann würde ich sagen: „Danke erstmal, für deine Bereitschaft, das zu tun. Wenn ich gleichzeitig deinen Gesichtsausdruck sehe, mit dem du das sagst, bin ich ein bisschen in Sorge, weil ich die Sicherheit brauche, dass du auch gut mit deiner Entscheidung leben kannst, wenn du dich entscheidest, auf meine Bitte einzugehen. Deshalb wüsste ich gerne, was bewegt dich gerade, zusätzlich zu deiner Entscheidung? Was kommt da gerade in der Art, wie du reagiert hast und an deinem Gesichtsausdruck zum Ausdruck? Magst du mir dazu was sagen?" Und dann sagt der andere vielleicht: „Ja, was bewegt mich – also ich finde das lächerlich, was du willst." – „Also es fällt dir sehr schwer, das zu tun und du würdest es lieber tun, wenn du auch wirklich den Sinn verstehst und die Bedeutung erfasst, die das für mich hat?" – „Ja, warum verlangst du so einen Scheiß?" Dann heißt es, offensichtlich ist mein Bedürfnis noch nicht klar rüber gekommen. Dann kann ich nacharbeiten.
Das generelle Prinzip dabei ist, es anzusprechen, wenn ich etwas sehe, bei dem ich befürchte, es belastet später unsere Beziehung, weil der andere jetzt um des lieben Friedens willen Ja und Amen sagt, aber nicht wirklich dahintersteht. Eine Garantie übrigens, dass derjenige das dann auf den Tisch legt, gibt es nicht. Aber wenn ich signalisiere, „Ich habe kein Urteil darüber und ich möchte es gerne verstehen", habe ich von meiner Seite gute Voraussetzungen geschaffen, dass der andere Lust hat, das offenzulegen.
TN: Angenommen, ich werde jetzt nach Hause kommen und werde dann versuchen, irgendwie mit meinem Mann ansatzweise so zu reden. Nach dem Muster, weil mir das wirklich wichtig ist, also so mit der Wertschätzung usw. Und dann sagt er zu mir: „Naja, du hast gerade schon wieder was Neues im Seminar gelernt. Du bist wieder ganz schlau, du weißt wieder alles." Und: „Ich fühle mich wie dein Schüler", und „Hör mal mit dem Quatsch auf." Weil, er hat, glaube ich, auch dieses Gefühl, dass irgendwie – der weiß das ja, dass ich das hier mache, und gestern hat er auch schon wieder gesagt: „Ja, was hast du wieder Schlaues gelernt?" Und so. Er merkt das ja an der Sprache, dass ich anders rede. Und dann denkt er sich: „Naja, das ist schon wieder dieser Psychokram da" und „Die ist wieder ganz schlau, die Frau Schlaumeier" und so. Wie hast du geantwortet, mit dem Abblocken und so?
KK: Lasst uns mal kurz einen Blick darauf werfen. Was vermutet ihr, wenn solche Reaktionen kommen, von denen du jetzt ein paar benannt hast. „Hör auf mit dem Psychokram." „Jetzt bist du wieder ganz besonders schlau." „Ich komme mir vor wie dein Schüler." „Bin ich jetzt dein Versuchskaninchen." Usw.?
TN: Angst.
KK: Was vermutet ihr, was ist das Bedürfnis dahinter? Was könnten die Bedürfnisse sein, die da zum Ausdruck kommen? Angst, Sorge können ein Gefühl sein. Aber was könnten die Bedürfnisse sein?
TN: Sich auf Augenhöhe zu begegnen.

KK: Augenhöhe. Vor allen Dingen im Ausdruck: „Ich komme mir jetzt vor wie ein Schüler von dir."

TN: Gleiches Wissen zu haben.
KK: Mhm. Was wieder Augenhöhe wäre. Ja, Gleichwertigkeit.
TN: Sicherheit.
KK: Sicherheit in Bezug auf was?

TN: Also kommt da jetzt wieder irgendwas Neues auf mich zu? So etwas vielleicht.
KK: Ja. Was wir ganz häufig erleben, dass Menschen befürchten, vor allen Dingen, wenn sie den Satz zum Ausdruck bringen: „Hör auf mit dem Psychokram“, dass hier eine Technik auf sie angewendet wird, die sie manipuliert, ohne dass sie es mitbekommen. Weil sie es nicht durchschauen „Was wird da gemacht?“. Und das bedeutet, da ist ganz häufig ein Wunsch nach Authentizität: „Ich will darauf vertrauen, das ist nicht eine Psychotechnik, die auf mich angewendet wird, sondern das kommt aus einer bestimmten Haltung, ist auch so gemeint, kommt von Herzen, ist echt, ist authentisch.“ Und deshalb empfehlen wir, gerade mit Menschen, mit denen ihr viel zu tun habt, sei es in einer Partnerbeziehung und jetzt mit Leuten, mit denen ihr eng zusammenarbeitet und täglich zu tun habt, das ruhig auf den Tisch zu legen, indem ihr sagt: „Also, ich war da auf einem Seminar, ich habe da etwas kennengelernt. Das hat mich sehr überzeugt, und das versuche ich jetzt, weil es mich so überzeugt hat, im Alltag auch zu leben. Das wird dazu führen, dass ich in der nächsten Zukunft in euren Ohren ganz eigenartig daherrede. Wenn euch interessiert, was ich da versuche, in mein Leben zu integrieren, erzähle ich euch gerne was.“

Und, vor allen Dingen, wenn es den Partner, die Partnerin angeht, hat sich nach unserer Erfahrung bewährt, wenn man sagt: „Die Formulierungen, die ich in der nächsten Zeit verwende, werden vielleicht eigenartig und fremd klingen. Und ich bitte dich, achte nicht so sehr auf meine Formulierung, sondern versuche zu verstehen, aus welcher Haltung sie geboren werden. Und wenn du da unsicher bist und mehr Informationen brauchst, erzähle ich dir gerne, was die Haltung ist, aus der heraus ich jetzt so eigenartig daherrede. Nämlich der Wunsch, ich habe es satt“, so wie Rieke das gestern gesagt hat, „gestrichen satt, dass wir uns immer Urteile um die Ohren hauen. Deshalb, bemühe ich mich, bei den Fakten zu bleiben. Ich habe es satt, anstatt Gefühle mitzuteilen, dass wir uns gegenseitig immer versteckte Vorwürfe machen. Ich fühle mich ignoriert, ich fühle mich verarscht, ich fühle mich über den Tisch gezogen, was gar kein Gefühl ist. Ich werde mich bemühen, tatsächlich über das zu reden, was mich innerlich bewegt. Ich habe bisher keine Ahnung gehabt in vielen Fällen, um was es mir wirklich geht, wenn ich eine bestimmte Vorstellung hatte, was ich möchte was passiert oder was du tust. Ich werde mich in Zukunft bemühen, offen darüber zu reden, was der Kern dessen ist, um was es mir dabei geht, wenn ich eine bestimmte Vorstellung, eine Bitte oder einen Wunsch habe. Ich habe erkannt, dass ich in der Vergangenheit sehr häufig gesagt habe, was ich alles nicht möchte, anstatt zu sagen, um was ich dich konkret bitte. Und ich habe in dem Seminar gelernt, wie schnell ich das auch als Vorwurf verstehe. Und deshalb werde ich mich bemühen, sinnvolle Bitten zu formulieren. Und ich bin Anfänger, ich lerne noch. Aber ich hoffe, du kannst die Absicht, die dahintersteht, würdigen. Und wenn du da irgendeinen Zweifel hast, was meine Absicht ist, dann frag mich.“

FK: Und: „Ich habe es satt, ständig über Missverständnisse zu reden. Ich habe dauernd geglaubt, wenn ich einmal was sage, dann ist es doch klar, dann weißt du schon, was ich meine. Dabei habe ich die Erfahrung gemacht, dass das nicht so ist. Deswegen habe ich die Entscheidung getroffen, ganz oft nachzufragen und auch dich zu bitten: ‚Sagst du mir bitte gerade nochmal, was ist bei dir angekommen?‘ Und ich bitte dich, das Gleiche mit mir auch zu tun, herzlich gerne.“

KK: Wichtig ist übrigens auch bei der Aussage: „Kommunikation ist eine gemeinsame Verantwortung, wenn sie funktionieren soll“, dass ich meinen Teil der Verantwortung betone. Also, was nicht geht, das ist bei dieser Bitte „Kann ich nochmal hören, was bei dir angekommen ist?“, dass ich sage: „Gib mir mal eine Rückmeldung, damit ich mal sehe, ob du gut aufgepasst hast.“ Oder: Wenn ich um eine Rückmeldung bitte „Was hast du denn verstanden?“, und der andere sagt: „War klar und deutlich, du denkst, du bist der König und man muss sich noch anmelden, am besten mit drei Durchschlägen." Dann geht es nicht, zu sagen: „Nee, das habe ich nicht gesagt." Weil dann hat der andere den Eindruck, er ist gerade in einer Prüfung und kriegt Noten fürs gute Zuhören. Ich betone meinen Teil der Verantwortung, indem ich sage: „Vielleicht habe ich es nicht klar genug rübergebracht." Ich höre auch nicht mit Wolfsohren: „Wahrscheinlich bin ich zu blöd, mich klar auszudrücken", aber wie gesagt, ich übernehme meinen Teil der Verantwortung: „Offensichtlich ist es mir nicht gelungen, es so klar rüberzubringen, dass es auch so ankommt, wie ich es gemeint habe, und deshalb möchte ich es nochmal versuchen."

TN: Waren das jetzt nicht „Wolfsohren innen"?
KK: Ich übernehme meinen Teil der Verantwortung, zu sagen: „Vielleicht ist es mir nicht gelungen, es klar genug rüberzubringen." Ich übernehme Verantwortung, ich sage: „Wenn es nicht angekommen ist, kann es auch daran liegen, dass ich das nicht so klar formuliert habe, dass es dem anderen leicht fällt, es so zu verstehen, wie ich es meine." „Wolfsohren innen" wäre: „Ja, das ist mal wieder typisch ich, ich kann mich einfach nicht klar ausdrücken." Das wäre „Wolfsohren innen". Das ist alles MEINE Schuld. Aber ich übernehme meinen Teil der Verantwortung: „Ja, vielleicht ist es mir nicht gelungen, es klar genug rüberzubringen, und deshalb starte ich einen neuen Versuch." Gut.
TM: Ich denke, das waren wichtige Formulierungen, die du jetzt gerade gebracht hast. Denn bis jetzt habe ich immer Bitten mit Verneinungen benutzt, um das meinen Angehörigen zu erklären. Ich glaube, unser aller Schicksal ist zunächst einmal, dass es so holprig ist und die Leute sich schwer tun damit.

KK: Wir wollen euch jetzt Gelegenheit geben, in Rollenspielen das auszuprobieren, was ihr bisher verstanden und was ihr in Ansätzen geübt habt, um mal zu schauen: „Wie komme ich jetzt in so einer Situation klar, in der es eben immer um diesen Wechsel geht zwischen sich aufrichtig mitteilen und wenn es Anlass gibt, zu hören, zu verstehen ‚was bewegt die andere Person?' ‚Was möchte die, dass gehört und verstanden wird?'" Und erst, wenn ihr den Eindruck habt, dass ihr genügend gegenseitiges Verständnis erreicht habt, euch über sinnvolle Lösungen verständigt. Wir empfehlen, dass ihr in Dreier- oder Vierergruppen arbeitet, dass ihr für die Person, die Rollenspielpartner oder -partnerin ist, nur einen Stuhl hinstellt. Denn wenn das im Alltag funktioniert, dann nur, wenn es auch mit Menschen funktioniert, die ihr nicht vorher auf ein Seminar schickt und die eine Einführung bekommen müssen in die vier Schritte und das „Sechs-Stühle-Modell" usw. Das heißt, die Person, die in die Rolle eures Gegenübers schlüpft, die hat keine Ahnung von „Gewaltfreier Kommunikation", die hat keine Ahnung von unterschiedlichen Positionen und dem „Sechs-Stühle-Modell". Die kann reagieren und reden, wie ihr der Schnabel gewachsen ist. Euer Job ist allerdings hier drüben, als Rollenspielpartnerin und -partner, auch nicht zu sagen: „Ach, wenn jemand so mit mir redet, da geht mir das Herz auf, aber jetzt will ich hart und verbohrt bleiben", okay? Denn wenn diese Art von Kommunikation etwas bewirkt, dann wollen wir das jetzt auch gerne erleben. Ihr reagiert also so, wie es euch spontan kommt im Rahmen der Vorgabe, die ihr von der anderen Person bekommt. Die Person, die jetzt übt, benutzt das auch, um sich Klarheit zu verschaffen: „Will ich gerade gehört werden?" „Bin ich jetzt bereit, den anderen zu hören?" oder „Reden wir jetzt über Lösungen?". Und ihr informiert euer Gegenüber in zwei, drei Sätzen über die Situation und in welche Rolle sie schlüpft. „Du bist mein fünfjähriger Sohn und du willst dir nicht die Zähne putzen." Oder: „Du bist mein Chef, ich komme zu dir wegen einer Gehaltserhöhung, und du fängst hysterisch an zu lachen." Und was immer die Situation ist, nur kurz schildern, keine langen Geschichten erzählen, weil man es sowieso nie ganz so real haben wird, wie es in Wirklichkeit ist, weil das ja nicht DIE Person ist, das ist nur jemand, der sich da reinversetzt.

Im Grunde genommen ist das Ganze nur ein Vorwand, um „GFK“ zu üben, zu praktizieren, so gut, wie es euch eben im Moment gelingt, das üben, das ihr bisher aufgenommen habt. Und wenn ihr etwas habt, worauf ihr reagieren wollt, dann gebt ihr der anderen Person diesen Satz vor, mit dem diese Person ins Rollenspiel einsteigt. Und danach lasst ihr es einfach laufen, wo immer es hingeht, und macht euch frei davon zu erwarten, dass es genauso läuft, wie in der Realität, sondern geht einfach mit dem, was immer dann auch im Gespräch auftaucht. Wenn ihr eine Situation wählt, wählt nicht gerade den seit Jahrzehnten ungelösten Lebenskonflikt. Da überfordert ihr euch, wenn ihr jetzt eure ersten Schritte macht. Nehmt etwas, was euch emotional berührt, aber, wie gesagt, nicht das Trauma eures Lebens.

Von der Zeit her: Wir starten jetzt und haben noch bis zur Mittagspause einen Durchgang. Und nach der Mittagspause bleibt ihr in den Kleingruppen. Das heißt, ihr startet nach dem Mittagessen wieder in den Kleingruppen. Jede Person hat eine halbe Stunde. Wenn einer von uns dabei ist und euch unterstützt, werden wir euch fragen, in welcher Form ihr die Unterstützung haben wollt. Da gibt es zwei Möglichkeiten. Wir haken sofort ein, wenn wir etwas hören, was nicht im Einklang ist mit den Prinzipien, die wir hier vermitteln. Das hat den Vorteil, dass das Lernen sehr unmittelbar ist, weil ihr sofort die Alternative ausprobieren könnt. Und der Nachteil ist, der Gesprächsfluss wird häufig unterbrochen. Wenn ihr sagt: „Ich habe den Kurs schon mal gemacht und ich traue mir zu, dass ich die Prinzipien einigermaßen beachte, und ich würde lieber dem Gesprächsfluss eine Priorität geben“, dann ist die Alternative, dass wir uns Notizen machen, es eine Zeitlang laufen lassen und wir euch dann im Nachhinein auf Dinge aufmerksam machen. Das hat den Vorteil von mehr Gesprächsfluss, aber den Nachteil, dass das Lernen nicht so unmittelbar ist, weil ihr nicht sofort die Alternative ausprobieren könnt. Also entscheidet euch selber, in welcher Form ihr dann unsere Unterstützung haben wollt. Wenn wir nicht dabei sind, können die anderen aus der Kleingruppe euch die Unterstützung geben, aber ihr sagt auch, in welcher Form ihr das haben möchtet: Direkt darauf aufmerksam machen oder Feedback im Nachhinein. Gibt's noch Fragen, bevor wir starten? Gut. Dann bitten wir euch, jetzt Gruppen zu bilden.

Kleingruppenarbeit

KK: Ja, als Erstes wüsste ich gerne, gibt es von eurer Seite irgendwelche offenen Enden aus diesen Übungen, aus den Rollenspielen, die ihr gerade gemacht habt? Ist irgendeine Frage aufgetaucht, bei der ihr sagt: „Da brauche ich noch einen kurzen Input oder eine Demonstration?“ – Sieht alles rund aus? Wunderbar!

TN: Schwierig, das umzusetzen.

TN: Sehr schwierig, ja.

KK: Mhm.

TN: Das Bedürfnis war echt schwierig zu finden teilweise.

TN: Ja.

KK: Okay.

TN: Gerade wenn man versucht, einen Teenager zum Lernen zu bewegen, was ist das Bedürfnis dahinter?

KK: Auf Seiten der Eltern?

TN: Ja, genau!

KK: Da geht es in meiner Erfahrung in der Regel darum, dass wir gerne eine Zuversicht hätten, ein Vertrauen, eine Sicherheit, dass die Kinder, die uns am Herzen liegen, gut vorbereitet ins Leben gehen und später alle Möglichkeiten haben, Dinge zu tun, die ihnen Freude machen, die ihnen ein erfülltes Leben ermöglichen.

TN: Zuversicht, Sicherheit, Vertrauen.
KK: Ja.
TN: Verantwortungsbewusstsein.

KK: Mhm. Häufig sind wir natürlich geprägt von bestimmten Konzepten. Wir glauben „Nur so geht es“. So ging es auch Marshall. Ich habe den mittleren Sohn Brett Allen von seinen drei Kindern kennengelernt. Er war in seiner Jugend ein Kind, über das viele sagen würden, der gehört in die Schublade „Problemkind“. Und er hat mir erzählt, das, was er seinem Vater sehr, sehr hoch anrechnet, ist, dass er immer für ihn da war und ihn immer unterstützt hat, unabhängig davon, wie Brett sich verhalten hat, dass er immer Rückendeckung hatte. In den USA gibt es eine Schulpflicht bis sechzehn: In der Zeit, in der er noch schulpflichtig war, hat er gesagt: „Schule ist nichts für mich – ich gehe nicht mehr in die Schule.“ Dann hat Marshall ihn darauf aufmerksam gemacht, was die Folgen sein können, wenn er sich entscheidet, nicht mehr in die Schule zu gehen. Er hat gesagt: „Es gibt eine Schulpflicht, eine gesetzliche. Es kann also gut sein, wenn du dich entscheidest, nicht in die Schule zu gehen, dass dann die Polizei kommt und dich in die Schule bringt. Das macht die Polizei aber nicht endlos, das machen die ein paar Mal, wenn du weiter nicht in die Schule gehst, kann es sein, dass du vor Gericht landest. Und es kann sein, dass du zu einer Jugendstrafe verurteilt wirst. Die Folgen können sein, dass du später als Vorbestrafter nicht mehr alle die Möglichkeiten hast, die du dir als Wahlmöglichkeiten wünschst. Es kann deine Wahlmöglichkeiten einschränken, wenn du eine Vorstrafe hast in deinem Lebenslauf.“ Und Brett hat gesagt: „Vielen Dank Dad, für die nützlichen Informationen. Doch es ist so: Schule ist nichts für mich, ich gehe nicht mehr in die Schule.“ Dann hat Marshall gesagt: „Dann möchte ich, dass du wenigstens gut vorbereitet bist, wenn es vor Gericht geht. Dass du den Richtern, wenn du mit ihnen sprichst, nicht mit Urteilen begegnest, sondern dass du in der Lage bist, dich aufrichtig mitzuteilen ohne Vorwurf, Kritik und Angriff, und dass du hören kannst, was die dir gerne mitteilen wollen.“ Dann hat er das mit ihm geübt im Rollenspiel. Und der Sohn war dann in der Lage, vor Gericht mit den Menschen dort so zu reden, dass der Richter ihn von der gesetzlichen Schulpflicht befreit hat. Er ist dann nach Alaska gegangen, hat dort eine Zeit lang gejobbt, um sich so über Wasser zu halten, ziemlich abenteuerliche Dinge gemacht, hat später auf dem Abendgymnasium sein Abitur nachgeholt und dann studiert. Heute ist er erfolgreich als Dolmetscher unterwegs. Aber ich vermute, viele Eltern wären ausgeflippt vor Sorge und würden sagen: „Er verpfuscht sein ganzes Leben.“ Natürlich haben wir Vermutungen, Ahnungen, aber wir wissen es letztlich nicht, was wirklich dazu beiträgt, dass Menschen ein erfülltes und glückliches Leben führen.

Umgang mit Ärger

KK: Ja, dann schlage ich als Nächstes vor, dass wir uns jetzt mal richtig ärgern. Mit anderen Worten, wir wollen euch zeigen, wie geht man in diesem Modell, in diesem Ansatz sinnvollerweise mit Ärger um. Dazu bitte ich euch, dass ihr euch eine Situation in Erinnerung ruft, in der ihr euch richtig doll über jemanden geärgert habt. Und zwar Ärger über einen Menschen und dessen Verhalten, nicht übers Wetter, darüber kann man sich auch ärgern, aber das gilt jetzt nicht, sondern ihr braucht eine Situation, in der ein anderer Mensch sich auf irgendeine Art und Weise verhalten hat, in der ihr gemerkt habt: „Darüber ärgere ich mich.“ Dann schlagt bitte die Übung auf und schreibt dort auf: „Was hat diese Person gesagt oder getan, was der Auslöser für euren Ärger war?“ Wer sich noch nie in seinem Leben über jemanden geärgert hat, kann bei der Übung leider nicht mitmachen (einige lachen). Und wir hoffen, dass ihr zu diesem Zeitpunkt im Seminar, saubere Wahrnehmungen, ohne Bewertung, ohne Interpretation reinschreibt. Entweder ein Zitat, was hat die Person gesagt oder eine genaue Beschreibung, was hat dieser Mensch beobachtbar getan. Ihr müsst keine lange Geschichte schreiben, ein paar Stichworte reichen, soviel, dass ihr, wenn ihr das lest, sofort wieder wisst „Ach, genau, das war die Situation“.

Einzelarbeit im Seminar

Übung
Denken Sie an eine Situation, in der Sie sich über jemanden/eine andere Person geärgert haben.
Nehmen Sie ein Blatt Papier und schreiben Sie in ein paar Stichworten auf, was diese Person getan oder gesagt hat, so dass Sie in dieser Situation mit Wut/Ärger auf ihn/sie reagiert haben.

Gut, haben alle eine Erinnerung an eine Situation? Wie man mit dieser Situation umgeht, möchte ich anhand eines Beispiels deutlich machen: Marshall war früher regelmäßig auch in Schweden, um dort Seminare und Workshops zu geben. Dort hat er zum Beispiel mit Menschen, die wegen Gewaltverbrechen im Knast saßen, gearbeitet. Er hat eine Woche lang jeden Nachmittag einen Workshop mit den Gefangenen gemacht. Am Beginn eines Workshops hat er zu den Gefangenen gesagt: „Heute schlage ich vor, wir schauen uns mal das Thema Ärger an.“ Dann hat er die Gefangenen gebeten, so wie ich euch auch gerade: „Denkt doch mal an eine Situation, in der ihr euch über jemanden ärgert.“ Ein Gefangener hat sehr spontan reagiert und hat gesagt: „Ha, ha, ja, leichte Übung, leichte Übung, ich ärgere mich gerade furchtbar.“ Dann hat Marshall gesagt: „Dann lass uns mal deine Situation als Beispiel nehmen. Über wen ärgerst du dich denn?“ Darauf hat der gesagt: „Über die Gefängnisleitung!“ Marshall fragte: „Was ist denn passiert?“ „Ja, was passiert ist“, hat er gesagt, „ich habe einen Antrag an die Gefängnisleitung gestellt, verstehst du, und jetzt sind vier Wochen rum, und ich habe immer noch keine Antwort gekriegt.“ „Schau“, sagte Marshall, „die Workshops in den letzten Tagen tragen schon Früchte. Das war eine blitzsaubere Wahrnehmung, ohne Bewertung, ohne Interpretation. Jetzt haben wir also die Wahrnehmung, dein Gefühl kennen wir auch, du ärgerst dich. Jetzt wollen wir mal einen Blick darauf werfen, was deinen Ärger verursacht.“ Da hat der Gefangene erstmal gesagt: „Verursacht? Ja, das habe ich doch gerade gesagt! Ich hab doch gerade gesagt, ich hab vor vier Wochen einen Antrag gestellt, und immer noch keine Antwort gekriegt.“ „Nein, nein“, sagte Marshall, „das ist nur der Auslöser für deinen Ärger. Die Ursache für deinen Ärger und die Ursache für Ärger generell ist, was wir uns in unserem Kopf erlauben, über die andere Person zu denken. Sag doch mal, was denkst du denn über die Gefängnisleitung?“ Der Gefangene war es nicht gewohnt, sein eigenes Denken bewusst zu untersuchen und sagte: „Was ich über die denke? Pff! Ich denk überhaupt nix über die.“ Es hat ein paar Beispiele und ein wenig Unterstützung gebraucht, bis er es dann gefunden hat und sagte: „Ah, jetzt versteh ich, was du meinst. Ja klar! Das ist so ein Haufen gesichtsloser Bürokraten, ja, so arrogante Arschlöcher, die glauben, sie sind was Besseres und können uns Gefangene wie den letzten Dreck behandeln.“ „Schau“, sagte Marshall, „jetzt haben wir die Ursache für deinen Ärger gefunden: dass du dir erlaubst, das in deinem Kopf über die Gefängnisleitung zu denken, das verursacht deinen Ärger."

Und diesen Schritt möchte ich, dass ihr jetzt mal nachvollzieht, das heißt in eurer eigenen Situation. Schreibt bitte alles auf, was ihr über diese Person denkt. Was ist das für ein Mensch, wenn es in euren Augen überhaupt ein Mensch ist? Ja, was würdet ihr dem alles an den Kopf werfen, wenn euch eure gute Erziehung nicht daran hindern würde? Und wenn so unspezifische Dinge hochkommen wie „Arschloch", dann überlegt nochmal genau „Was für eine Art von Arschloch ist das?", ein feiges, ein dummes, ein arrogantes Arschloch? Möglichst viele Eigenschaftsworte verwenden, denn die enthalten die wertvollen Informationen, die wir später nutzbringend verwenden können.

TN: Wenn es jetzt aber eine Person ist, mit der ich einen spezifischen Konflikt habe, bei der ich auch ganz viele positive Eigenschaften sehe, soll ich jetzt nur die negativen aufschreiben, oder?
KK: Nur das, was in Zusammenhang mit dem Ärger steht, was du in diesem Moment, in dem du dich ärgerst, in deinem Denken findest.
TN: Okay.
KK: Was du zu anderen Zeiten, zu denen du dich nicht über die Person ärgerst, alles noch an tollen Eigenschaften siehst, lässt du außen vor. Es geht nur um genau diesen Moment, wo du dich furchtbar ärgerst über die Person. Was denkst du in diesem Moment über die Person?
TN: Ich ärgere mich nicht über die Person, ich ärgere mich über Inhalte der Aussage. Ich kann mich nicht in dem Sinne über die Person ärgern.
KK: Und die Frage ist: Was denkst du über eine Person, die solche Inhalte von sich gibt? „Arroganter Schnösel, was glaubt er eigentlich, wer er ist? Den hau ich ungespitzt in den Boden. Der ist doch nicht trocken hinter den Ohren. Eine feige Sau ist er außerdem noch." Also, alles mal ohne Filter, ohne Zensur aufs Papier.
TM: Die sogenannte „Wolfsshow", oder?
KK: Genau. Die „Wolfsshow" im Kopf. Das darf auch richtig Spaß machen. Und es ist ungefährlich, derjenige hört das ja nicht. Also, fühlt euch frei, alles mal aufs Papier zu bringen: „Welche Eigenschaften hat dieser Mensch?" Nicht generell, aber in dem Moment, wo ihr euch SO über diese Person ärgert. Und das darf auch richtig Spaß machen.

Einzelarbeit im Seminar

Übung
Denken Sie an eine Situation, in der Sie sich über jemanden geärgert haben.

Welche Bewertungen/Urteile haben Sie über diese Person?

Was ist das in Ihren Augen für ein Mensch (wenn diese Person in Ihren Augen überhaupt ein Mensch ist)?

Was würden Sie diesem Menschen am liebsten (verbal) alles an den Kopf werfen? (Jedenfalls, wenn Ihre gute Erziehung Sie nicht daran hindern würde.)

Welche Eigenschaften hat (in Ihren Augen) dieser Mensch?

Wenn Ihnen nur Schimpfworte einfallen (Arsch!), seien Sie präzise: ist derjenige ein „fauler", „arroganter" oder „feiger" Arsch?

Nehmen Sie Ihr Blatt Papier zur Hand und schreiben Sie alles ohne Zensur auf, was Ihnen in den Sinn kommt.

KK: Jetzt bitte, ohne Namen zu nennen, damit die Anonymität gewährleistet bleibt, lest doch mal ein paar Kostproben vor, so dass man spürt: „Was verursacht alles Ärger?" Was für Urteile habt ihr auf dem Papier?
TN: Also, die Person, an die ich gedacht habe?
KK: Nein, einfach nur die Urteile vorlesen.
TN: Die habe ich bezeichnet als völlig egozentrierte, unbewusste, sich selbst erhöhende, auf meine Kosten natürlich, in ihren Konzepten völlig verstrickte und gefangene Person, arrogant und unreflektiert.
TN: So ein Idiot. Lässt mich ins Leere laufen. Lädt mich hier zum Gespräch ein und stellt mich vor vollendete Tatsachen. Stellt mich als Idiot hin, indem er behauptet, ich läge falsch. So ein arrogantes Arschloch. Der glaubt wohl, ich bin eine Schachfigur. Der ist total gefühlskalt.
TN: Ich habe: arrogant, selbstsüchtig, egoistisch, dumm, auf eigene Interessen beharrend.
TN: Ich habe noch: Idiot, rücksichtsloser Mensch, Rüpel, Prolet, selbstbezogenes Arschloch, fieser Geier.
SP: Blöde Sumpfkuh! Selbstbezogenes Gör! Es ist mit dir nicht zum Aushalten! Es ist mir schleierhaft, wie dein Mann es mit dir aushält!
TN: Der will mich verarschen. Will sich wieder einfach nur durchsetzen, dieser Egoist. Primitiv.
KK: Lest doch noch ein paar Sachen vor, damit wir besser verstehen, was Ärger verursacht. Was habt ihr noch?
TN: Ich habe geschrieben: Respektlos, überfordert und arrogant.
TN: Arrogant, eine übertrieben feine Dame, die Gegenstände mit zwei Fingern anfasst, nicht objektiv, unverschämt, unreflektiert.
KK: Okay. Also, ihr seht, das ist genügend Stoff, um Kriege anzuzetteln.

Zurück zur Geschichte: Nachdem Marshall gesagt hat: „Schau: Dass du dir erlaubst, das in deinem Kopf über die Gefängnisleitung zu denken, das verursacht deinen Ärger." Und dann hat er nachgefragt: „Es scheint dir ja offensichtlich sehr wichtig zu sein, auf deinen Antrag so schnell wie möglich eine Antwort zu bekommen. Ich würde dich gerne besser verstehen. Warum legst du so großen Wert drauf, so schnell wie möglich eine Antwort zu bekommen?" Da sagte der Gefangene: „Ja, weißt du, man kann hier im Knast eine Berufsausbildung machen, und dafür habe ich meinen Antrag gestellt. Ich habe nie einen Beruf gelernt. So, und wenn ich mal irgendwann rauskomme aus dem Knast, stehe ich auf der Straße und habe keinen Beruf gelernt. Was denkst du, was ich mache? Dann dreh ich's nächste krumme Ding und lande wieder im Knast. Ich muss wissen, wie ich später meine Brötchen verdiene!" „Ja", sagte Marshall, „kann ich gut nachvollziehen!" Und dann hat er ihn gebeten, sich mal was vorzustellen und hat gesagt: „Stell dir doch mal vor, du lässt dir einen Gesprächstermin geben, und du bekommst einen bei der Gefängnisleitung. Und du gehst zu diesem Termin in den Raum, in dem die sitzen. Situation A: Du gehst rein in den Raum, dein ganzer Kopf ist voll mit Urteilen über die: „Was sind das für arrogante Arschlöcher, Egoisten. Die glauben, die sind was Besseres als wir. Können uns Gefangene wie den letzten Dreck behandeln." Situation B: Du gehst rein in den Raum, und dein ganzer Fokus ist darauf gerichtet, wie WICHTIG dir das ist, die Sicherheit zu haben, dass du später weißt, wie du deinen Lebensunterhalt verdienst. In welchen der beiden Situationen bekommst du eher, was du willst?" Der Gefangene sagte: „Blöde Frage. Die brauch ich ja wohl nicht zu beantworten! Das liegt ja auf der Hand!" Es war ihm sehr klar, als er sich die beiden Situationen vorgestellt hat, dass es einen riesigen Unterschied für seine Erfolgsaussichten machen würde.

Nach einiger Zeit hat er ziemlich traurig auf den Boden geschaut, und als Marshall ihn ansprach: „Was ist denn los, Mann?", hat er so reagiert: „Da kann ich jetzt nicht drüber reden. Nee, da kann ich jetzt nicht drüber reden!" Am nächsten Tag, als Marshall zum nächsten Workshop kam, hat er dann mit ihm geredet und hat gesagt: „Du, Marshall, gestern, als du mich gefragt hast, was los ist", sagte er, „da war ich innerlich so aufgewühlt, da mochte ich nicht drüber reden, aber jetzt will ich dir sagen, was mir in dem Moment so klar geworden ist. Ich habe mir so gewünscht, ich hätte das, was ich in diesem Workshop gelernt habe, ein paar Jahre früher lernen dürfen. Da hätte ich wahrscheinlich meinen besten Freund nicht umgebracht." Das war der Grund, warum er im Knast saß. Und an der Wurzel von all dem, was wir „Gewalt" nennen, findet man immer die gleiche Dynamik, dass Leute, wenn sie schmerzliche Gefühle haben, glauben, sie haben sie deshalb, weil da draußen jemand Scheiße gebaut hat, und der muss dafür bestraft werden. Das ist die Dynamik an der Wurzel von all dem, was wir als „Gewalt" bezeichnen.

Werfen wir nochmal einen Blick darauf, wie Ärger entsteht.

Alle Menschen haben Bedürfnisse, genau wie alle Lebewesen. Bedürfnisse sind die Art und Weise, wie sich Lebensenergie in Lebewesen manifestiert. Nachdem Bedürfnisse etwas Abstraktes sind, das heißt, man kann sie nicht direkt sinnlich wahrnehmen, stellt sich die Frage: „Woher wissen wir denn Bescheid über unsere Bedürfnisse?" Dafür haben wir ein eingebautes Signalsystem, das uns über unsere Bedürfnisse informiert: unsere Gefühle. Aus Sicht der „Gewaltfreien Kommunikation" signalisieren unsere Gefühle, was mit unseren Bedürfnissen los ist. Kommen Bedürfnisse zu kurz, haben wir unangenehme und schmerzliche Gefühle. Sind Bedürfnisse gerade erfüllt, haben wir angenehme Gefühle. Zeit unseres Lebens sind wir mit zwei Dingen beschäftigt. Entweder, wir sind gerade dabei, uns aktiv darum zu kümmern, dass wir bekommen, was wir brauchen. Oder wir halten inne und feiern das Leben, weil wir gerade bekommen haben, was wir brauchen. Den Wechsel zwischen diesen beiden Zuständen nennen wir „den Tanz des Lebens". Wenn ein Bedürfnis zu kurz kommt, wissen wir darüber Bescheid, weil uns entsprechende Ge-

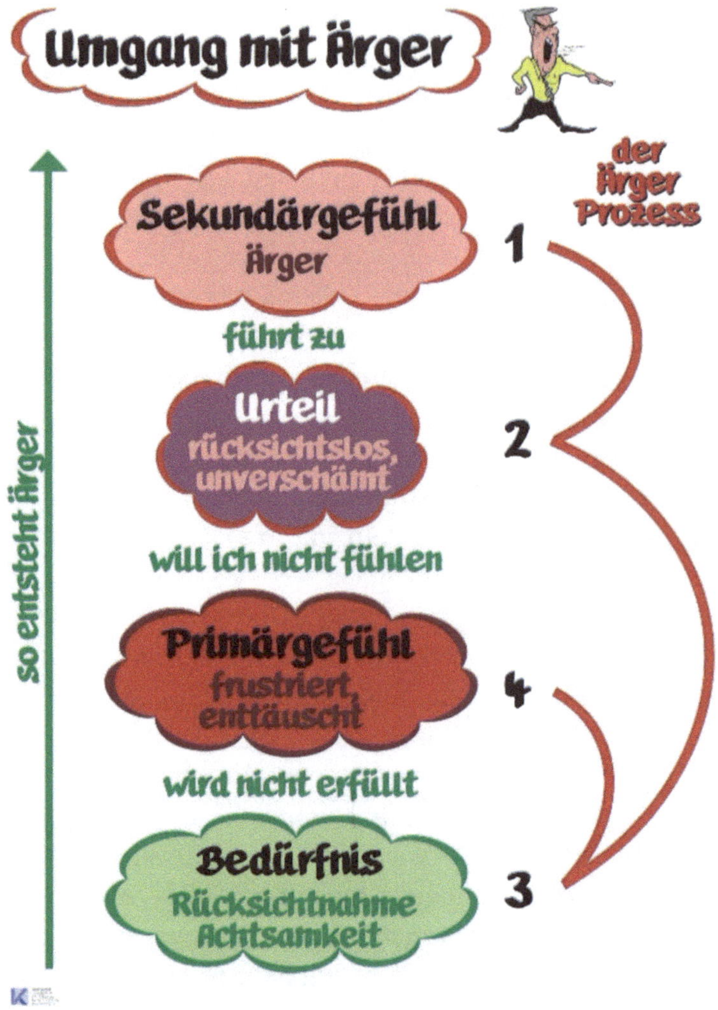

fühle darauf aufmerksam machen. Nehmen wir mal an, mein Bedürfnis nach Nahrung ist gerade im Mangel, kommt gerade zu kurz. Welches Gefühl informiert mich darüber?

TN: Hunger.

KK: Hunger, genau. Ein Hungergefühl lässt mich wissen, mein Bedürfnis nach Nahrung kommt zu kurz. Viele Menschen, die diese Idee das erste Mal hören, sagen: „Hey, echt praktisch eingerichtet von Mutter Natur, das habe ich mir noch nie so genau überlegt, aber das ist wirklich sinnvoll! Aber muss sich das unangenehm anfühlen? Ich meine, eine angenehme Information hätte es doch auch getan, oder?“ Aber stellt euch mal vor, Hunger wäre ein angenehmes Gefühl. Dann wäre die tragische Konsequenz, dass wir alle glücklich verhungern würden (einige lachen). Wir würden es einfach genießen, denn der Antrieb, aktiv zu werden und uns darum zu kümmern, dass wir bekommen, was wir brauchen, würde fehlen. Deshalb ist es wichtig, dass uns unangenehme Gefühle darüber informieren, dass Bedürfnisse zu kurz kommen, denn nur dadurch entsteht der Antrieb, sich aktiv darum zu kümmern, dass man bekommt, was man braucht.

In einer Kultur, in der wir unangenehme Gefühle überhaupt nicht haben wollen, entwickeln Menschen Strategien, um unangenehme Gefühle nicht fühlen zu müssen. Zu den Strategien gehören zum Beispiel Alkohol, Drogen, stundenlang vor dem Fernseher sitzen. Alles, um nur ja nicht fühlen zu müssen, was man gerade zu fühlen hat. Eine der beliebtesten Strategien ist, dass man die ganze Aufmerksamkeit davon abzieht und sie stattdessen auf was anderes richtet. Vielleicht habt ihr das schon mal erlebt. Wenn man sich in den Finger schneidet, dann pocht es und tut weh. Wenn man dann ein wahnsinnig spannendes Buch liest und die ganze Aufmerksamkeit auf die Geschichte richtet, dann realisiert man nicht mehr, dass da was weh tut, weil die ganze Aufmerksamkeit davon abgezogen und auf etwas anderes gerichtet ist.

In den meisten Kulturen wird die Aufmerksamkeit gerne auf Urteile gerichtet. Wir urteilen über andere Menschen. Genau dadurch entsteht wieder eine emotionale Reaktion, nämlich Ärger. Habe ich die Urteile an der Stelle über mich selber, wobei der andere Ausdruck dafür ist „Ich höre mit Wolfsohren innen“, ist das Gefühl nicht Ärger, sondern ich fühle mich schuldig, ich schäme mich oder ich fange an, mich deprimiert zu fühlen. Das ist also die Art und Weise, wie Ärger entsteht.

Das bedeutet, wenn ich in einer Situation merke, dass ich mich über eine Person ärgere, dann weiß ich, ich bin gerade nicht im Kontakt mit dem, was mir wirklich am Herzen liegt und was ich brauche. Ich bin vom Leben abgeschnitten. Deshalb lautet die Faustregel Nummer 1, wenn ich mich über eine andere Person ärgere: Klappe halten! Wenn ich meinen Mund zu einem Zeitpunkt aufmache, zu dem mein ganzes Denken, meine ganze Aufmerksamkeit auf Urteile über die andere Person gerichtet ist, wird dies die Sache eher verschlimmern und zu einer Eskalation beitragen. Ärger macht mich darauf aufmerksam, dass ich nicht im Kontakt mit meinen Bedürfnissen bin. Also, Faustregel Nummer 1: Klappe halten! Aufmerksamkeit nach innen richten und die innere Arbeit tun. Das nennen wir „Durch den Ärger-Prozess gehen".

Der nächste Schritt ist das, was ihr bereits als Übung gemacht habt: Ich nehme mir Zeit, mal die „Wolfsshow" in meinem Kopf zu untersuchen und mir bewusst zu machen: „Was denke ich alles über den anderen?" Und: „Welche Urteile habe ich über ihn?" Wenn ich diese „Wolfsshow" eine Zeit lang genossen habe, nehme ich das ganze wertvolle Rohmaterial von Urteilen, und verwandle es im nächsten Schritt in das, was es wirklich ist, nämlich in Bedürfnisse. Der Merksatz dazu ist: Jedes Urteil ist der tragische Ausdruck von etwas, das mir am Herzen liegt, nämlich von einem Bedürfnis. Wie das geht, haben wir beim „empathischen Zuhören" schon geübt. Auch hier bringt uns das Gegenteil der Urteile zu den Bedürfnissen. Wenn ich denke: „Was ist denn das für eine feige Sau", ja, dann weiß ich „Ah, das ist das Urteil. Das Gegenteil von feige ist – ah ja, ich hätte so gerne, dass Menschen Zivilcourage haben, dass sie auch bereit sind, mal ein Risiko einzugehen, sich was trauen, mutig sind. Das ist mein Anliegen."

Dieser Schritt von den Urteilen zum Bedürfnis zu gehen, kann anfangs durchaus eine intellektuelle Arbeit sein, indem ich darüber nachdenke: „Was ist denn das Gegenteil des Urteils?" Ziel ist jedoch, in den fühlenden Kontakt mit den Bedürfnissen zu kommen. Es geht nicht nur darum, den intellektuellen Teil zu erfassen: „Was ist das Gegenteil von feige?", sondern darum, sich Zeit zu nehmen, die Bedürfnisse in seinem Körper zu spüren. Das kann ich tun, indem ich mir innerlich die Fragen stelle: „Wie wichtig ist mir das?" „Welchen Stellenwert hat das in meinem Leben?" Vielleicht auch die Frage: „Wie würde sich das anfühlen, wenn dieses Bedürfnis komplett erfüllt wäre?", um zu spüren, was mir wirklich am Herzen liegt, was ich brauche.

Und wenn ich wieder diesen fühlenden Kontakt zu dem, was mir am Herzen liegt, was mir wichtig ist, was ich brauche, hergestellt habe, ist es Zeit für den nächsten Schritt. Dann frage ich: „Das, was mir so wichtig ist, das ist in dieser Situation zu kurz gekommen oder nicht erfüllt. Wie fühlt sich das denn an?" Dann werdet ihr feststellen, dass ihr wieder bei einer emotionalen Reaktion landet, bei einer anderen, nämlich dem ursprünglichen Primärgefühlen. Vielleicht bin ich jetzt enttäuscht, vielleicht bin ich verletzt, vielleicht mache ich mir Sorgen, vielleicht bin ich hilflos. Was auch immer die emotionale Reaktion ist, sie wird sich in aller Regel von dem ursprünglichen Ärger unterscheiden. Und wenn ich wieder mit diesem ursprünglichen Gefühl in Kontakt bin, dann ist das ein gutes Zeichen, dass ich durch den Ärger-Prozess durch bin. Das ist ein günstiger Zeitpunkt, den Mund aufzumachen und den anderen mit den vier Schritten darüber zu informieren, was mich bewegt und was ich brauche. Und dann besteht eine hohe Wahrscheinlichkeit, dass dies ein sinnvolles, konstruktives Gespräch wird.

Wir möchten euch jetzt die Möglichkeit geben, den Ärger-Prozess mit eurer eigenen Situation zu durchlaufen. In der nächsten Übung habt ihr jetzt die Gelegenheit, das, was ihr vorher an Urteilen beschrieben habt, in das zu verwandeln, was es eigentlich ist, nämlich in Bedürfnisse. Nochmal der Hinweis: Das Gegenteil der Urteile bringt euch zu den Bedürfnissen.

Wenn ihr bei den Übungen Unterstützung braucht, weil ihr sagt: „Das Bedürfnis hinter dem Urteil ist mir nicht klar, das finde ich nicht", könnt ihr euch gerne melden. Dann helfen wir euch, das Bedürfnis zu finden. Wenn ihr alle Bedürfnisse identifiziert habt, alle Urteile übersetzt habt, dann nehmt euch einen Moment Zeit, die Bedürfnisse in eurem Körper zu spüren, euch die Fragen zu stellen: „Wie wichtig ist mir das?“ „Welchen Stellenwert hat das in meinem Leben?“ „Wie schön wäre das, wenn es komplett erfüllt wäre?“ Und wenn ihr euch DANN die Frage stellt: „Wie fühlt sich das an, wenn das zu kurz kommt?“, dann schauen „Welches Gefühl taucht dann auf?“.

Einzelarbeit im Seminar

Übung
Übersetzen Sie nun Ihre Urteile und Bewertungen in die Bedürfnisse, die dahinter liegen. Schreiben Sie auf:

Welche Werte und Bedürfnisse sind zu kurz gekommen, als dieser Mensch sich in dieser Situation so verhalten hat/bzw. dies gesagt hat?

Denken Sie daran:
Jedes Urteil ist nur der unglückliche, tragische Ausdruck von Bedürfnissen, die zu kurz gekommen sind.

Das Gegenteil der Urteile/Bewertungen ist meist das Bedürfnis.

Kriterien für Bedürfnisse: abstrakt, allgemein, positiv formuliert, keine einzelne Person angesprochen

SP: Klaus, mein Problem ist mit einer Person, die extrem zu Impulsausbrüchen neigt. Da könnte ich natürlich sagen, mein Bedürfnis ist das nach Friedfertigkeit, ja? Wie nennt man das, wenn man gerade so mit diesen Wechseln, mit diesen, die aus dem Nichts kommen, so schwer umgehen kann. Es ist mehr als friedfertig, weißt du.
KK: Was ist denn das Gegenteil von „extrem zu Impulsausbrüchen neigend“? Was ist das Gegenteil davon?
TN: Ausgeglichen.
KK: Ausgeglichenheit.
TN: Gelassenheit.
KK: Gelassenheit.
TN: Gleichmütig.
KK: Aha.
TN: Harmonie.
KK: Harmonie wäre eher zwischen Menschen, aber du hast ja ein Urteil über die andere Person beschrieben. Gibt das Resonanz bei dir, wenn du sagst: „Ich wünsche mir, dass Menschen gelassener, ein Stück souveräner, mit einem Stück mehr Ausgeglichenheit auf Situationen reagieren?
TN: Vorhersehbarkeit von Emotionen?
KK: Mhmm – Vorhersehbarkeit glaube ich nicht so sehr, aber möglicherweise Nachvollziehbarkeit.
SP: Nachvollziehbarkeit.
KK: „Ich würde gerne besser verstehen und nachvollziehen können, was regt ihn da so furchtbar dabei auf.“

TN: Gibt es Solidarität als Bedürfnis?
KK: Ja. Solidarität. Loyalität: das sind Bedürfnisse.
TN: Rückendeckung?
KK: Rückendeckung: dass man sich gegenseitig unterstützt, den Rücken stärkt, füreinander da ist.
TN: Die Person versteht auch, welches Anliegen die anderen haben. Das ist das Verständnis?
KK: Genau. Dass man Verständnis hat. Dass man einander gegenseitig versteht.
TN: Auch Gerechtigkeit?
KK: Ja! Gerechtigkeit. Fairness. Gleiches Recht für alle. Und dann überprüft ihr, welche dieser sprachlichen Formulierungen bei euch Resonanz erzeugen. Euer Gefühl wird es euch wissen lassen, wenn da für euch was dran ist.

KK: Nochmal der Hinweis, wenn ihr euch die Frage stellt: „Ist das ein Bedürfnis oder nicht?". Denkt nochmal an die Kriterien für Bedürfnisse: abstrakt, allgemein, positiv formuliert, keine einzelne Person angesprochen. Bitte außerdem nochmal ins Bewusstsein rufen, dass die Bedürfnisworte nicht die Bedürfnisse selber sind. Es sind lediglich verbale Fingerzeige auf etwas, das jenseits aller Worte und sprachlichen Ausdrücke liegt. Deshalb macht es nur wenig Sinn, darüber zu streiten, ob Friedfertigkeit ein Bedürfnis ist oder nicht. Der eine benutzt es oder sagt: „Dieser Fingerzeig deutet auf etwas, das mir wirklich am Herzen liegt." Und jemand anders sagt: „Für mich erfüllt diese Worthülse diese Funktion nicht, dass sie auf etwas deutet." Es ist also müßig, darüber zu streiten, ob ein bestimmtes Wort ein Bedürfnis ist, denn das Wort ist sowieso nicht das Bedürfnis, es ist nur ein Hinweis auf etwas. Gleichzeitig, wenn wir Sprache benutzen, damit die Flexibilität bei der Lösungssuche erhalten bleibt, ist es wichtig, dass das, was man sprachlich benutzt, allgemein und abstrakt ist, positiv formuliert und nicht Bezug nimmt auf eine Einzelperson mit dem Ziel, dass die was tut.

TN: Wenn ich jetzt ein Urteil über eine Person habe, „die Person ist unreflektiert". Das ist ja negativ ausgedrückt und deshalb noch nicht das Bedürfnis.
KK: Genau, das ist das Urteil: „Sie ist unreflektiert." Was ist das Gegenteil von unreflektiert?
TN: Eigentlich wäre das ja dann eine positive Formulierung, wenn man sagt: reflektiert?
KK: So ist es! Dir ist offensichtlich wichtig, dass Menschen die Fähigkeit zur Introspektion haben, dass sie bereit und in der Lage sind, über sich selber nachzudenken, über Dinge zu reflektieren, sich bewusst zu machen, was die Auswirkung ihres Verhaltens, auf sich selbst und andere sein können.
TN: Und dann habe ich das Bedürfnis beschrieben?
KK: Ja.
TN: Okay.
FK: Und im Dialog kann es sein, dass die andere Person keine Wertschätzung für eine bestimmte verbale Formulierung hat. Es ist klar, dass Reflektiertheit, Introspektion oder Harmonie Werte sind. Es kann aber sein, dass mein Gegenüber sagt: „Harmonie? Blödsinn! Habe ich noch nie gehört." Das sagt sie aufgrund der eigenen persönlichen Erfahrungen. Dann heißt es, mit Neugier präsent bleiben und sagen: „Okay, schauen wir mal, was finden wir denn da für eine Formulierung, die dann für dich auch passt?", immer mit dieser Grundhaltung von „Verstehen wollen", ja?

TN: Glaubst du, dass es immer möglich ist, irgendeine Lösung zu finden, wenn sich zwei wichtige Bedürfnisse total gegenüberliegen?
KK: Sag mal ein Beispiel, was du meinst.
TN: Ich glaube nicht, dass es da jemals eine Lösung gibt, da bin ich mir ziemlich sicher.
TN: Ja. Also, bei uns ist es das Bedürfnis nach Ordnung. Und das absolute Nicht-Bedürfnis nach Ordnung, sondern lieber Zeit mit der Familie und Freiheit und Freizeit und irgendwas.

KK: Ja.
TM: Chaos! Bedürfnis nach Chaos!
TN: Ist Chaos ein Bedürfnis?

KK: Grundsätzlich gilt, dass alle Menschen ein Bedürfnis nach Freiheit haben und ein Bedürfnis nach Struktur. Nur das Ausmaß, wann das Bedürfnis erfüllt wird, wann es hungrig und wann es satt ist, das ist sowohl individuell als auch kulturell sehr unterschiedlich. Und deshalb ist es so wichtig, dass Bedürfnisse, was ihre Erfüllung angeht, weder an eine einzelne Person gekoppelt sind, noch an einen bestimmten Zeitpunkt, noch an einen bestimmten Ort. Von daher ist die Lösung: Wo finden wir jetzt eine Strategie, eine Vereinbarung, die den Bedürfnissen aller Beteiligten bestmöglich gerecht wird? Das ist dann die Herausforderung. Aber das sind die Strategien. Es gibt keinen Menschen, der sagt: „Ich habe überhaupt kein Bedürfnis nach Ordnung." Aber wann das Bedürfnis nach Ordnung erfüllt ist oder nicht, das ist sehr unterschiedlich. Wir alle haben zum Beispiel das Bedürfnis nach Körperkontakt. Manche Menschen sagen: „Dieses Bedürfnis ist bei mir ausreichend erfüllt und satt, wenn ich einmal an Weihnachten im Jahr meine Familie knuddele, dann bin ich das ganze Jahr satt." Und andere Leute kriegen Schnappatmung, wenn sie zehn Minuten niemand angefasst haben. Das heißt, hier gibt es natürlich eine große Bandbreite an Häufigkeitsgraden. Und das gilt es zu würdigen, dass es hier Unterschiede gibt. Oder: alle Menschen haben ein Bedürfnis nach Ordnung, ob ich es allerdings brauche, dass alle Dinge genau an ihrem Platz sind, und nur dann erfüllt sich mein Bedürfnis nach Ordnung, das ist offen. Mein Kind könnte z.B. sagen: „Du, wenn ich von der Zimmertür zum Fenster komme, ohne auf die Schnauze zu fallen, ohne mir ein Bein zu brechen, ist mein Bedürfnis nach Ordnung perfekt erfüllt." Also, es gibt natürlich große Unterschiede.

TN: Und da braucht man halt sozusagen zwei Pfannen?
KK: Zum Beispiel.
TN: Was, was, was?
TN: Zwei Pfannen.
KK: Wir hatten das Beispiel gestern. Eine mögliche Lösung bestand darin, zwei Pfannen zu besorgen. Wenn der eine sagt: „Für mich ist es der Horror, sobald der kleinste Kratzer sichtbar in der Pfanne ist", und jemand anderes sagt: „Für mich ist das ein Gebrauchsgegenstand, und ich kann damit wunderbar leben." Hier befinden wir uns auf der Ebene von sinnlich wahrnehmbaren Dingen. Die Bedürfnisse dagegen sind abstrakt. Nehmen wir z.B. offen, respektvoll, wertschätzend, einfühlsam, alles das sind ja Bedürfnisse, die wir auf dem ersten Flipchart gesammelt haben. Könnt ihr euch vorstellen, dass jemand beispielsweise sagt: „Ehrlichkeit – will ich nicht. Ich will grundsätzlich und ausschließlich, dass Leute mich anlügen. Ich hasse Ehrlichkeit." Wenn es nur einen Menschen auf diesem Planeten gibt, für den diese Aussage die Wahrheit ist, dann ist Ehrlichkeit nach unserer Definition kein Bedürfnis, weil alle Menschen die gleichen Bedürfnisse haben. Dass man in manchen Situationen sagt: „Ich verzichte in dieser konkreten Situation zu diesem Zeitpunkt auf die Erfüllung des Bedürfnisses Ehrlichkeit, wenn es zum Beispiel auf Kosten eines anderen Bedürfnisses geht", das gibt es natürlich. „Ich würde mein Bedürfnis nach Struktur nicht erfüllen wollen, wenn damit verbunden wäre, dass mein Bedürfnis nach Freiheit permanent zu kurz kommt, dann verzichte ich lieber auf die Erfüllung des Bedürfnisses." Dann ist es eine Frage der Prioritäten und Dringlichkeiten. Wie sieht es mit dem Ausmaß aus, in dem das Bedürfnis zu kurz kommt? Und wie genau geht das damit umzugehen, wenn ich erlebe, dass dieses Bedürfnis erfüllt ist oder wenn es noch hungrig ist. Das Bedürfnis nach individueller Freiheit ist zum Beispiel häufig in westlichen Kulturen deutlich ausgeprägter als in vielen asiatischen Kulturen. Das Bedürfnis, in einer Gruppe integriert zu sein und einen Beitrag zu leisten, dass es der ganzen Gruppe gut geht, ist in asiatischen Kulturen viel stärker ausgeprägt als in vielen westlichen. Was aber nicht heißt, dass wir das nicht haben. Sondern das Ausmaß „Wie viel

Zuwendung braucht es?" „Wann ist es erfüllt?", das ist sowohl kulturell als auch individuell durchaus unterschiedlich.

Ich würde jetzt gerne ein paar Sachen hören, von denen ihr sagt: „Da bin ich gelandet. Da bin ich bei mir."

TN: Es gibt ja Bedürfnisse, die sehr unterschiedlich sind, zum Beispiel das Bedürfnis nach Sicherheit und das Bedürfnis nach aufregenden Erfahrungen. Und dann gibt es Menschen, die ganz stark an einem Pol sind und andere, die ganz stark am anderen Pol sind.
KK: Ja. Genau. Vermutlich ist das „Thomann-Riemann-Kreuz" euch vertraut. Falls ihr es nicht kennt, empfehle ich euch das Buch „Grundformen der Angst" von Riemann. Es beleuchtet solche Skalen. Auf der einen Skala ist zum Beispiel „Freiheit", „Ungebundenheit", „Unabhängigkeit". Die Menschen, die eher zu dem anderen Pol „Ordnung und Struktur" neigen, nennen das gerne auch „Chaos", was eigentlich schon ein Hinweis über ein Urteil ist.
TM: Oder man liebt Chaos!
KK: Mhm! Genau! Gleichzeitig: Die Tatsache, dass beide Bedürfnisse als Pole auf einer Skala platzierbar sind, bedeutet nicht, dass Menschen entweder nur das eine brauchen und das andere gar nicht. Wo sich jemand schwerpunktmäßig auf dieser Skala aufhält, kann individuell oder kulturell sehr unterschiedlich sein. Und wenn jemand sagt: „Ich brauche keine Sicherheit", sondern „Ich brauche nur Lebendigkeit und Aufregung", dann ist da etwas verkürzt, denn alle Menschen brauchen beides, aber eben in unterschiedlicher Ausprägung. Der eine braucht etwas, das ihm sein Bedürfnis nach Sicherheit erfüllt, was für den anderen schon der Horror wäre. Aber das heißt nicht, dass dieser Mensch nicht das Bedürfnis nach Sicherheit hat. Das heißt nur, dass er vielleicht sehr wenig braucht, damit es schon erfüllt ist.
Wir hatten uns hier schon einmal per Handzeichen ein Bild verschafft über: „Wen stört es, wenn jemand bei eurer Bürotür nicht anklopft, bevor er reinkommt." Wenn ich diese Frage in Unternehmen stelle, bekomme ich häufig Fifty-Fifty als Antwort. Die Hälfte der Leute sagt: „Stört mich sehr", die anderen sagen „Juckt mich nicht". Die Tatsache, dass Menschen sagen: „Ich habe überhaupt keine Einwände, wenn jemand in mein Büro kommt ohne anzuklopfen", heißt nicht, dass diese Menschen kein Bedürfnis nach Respekt vor ihrer Privatsphäre haben. Das heißt nur, dass in dieser Situation „Jemand kommt ohne anzuklopfen in dein Büro" dieses Bedürfnis gar nicht berührt ist. Dennoch haben sie dieses Bedürfnis. Wenn zum Beispiel jemand zu Hause den Müll rausbringen und die Wohnungstüre offen lässt und sagt: „In 60 Sekunden bin ich ja wieder zurück" und der Nachbar in dieser Zeit ohne zu fragen in die Wohnung reingeht und anfängt, sich umzuschauen, dann kann diese Person vielleicht feststellen: „Also, im Büro juckt es mich nicht, wenn jemand ohne anzuklopfen reinkommt. Aber jetzt merke ich, ich habe sehr wohl ein Bedürfnis nach Respekt vor meiner Privatsphäre." Es mag auch Menschen geben, die sagen: „Auch das juckt mich nicht!" „Das ist total in Ordnung!" „Kein Problem damit." Die sagen vielleicht: „Aber wenn ich mit meiner Partnerin/mit meinem Partner sexuell im Schlafzimmer zugange bin, und jetzt kommt jemand ohne anzuklopfen rein, merke ich sehr deutlich, dass ich das Bedürfnis nach Respekt vor meiner Privatsphäre habe! Und jetzt kommt es gerade zu kurz." Das heißt, die Schwelle, bei der das Bedürfnis erfüllt ist oder nicht erfüllt ist, kann individuell eine sehr große Bandbreite aufweisen. Aber alle Menschen haben das Bedürfnis nach Lebendigkeit und Abenteuer und alle Menschen haben ein Bedürfnis nach Sicherheit.

Zurück zum „Ärger-Prozess": ihr seid gerade in Zeitlupe durch den Ärger-Prozess gegangen. Je häufiger ihr das tut, desto zügiger, desto schneller geht es natürlich. Bei mir dauert heute der Ärger-Prozess in vielen Situationen nur noch wenige Sekunden, manchmal nur zwei, drei. Der Grund ist, dass ich vor allen Dingen bei der Übersetzung in Bedürfnisse nicht mehr lange suchen muss, wenn ich mir bewusst gemacht habe, was ich an urteilenden Gedanken habe. Wenn man das häufig macht, läuft die Übersetzungstabelle automatisch mit. Wenn ich denke: „Was für eine feige Sau“, dann kommt jetzt bei mir sehr schnell automatisch das Bedürfnis nach „Zivilcourage“, „bereit zu sein, ein Risiko einzugehen“. Solange der Ärger-Prozess bei euch noch länger als ein paar Sekunden dauert, empfehlen wir euch, euer Gegenüber über die innere Arbeit, die ihr gerade macht, zu informieren, damit der andere nachvollziehen kann: „Was läuft denn da jetzt ab?“ Am besten legt ihr euch bestimmte Sätze zurecht, mit denen ihr die andere Person informieren könnt darüber, was ihr tut, damit ihr nicht in einer Stresssituation auch noch lange über Formulierungen nachdenken müsst. Ihr könntet so etwas sagen wie: „Im Moment könnte ich dich, wie ich merke, nur durch Sonne und Mond hauen, und das WILL ich nicht. Ich möchte hören, was dich beschäftigt. Im Moment habe ich allerdings weder die innere Bereitschaft, noch die Fähigkeit dafür. Ich brauche mal Zeit für mich selber, um mich wieder in die Lage zu versetzen, dir mit einem offenen Herzen zuzuhören. Deshalb nehme ich mir jetzt eine Auszeit.“ Und wenn der andere sagt: „Das kannst du aber nicht.“ Dann könnt ihr sagen: „Was immer du am liebsten möchtest, ich kümmere mich jetzt darum, dass ich gut für mich sorge. Ich tue das nicht nur für mich, sondern auch für unsere Beziehung.“ Und unabhängig davon, ob das dem anderen gefällt oder nicht, trefft ihr eine verantwortliche Entscheidung, gut für euch selber zu sorgen und euch in eine Lage zu versetzen, dass ihr später den anderen auch wieder hören könnt. Und ihr werdet übrigens, wenn ihr damit beginnt, den anderen zu informieren, warum ihr etwas tut und was die Alternativen sind, werdet ihr erstaunt sein, wie viel Geduld andere Menschen aufbringen.

Marshall Rosenberg hat von einer Situation mit seinem damals 9-jährigen Sohn Brett erzählt, der irgendetwas gemacht hat, worüber sich Marshall wahnsinnig aufgeregt hat. Er hat gemerkt, wenn er jetzt den Mund aufmacht, kommen nur Urteile raus, er wird ihn angreifen, beschuldigen, kritisieren und das wollte er nicht mehr. Aber das andere, die Alternative, stand ihm in diesem Moment noch nicht zur Verfügung. Also hat er Zeit gebraucht, innerlich seine Arbeit zu machen und durch den Ärger-Prozess zu gehen. Brett wurde langsam ungeduldig und hat gewartet und gewartet, und als es immer noch länger dauerte, hat er irgendwann gesagt: „Hey Dad, du brauchst immer so lange, bis du was sagst. Jetzt sag halt endlich mal was!“ Brett hatte nämlich einen Freund, der wartete draußen, dass er zum Spielen kommt. Darauf sagte Marshall: „Willst du mal eine Kostprobe hören, was ich sofort sagen kann, ohne lange darüber nachzudenken?“ (Einige lachen.) Brett sagte ein wenig zögerlich: „Ja, okay.“ Daraufhin schrie Marshall ihn an: „Du machst gefälligst, was ich dir sage, oder ich tret dir in den Arsch.“ „Okay, okay“, sagte Brett, „Daddy, nimm dir Zeit, so viel du brauchst.“ Wenn die Menschen wissen, was die Alternative ist, nämlich Urteile zu hören, Vorwürfe zu bekommen, dann werden sie sehr geduldig und ihr bekommt die Zeit, die ihr braucht, um diese Arbeit zu machen, um euch in die Lage zu versetzen, ohne Urteil und wieder wertschätzend dem anderen gegenüberzutreten, mit einer Bereitschaft zu hören und zu verstehen, „Was ist es, was den anderen gerade umtreibt und was er braucht?“.

TN: Jetzt gibt es aber so Systeme, da kann man sich nicht einfach zurückziehen. Da wird erwartet, dass man dasteht und sofort reagiert. Da geht es nicht einfach so.
KK: Ja. Das ist ein Punkt, den wir gleich anschließend noch anschauen, nämlich die Frage: „Ich kann nicht“ oder „Ich muss etwas Bestimmtes tun“. Wir haben in jedem Augenblick eine verantwortliche Entscheidung zu treffen. Verantwortlich ist die Entscheidung jedoch nur, wenn wir keine Gewalt gegen uns selber ausüben, indem wir denken: „Ich müsste jetzt etwas tun.“ Nein, wir entscheiden. Aber alles, was wir entscheiden, hat natürlich Auswirkungen und Konsequenzen. Da kommt man nicht raus. Aber es ist unsere Verantwortung, eine Entscheidung im bestmöglichen Einklang mit unseren Werten zu treffen.

TN: Ich habe noch eine Frage zum Ärger-Prozess: Meine Kollegin und ich haben uns ausgetauscht über den Unterschied zwischen Sekundärgefühl und Primärgefühl. Ist Ärger ein Sekundärgefühl oder kann Ärger auch ein Primärgefühl sein? Oder ist Ärger wie Wut? Oder gibt es da einen Unterschied zwischen Ärger und Wut? Sekundärgefühl und Primärgefühl?

KK: Danke für die Frage. Ich möchte nochmal erinnern, dass, genauso wie die Bedürfnisworte nicht die Bedürfnisse sind, die Gefühlsworte auch nicht die Gefühle sind. Sondern auch das sind nur verbale Hinweise auf ein energetisches Phänomen, das im Körper stattfindet. Und wir reservieren bestimmte Gefühlsworte, weil sie häufig in Verbindung mit einer bestimmten Form des Denkens verwendet werden. Der entscheidende Punkt ist wieder die grundlegende Unterscheidung: „Wo habe ich meine Aufmerksamkeit?"

In unserem Modell reservieren wir die Gefühlsworte Ärger, Schuld, Scham, sich deprimiert fühlen, als repräsentativ für eine Ausrichtung, in der die Aufmerksamkeit auf moralistischen Urteilen und Bewertungen liegt. Natürlich gibt es auch eine emotionale Reaktion, die verbunden ist mit dieser Ausrichtung, die der eine oder andere Wut nennt. Es gibt im deutschen Sprachgebrauch die Redewendung: „Da hat ihn der heilige Zorn gepackt". Der „heilige Zorn" ist eine emotionale Reaktion, die auch tatsächlich heilig ist, wenn sie nämlich lebensdienlich ist und aus der Ausrichtung auf Werte und Bedürfnisse kommt. In der Bibel gibt es eine Geschichte, in der Jesus die Geldwechsler aus dem Tempel vertreibt. Viele Christen haben damit Schwierigkeiten, weil sie sagen: „Hey – moment mal. Jesus, der Sohn Gottes, die personifizierte Liebe auf Erden. Wie kann der sich aufführen wie Rumpelstilzchen? Da passt doch was nicht." Nehmen wir an, dass Jesus in diesem Fall in dieser Situation tatsächlich keine Urteile hätte, sondern seine Ausrichtung auf etwas hat, was ihm unverzichtbar so am Herzen liegt, dass er sich leidenschaftlich dafür einsetzt. Dann kann es nach außen, vom Verhalten her ähnlich ausschauen wie ein Verhalten, das aus Urteilen über andere Menschen resultiert. Rieke hat es schon erwähnt: „Gewaltfreie Kommunikation" bedeutet nicht, dass man durchs Lebens säuselt oder schleimt. Vielmehr kann es manchmal ziemlich wild ausschauen, nämlich leidenschaftlich und kraftvoll. Und hier ist der heilige Zorn, die Lebensenergie, die Leidenschaft, die uns das Leben zur Verfügung stellt, um uns für unsere Werte einzusetzen.

Zum Beispiel wäre es gewaltfrei zu sagen (mit sehr lauter Stimme): „MANN, DA BIN ICH STINKSAUER! ICH ERWARTE DA MEHR RESPEKT!" Die Ausrichtung ist nämlich hier auf Gefühlen und Bedürfnissen. „Ich bin sauer, und das, was mir unverzichtbar im Moment so wichtig am Herzen liegt, das ist Respekt." Die Tatsache, dass ich jetzt sehr laut war im Vergleich zu dem, wie ich normalerweise rede, ist nicht automatisch ein Zeichen „Oh, der hat Urteile" oder „Das ist jetzt Gewalt". Es kann sehr laut, sehr leidenschaftlich, sehr kraftvoll sein mit dieser Ausrichtung auf Werte und Bedürfnisse, solange man respektvoll auch im Bewusstsein behält, dass Lautstärke in den meisten Kulturen gekoppelt ist an Urteile, Vorwürfe, Kritik und Angriff, dass viele Menschen, wie ein Pawlowscher Hund automatisch auf Lautstärke reagieren wie auf eine Form von Gewalt. Wenn ich also möchte, dass Menschen ein offenes Herz behalten für das, was ich ihnen mitteilen mag, dann tue ich gut daran, im Bewusstsein zu behalten, dass eine bestimmte Lautstärke bei vielen, vielen Menschen automatisch die Klappe fallen lässt und sie nicht mehr zuhören können, weil sie Panik kriegen und Angst haben, sie werden gerade angegriffen. Von daher ist das Entscheidende nicht, welche Worte ich für das Gefühl verwende, sondern entscheidend ist: Wo liegt meine Aufmerksamkeit? Sekundärgefühle nennen wir alle Gefühle, die aus moralistischen Urteilen kommen. Alle primären Gefühle sind Gefühle, die uns darauf hinweisen, was die primäre Aufgabe von Gefühlen ist, nämlich: Um welche Bedürfnisse geht es uns?

Ich habe ein tieferes Verständnis für diese Unterscheidung bekommen, als wir uns mit „Systemischem Familienstellen" beschäftigt haben. Es gibt einen Therapeuten, den wir beide sehr schätzen, Jakob Schneider in München. Bei ihm habe ich immer wieder erlebt, dass er Menschen unterbrochen hat, wenn sie angefangen haben Urteile rauszuschreien wie: „So eine Schweinerei. Mein Vater ist so ein Arsch." Ich habe anfangs milde in mich rein gelächelt, weil Rieke und ich in den 70er-Jahren sehr viel Selbsterfahrung mit kathartischen Verfahren gemacht haben. Ich weiß nicht, wie viele hundert Stunden ich Kissen geklopft habe mit dem Tennisschläger und rumgebrüllt habe, weil das zu dieser Zeit einfach „State of the Art" war. So hat man damals eben therapeutisch gearbeitet, nämlich mal alles rauslassen. Und das hat sich auch gut angefühlt, mal die Sau raus zu lassen. Also dachte ich mir: „Naja, das ist halt Familienstellen, eben ein anderer Ansatz. Ist ja auch okay, jeder Ansatz hat seine eigenen Regeln, und wahrscheinlich weiß der Jakob Schneider einfach nicht, wie gut das tut, mal die Sau raus zu lassen." Und dann hat er einmal einen Satz gesagt, der mir das Verständnis eröffnet hat, wie die beiden Sachen zusammenpassen. Er hat gesagt: „Wut hat dann eine gute Kraft, wenn sie der unmittelbaren Abwehr einer Gefahr für Leib oder Leben dient." Mit anderen Worten, im „GFK-Jargon" würden wir sagen: „Wut hat dann eine gute Kraft, wenn sie aus einer lebensdienlichen Ausrichtung auf Werte und Bedürfnisse kommt." Dann ist sie nicht destruktiv, sondern die Leidenschaft und die Kraft, die uns das Leben zur Verfügung stellt, um uns für unsere Werte stark zu machen. In der Form ist sie kein Sekundärgefühl, sondern der Einsatz für unsere Werte. Außerdem gibt es viele verschiedene Formen gewaltfreien Widerstandes auf der ganzen Welt, die weder lieb noch zahm sind. Gandhi hat gesagt: „Wenn ich nur die Wahl hätte zwischen Unterwerfung und Gewalt, würde ich immer Gewalt wählen." Und Gandhi kann man sicher nicht vorwerfen, er sei jemand, der Gewalt propagiert hätte. Aber er sagt: „Unterwerfung ist Gewalt gegen uns selbst – das geht gar nicht!" Ich mag auch das Zitat von Hannah Arendt dazu: „Niemand hat das Recht zu gehorchen!" Aber Gott sei Dank gibt es neben den Alternativen Gewalt oder Unterwerfung auch konstruktive Formen, wie man sich leidenschaftlich und kraftvoll für die eigenen Anliegen einsetzen kann.

Ist deine Frage zum Thema Primär- und Sekundärgefühle beantwortet? Ok.

Zum Thema „Ärger dich nicht!" hab ich noch ein persönliches Erlebnis, das mich damals wirklich von der „Gewaltfreien Kommunikation" überzeugt hat. Als ich das erste Seminar mit Marshall besucht habe, war ich in folgender Lebenssituation: ich habe damals noch in München gewohnt, unsere Praxis war auch in München, und mein Weg von der Wohnung in die Arbeit ging durch die Fußgängerzone in der Innenstadt. Ich bin bei schönem Wetter mit dem Fahrrad ins Büro gefahren. Ich bin jeden Tag durch die Fußgängerzone gefahren, und da war ein Fahrradweg markiert: Hier links ist für die Fahrrad-Fahrer und rechts für die Fußgänger. Es hat sich natürlich kaum jemand darum gekümmert, und der Fahrradweg war immer voll mit Fußgängern. Die Stadt hat das auch gemerkt und den Fahrradweg knallrot gestrichen, um deutlich zu machen „Das ist der Radweg". Hat aber nichts geändert. Der Fahrradweg war immer voll mit Fußgängern. Zwei Jahre lang habe ich mit dem gleichen Muster gekämpft: Immer, wenn ich dort mit dem Fahrrad langgefahren bin, habe ich so einen Hass auf diese „blöden Penner" bekommen, die immer kreuz und quer über den Radweg laufen und mich behindern, zügig ins Büro zu kommen. Und aus diesem Zorn heraus bin ich jedes Mal soooo knapp an den Leuten vorbeigeschrammt oder habe mit quietschenden Bremsen soooo kurz vor ihnen gehalten, dass sie dann erschrocken auf die Seite gesprungen sind: „Ah ja! Der Fahrradweg. Sorry, sorry!" Und jedes Mal, wenn ich das gemacht habe, hat es mir im Herzen einen Stich gegeben, weil ich gemerkt habe, diese Feindbilder, die ich den Menschen verpasst hatte, trennen mich von ihnen. Das habe ich als schmerzlich erlebt, was regelmäßig dazu geführt hat, dass ich mir geschworen habe: Das mache ich nie wieder. Der Schwur hielt zwanzig Sekunden, dann habe ich genau das Gleiche wieder getan, wenn mir der Nächste über den Weg gelaufen ist. Und ich habe wirklich zwei Jahre lang damit gekämpft: „Wie komme ich aus dem Muster raus? Wie werde ich dieses Muster los?“ Und alles, was ich bisher an Weisheitsbüchern zu diesem Thema gelesen hatte, hatte immer diese Empfehlung: „Ärgere dich nicht!“ „Mach dir deine Reaktion einfach bewusst und dann lass sie los!“ Das Bewusstmachen hat gut funktioniert, aber wie das blöde Loslassen gehen sollte, habe ich nie verstanden. Als ich dann an diesem Wochenendseminar bei Marshall den Ärger-Prozess kennengelernt habe, war es so eine Erleichterung, weil ich endlich verstanden habe: „Ich kann es gar nicht loslassen. Was ich brauche und was ich tun kann, ist, meinen Fokus zu verändern, weg von dem Urteil über die Menschen hin zu: „Um was geht es mir denn?“ Zwei Jahre habe ich gekämpft und gekämpft und gearbeitet an mir selber. Jetzt endlich hatte ich den Schlüssel gefunden und konnte die Tür aufschließen. Dieser Schwenk von: „Was sind das für blinde Penner?“, hin zu dem: „Wie sehr hätte ich gerne, dass Menschen wach durch die Welt gehen, bewusst, mit Rücksicht auf andere, mit einer Achtsamkeit über ‚ich bin nicht alleine auf der Welt, hier gibt es noch andere Menschen.‘“ Von da an konnte ich jedes Mal, wenn dieser Zorn hochkam, meine Aufmerksamkeit auf die Bedürfnisse richten und war dadurch raus aus dem zwanghaften „Den muss ich jetzt dafür bestrafen!“. In diesem Zustand hätte ich natürlich wunderbar mit den Menschen kommunizieren können, ohne Urteil, ohne Vorwürfe, ohne Kritik. Ich habe dann allerdings die Entscheidung getroffen, es nicht zu tun, weil mir vollkommen klar war, dass ich zwar mit jedem dieser Menschen etwa fünf Minuten ein Gespräch führen könnte, das mit einer hohen Wahrscheinlichkeit zur Kooperation führt mit dem Ergebnis, dass dieser Mensch morgen nicht mehr auf dem Radweg läuft. Dafür würden es Abertausende von anderen Menschen tun. Meine Chance, mit all denen Gespräche zu führen bis zum Ende meines Lebens, um die von mir gewünschte Veränderung herbeizuführen, habe ich für nicht sehr aussichtsreich gehalten.

TN: Hättest auch mit mir reden müssen (lacht).
KK: Ja, ich war endlich raus aus diesem Muster. Ich hatte mir nämlich auch schon Sorgen gemacht, weil ich befürchtet hatte, ich fahre mal jemand zusammen, wenn ich nicht rechtzeitig bremse.
TN: Gab es denn trotzdem eine Verhaltensänderung?
KK: Gab es auch, weil ich gemerkt habe, dass mir das zwar in dem Moment hilft, keine Feindbilder mehr zu haben. Ich fand es trotzdem noch anstrengend, dort zu fahren und habe mich schließlich entschieden, an der Isar entlang ins Büro zu fahren, was fünf Minuten länger gedauert hat, aber sehr viel entspannter für mich war.

Und zu diesem Thema gibt es noch eine kleine Geschichte: Ich gehe eine Straße entlang, da ist ein Loch. Ich sehe das Loch nicht und falle rein. Ich fluche: „Es ist überhaupt nicht meine Schuld.“ Und es kostet mich sehr viel Anstrengung, wieder herauszuklettern. Am nächsten Tag: Ich gehe eine Straße entlang, da ist ein Loch, ja, ich weiß, da ist ein Loch, aber unversehens bin ich dann doch reingefallen. Es ist ganz bestimmt nicht meine Schuld. Ich ärgere mich wahnsinnig und es kostet mich viel Kraft, wieder herauszuklettern. Am nächsten Tag: Ich gehe eine Straße entlang, da ist ein Loch. Ich weiß, dass da ein Loch ist, ich versuche es zu vermeiden, aber irgendwie lande ich doch wieder drin (einige lachen). Vielleicht ist es auch ein Stück meine Schuld. Aber ich finde es sehr, sehr mühsam, wieder herauszukrabbeln. Am nächsten Tag: Ich gehe eine Straße entlang, da ist ein tiefes Loch. Ich gehe außen herum. Am nächsten Tag gehe ich eine andere Straße entlang.

Diese Geschichte beschreibt den Prozess, wie wir schrittweise lernen. Und hat mich sehr erinnert an diese Geschichte: „Ach, ich kann auch an der Isar lang ins Büro fahren und viel entspannter dort ankommen." Mir wurde klar, dass es nicht hilfreich ist, nur zu sagen: „Ärger' dich nicht!", denn die Frage ist ja: „Wie geht das?" Für mich war es ein großes Aha-Erlebnis, endlich zu wissen: „Ah, das kann ich tatsächlich tun, ich kann meinen Fokus verändern und dann verändert sich etwas, wie ich damit umgehe und wie ich darauf reagiere."

Eine Wahl haben

KK: Gut, ein letztes Thema, das wir mit euch anschauen wollen, ist das Wort „müssen". Du hattest es vorhin angesprochen mit dem: „Ja, aber in manchen Situationen muss ich doch, da kann ich doch nicht." Und wie man mit diesen Ideen von „Ich muss", „Ich kann nicht", „Es geht nicht anders", umgehen kann, das wollen wir als Nächstes mit euch anschauen. Dazu bitten wir euch, dass ihr an ein paar Dinge in eurem Leben denkt, die ihr tut, die ihr aber sehr ungern tut. Dinge bei denen, wenn ihr euch die Frage stellt, warum ihr das tut, sofort die Idee hochkommt „Blöde Frage! Ich muss!". Bitte schlagt die Übung auf. Jetzt habt ihr die Gelegenheit, von den 287 Sachen, die euch sofort einfallen, drei aufzuschreiben, die in Verbindung stehen mit: „Was muss ich denn?" Ich muss Steuern zahlen. Ich muss meine Hemden bügeln. Ich muss das jetzt weiter üben. Ich muss mich gesünder ernähren. Ich muss mal wieder meinen Vater anrufen. Vorzugsweise Dinge, die ihr nicht gerne tut. Aber auf jeden Fall, die in irgendeiner Form verbunden sind mit dem: „Ich muss, es geht ja nicht anders, ich habe da keine Wahl."

Übung
Denken Sie an ein paar Dinge in Ihrem Leben, die Sie tun, obwohl Sie diese Dinge nicht gerne tun. Überprüfen Sie, welche Sätze in Ihrem Denken auftauchen, wenn Sie sich selbst die folgende Frage stellen:

„Wenn ich das so ungern tue, warum tue ich diese Dinge überhaupt?"

Sie werden feststellen, dass viele dieser Sätze in Ihren Gedanken folgende Worte enthalten: Müssen, sollen, nicht können, nicht dürfen. Manchmal direkt, manchmal in verkleideter Form: „Es geht halt nicht anders."

Nehmen Sie sich was zum Schreiben und schreiben Sie einige dieser Sätze auf: Ich muss ... + die Tätigkeit, die Sie tun, aber nicht gerne tun.

Okay, wie wir mit dem Konzept von „Müssen" umgehen, das hatten wir schon bei der Präsentation der Bereiche von Verantwortung erwähnt. Dieses Wort wurde entwickelt, um zu verschleiern, dass wir die Verantwortung für all unser Tun haben, weil wir immer entscheiden, was wir tun. Wir haben in der Gewaltfreien Kommunikation das Verständnis und die Bewusstheit, dass alles, was Menschen tun, aus dem gleichen Grund geschieht: Sie tun es, weil es der beste Weg ist, den sie im Moment kennen, wie sie sich wichtige Bedürfnisse erfüllen können. Wenn das nicht der

Fall wäre, würde man es nicht tun. Mit anderen Worten: Alles, was Menschen jemals tun, tun sie, weil sie gewählt haben, entschieden haben, es zu tun. Weil es zu tun von all den Möglichkeiten, die dem Menschen bewusst sind, das die beste Möglichkeit ist, sich ein Bedürfnis zu erfüllen. Das bedeutet gleichzeitig, dass wir die volle Verantwortung für alles, was wir tun, übernehmen. Das ist nicht nur angenehm und führt manchmal zu Protest und Menschen sagen: „Eigentlich ist es viel angenehmer, in einer Welt oder mit einem Bewusstsein zu leben, in dem ich nicht verantwortlich bin für alles, wofür ich mich entscheide und was ich tue."

Eine Mutter hat in einem Seminar von Rosenberg gesagt: „Natürlich gibt es Dinge, die muss man tun. Und ich finde, es ist unser Job als Eltern, als Erziehungsberechtigte unseren Kindern auch beizubringen, dass es eben manche Dinge im Leben gibt, die man nun mal tun muss." Daraufhin hat Marshall gefragt: „Kannst du mal ein Beispiel nennen für etwas, was du tun musst?" Sie sagte: „Oh, es gibt so viele, ich weiß gar nicht, wo ich anfangen soll!" Marshall sagte, ein Beispiel würde mal reichen für den Anfang (einige lachen). Sie daraufhin: „Ja, zum Beispiel muss ich kochen. Ich hasse kochen! Es gibt nichts auf der Welt, was ich so hasse wie kochen, aber die letzten zwanzig Jahre habe ich jeden Tag gekocht, selbst wenn ich mich krank und elend gefühlt habe wie ein Hund." Daraufhin Marshall: „Ja, aber warum musst du denn kochen?" „Ja, blöde Frage! Mein Mann arbeitet, er ist berufstätig. Ich bin Hausfrau, wir haben drei Kinder – ich muss kochen!" Dann hat Marshall die Hoffnung ausgedrückt, dass sie in diesem Seminar noch etwas lernt, was ihr neue Wahlmöglichkeiten eröffnet, und sie war wohl eine sehr schnell Lernende, denn am Ende vom Seminar hat sie gesagt: „Ich gehe übrigens jetzt zu meiner Familie nach Hause und eröffne denen, dass ich ab sofort nicht mehr koche." Marshall bekam auch Feedback – von der Familie, in Form von zwei Söhnen, die vier Wochen später in einem seiner Seminare als Teilnehmer auftauchten. Sie kamen ein bisschen früher, sodass er Gelegenheit hatte, sich mit ihnen zu unterhalten. Und dann hat er gesagt: „Mensch, eure Mutter ruft mich mindestens zweimal die Woche an und erzählt mir über all die weitreichenden Veränderungen, die sie in ihrem Leben vornimmt, seit sie sich aus dieser Selbsthypnose befreit hat, dass sie bestimmte Dinge tun muss. Ich bin immer neugierig, wie so die engsten Verwandten mit so einer Veränderung klarkommen. Wie war denn das zum Beispiel, als eure Mutter vor vier Wochen aus dem Seminar nach Hause kam und euch gesagt hat, dass sie ab sofort nicht mehr kocht?" Darauf hat der Siebzehnjährige gesagt: „Weißt du, was ich gedacht habe, Marshall? Gott sei Dank!" (Einige lachen). Marshall fragte: „Wie kommst du denn zu dieser Reaktion?" Da hat er gesagt: „Oh, als sie das gesagt hat, habe ich mir sofort gedacht, jetzt hört das endlich auf, dass sie jeden Abend stundenlang jammert und sich beklagt, dass sie kochen muss."

Wir hatten mal einen Lehrer im Seminar, der an der Stelle ebenfalls gesagt hat: „Natürlich gibt's Dinge, die muss man tun", und als ich nachgefragt habe: „Was denn zum Beispiel?", hat er gesagt: „Zum Beispiel meinen Schülern Noten geben. Aus pädagogischer Sicht ist mir zwar vollkommen klar, dass es hirnrissig ist, Kinder zu benoten, das macht überhaupt keinen Sinn!" Und auch hier nachgefragt: „Warum musst du deinen Schülern Noten geben?" Sagte er: „Ja, blöde Frage, unsere Schulgesetze sind so!" Dann hat er die Arbeit gemacht, die wir euch gleich bitten zu tun. Blättert bitte mal um, um zu verstehen, dass alles, was wir formulieren als "Ich muss das tun", in Wirklichkeit eine Entscheidung ist, die wir treffen. Und dafür gibt es einen guten Grund. Wenn ich also zuerst gesagt habe: „Ich muss meine Hemden bügeln", dann lautet das im „GFK-Format": „Ich entscheide mich, meine Hemden zu bügeln, weil es mir wichtig ist, bei meinem Kunden einen professionellen Eindruck zu hinterlassen." Das ist der Grund, warum ich mich entscheide, es zu tun. Und nicht, weil mich anonyme Mächte gegen meinen Willen zu etwas zwingen. Als der Lehrer die Übung gemacht hat, hieß der Satz statt: „Ich muss meinen Schülern Noten geben." „Ich entscheide mich, meinen Schülern Noten zu geben, weil es mir wichtig ist, mir meinen Arbeitsplatz zu erhalten." Und das Interessante fand ich, was er anschließend gesagt hat. Anschließend hat er nämlich gesagt: „Ja, das stimmt. Das trifft den Nagel auf den Kopf. Das ist der einzige Grund, warum ich es mache." Und dann sagte er: „Ich sage es nur ungern in dieser Form, weil plötzlich fühle ich mich so verdammt verantwortlich für das, was ich tue." Und das zeigt die innere Dynamik, „Ich muss das tun", ist eine Möglichkeit, sich aus der Verantwortung zu stehlen.

Bevor ihr das „Müssen" jetzt in euren eigenen Beispielen übersetzt, noch zwei Hinweise. Erstens: Wenn ich vorher gesagt habe: „Ich muss meine Hemden bügeln", und jetzt sage, „Nein, ich entscheide mich, meine Hemden zu bügeln, weil ich gerne einen professionellen Eindruck hinterlassen möchte", bedeutet das nicht, dass Bügeln plötzlich meine Lieblingsbeschäftigung wird. Es bedeutet nur, dass ich meinen inneren Frieden damit mache, weil ich wieder in Kontakt bin mit dem guten Grund, warum ich mich entscheide, das zu tun. Und zusätzlich werden neue Verhaltensmöglichkeiten sichtbar, weil ich dann plötzlich feststelle: „Aha, mir ist wichtig, bei meinen Kunden einen professionellen Eindruck zu hinterlassen, deshalb gehe ich gerne mit gebügelten Hemden hin." Das bedeutet nun nicht, dass ich sie bügeln muss. Es gibt Bügeldienste, die kann ich bezahlen, dass sie das für mich übernehmen, weil ich das nicht machen mag.

Zweiter Hinweis: Wenn ich von allen Wahlmöglichkeiten, die ich im Moment sehen kann, den Anspruch habe, dass das Leben mir gefälligst mindestens eine Möglichkeit anzubieten hat, die mir richtig gut gefällt, dann habe ich einen tollen Weg gefunden, mich unglücklich zu machen. Warum? Das Leben kümmert sich nicht um unsere Ansprüche! Manchmal ist die Wahl, die wir treffen, die sprichwörtliche Wahl zwischen Pest und Cholera. Wenn ich sage, „Äh, dann lieber Cholera", heißt das nicht, dass ich Cholera toll finde. Es ändert nichts daran, dass niemand anders mir diese Entscheidung abnehmen kann. Es ist meine Verantwortung, meine Entscheidung, die ich hier treffe.

Auch hierfür ein Beispiel: Als Marshall Rosenberg in einem Palästinenserlager eine Einführung in die „GFK" gemacht hat und aufzeigte, dass alles, was Menschen tun, sie nicht deshalb tun, weil sie müssen, sondern weil sie sich frei dafür entscheiden, denn das ist der beste Weg, den sie kennen, sich ein wichtiges Bedürfnis zu erfüllen, reagierte ein Palästinenser auch sehr aufgebracht und sagte: „Marshall, was redest du da für einen Stuss mit deinem Konzept von der freien Wahl? Wo war meine freie Wahl, als der israelische Militärposten mir eine Maschinenpistole an den Kopf hielt und sagte: ‚Zieh dich nackt aus oder ich erschieß dich.' Wo war da meine freie Wahl?" Daraufhin Marshall: „Scheint mir sehr offensichtlich zu sein. Du hattest die Wahl, dich auszuziehen oder dich erschießen zu lassen!" Der Palästinenser reagierte empört: „Da sag ich Dankeschön! Schöne freie Wahl!" und ging weg. Eine Viertelstunde später kam er zurück und sagte: „Marshall, ich habe deinen Punkt verstanden, du hast recht, ich hatte die freie Wahl. Ich habe mich nämlich in der Situation entschieden, meine Menschenwürde zu wahren und ich habe mich nicht ausgezogen. Ich bin dafür das Risiko eingegangen, erschossen zu werden." Also, nicht immer gefällt uns eine der Wahlmöglichkeiten, die wir im Moment sehen, trotzdem trifft niemand für uns die Wahl, was wir tun. Wir treffen sie selber.

Jetzt zum Üben. Schaut mal, ob ihr die Situation, die ihr vorher formuliert habt mit „Ich muss, ich muss, ich muss", übersetzen könnt in: „Ich entscheide mich, weil mir was wichtig ist". Was erfüllt ihr euch, indem ihr euch dafür entscheidet?

Bevor ihr in die Einzelarbeit geht – könnt ihr nochmal kurz zuhören? Es gab einmal die Frage: „Kann ich mich für etwas entscheiden, weil ich das Bedürfnis einer anderen Person erfüllen möchte?“ Nein! Es ist immer unser eigenes Bedürfnis, das wir uns erfüllen. Grund: Wir haben als Menschen, als soziale Wesen, ein Bedürfnis, das Leben anderer Menschen zu bereichern. Das heißt, in allen Situationen, in denen wir sagen: „Das tue ich für jemand anderen“, tun wir es im Grunde genommen für uns selber. Und zwar deshalb, weil wir ein angeborenes Bedürfnis haben, zu der Bereicherung des Lebens eines anderen Menschen beitragen zu wollen. Also zu sagen: „Ich tue etwas für jemand anderen“ verschleiert, dass wir letztlich alles, was wir tun, für uns selbst tun. Ihr sagt vielleicht: „Ist das nicht sehr egoistisch?“ Wir denken, dass das nicht egoistisch ist, weil wir von Natur aus so konstruiert sind, dass wir gerne etwas zum Leben anderer betragen wollen. Das ist unser Bedürfnis. Gut. Dann schaut mal, ob ihr die Bedürfnisse findet. Und wenn ihr irgendwo hängt, sagt: „Hier kann ich einfach kein Bedürfnis finden“, dann helfen wir euch gerne, das Bedürfnis zu finden.

Einzelarbeit im Seminar

Übung
Denken Sie an ein paar Dinge in Ihrem Leben, die Sie tun, obwohl Sie diese Dinge nicht gerne tun. Überprüfen Sie, welche Sätze in Ihrem Denken auftauchen, wenn Sie sich selbst die folgende Frage stellen:

„Wenn ich das so ungern tue, warum tue ich diese Dinge überhaupt?“

Nehmen Sie sich was zum Schreiben und formulieren Sätze wie folgt:

Ich entscheide mich .... (Tätigkeit), weil mir wichtig ist ... (Bedürfnis).

Versuchen Sie mindestens drei solcher Sätze für verschiedene Tätigkeiten zu formulieren.

KK: Und wenn ihr es umformuliert habt, dann achtet mal darauf, ob sich das in der anderen Formulierung für euch anders anfühlt, ob das mit anderen Gefühlen verbunden ist: „Ich muss meine Hemden bügeln.“ Oder: „Ich entscheide mich, meine Hemden zu bügeln, weil mir dies oder jenes wichtig ist.“
TN: Mit sich selber zufrieden zu sein, was ist das für ein Bedürfnis? Oder ist das schon Bedürfnis?
KK: Inneren Frieden finden.
TN: Wenn ich mit Frust sage: „Ich muss sehen, dass ich Nachtdienste mache.“ Was ist das Bedürfnis dahinter? Also, ich entscheide mich für regelmäßige Nachtdienste, weil ich ein Bedürfnis nach Pflichtbewusstsein habe, oder?
KK: Könnte sein, dass du sagst: „Im Rahmen dessen, in dem ich mich entschieden habe zu arbeiten, möchte ich meinen Beitrag leisten, dass Patienten auch in der Nacht gut versorgt sind.“
TN: Ja.
SP: Oder vielleicht ist es aus Kollegialität auch den anderen Kollegen gegenüber?
KK: Mhm. Ja, und „Ich möchte, dass die ungeliebten Nachtdienste fair verteilt sind“.

TN: Ja. Kollegialität.
KK: Falls ihr übrigens auf etwas stoßt, wo ihr sagt: „Ich kann da grübeln, solange ich will, ich finde kein Bedürfnis", dann gibt es nur eines, sofort damit aufhören, es zu tun! Etwas, was keine Bedürfnisse erfüllt, macht keinen Sinn, weiterhin zu tun. Das gibt es manchmal, selten zwar in unserer Erfahrung, aber das gibt es in Ausnahmenfällen, dass wir herausfinden: „Das ist noch ein altes Muster aus früheren Jahren, in denen diese Tätigkeit mal wichtige Bedürfnisse erfüllt hat, aber es längst nicht mehr tut." Es könnte sein, dass wir den Zeitpunkt verpasst haben, in dem uns bewusst wird: „Es hat mal wichtige Bedürfnisse erfüllt. Wunderbar. Aber das tut es nicht mehr. Also aufhören." Das passiert, wenn wir in diesem Hamsterrad der Selbsthypnose laufen von „Das muss ich tun".
SP: Aber das ist ja die Einschränkung, eine kleine Einschränkung des Satzes „Menschen tun immer Dinge, um sich bestimmte Bedürfnisse zu eröffnen", oder? Manchmal ist es einfach Routine.
TM: Ein Gewohnheitsmuster, so wie wir das häufig in der Selbsterfahrung sehen.
KK: Ja und Gewohnheitsmuster haben natürlich auch einen bestimmen Nutzen. Die Kosten sind in der Regel höher als der Nutzen, wenn man sich bewusst macht „Was habe ich davon?" und „Was kommt dabei zu kurz?".
TN: Ist Umweltschutz oder Respekt von der Umwelt ein Bedürfnis?
KK: Ja. Mit dem Bewusstsein, dass unser Planet nicht tote Materie ist, sondern dass viele Menschen sagen: „Das ist ein Lebewesen." Und: „Wir sind Teil dieses lebendigen Systems." Da gibt es einen Wunsch, einen Beitrag zu leisten, dass das Leben erhalten bleibt.
TN: Ist Sparsamkeit ein Bedürfnis? Nee, oder?
TM: Das steht auf der Bedürfnisliste, und ich denke, da ist der Punkt ganz wichtig, den du gesagt hast, dass das nur Worte sind, die auf etwas hinweisen.
TM: Ich kann auch nicht bei allen Bedürfnissen auf dieser Liste erkennen, dass sie wirklich für jeden gelten. Und es gibt natürlich auch eine Form der Selbstentwicklung, die auch auf Bedürfnislosigkeit ausgerichtet ist und sehr viele Bedürfnisse runterfährt. In der meditativen Selbstentwicklung ist das so. Aber es sind halt nur Worte, die drauf hinweisen, und die Bedürfnisse sind wohl noch was anderes.

KK: Ich möchte nochmal auf eines hinweisen. Manche Menschen sagen „Sparsamkeit" oder „Gerechtigkeit" seien kein Bedürfnis. Alles, was wir in diesen abstrakten Begriffen wie „Sparsamkeit", „Gerechtigkeit", „Wertschätzung" benennen, sind einerseits ein verbaler Hinweis auf ein Bedürfnis. Andererseits werden diese Begriffe natürlich auch als Bewertung, als Urteil benutzt: „Das ist sparsam." „Das ist respektvoll." „Das ist fair." Ein Gedankenexperiment: Stellt euch vor, ihr sitzt in einem Auto auf dem Beifahrersitz und jemand anderes fährt. Und im Rahmen dieses Gedankenexperimentes, stellt euch bitte vor, das Auto könnte technisch gesehen unbeschränkt schnell fahren. Jetzt drückt der Fahrer aufs Gas und fährt schneller und schneller und noch schneller und noch schneller und noch schneller. Kann sich jeder von euch eine Geschwindigkeit vorstellen, bei der du sagst: „Oh, jetzt wird mir ein bisschen mulmig, jetzt kriege ich ein bisschen Schiss." Was immer die Geschwindigkeit ist. Vorstellbar? (Einige stimmen durch „Mhm" zu.) Das bedeutet, bei genau dieser Geschwindigkeit kommt dein Bedürfnis nach Sicherheit zu kurz. Ist es vorstellbar, dass jemand anderer an eurer Stelle sitzt, Vettel, Schumacher, Alonso und Konsorten, die sich noch pudelwohl fühlen? Auch vorstellbar? (Einige stimmen durch „Mhm" zu.) Das bedeutet, dass es keinen Sinn macht, zu sagen: „Jemand fährt zu schnell oder leichtsinnig oder riskant." Aber jeder Mensch hat natürlich das Recht, für sich selber zu entscheiden: „Kommt mein Bedürfnis nach Sicherheit gerade zu kurz oder nicht?" Es gibt kein respektloses Verhalten. Es gibt nur konkret beobachtbares, beschreibbares Verhalten, bei dem manche Menschen sagen: „Bei diesem Verhalten kommt mein Bedürfnis nach Respekt zu kurz", wohl wissend, dass es andere Menschen geben mag, die sagen „Bei mir nicht". Also „Respekt" gibt es nicht als Tatsache, als Beobachtung, weil dann ist es ein Urteil. Aber es gibt Respekt als Bedürfnis, individuell, und jeder muss für sich selber entscheiden: „Ist in diesem Moment, bei dieser Faktenlage mein Bedürfnis nach Respekt erfüllt oder nicht erfüllt?“ Und von daher zu sagen: „Das ist ein sparsamer Mensch“, ist ein Urteil. Aber ich möchte, dass wir sparsam und sorgfältig mit Dingen umgehen, ist ein Bedürfnis. Wann das erfüllt oder nicht erfüllt ist, da gibt es eine riesige Bandbreite an unterschiedlichen Sichtweisen und Situationen, in denen Menschen sagen: „Da ist es für mich erfüllt.“ „Da ist es nicht erfüllt.“

TM: Du hattest auch mal gesagt, dass die Bedürfnisse nicht immer gleich hungrig sind.
KK: Genau. Es hängt auch davon ab, ob ich gut gegessen habe oder gerade was Schönes erlebt habe, und, und, und. All dies hat einen Einfluss darauf. Übrigens nicht nur auf unsere Bedürfnisse, sondern auch auf unsere Wahrnehmung. Wir wissen, dass Richter nach dem Mittagessen mildere Urteile fällen, als vor dem Mittagessen. Wir wissen, dass Menschen mitfühlender auf andere eingehen, wenn sie zehn Minuten vorher zehn wertschätzende Begriffe gehört haben, an Stelle von Urteilen, Kritik und Vorwürfen. Wir werden immens beeinflusst durch den Kontext, in dem wir uns befinden, in dem, wie wir die Welt sehen, wie wir uns verhalten.
TN: Ich stelle es mir schwer vor, eine Gesetzgebung zu machen, wenn man das so sieht. Es gibt ja schon eine Rechtsnorm. Und gewisse Dinge kann man zu anderen sagen, andere wieder nicht. Ich habe zum Beispiel mal gehört, man darf nicht sagen, dass jemand ein Arschloch ist, aber man kann sagen, dass er sich arschlöchig verhalten hat.
KK: Ja. Ich weiß, dass Marshall sehr darunter gelitten hat. Er sagte: „Mein Gott, wie kann es sein, dass wir Menschen so viel Manpower und Hirnschmalz darauf verwenden, um in Rechtssystemen darüber nachzudenken, ob jemand für das, was er hier getan hat, zwei Jahre und drei Monate in den Knast gehen soll oder zwei Jahre und acht Monate. Was für ein Wahnsinn! Was für eine Vergeudung menschlicher Ressourcen, darüber überhaupt nachzudenken. Anstatt darüber nachzudenken, was muss man tun, damit Menschen sicherer sind, damit gewährleistet wird, dass die Bedürfnisse von Menschen zum Tragen kommen und berücksichtigt werden. Darüber lohnt es sich nachzudenken. Und nicht darüber nachzudenken ist Arschlosch-Sagen strafbar und arschlöchig-Sagen nicht und wo ist hier der Unterschied?“ Eine Verschwendung menschlicher Geisteskraft, sich mit solchen Fragen überhaupt zu beschäftigen. Das teile ich übrigens!
TN: Du hast gesagt, du hilfst uns bei den Bedürfnissen, wenn wir sie nicht finden. Ich kann kein Bedürfnis für „Streuen und Schneeschippen“ finden?
KK: Streuen und Schneeschippen.
TN: Ja, im Winter.
KK: Hat jemand eine Idee, um welche Bedürfnisse es hier gehen könnte?
TN: Das Bedürfnis, dass auch andere streuen und Schnee schippen
TN: Ja. Wenn du das nicht machst, dann machst du dich strafbar, und dann gehst du vielleicht in den Knast (lacht).
TN: Das wusste ich nicht, dass ich mich strafbar mache.
TN: Also, ich bin schon mal vor Jahren auf einem Weg, der nicht gestreut war, ausgerutscht und habe mir mein Bein gebrochen. Deswegen finde ich, dass es gut ist, sich darum zu kümmern, dass auch andere sicher sind. Also mir ist es auch ein Bedürfnis, dass meine Umgebung sicher ist, nicht nur für mich, sondern auch für andere.
KK: Da sind jetzt zwei Aspekte genannt worden. Das eine ist: Wir haben das Bedürfnis, beitragen zu wollen zu den Bedürfnissen anderer. Wir sind als Menschen soziale Wesen. Spiegelneuronen spielen als biologische Grundlage hier eine Rolle, und wir sind motiviert, gelingende menschliche Beziehungen zu haben. Das ist die Grundlage unseres Motivationssystems. Das heißt, es ist dein Bedürfnis, einen Beitrag zu leisten, dass es anderen Menschen gut geht.

TN: Unabhängig davon, ob ich sie kenne oder nicht?
KK: Unabhängig davon. Wobei die Forschungen durchaus zeigen, dass wir bei Menschen, denen wir nahestehen durchaus eine größere Energie aufbringen, einen Beitrag zu leisten, als für Menschen, die wir persönlich nicht kennen. Gleichzeitig ist es so, dass viele Menschen bereit sind, für Katastrophenopfer zu spenden, obwohl sie die Menschen überhaupt nicht kennen und auch keine Chance haben, sie jemals kennenzulernen, trotzdem gibt es die Bereitschaft. Bei Spendenaufrufen werden Kindergesichter in die Flyer und Prospekte eingebaut. Dadurch entwickeln wir einen stärkeren emotionalen Bezug. Ein zweiter Aspekt, den du erwähnt hast, war: „Naja, ich bin gesetzlich verpflichtet. Und wenn ich es nicht tue, dann droht eine Strafe." Manche Menschen würden vielleicht sagen: „Das eine zieht mich nicht. Dagegen ist meine Motivation, dass ich gerne mein Geld für Dinge ausgeben würde, die mir mehr Spaß machen, als einen Strafzettel zu bezahlen." Hat jemand von euch den Satz „Ich muss Steuern zahlen" bearbeitet und in eure Bedürfnisse übersetzt?
TN: Ja, ich.
KK: Okay. „Steuern zahlen", da gibt es manche Menschen, die sagen: „Ich möchte wirklich einen Beitrag dafür leisten, dass wir als Gemeinschaft soziale Aufgaben schultern können." Während andere ganz profan sagen: „Ich entscheide mich, Steuern zu zahlen, weil ich mein Leben gerne in Freiheit verbringe." Das kann auch reichen als Motivation.
TN: Nochmal zu vorhin, mit den Spenden. Für diesen Punkt gibt es im Islam eine ganz klare Sichtweise. Alle Muslime sind gefordert, Almosen zu geben oder was zu spenden. Und dann kommt natürlich auch der ganz klare Text im Koran dazu, der besagt, dass einfach das Tun an sich etwas Gutes bewirkt, das heißt, es gibt die Sichtweise, wenn ich das von Innen heraus tue, das kommt auch an.
FK: Gute Absicht hat eine Wirkung.
TM: Das ist ein interessanter Aspekt, finde ich.
TN: Eine ganz andere Frage: Da gibt es ja neben dem „Müssen" das „Ich darf nicht". Darüber habe ich nachgedacht. Wenn ich Auto fahre, darf ich nicht schneller als 160 fahren, weil mein Corsa sonst wackelt und ich mir dann unsicher bin (einige lachen). Ja, und gestern bin ich mit meinem Vater heimgefahren, und er fährt gerne 170. Da wollte ich ihm eigentlich auch schon sagen: „Jetzt fahr nicht 170." Aber mir war überhaupt nicht klar, was mich so stört. Er fährt sicher, und ich habe mich in keiner Art und Weise unsicher gefühlt, weil er auf andere Autos nicht auffährt. Das mache ich auch nicht. Und das hat er in dem Moment auch nicht. Und trotzdem kam mir dieser Gedanke, dass er irgendwie nicht so schnell fahren sollte.
TM: Vielleicht ein Gewohnheitsmuster?
TN: Das ist jetzt nicht sehr wichtig, aber das hat mich beschäftigt.
KK: Wir können Vermutungen anstellen, was alles möglicherweise eine Rolle spielt, was bei dir Resonanz gibt. Diese Frage kannst letztendlich nur du beantworten. Vielleicht gibt es innere Überzeugungen oder Verbote, auf die du reagierst. Vielleicht ist das eine alte Geschichte, die du einfach loslassen kannst: „Ich habe irgendwann gehört, es ist unanständig, so schnell zu fahren, das habe ich verinnerlicht." Was habt ihr für Phantasien, was möglicherweise an Bedürfnissen hier eine Rolle spielen könnte?
Prüfe bitte noch einmal, welches Gefühl auftaucht. Wenn du dich jetzt in die Situation reinversetzt. Du sitzt am Beifahrersitz. Dein Vater fährt 170.
TN: Das ärgert mich ein wenig.
KK: Mhm. Wenn du sagst, es ärgert mich, dass er so schnell fährt: gibt es einen Gedanken, der auftaucht, wenn du deine Gedanken mal untersuchst?
TN: Warum fährst du wieder so schnell?
KK: Mhm, das ist eine Fragestellung. Und jemand, der so schnell fährt – gibt es dazu einen Gedanken? Jemand, der so schnell fährt wie dein Vater in dem Moment?
TN: Ja schon: „Der gefährdet andere".
KK: Das heißt, es geht nicht darum, dass du dich sicher fühlen möchtest oder sicherer fühlen möchtest, sondern du möchtest, dass Menschen, wenn sie mit dieser Geschwindigkeit fahren, eine Bewusstheit darüber haben, dass sie, auch wenn sie gute Autofahrer sind, in eine Gefahrensituation kommen können, die

mit einem höheren Risiko verbunden sind, dass jemand zu Schaden kommt, als wenn jemand 150 fährt. Ist da was dran?
TN: Mhm. Okay. Ja.
TN: Das ist einfach so, dass deine persönliche Sicherheitsgrenze bei 160 liegt.
TN: Ja. Es spielt eine Rolle, wie schnell man fährt und ob dadurch andere gefährdet sind.
KK: Könnte sein. Und dann wäre es so, dass man sagt, ich möchte, dass Menschen, die am Steuer sitzen, nicht nur über sich und ihre Sicherheit nachdenken, sondern auch verantwortungsbewusst mit den Sicherheitsbedürfnissen anderer umgehen und dass sie diese Bedürfnisse mit auf dem Schirm haben.
TN: Mhm, okay, da denke ich mal drüber nach.
TN: Wir haben gestern oder vorgestern die Begriffe „Motive", „Motivation", „Motivierung" verwendet und jetzt kommen sie überhaupt nicht mehr vor?
KK: Die kommen schon vor.
TN: In der Hauptsache das Motiv, Bedürfnisse zu befriedigen, oder?

KK: Genau. Wenn wir sagen Motive, z.B. „Hier will sich jemand selbst erhöhen" oder „Dem geht es ja nur um Anerkennung", heißt das, dass ich Motive unterstelle, die mit Urteilen verbunden sind. Und wir würden sagen, dieses Motiv ist nicht das wirkliche, das ist nur an der Oberfläche. Das heißt, wir untersuchen sehr wohl Motive. Wir sagen aber, dass wir bei allen Motiven, die nicht auf Bedürfnissen beruhen, noch nicht tief genug gegraben haben und das wirkliche Motiv noch nicht wirklich verstanden haben.
TN: Motiv ist auch, wenn man nicht direkt mit dem Menschen spricht, sondern irgendwie bei einem Gespräch über einen Menschen Interpretationen oder Urteil hat.
KK: Das ist das, was ich gerade sage. Wenn wir „Motive" benennen, wie „Das macht der nur, weil er sich bereichern möchte", dann heißt das, ich habe ein Motiv unterstellt bzw. vermutet. Beim empathischen Zuhören stelle ich auch Vermutungen bzw. Interpretationen an und suche dabei nach dem Bedürfnis. Wenn ich dagegen sage: „Ich glaube, das ist dessen Motiv", und dabei realisiere, dass ich über dieses Motiv ein Urteil habe, dann ist das aus unserer Sicht ein Hinweis, dass ich das Bedürfnis noch nicht gefunden habe. Und wenn ich einen menschlichen Umgang pflegen möchte, würde es heißen: „Ich bin bereit, so tief zu graben, bis ich verstehe, ‚Ah, das ist es, worum es dem anderen geht', und ich habe nichts anderes als Hochachtung für dieses Motiv." Und zwar deshalb, weil ich sage: „Wenn der Mensch das aus diesem Grund macht, kann ich es total nachvollziehen, denn ich habe das gleiche Bedürfnis." Und wenn ich ein Motiv unterstelle, was mit Urteilen verbunden ist, würden wir sagen: „Nicht tief genug gegraben – ich hänge noch im Urteil."
TN: Noch eine kleine Ergänzung zum Thema Spenden. Aus islamischer Sicht, wenn man etwas spendet und das anderen mitteilt, dann bedeutet das: Man macht das nicht aus Liebe, sondern aus Ego. Und dann verliert es die Bedeutung. (Einige stimmen durch „mhm" zu.)
TM: Gibt es im Christentum auch!
KK: Und bei der Aussage: „Das macht er nur, um sein Ego zu stärken", würde man aus der Sicht der GFK sagen: „Da haben wir das wirkliche Motiv noch nicht verstanden." (Einige stimmen durch „Mhm" zu.)

Verstanden haben wir es erst, wenn wir Mitgefühl entwickeln können, wenn jemand sagt: „Meine Selbstachtung liegt so am Boden, dass ich händeringend nach Möglichkeiten suche, meinen eigenen Selbstwert, meine eigene Selbstachtung etwas größer zu machen, und die einzige Möglichkeit, die ich gelernt habe, die mir zur Verfügung steht, ist, jetzt etwas zu spenden und es an die große Glocke zu hängen, um von anderen eine Würdigung, eine Wertschätzung, ein Lob einzuheimsen, weil das die einzige Möglichkeit ist, die ich kennengelernt habe, wie ich meine Selbstachtung stärken und hochhalten kann." Wir alle tun Dinge, um unsere Selbstachtung hoch zu halten. Manchmal wählen wir jedoch Strategien, die uns im Nachhinein doch nicht gefallen, weil wir feststellen, dass dadurch andere Werte und Bedürfnisse zu kurz gekommen sind. Zum Beispiel aus Liebe geben. Und deswegen finde ich es schade, dass dieser Mensch keine andere Strategie hat und möchte, dass er andere Strategien kennenlernt, wie er seine Selbstachtung stärken kann, als eine „Ich spende mal an Arme und lasse mich dann feiern dafür, was ich für ein toller Mensch bin". Aber das Motiv dahinter, wenn ich das verstehe, dann bin ich beim Bedürfnis angekommen, wenn ich merke, ich habe kein Urteil darüber.

Integration und Abschluss

KK: Ich möchte euch eine Geschichte erzählen, die dauert noch ungefähr zwölf Minuten. Im Anschluss daran werden wir zum Abschluss eine Runde machen. Das wird zeitlich nur im Rahmen sein, wenn ihr euch alle verpflichtet, in der Abschlussrunde in weniger als einer Minute euer Statement abzugeben. Klappt das? (Einige Teilnehmer: „Ja.")

Die Geschichte hat den Titel „Was die Frauen wirklich wollen". (Einige lachen.) Lange drauf gewartet, oder? (Einige lachen.)

Das ist eine Geschichte, die sich vor vielen hundert Jahren zugetragen hat in einem Land, wo es einen König gab, der als weise und gütig galt und deshalb sehr beliebt war. Er hatte einen Sohn, den jungen Prinzen, der war gerade achtzehn geworden. Ein junger hübscher Bursche. Die Leute haben begonnen, sich darüber zu unterhalten, dass er im heiratsfähigen Alter ist, und er wird sich sicher bald eine Frau suchen, und ein paar Mädels im Königreich, die Hoffnung hatten, dass das Auge des Prinzen vielleicht mal auf sie fällt, die waren besonders neugierig: „Wer wird es wohl sein?" Aber der Prinz hat keine großen Anstalten zu diesem Thema gemacht. Er hatte ein Hobby, das war die Jagd, und deshalb war er viel unterwegs. Eines Tages, als er auf der Jagd war, hat er einen Hirsch angeschossen, verfolgte seine Fährte und kam in einen Teil des Landes, wo er vorher noch nie war. In diesem Wald kannte er sich nicht aus und irgendwann merkte er, dass er die Fährte verloren hatte. Er entschied sich, wieder nach Hause zu reiten. Und gerade, als er sein Pferd umdrehte, um nach Hause zu reiten, machte es grrrr, Blitz und Donner und plötzlich stand ein Zauberer vor ihm. Spitzer Hut, buschige Augenbrauen und fuhr ihn an: „Hey, was machst du hier in meinem Wald?" Der Prinz sagte: „Sorry, ich wusste nicht, dass das dein Wald ist. Ich war auf der Jagd, habe mich ein bisschen verirrt und reite eh gerade nach Hause." „Nix da!", sagte der Zauberer. „Wer meinen Wald ungefragt betritt, der muss sterben!" „Was?", rief der Prinz. „Sterben gleich? Ich habe mich doch entschuldigt, da muss man nicht gleich vom Sterben reden. Außerdem habe ich es nicht gewusst, dass das dein Wald ist, das war keine böse Absicht." Der Zauberer daraufhin: „Ja, Nichtwissen schützt vor Strafe nicht!" Dem Prinzen wurde ganz schön mulmig, und er flehte den Zauberer an: „Aber ich bin noch ganz jung und habe mich entschuldigt, da kann man vielleicht eine Ausnahme machen oder ein Auge zudrücken. War doch gar keine böse Absicht." Der Zauberer: „Jetzt hör mal auf mit dem Gewinsel, das ist ja unerträglich. Also gut. Ich gebe dir noch eine Chance, ich stelle dir jetzt eine Frage. Wenn du sie richtig beantwortest, vergessen wir das Ganze, wenn nicht, dann stirbst du." „Okay", sagte der Prinz erleichtert, „und wie lautet die Frage?" Der Zauberer: „Die Frage lautet: Was ist es, was die Frauen WIRKLICH wollen?" „Och nöö, das finde ich jetzt keine faire Frage. Ich bin doch noch jung, hab kaum Erfahrung mit Frauen, und hier geht es um Leben und Tod, das finde ich jetzt keine faire Frage." „Also gut", hat der Zauberer gesagt, „jetzt hör mal auf. Also, ein letztes Angebot mache ich dir noch:

Du schwörst bei deiner Prinzenehre, auf den Tag genau in einem Jahr erscheinst du wieder hier, und wenn du die Frage dann richtig beantwortest, Schwamm drüber, wenn nicht, will ich aber kein langes Gejammer mehr hören, dann kommt die Rübe runter." Was sollte der arme Prinz machen? Er hat geschworen und ist nach Hause geritten und hat natürlich sofort alles dem Papa erzählt. Der König wollte erst aufbrausen. Als er gesehen hat, dass sein Sohn ziemlich weiß um die Nase ist und die Knie ein bisschen schlottern, hat er seinen Arm um ihn gelegt und hat gesagt: „Sohnemann, reg dich nicht auf, das kriegen wir schon irgendwie hin. Ich bin ja der König, das muss für irgendwas gut sein. Ich habe auch schon eine Idee. Wir schicken Herolde im Land herum, die alle Leute fragen: ‚Was ist es, was die Frauen wirklich wollen?' Dann schreiben wir alle Antworten auf. Wir haben ein Jahr Zeit, da bekommen wir so viele Antworten zusammen. Da ist die richtige Antwort garantiert dabei." Gesagt, getan, die Herolde wurden umher geschickt und befragten alle Leute: „Was ist es, was die Frauen wirklich wollen?" Alle Antworten wurden gesammelt und in große Bücher reingeschrieben. Und da kam natürlich jetzt eine riesige Bandbreite an Antworten zusammen: von den tiefsinnigsten philosophischen bis zu den oberflächlichsten Antworten. Die ganze Bandbreite war dabei.

Was glaubt ihr ist es, was die Frauen wirklich wollen?

FK: Pferde.
TM: Liebe.
SP: Schokolade.
TN: Aufmerksamkeit.
TN: Lächeln.
TN: Verständnis.
TN: Kleider.
TN: Zärtlichkeit.
TN: Angehört werden.
TN: Geburtstagsgeschenke.
TN: Zuwendung.
TN: Zuneigung.
TN: Sonnenschein.
TN: Nichts!
KK: Nichts?
TN: Blumen.
TN: Ihre Ruhe.
TN: Geborgenheit.
TN: Richtige Männer.

KK: Alle Antworten wurden also aufgeschrieben, und der Prinz – das Vorrecht der Jugend – ist bald wieder fröhlich jagen gegangen und hat nicht mehr darüber nachgedacht. Nur manchmal hatte er Albträume. Und wenn er nicht schlafen konnte, ging er rauf ins Turmzimmer zu den Büchern. Man sah dann stundenlag Licht in der Nacht, wie er da die Bücher studiert hat. Und wenn er dann gesehen hat, wie viele Antworten da zusammenkamen, dann war er wieder erleichtert, konnte er wieder einschlafen. Gegen Ende des Jahres wurden die Albträume häufiger und er war oft im Turmzimmer zu finden. Und dann, etwa eine Woche bevor das Jahr um war, waren zwei Bücher voll und das dritte schon fast. Da war er wieder mal jagen im Wald, kam auf eine kleine Lichtung und sah dort eine alte Frau am Boden sitzen. Als er vorbeiritt, drehte er sich um, um sie zu grüßen. Und als sie ihm den Kopf zudrehte, ist er fast vom Pferd gefallen, so erschrocken war er. Die Frau war so hässlich, dass es kaum zu beschreiben war. Sie hatte große Pferdezähne im Mund, die schon halb vergammelt waren, eine Schweinsnase hing ihr quer im Gesicht, ein Auge hing aus der Höhle raus, das andere schielte blutunterlaufen nach oben, Warzen, Pickel, kaum Haare auf dem Kopf. Sie war ein richtiges Monster. Und dann hat die Alte zu ihm gesagt: „Hey Prinz, ich weiß, was dein Problem ist." „Ja", sagte er, „kein Wunder, seit fast einem Jahr reiten die Herolde umher, und ich glaube, jeder im Königreich weiß inzwischen, was mein Problem ist." Da hat die Alte gesagt: „Aber du hast die richtige Antwort noch nicht." „Woher willst denn du dass wissen?", hat er gefragt. „Das weißt du wahrscheinlich nicht, aber wir haben fast drei Bücher voll, da stehen so viele Antworten drin. Da ist die richtige Antwort garantiert dabei." „Du irrst dich", sagte die Alte vehement, „denn ich bin die Einzige, die die richtige Antwort hat." Der Prinz ganz verblüfft: „Du die Einzige? Das finde ich ganz schön arrogant. Naja", sagt er „ist ja auch egal. Sag mir deine Antwort, dann schreiben wir sie auch ins Buch. Lieber eine Antwort zu viel als eine zu wenig." Da sagte die Alte: „Würde ich schon machen, aber es kostet was." Der Prinz wieder: „Ja, kein Problem, verstehst du, mein Vater ist der König, wir sind reich ohne Ende. Nee, sag einfach, was du haben willst, und das bezahlen wir, anstandslos." „Ich will kein Geld", hat die Alte gesagt. „Heiraten musst du mich," „Heiraten?", hat er gesagt. „Nimm's nicht persönlich, aber hast du schon mal in den Spiegel geschaut, also. (Einige lachen.) Ich habe das ganze Leben vor mir." Und: „Das kommt überhaupt nicht in die Tüte." „Naja", hat die Alte gesagt: „wenn du es dir anders überlegst, Prinz, weißt du, wo du mich findest." „Nee", sagte der Prinz, „vergiss es, vergiss es" und ist nach Hause geritten.

Drei Tage bevor das Jahr um war, schnappte er sich das erste Buch und ritt zu dem Zauberer, der schon auf ihn wartete und gleich fragte: „So, weißt du jetzt, was die Frauen wirklich wollen?" „Jawohl", sagte der Prinz überzeugt, schlug das Buch auf und begann vorzulesen: „Pferde, Diamanten, Geliebt werden, Zärtlichkeit usw. Und jedes Mal schüttelte der Zauberer den Kopf und verneinte: „Das ist nicht das, was Frauen wirklich wollen. Das ist nicht die richtige Antwort." Als dann die Sonne unterging am ersten Tag, das erste Buch fertig vorgelesen war und der Zauberer auch bei der letzten Antwort den Kopf geschüttelt hatte, ritt der Prinz nach Hause und bekam ein ganz komisches Gefühl. Er hatte aber noch Hoffnung, denn schließlich gab es ja noch zwei weitere Bücher mit Antworten. Der zweite und dritte Tag verlief allerdings wie der erste. Und als schließlich die allerletzte Antwort aus dem letzten Buch vorgelesen war und der Zauberer wieder sagte: „Nein, das ist nicht die richtige Antwort", meinte der Zauberer triumphierend: „So, mach dich bereit, du stirbst jetzt." Der Prinz darauf: „Nein, warte, mir ist noch was eingefallen. Gib mir noch eine halbe Stunde! Komm schon, jetzt haben wir ein Jahr gewartet, da kommt es nicht auf eine halbe Stunde an. Ich schwöre, ich komm zurück." „Also gut. Eine halbe Stunde sollst du noch haben", erwiderte der Zauberer. Da ist der Prinz wie ein geölter Blitz aufs Pferd gesprungen und zu der Alten geritten, die ihn schon erwartete und auch gleich fragte: „Na, Prinz, anders überlegt?" „Ja, ja", sagte er verzweifelt, „Es geht jetzt wirklich um Leben und Tod. Jetzt habe ich mich entschieden, ich heirate dich doch." Daraufhin die Alte: „Schwörst du?" „Ja, ja ich schwöre, ich schwöre." „Okay, beug dich mal runter vom Pferd", und dann flüsterte sie ihm was ins Ohr. Der Prinz wieder zurück zum Zauberer. „Ich weiß jetzt, was die Frauen wirklich wollen: Sie wollen gefragt werden, was sie wollen." Oh, war der Zauberer sauer, hat aufgestampft, hat sich aufgeführt wie Rumpelstilzchen und dauernd gemurmelt: „Das hat dir die Alte gesagt." Aber er musste den Prinzen ziehen lassen. Daheim machte sich erstmal natürlich eine riesige Erleichterung breit, weil ja niemand wusste, ob der Prinz lebendig zurückkommt. Da wurde tüchtig gefeiert. Es war, wie wenn dem Prinzen ein neues Leben geschenkt wurde. Am nächsten Tag in der Früh machte es poch, poch, poch am Schlosstor. Der Prinz ging runter, und da stand die Alte vor der Tür und sagte: „Prinz, Zeit zu zahlen.“ „Ja. Ich weiß“, sagte der Prinz ganz niedergeschlagen. „So, wie läuft das jetzt hier ab, Prinz?“, wollte die Alte wissen. Der Prinz darauf: „Ich habe schon mit meinem Vater geredet. Es gibt da eine kleine Einsiedelei, da hat ein Mönch sich tief im Wald eine Kapelle gebaut, da können wir in aller Stille getraut werden.“ „Nix da“, fordert die Alte, „Königssohn heiratet, große Fete ist angesagt.“ Der Prinz stöhnte ein bisschen: „Muss das sein?“ „Ja, wenn der Königssohn heiratet, muss das Volk dabei sein.“ „Okay. Dann machen wir es, ist eh schon wurscht, dann machen wir es so, wie du willst.“ Es wurden wieder Herolde ausgeschickt, alle Leute informiert, alles, was in einer halben Tagesreise machbar war, war dann unterwegs. Die Leute waren überrascht, niemand wusste, dass der Prinz heiratet, mittags war der Schlosshof gerammelt voll. Alle haben sie raufgeschaut auf den Balkon, wo das Brautpaar erscheinen sollte, und dann kam das Brautpaar raus. Totenstille – man hätte eine Stecknadel fallen hören können. Alle waren fassungslos, als sie das Monster neben dem Prinzen sahen. Und dann wurde Hochzeit gefeiert. Aber so richtig Trubel, Jubel, Heiterkeit mochte nicht aufkommen. Als die Hochzeitsfeierlichkeiten zu Ende gingen und die Gäste wieder verschwanden, ging der Prinz mit seiner Frau ins Schlafgemach hinauf. Als sie im Zimmer waren, sagte die Alte: „So Prinz, Hochzeitsnacht ist jetzt!“ „Ja“, sagte er, „ich weiß“, aber er sah nicht so aus, als hätte er sich darauf gefreut. Als er seinen Wams ausgezogen und an den Nagel gehängt hat und sich dann umdrehte, stand er auf einmal mit offenem Mund da.

Vor ihm stand die schönste junge Frau, die er je in seinem Leben gesehen hatte. „Wer bist du denn?“ „Ja“, sagte seine Frau, „ich bin die ehemalige Alte.“ „Wie bitte? Das verstehe ich nicht.“ „Kannst du auch nicht verstehen, Prinz. Du wusstest ja nicht, dass ein böser Zauber auf mir lag, der nur dadurch gebrochen werden konnte, dass jemand bereit war, mich zu heiraten, obwohl ich so hässlich bin.“ „Oh“, sagte der Prinz erfreut, „ich bin der glücklichste Mensch auf der ganzen Welt.“ Seine Frau daraufhin: „Mal langsam Prinz, mal langsam, du kennst die ganze Story noch nicht. Die Sache ist nämlich die, zwölf Stunden am Tag sehe ich so aus wie du mich kennengelernt hast, die anderen zwölf Stunden sehe ich so aus, wie du mich jetzt siehst.“ „Was?“, fragte der Prinz. „Ja“, sagte seine Frau. „Gell, Prinz, jetzt hast du ein Problem, jetzt musst du dich nämlich entscheiden: soll ich tagsüber jung und schön sein, da werden dich alle Leute beneiden, die Nächte mit mir werden dir aber nicht so gut gefallen. Oder du entscheidest dich, dass ich in der Nacht jung und schön bin, dann werden dir die Nächte mit mir sicher besser gefallen, aber dann musst du damit leben, dass tagsüber die Leute mit dem Finger auf dich zeigen, dich für verrückt erklären, wen du da geheiratet hast. Sag, wie entscheidest du dich denn jetzt?“ Da schaute der Prinz seiner Frau lange in die Augen und fragte schließlich: „Was ist es denn, was du möchtest?“ Daraufhin sagte sie: „Jetzt hast du den Zauber ganz gebrochen.“ (Einige lachen und klatschen.)

TM: Kanntest du die Geschichte?
TN: Nee, nee. Aber die Antwort hätte gepasst zu dem, was wir gemacht haben die letzten drei Tage (lacht). (Einige lachen.)
KK: Genau. Deswegen ist das eine schöne Geschichte zur GFK. Es reicht nicht, es nur zu wissen, man muss es auch tun.

Abschlussrunde, wer anfangen möchte, startet, dann gehen wir im Uhrzeigersinn einmal durch. Und maximal eine Minute, damit wir von der Zeit her hinkommen.

TM: Ich fange kurz an und bedanke mich bei euch allen, und vor allem bei euch beiden. Ich habe ja von vielen schon gehört, dass sie viel mitnehmen konnten und ganz begeistert waren. Und ich denke auch, jeder kann was mitnehmen und konnte was mitnehmen. Also von Herzen Danke an euch.

SP: Ich fasse mich auch kurz: Danke, danke, danke. Freude, Freude, Freude. Mitfreude. Bitte kommt wieder.

TM: Bleibt am besten!

SP: Und passt gut auf euch auf.

TM: Ja.

SP: Bitte! Das ist meine Bitte, passt gut auf euch auf. Und vielen Dank, dass ihr dabei wart, auch mit diesem Eifer, mit dieser Freude, mit dieser Lebendigkeit. Ich hatte viel Freude mit euch. Dankeschön.

TN: Ich kann mich nur anschließen. Also, ich fand es auch ganz großartig. Ich habe viele neue Sachen gelernt. Ich hoffe, ich kann sie – ich werde sie jetzt nochmal rekapitulieren, weil es so viel war, auch so viele interessante Aspekte, die jetzt vielleicht nicht direkt GFK waren, aber so sehr nah dran. Ja, und ich fand es toll. euch erleben zu dürfen. Es war sehr lebendig und es hat richtig Spaß gemacht. Dankeschön.

TN: Ich fand es auch ganz phantastisch, und es hat mir sehr viel zu denken gegeben. Also, ich würde das wirklich gerne weiter vertiefen, irgendwie, vielleicht Donnerstagabend in der Übungsgruppe, ich weiß nicht, wie ich das so technisch, also mit Kindern und so machen kann, aber vielleicht lässt sich irgendwie ein Weg zeigen. Und vielen, vielen Dank – Klasse (lacht)! Sehr schön! Danke!

TN: Ja, ich möchte mich bei euch Vieren bedanken. Ich bin total begeistert, wie viel Potenzial da drinsteckt, was da alles möglich ist mit der Gewaltfreien Kommunikation. Danke!

TN: Also, ich bin auch total geflasht. Vielen Dank! Also, geflasht auch, weil das klingt so einfach, das ist so kraftvoll, aber doch so schwierig umzusetzen und zu üben. Aber ich bin wirklich auch gespannt darauf, das anzuwenden. Und ja, vielen Dank.

TN: Ja, ich fand es auch super. Es war so viel Neues, und es hat mir nochmal klar gemacht, statt es einfach nur zu lesen oder mir Videos anzugucken, das hier so live zu erleben und Fragen auch beantwortet zu kriegen, auch die Fragen von anderen, da habe ich so viel mitgenommen. Und ich dachte erst, naja, die GFK ist nicht so groß (lacht), aber es war doch irgendwie was für den Weg, und es gab immer wieder Momente, wo ich irgendwie so gedacht habe, und ich hoffe, das auch umsetzen zu können. Und, ja, hoffe, dass es Leute gibt, die mit mir üben (lacht). Und auch Menschen, an denen ich das üben kann (lacht). Okay, das wird sich von alleine ergeben. Vielen Dank auch an euch zwei, ihr seid so unterschiedlich – das war auch total super, so von jedem die Unterstützung zu kriegen.

TN: Vielen Dank. Ich fand es wirklich toll, und ich bin dankbar, dass ich dabei sein durfte. Da danke ich SP und TM. Und mir haben viele Sachen eingeleuchtet, die ich hier gehört und erfahren habe. (Einige lachen.)

TN: Ja, also ich bin super dankbar, und ich habe sehr viele nette Menschen kennengelernt. Es war sehr schön. Danke.

TN: Genau, das ist für mich auch. Also, ich freue mich, dass ich euch allen begegnet bin. Ich finde es total schön, in drei so kurzen Tagen, so viele Menschen kennengelernt zu haben, so viele, für mich ganz neue Dinge, die mich zum Teil erschrecken, zum Teil aber auch Anregungen geben, mir auch Mut geben, was man da alles noch machen kann. Und das war für mich ganz schön – ja, dankeschön.

TN: Ich muss sagen, ich bin hergekommen, um erstmal meine 30 fehlenden Selbsterfahrungsstunden abzufackeln. (Einige lachen.) Und ich bin euch echt dankbar. Also, ihr habt mich wirklich motiviert, und das ist für mich jetzt eine tolle Herausforderung, wenn ich schaffe, das umzusetzen. Also, vielen Dank.

TN: Ich möchte mich bedanken bei euch für die drei lehrreichen, spannenden Tage. Als ich damals auf das Buch von Rosenberg gestoßen bin, bevor ich überhaupt Selbsterfahrung gemacht habe, fand ich das damals toll, war aber sehr skeptisch. Ich habe gemerkt, dass es im Alltag sehr schwer anzuwenden ist. Dass das die anderen auch nicht so leicht finden, hat mich erleichtert. Mit den Übungen kommt das mehr in den Fluss. Und ich hoffe, es dadurch mehr anwenden zu können und erlernen zu können. Ja, und ich fand die Atmosphäre hier sehr freundlich und offen. Und der Austausch mit Kollegen war auch interessant. Ja, vielen Dank.

TN: Ich kannte die GFK auch schon ein bisschen vorher. Es war irgendwie toll, das jetzt nochmal live zu erleben, selber zu machen. Und was mir wieder klar geworden ist, mir auch wieder Mut macht, dass einfach dieser Rahmen, die Wertschätzung wichtig ist, und Vieles dann vielleicht egal ist, oder nicht ganz egal, ein bisschen, wie ich es formuliere, auch wenn das nicht da ist. Wenn es da ist, dann kann ich es auch.

TN: Ich bin zum zweiten Mal überzeugt, welche Energie und Kraft in der Gewaltfreien Kommunikation steckt, und wie viel Potenzial für uns selber in der Kommunikation mit uns selbst, in der Kommunikation mit unseren Patienten, mit der Umwelt, mit anderen Menschen steckt, und was immer nicht funktioniert durch diese Vorurteile und unsere Interpretationen, und dass die Gewaltfreie Kommunikation eine ganz tolle Methode ist, wo man eigentlich das im Alltag integrieren sollte, unabhängig von unserem Beruf oder was wir arbeiten, sondern für uns selbst. Ich denke, das ist das erste Ziel, dass ich mit mir selbst gewaltfrei kommunizieren will. Und ich danke euch für die tolle Begegnung der letzten drei Tage, und allen Kollegen auch, die ich jetzt neu kennengelernt habe. Dankeschön.

TN: Friederike, Klaus, vielen Dank für das Seminar. Inhaltlich hat sich vieles geklärt. Genauso viele Fragen sind aber auch wieder aufgetaucht, und das ist das, was mich motiviert, wieder weiter zu machen. Und euch beiden vielen Dank für den ganzen Rahmen, überhaupt dass das stattfinden kann, das war super wertvoll. Und euch allen gilt mein Dank. Und in den Gruppenarbeiten habe ich gemerkt, da ist ganz viel Energie dahinter gewesen. Da hat man einiges, ja, nochmal üben können, und das hat mich ziemlich weitergebracht, sehr zufrieden gestellt. Und das lebt wirklich von jedem, der sich beteiligt. Und das fand ich super schön, dass da so viel Energie dahinter ist von jedem einzelnen. Vielen Dank.

TN: Ja, auch von mir vielen Dank für all die schönen Tage. Ich nehme eine ganze Menge mit. Ich hatte mich vorher ein bisschen damit beschäftigt, wieder auf Eis gelegt, und alles nochmal hervorgeholt also auch gleich mehrfach ausprobiert an verschiedenen Leuten – ich bin dabei teilweise gnadenlos gescheitert. Aber ich denke, das gehört zum Lernprozess dazu, es wieder zu tun. Und – ja, und ich hoffe, dass ich es diesmal nicht auf Eis lege, sondern es schaffe, es im Alltag zu nutzen.

TN: Ja, also ich muss auch sagen, Daumen hoch, drei sehr intensive Tage, aber es hat sich wirklich gelohnt. Ich habe zuerst gedacht: „Oh, so viel Selbsterfahrung auf einmal", aber fand ich jetzt eine gute Ergänzung zu diesem ersten Teil. Und ich fand es toll, dass ihr das so phantasievoll und lebendig gemacht habt, also dass das auch wirklich so an-, ja, wie soll ich sagen, so von der Praxis her gut anwendbar ist, denke ich. Also, dass man das noch so lebendig irgendwie erklärt bekommen hat, das fand ich sehr schön. Ja, Kompliment, dass die Stimme da auch so gut mitgemacht hat. Und, also, was mir auch gut gefallen hat, dass mit diesem östlich und westlich von dem

Wolf, also da muss ich auch nochmal drüber nachdenken, einfach so eine andere Perspektive zu bekommen.

TN: Ja, also ich kann auch nur meine große Begeisterung aussprechen, also ich fand es super toll, mit Abstand das allerschönste Seminar, das ich bis jetzt hatte. Ja, ich kann bestätigen, dass es so ist.

TN: Ja, ich habe eure Energie einfach gespürt, also das kam so authentisch rüber, und das hat die drei Tage einfach sehr lebhaft und sehr schön gemacht. Und ich möchte mich auch ganz explizit bedanken bei SP und TM, auch für diese Chance, für die Möglichkeit, hier dabei sein zu dürfen – und bei euch allen auch. Es war sehr angenehm in dieser Gruppenzusammensetzung.

TN: Ich schließe mich allen an. Also, ich war extrem dankbar, dass ich euch beide kennengelernt habe. Bei euch beiden ist es ja schon beim letzten Mal so gewesen, dass ich, ja, unglaublich inspirierende Menschen kennengelernt habe. Und ich bedanke mich auch bei euch, weil ich wirklich bei jedem irgendwie das Gefühl hatte, dass man akzeptiert wird, dass Interesse da war, also Empathie habe ich bei jedem gespürt. Und was ich für mich hauptsächlich mitgenommen habe, ist einfach, dass ich es unglaublich spannend finde, wie viel ich immer über mich selber erfahre durch diese Arbeit, also ich hatte leider erst, oder Gott sein Dank, sage ich mal, erst ein Selbsterfahrungstreffen, und merke immer wieder, was ich eigentlich über mich selber noch lernen kann, obwohl ich eigentlich denke, ich kenne mich sehr gut, und ich stelle immer fest, dass es so viele Seiten gibt, wo ich mir gar nicht bewusst war, dass ich sie irgendwie in mir drin habe. Und ich fand es auch, also rhetorisch und einfach von der Präsentation, da gibt's keine Verbesserungswünsche. Also, es war wirklich unglaublich toll.

TN: Okay. Ich möchte mich bei euch beiden für das karmische Glück bedanken, ja, diese 30 Stunden wirklich mit GFK-Inhalten zu füllen. Für euch beide, es ist wirklich, es ist für mich eine neue Erfahrung, diese zwischenmenschlichen Interaktionen zu sehen, das hat viel gebracht. Ich habe es von mir selber auch nicht erwartet. Für mich war es auch ziemlich schwierig, weil die Inhalte für mich diesmal ziemlich viel waren, habe ich so empfunden. Die Organisation, wie viel Arbeit, wie viel Mühe, wie viel Phantasie und Kreativität dahinterstecken – ich habe nicht einmal ans Schlafen gedacht. Danke! (Einige lachen.)

TN: Ja, ich hatte mich ja schon bedankt. Aber ich muss noch sagen, ich habe ja am Sonntagabend so gedacht: „Oh Gott, worauf habe ich mich da eingelassen, drei Tage, zehn Stunde, das ist ja der Horror." Und das war jetzt gar kein Horror. Das ging wirklich so schnell vorbei, ich war immer ganz begeistert, denn ihr macht das wirklich sehr toll, und die Zeit, die verfliegt ratzfatz, es war wirklich ganz toll. Und von daher bedanke ich mich natürlich bei euch, dass ihr mir angeboten habt, dass ich mitkommen darf. Ja, also ich fand es wirklich sehr interessant. Und ich bin ja das zweite Mal da, und ich habe nochmal jede Menge mehr mitgenommen, wie das letzte Mal, muss ich sagen. Entweder war ich da nicht so geistig, äh, – ja, oder es tut halt einfach gut, wenn man es nochmal wieder hört. Ja, war schon toll.

SP: Ich würde dazu gerne was sagen noch an der Stelle. Der TM und ich haben für die IVS-Belegschaft vor zweieinhalb Jahren ähnliche zwei Tage gemacht. Das Leitungsgremium, nicht alle, fast alle und alle MitarbeiterInnen sind hier zusammengesessen und haben das Seminar gemacht. Ich meine, wenn ihr später mal eine Praxis führt und Angestellte habt, Mitarbeiter habt oder vielleicht in Kliniken an Positionen seid, wo ihr sagt: „Ok, da gibt es Spielraum, einen GFK-Trainer einzuladen" oder so, das ist was, was total wertvoll ist, und was sich auswirkt auf das Klima.

FK: Mir hat es großen Spaß gemacht, mit euch zu arbeiten. Danke, für eure Offenheit, für euer Vertrauen und euer Dasein und Nehmen. Ich bin ganz in Verbindung mit euch. Ihr habt so einen Platz in meinem Herzen bekommen, und ich wünsche euch alles, alles Gute. Und euch beiden Sandra und Tom, möchte ich sagen, das hat in meinem Leben einen solchen Stellenwert, dass wir uns immer wieder begegnen und immer wieder weitermachen. Ich habe so eine Freude. Dankeschön. Ja, und wenn es mal nicht so ganz funktioniert, Gnade mit sich selber ist auch ein gutes Ding, ja? (Einige lachen.)

TM: Beim Scheitern genießen! (Einige lachen.)

FK: Alles Gute. Alles Gute. Vielleicht auf ein Wiedersehen. Danke für deine Teachings noch zum Islam, war ganz schön, gerade da ein bisschen was zu hören. Alles Gute.

KK: Ja. Ich finde es auch sehr schön, dass wir uns begegnet sind und seitdem gemeinsam unterwegs sind. Ihr habt einen wunderbaren Platz geschaffen hier. Ich komme sehr gerne mit Rieke hierher. Es gehört mit zu den lebendigsten Seminaren und zudem mit diesem Fokus, dass ihr Menschen seid, die eben sehr intensiv mit anderen Menschen arbeiten. Da genieße ich es sehr, einen Beitrag leisten zu können, dass eben ein Stück mehr Menschlichkeit in die Welt kommt. Und zu wissen, dass ihr jetzt unterwegs seid, mit anderen Menschen arbeitet, und Lust habt, diese Ideen weiter zu tragen, das macht mich rundum zufrieden. Ich wünsche euch gutes Gelingen beim Ausprobieren. Viel Geduld mit euch selber. Und, ja, dranbleiben! Kommt gut nach Hause.

(Klatschen.) Ende.

Auflösungen der Sortieraufgaben

Fühlen oder Denken?
(mit einem Punkt markierte Sätze bezeichnen ein Gefühl/emotionale Reaktion)

Ich habe das Gefühl, du magst mich nicht
• Ich fühle mich sehr ärgerlich
Ich fühle mich von dir überfahren
• Ich spüre eine große Verbitterung
Ich fühle mich im Stich gelassen
• Ich fühle mich sehr allein
Ich habe das Gefühl, du willst dich drücken
• Ich bin sehr traurig, dass du gehst
Ich spüre, dass du nur an dich denkst
• Ich hab Angst davor, das zu machen
Ich fühle mich ganz klein gemacht
• Ich fühle mich so erleichtert
Ich hab das Gefühl, du verschweigst mir etwas
• Ich freue mich so für dich
Ich fühle mich ausgenutzt
• Ich freue mich schon auf heute Abend
Ich fühle mich jetzt total unter Druck gesetzt
• Ich hoffe, dass alles gut geht
Ich spüre, dass du wegwillst
• Ich bin sauer, dass du so spät kommst
Ich fühle mich sehr ernstgenommen von dir
• Ich bin so wütend
Ich fühle mich vernachlässigt von dir
• Ich bin beleidigt, dass du daran nicht gedacht hast
Ich fühle mich gar nicht gut
• Es ist schmerzlich für mich, das zu hören
Ich hab das Gefühl, du willst immer Recht haben

• Ich fühle mich sehr ängstlich, wenn ich nur daran denke
Ich fühle mich schlecht behandelt
• Ich bin total begeistert davon, wie du das gemacht hast
Ich fühle mich, wie wenn man mir den Boden unter den Füßen weggezogen hätte
• Ich zittere richtig vor Wut
• Ich fühle mich ganz durcheinander
Ich fühle mich rumgestoßen

Bedürfnis oder Strategie?
(mit einem Punkt markierte Sätze benennen ein Bedürfnis)

Ich möchte, dass du mich so akzeptierst, wie ich bin.
• Ich möchte so angenommen sein, wie ich bin.
Ich möchte, dass du mir sagst, was dir an mir nicht passt.
• Ich lege Wert darauf, kompetente Mitarbeiter zu haben.
Ich möchte, dass du nicht dauernd auf mir rumhackst.
• Mir liegt unsere Freundschaft sehr am Herzen.
Ich lege Wert darauf, dass man mich anruft, wenn sich der Termin ändert.
• Ich möchte, dass wir erfolgreich sind.
Ich möchte, dass wir einander grüßen.
• Ich brauche die Sicherheit, dass wir füreinander da sind.
Ich hätte zum Schnitzel gerne Kartoffelsalat statt Pommes Frites.
• Mir ist bei dieser Sache wichtig, dass ich mir selbst treu bleibe.
Ich möchte, dass du auch meine Meinung in Betracht ziehst.
• Ich möchte mehr Kontakt zu anderen Menschen.
Ich möchte, dass du ehrlich zu mir bist.
• Ich möchte mich selber mehr aktiv beteiligen.
Ich würde gerne hören, welchen Eindruck unsere Präsentation gemacht hat.
• Ich lege Wert auf einen partnerschaftlichen Umgang.
Ich möchte, dass du mehr Selbstvertrauen hast.
• Ich möchte bei solchen Entscheidungen einbezogen werden.
Ich möchte heute Abend gerne was unternehmen.

• Ich brauche die Sicherheit, dass wir alle am gleichen Strang ziehen.
Ich lege Wert darauf, dass man mir aus dem Mantel hilft.
• Ich liebe diese Vielfalt.
Ich brauche es, dass die Dinge an ihrem Platz sind.
• Ich hab's gerne, wenn es harmonisch zugeht?
Ich möchte nicht, dass du so mit mir sprichst.
• Ich lege Wert auf einen respektvollen Umgang miteinander.
Ich würde auch gerne dazu eingeladen werden.
• Ich würde mich gerne darauf verlassen können, dass es klappt.
Ich möchte mich erst ein bisschen hinlegen.
• Ich möchte eine Arbeit tun, die mich wirklich erfüllt.

Welche Bitten sind sinnvoll formuliert?
(mit einem Punkt markierte Sätze bezeichnen Formulierungen für Bitten)

Ich möchte, dass du mich so akzeptierst, wie ich bin.
• Es wäre mir lieb, wenn du mir einmal im Monat Blumen mitbringen würdest.
• Ich möchte, dass du mit mir am Sonntag ins Kino gehst.
• Ich möchte, dass du mir sagst, was dir an mir nicht passt.
• Bitte sag mir, was ich tun kann, damit du dich hier wohlfühlst.
Ich möchte verstanden werden.
Ich hätte gerne, dass du dich in meiner Gegenwart ganz ungezwungen fühlst.
• Bringst du bitte die Kinder heute Abend ins Bett?
Ich möchte, dass du auch meine Meinung in Betracht ziehst.
• Ich hätte gerne, dass du mich anrufst, wenn du später kommst.
Ich möchte, dass du ehrlich zu mir bist.
• Ich hätte gerne, dass wir heute wenigstens eine Stunde für uns haben.
• Kannst du bitte meine Bücher heute in die Bücherei zurückbringen?
Ich möchte, dass du mehr Selbstvertrauen hast.
Ich möchte, dass du zu mir stehst.
• Ich möchte gerne von dir hören, wie du zu mir stehst.
Ich möchte, dass du mich sympathisch findest.

Ich möchte dir nicht immer hinterher räumen.
• Ich möchte dir gerne erzählen, was mir heute passiert ist. Hörst du mir zu?
Ich möchte nicht, dass du so mit mir sprichst.
Kannst du bitte auch mal an mich denken?
• Liest du bitte mein Manuskript durch und sagst mir, wie es dir gefällt?
Ich will nicht, dass du so rumtrödelst.
• Ich würde gerne von dir hören, wie du dich gefühlt hast, als dein Antrag abgelehnt wurde.
• Ich möchte, dass du mir zuhörst und mir dann sagst, was du verstanden hast.
Das möchte ich nicht noch mal erleben.
• Sagst du mir bitte, was deine Befürchtungen sind?
Ich möchte, dass du nicht dauernd auf mir rumhackst.
• Ich hätte gerne, dass du dein Rad reinholst, weil es regnet.
Ich möchte, dass du mich genauso liebst, wie ich dich.
Bitte respektiere meine Rechte.

Anhang

Literaturliste

- Marshall B. Rosenberg: Gewaltfreie Kommunikation Eine Sprache des Lebens. Junfermann Verlag.
- Marshall B. Rosenberg: Die Sprache des Friedens sprechen. ... in einer konflikt-reichen Welt. Junfermann Verlag.
- Fritz Riemann, Ruth Riemann: Grundformen der Angst, Verlag Reinhardt Ernst.
- Alfie Kohn: Punished by Rewards, Verlag Houghton Mifflin Harcourt Publ.
- Es gibt inzwischen eine riesige Anzahl von Büchern zu diesem Thema, die Sie natürlich überall bekommen können. Spezialisiert hat sich Conex – books and more (www.conexbooks.de), dort bekommen Sie eine sehr umfangreiche Übersicht und Beratung über Bücher.
- Empathikon bringt regelmäßig das Magazin „Empathische Zeit" zur Gewaltfreien Kommunikation heraus. www.empathikon.de

Linkliste

- Klaus Karstädt www.k-training.de. Auf dieser Seite finden Sie u. a. die im Vorwort empfohlenen Links auf youtube.
- www.cnvc.org (Webseite des von Marshall Rosenberg gegründeten Center for Nonviolent Communication mit vielen englischsprachigen Informationen und Links).
- GFK in der deutschsprachigen Region (D-A-CH): www.gewaltfrei-dach.eu Hier finden Sie auch Kontaktdaten und Links zu den verschiedenen regionalen Netzwerken, Gruppen und Vereinen.
- GFK in München und Umgebung www.gewaltfrei-muenchen.de

Lebenslauf Marshall B. Rosenberg

Dr. Marshall B. Rosenberg (* 6.10.1934–† 7.2.2015), wuchs von seinem neunten Lebensjahr an als weißer „Jude" im schwarzen Ghetto von Detroit auf. Er erlebte als Neunjähriger die schweren Ausschreitungen des Jahres 1943 mit Dutzenden von Toten in seiner unmittelbaren Nachbarschaft. Andererseits machte er auch sehr positive Erfahrungen und erlebte Menschen, die die ursprüngliche Bereitschaft, sich mit anderen zu verbinden, nicht verloren hatten.

Ende der 50er-Jahre war Rosenberg als klinischer Psychologe Mitarbeiter in einem Forschungsprojekt von Carl Rogers tätig. Seine Arbeit in der Klinik und seine eigene Praxis gab er im Zuge seiner Tätigkeit als Konflikttrainer auf. Er entdeckte in seiner Arbeit, dass Heilung über die Kommunikation und das empathische Zuhören geschieht. In diesem Zusammenhang bildete er sich im Selbststudium weiter in vergleichenden Religionswissenschaften und Gandhis Arbeit für den Frieden und seiner Haltung.

Seit den 60er-Jahren arbeitete er als freier Konflikttrainer und erfolgreicher Konfliktmediator in Alltagskonflikten (innerhalb und außerhalb von Familien) genauso wie bei Rassenunruhen. Seit Mitte der 80er-Jahre war er weltweit unterwegs, in vielen, manchmal bürgerkriegsartigen Situationen in mehreren Ländern Afrikas, in Palästina, Israel, Malaysia, aber auch in den Ländern des ehemaligen Jugoslawien. Er begründete eine Reihe von Schulen in den USA bzw. beriet begleitend die Umwandlung von Schulen.

Ebenfalls in den 80er-Jahren gründete er das Center for Nonviolent Communication, eine Nonprofit-Organisation, deren Vision eine Welt ist, in der die Bedürfnisse aller berücksichtigt werden. Inzwischen setzen sich neben Marshall Rosenberg hunderte von TrainerInnen weltweit mit der Gewaltfreien Kommunikation für inneren und äußeren Frieden ein.

Im April 1986 lud Isolde Teschner (*19.6.1936–† 30.1.2017) im Rahmen eines Arbeitskreises zur Friedenserziehung Marshall Rosenberg erstmals nach München ein – etwa zeitgleich mit einer Einladung aus der Schweiz. Das waren Marshall Rosenbergs erste Seminare außerhalb Amerikas. Er fand sehr großen Anklang und es folgten viele weitere Seminare in ganz Deutschland und in Europa. Inzwischen gibt es immer mehr Zentren und Gruppen, die sich mit der Gewaltfreien Kommunikation im deutschsprachigen Raum beschäftigen.

Die Fragen, um die es Marshall Rosenberg ging und die er mit der Gewaltfreien Kommunikation beantworten wollte, sind:

1. Was bringt uns ab von dem Weg, uns menschlich zu verhalten?
2. Wie machen das Menschen, die fähig sind, ihre Menschlichkeit auch in herausfordernden Situationen zu bewahren?

Auf youtube finden Sie inzwischen viel Material, Videomaterial zu Marshall Rosenberg und zur Gewaltfreien Kommunikation.

Raum für Notizen

Raum für Notizen

Raum für Notizen

Raum für Notizen